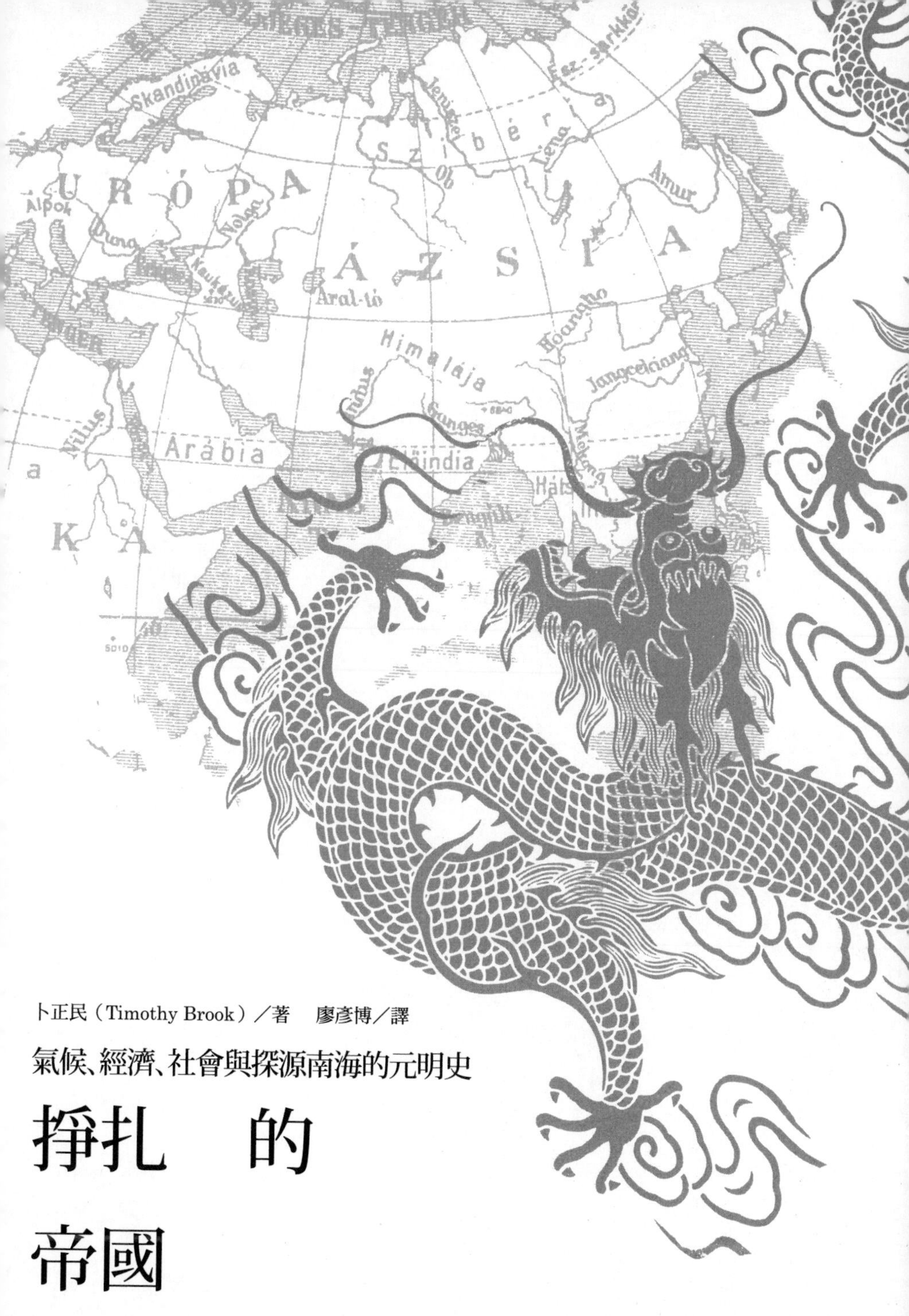

卜正民（Timothy Brook）／著　廖彥博／譯

氣候、經濟、社會與探源南海的元明史

掙扎的帝國

The Troubled Empire　China in the Yuan and Ming Dynasties

【目錄】

緒論 5

第一章 龍蹤 11

第二章 規模 41

第三章 九劫 83

第四章 大汗與皇帝 131

第五章 經濟與生態 175

第六章 家庭 221

第七章 信仰 263

第八章 物事 301

第九章 南海 345

第十章 崩潰 387

結語 423

附錄 435

參考書目 439

卷尾謝詞 478

緒論

從十二世紀中葉，到十七世紀中葉，中國歷經了兩個朝代。頭一個朝代是元朝，建立於一二七一年，開國君主卻不是漢人，而是世界的征服者成吉思汗的孫子忽必烈大汗。第二個朝代是明朝，建立於一三六八年，開國皇帝是聰明絕頂卻又暴虐殘忍的朱元璋。明朝在一六四四年，被東北草原上的另一個征服者滿洲人所滅。這本書要說的，就是這些朝代的故事。

對於大多數中國人來說，這四個世紀的歷史，西元一三六八年是一個關鍵年代，因為在這一年，朱元璋這個起自本土的反抗軍政權，推翻了民怨載道的蒙古人，重新光復了所謂「故土」，建立起漢人的朝代。海外的歷史學者同樣也將一三六八年看作是一個重要的年分，不過，這是因為這一年代表著近世帝國的開端，以及中國邁向現代世界這條漫漫長路的起點。在這本書裡，一三六八年同樣也扮演了一個角色，不過這個角色卻有所不同：這一年在本書中，不是中國史演進的關鍵年分，而是兩個時段的連結點。建立大明的這場起事，固然結束了蒙古人在中國一個世紀的統治，但也使得蒙古所帶來的影響，在往後的幾個世紀裡持續傳承下去。元朝和明朝這兩個朝代，共同建立起帝制中國的專制統治，以家庭作為延伸擴展的基點，重組了中國的社會，並且改造了中國人的價值觀念，以求加速商業財富的集中。

把中國在十三到十七世紀的變遷，描繪成一幅連貫的歷史場景，並不是我在寫作這本書時所設想的初衷。我在一開始時，認定蒙古人從一二七一到一三六八年的統治時期，本身就是一個完整的歷史斷代；這個時代，和明朝光復故土之後，帶領中國走至如今的道路截然兩分：外來變成本土、蒙古改為漢人、黑轉為白。或者，在當時，我是這麼以為的。「元朝和明朝可能同樣屬於一個單一時代的組成部分」這個想法，則來自於一個完全沒有意料到的層面。我在閱讀四種主要史料（分別是官修正史、《明實錄》、地方官府修纂，記載各地民情事物的地方志，以及一般文集）的過程裡，開始注意到這些材料裡反覆提及的自然災害：饑荒、洪水、乾旱、龍捲風、蝗蟲，甚至龍現身釀災。當我收集這些材料出處，並且按照時間先後將它們排列順序以後，我發現這兩個朝代可以組成一個完整的時期，這個時期很巧合的和氣候史學者在世界其他地區所做的研究，有若合符節之處，它的名稱，是小冰河時代（Little Ice Age）。

原來是溫暖、潮濕的世界，此時變得寒冷而乾燥。當這樣的變遷發生時，中國就和歐洲一樣，有許多事物都隨著氣候的改變而發生變化。國家與社會各自增強其力量，並且朝兩極分化。

各經濟體之間產生連結，而且朝商業化發展。人們因此被迫想出新的方式，解釋發生在他們周圍，以及他們身上的改變，以求能讓蘊含在他們生活裡的新措施得到正當性，並且合理化他們為了生活所採取的行為模式。整個世界變得息息相關，中國，自然也不能例外。

生活在元朝和明朝的人，沒辦法用前述的方式來了解這些變化。這是因為，他們通常都是猝然遭逢改變，而當這些改變發生的時候，又屬於災難性質。為了替這些偶然發生的事件找出一個模式，在第三章裡，我發現九種劫難（slough，和「絞刑架」〔bough〕押同韻），每隔三到七年的時間，就會隨著極度惡劣的氣候，以及大規模的人禍，而降臨世間。這些劫難並沒能改變元明歷史的發展進程，但是它們和其他因素一樣，極大程度、強而有力的塑造、決定了生活在這兩個朝代裡許多人的記憶和人生。

受到反常氣候的蹂躪、近海水域則飽經外來商客持續的侵擾，有些人傾向死守過往的先例以作為今日的引導。又有些人將先例擺在一旁，發想出建構世界的新方法，以求能得到一席之地。這就是為什麼，元明兩代會有如此之多的混亂與衝突爭論的原因。

為了要掌握這個時代的脈動與變化，我盡可能的透過故事、圖畫和當時人們的意見，來敘述這段歷史。這麼做並不困難，因為在這個時期的帝制中國，有一項事情和早前的時代不同，那就是當時的人有為數眾多的報導文字留存下來，有待我們去搜尋發現；它們當中大部分是有意為之，若干是無意間所為。目擊事件者很少能看到事情的全貌，可是他們的描述豐富了事件的細

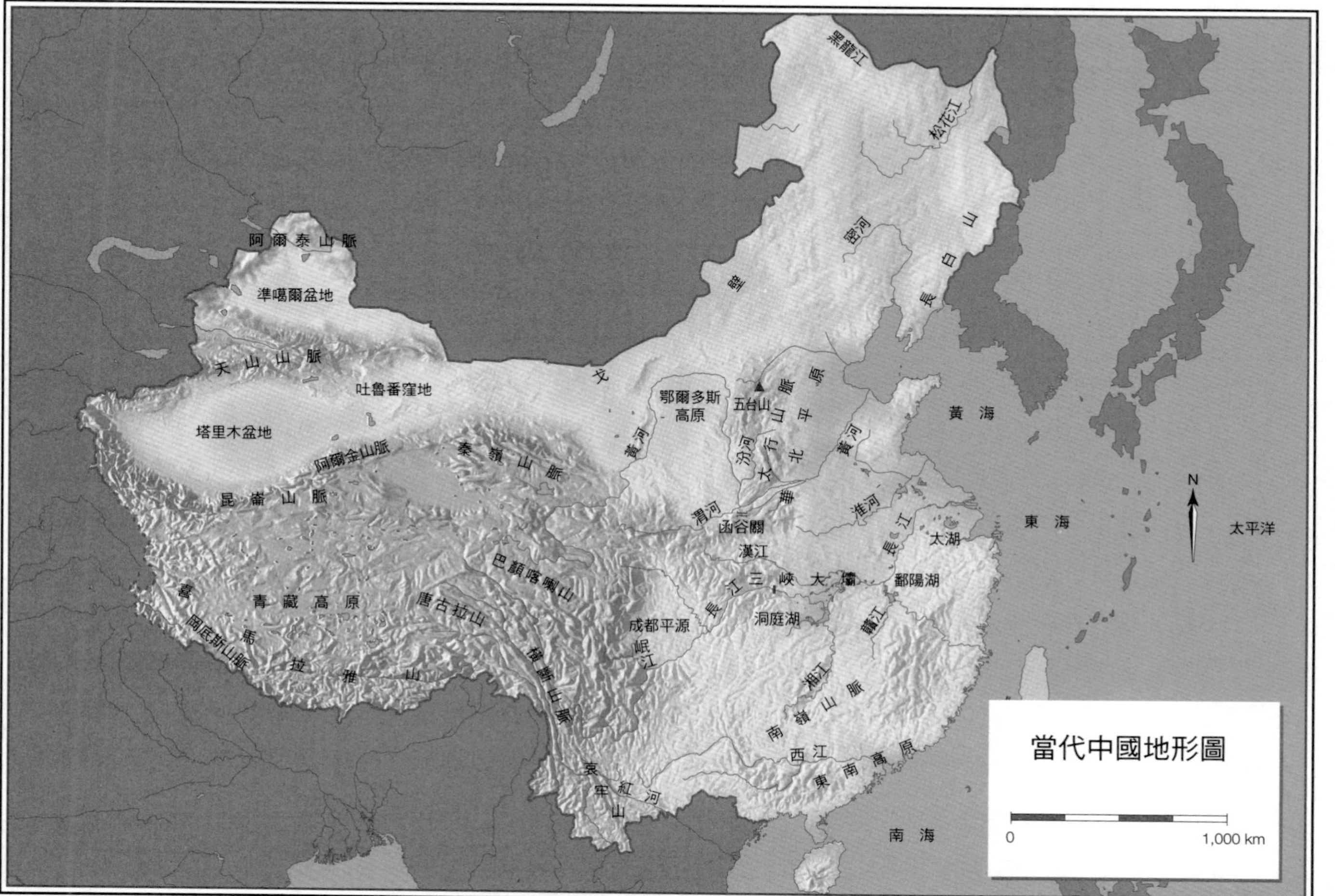
當代中國地形圖
0
1,000 km
N
太平洋
東海
黃海
南海
黑龍江
松花江
遼河
長白山
戈壁
鄂爾多斯高原
五台山
太行山脈
華北平原
汾河
黃河
渭河
函谷關
淮河
長江
太湖
漢江
長江三峽大壩
鄱陽湖
洞庭湖
贛江
湘江
成都平源
岷江
南嶺山脈
西江
東南高原
哀牢山
紅河
阿爾泰山脈
準噶爾盆地
天山山脈
吐魯番窪地
塔里木盆地
阿爾金山脈
崑崙山脈
秦嶺山脈
巴顏喀喇山
唐古拉山
橫斷山脈
青藏高原
喜馬拉雅山
岡底斯山脈
地圖一：當代中國地形圖。

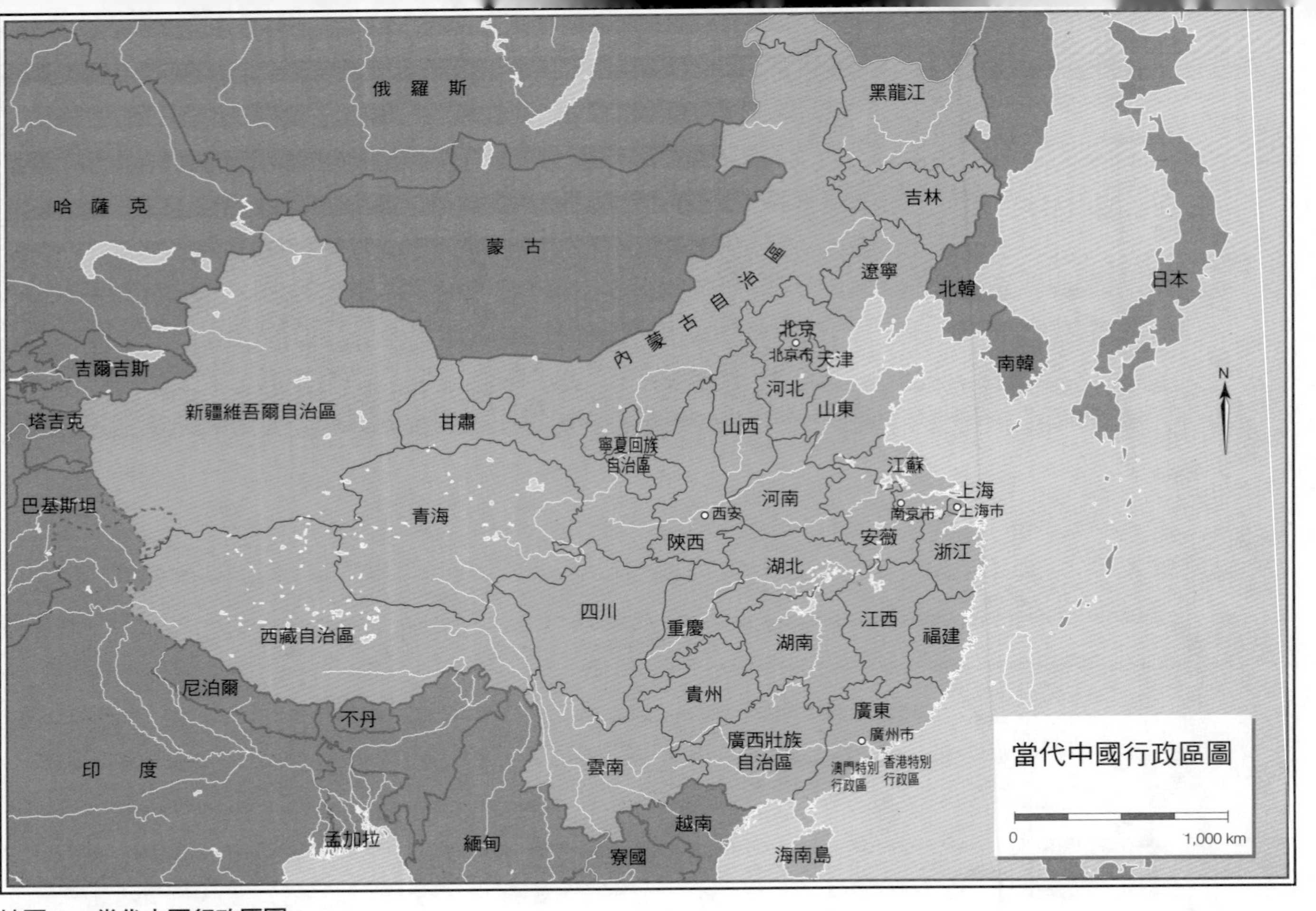

地圖二：當代中國行政區圖。

第一章 龍蹤

龍在元代第一次於人間現蹤，發生在一二九二年。那是本朝建立後的第二十二年，也是開國皇帝忽必烈汗（一二一五至一二九四）駕崩前兩年。龍在太湖邊顯現蹤跡，太湖水域位於長江下游三角洲的腹心地帶，像是心臟一樣，從交叉縱橫的河流與運河渠道裡幫浦著水流，沖積沉澱在南京（明代的頭一個京師）到沿海的港口上海這一片廣闊地區。當龍在天上現蹤的時候，便會引來一場大洪水，將聚集太湖外圍的良田盡皆淹沒。[1]眾多田畝便因此成為沼澤泥濘的荒地。

[1] 本章裡提到的龍蹤，是根據元、明兩朝的官修正史（宋濂，《元史》，頁1099；張廷玉，《明史》，頁439-440）、地方志，以及筆記類書當中將近百次的龍現蹤紀錄爬梳而出的。一二九三年的龍蹤，記載於天啟四年（一六二四）修纂的《海鹽縣圖經》，卷三，頁54a-55b，重刊於一八七九年出版的《嘉興府志》，卷十一，頁6a，由伊懋可（Mark Elvin）翻譯為英文，見Elvin, *The Retreat of the Elephants*, 196.

本朝第二次有龍現蹤的紀錄，就發生在隔年。龍現蹤於成山（Chen Mountain），此處地方雖名為山，卻是一處距離太湖東南方七十五公里的平緩山丘。成山有座奉祀龍王的廟宇，時間可以追溯到宋代。這座龍王廟以「行宮」為名，行宮一詞，通常用作帝王出巡駐蹕之地的稱呼，而既然龍王和皇帝一樣，在國內也有許多巡遊時的居所，便以此為名。這座廟宇早因年久失修，而傾頹荒廢，地方縣令決定將其重新修葺，以求龍王庇祐，能降下甘霖，施恩澤給乾涸焦渴的本縣。在現場的畫師們見證了龍現蹤的一刻：其時為一二八三年八月十五日，中午之前，雷聲閃電交錯，突然起一陣疾風，宣告龍跡現蹤，而且不只一條龍，龍王和其幼子俱現蹤跡。這對龍父子在空中翻騰，對下面充滿怖畏的畫師們顯現身影，然後搖頭擺尾，隱沒在雲端裡。不久之後，一陣大雨便欻然降至，結束了這個地區為期兩年的乾旱。

忽必烈汗在隔年駕崩。三年之後，龍王父子在成山上空戲劇性現蹤的這一幕，被一場鄱陽湖上空的暴風雨裡的群龍所掀起的騷亂給掩蓋了。鄱陽湖是長江流域中，僅次於太湖的湖泊。群龍在湖上翻騰，激起鄱陽湖的波濤，造成洪水氾濫，為害外圍的府縣。

接下來的四十二年，群龍銷聲匿跡，沒有再被人們看見。直到一三三九年七月二十九日，當日，一條駭人的龍襲向沿海省份福建的一處內陸山村。猛烈的傾盆暴雨損壞八百戶民宅，沖毀超過一千三百公頃的田地。十年之後，在長江三角洲，五條龍自雲端突然迸衝而出，吸取海上水氣，滔滔不絕的在空中噴灑。自此之後，在一三五一到一三六七年這十七年之間，龍現蹤七次。

在元朝統治的最後一年，龍現蹤兩次。頭一次，時間是七月初九，地點在大都（今北京）。一條龍從前皇太子的寢宮中一口井裡，伴隨著閃電而躍踴而出，然後騰空而去。稍後，同樣是那日早晨，這條龍被人看見，棲在鄰近佛寺的一株槐樹上；那棵槐樹的樹皮，之後被發現有抓痕，並隨即枯萎。龍的第二次現蹤，出現在一個月後，地點在山東的龍山，此處被看作是祈雨的靈驗處所。在八月時的一場暴雨當中，龍在山巔現蹤。[2]龍騰空而去，留下一方巨石，自山巔滾落，進入民間傳說之中。八個月以後，忽必烈大汗的眾多玄孫裡的一位（譯按，即妥懽帖睦爾，明朝贈順帝諡號），被迫放棄大元皇帝的稱號，遁回蒙古高原。異族軍事占領的時期，就此宣告結束。

真龍天子

蒙古人治下的漢人臣民在詮釋這些奇怪事件時，沒有任何困難。他們眼看著元朝統治的最後十七年裡，人們不斷見到這類情形連續出現，而同時亂民又在各個地方揭竿而起，於是知道龍降世乃是上天示警的徵兆，宣告元朝覆滅的日子已經不遠了。在一位散文作家的筆下，記錄了一條

---

2 張廷玉，《明史》，頁439。據臨朐縣的縣志記載，一三六三年七月，有流星墜於該山，但是在這段時期內，別無其他異常事件發生。參見《臨朐縣志》，卷一，頁8b；卷四，頁20b、卷四，頁28b。該省的地方志《山東通志》證實了臨朐縣的記載，見前揭書，卷三十九，頁36b。

白龍在一三五五年八月十日、發生於長江下游三角洲的一次旋風裡現身，他事後回憶當時觀察所見：「凡龍所過處，荊棘寒煙，衰草野鄰。」這必定是在接下來的歲月裡，當內戰降臨在長江下游河口時，景觀受到摧殘的景象。他接著哀嘆道：「視昔時之繁華，如一夢也。」[3]十三年後的一三六八年，朱元璋（一三二八至一三九八）自遍布華中的反抗運動當中崛起。用傳統制式語彙來形容這位即將登基稱帝的人，他「如龍飛騰」，建立起大明王朝。

朱元璋和忽必烈汗一樣（他崇敬忽必烈為偉大的征服者），想要按照自己的意志打造這個世界。這兩人各自建立的王朝，加起來長達四個世紀；在元、明兩代這四百年的時間裡，他們對形塑中國，以及將來會成為何等樣貌，所造成的影響，之後中國歷史上沒有任何一位政治人物能與之相比，這個紀錄直到二十世紀時，毛澤東奮力搏殺得到天下後，才被打破。忽必烈的野心是征服東亞。朱元璋對於疆域的企圖，在規模上顯得遜色不少。不過他內心真正在意的，是將這塊他從蒙古人手中奪取的滿目瘡痍國度，改變為一個道家理念之下的烏托邦，但是這所有一切很快就變形走樣，成為一個法令森嚴的勞改集中營。今日的中國人根據朱元璋身後的諡號，稱他為太祖高皇帝；通常，「太祖」是對朝代創建者的尊榮敬稱。這不是他在世時為人所知的名字，所以我根據習慣，在提起他的時候，或是直接稱他的名字朱元璋，或是稱他的年號：洪武。每一位皇帝在即位時都會頒行自己的年號，以傳達在位者過往的成就，或是對將來的意圖；「洪武」提醒朱元璋的臣民，當今皇帝在軍事上的諸般偉業。

早在朱元璋成為洪武皇帝以前，他就敏銳的注意到有龍突然在元朝的寰宇內現蹤這件事。馴服這些龍，是他充滿隱喻性質的任務，而朱元璋可不是那種會輕易放過這種象徵意義的人。他的第一次機會來得很早：在一三五四年的秋天，也就是他的王朝肇建之前十四年。當時，他正在金陵以西的地方，率兵逆長江而上作戰。一場乾旱已經降臨在這個地方。此地父老告訴他，在附近的沼澤地裡，不時可以看見一條龍在此現蹤。父老請求他向龍求禱，以阻擋一場全面的劫難。「時信而往禱之，」朱元璋在多年後寫道：「期日以三，後果答我所求」，天降甘霖。在歡慶謝雨的祭典上，朱元璋讚譽這條龍「不傷而不溢，功天地，澤下民，效靈於我」——這正是他盼望臣民們有朝一日對他說的話。「今也龍聽天命，神鬼既知。」前述話裡提及「天命」——這是王朝興衰的準則——正是他意圖成為天子的明確宣言。朱元璋以下面這首詩結束祭典，在詩中表面上描述的是龍，但實際上卻很像是作者對自身的寫照：

威則塞宇；
潛則無形。
神龍治水，

3 陶宗儀，《南村輟耕錄》，頁105。張海浩（Desmond Cheung）提醒我有這則記載，作者在此致謝。

寰宇清寧。[4]

現在，真龍天子坐上皇帝寶座，群龍便照預計行事：牠們的蹤影消失在人世間。除了洪武元年夏季，有一群蛟龍於鄱陽湖上的暴風雨中再次現身以外，洪武皇帝在位期間，不再有龍現蹤。他確實是真龍天子。

明代龍蹤

頭一條突然在大明天下現蹤的龍，出現在一四〇四年，也就是永樂二年，永樂皇帝（一四〇三至一四二四年在位）登基之後的第二年。到了永樂朝晚期，又有好幾條龍被人們看見，永樂朝最後一次的龍現蹤則帶來一場疫疾。由於永樂皇帝是從他姪子的手上奪到皇位，而他姪子又在皇宮裡一場神祕的大火當中身亡，於是人們就有很好的理由，懷疑上天在懲罰永樂。但是，沒有人膽敢將這個懷疑說出來，因為懷疑皇上得位不正、不該做天子，這可是謀逆大罪。於是人人噤口不語，而在永樂駕崩之後，天下少見龍蹤現身，一直到一四八〇年代為止。

龍開始以某種規律頻頻現身之時，正是孝宗弘治皇帝在位年間（一四八八至一五〇五）。五條被人們看見的龍，被記載入地方史料當中，不過只有兩條龍現蹤的事跡，能夠進入十八世紀時編纂、刊印的官修正史《明史》裡。官方正史紀錄裡第一次的龍現蹤，時間是一四九六年七月十四日，描述一條龍在暴雨閃電大作時，於拱衛北京的長城沿線，由一名士兵的刀鞘上飛騰而出。龍第二次現蹤是在九年之後，《明史》敘述在一五〇五年六月八日正午時分，一團黑雲暗影在旋風之中籠罩著整座紫禁城，然後升騰飛上天空，「若有人騎龍入雲者」，史家如此敘述。

這些龍的蹤跡，和其他弘治朝出現的龍蹤，引起當時人們的注意。它們可能激發了技藝高超的山水畫家（同時也是個惡名昭彰的酒鬼）汪肇的畫思，從而創作出一幅在我眼中堪稱為明代最傑出的龍捲風畫作：《起蛟圖》（見圖一）。龍在人間現蹤是一個謎團，對弘治皇帝（見圖二）來說更是如此。弘治皇帝廣受愛戴，因為他是本朝建立後一個半世紀以來，第一位謀求改進帝國內部各種效率不彰、暮氣沉沉問題的君主。他革除無能、不適任的官員，躬親參與政策制定，處理朝政手段嫻熟高明。[5]上天何以對這樣一位皇帝有所不滿？或者，上天想要示警的對象，並非皇帝，而是黎民百姓？一四九六年，龍在長城邊上那次現蹤，很可能促使皇上派遣一位隨侍宦官到內閣去，詢問大學士有關龍現蹤的詳情。這道送往內閣的旨意，讓大學士們急忙找尋朝廷內某位能提供專業意見的人士。[6]（我們將會在下一章裡見到這位他們找來的專業人士：羅玘。）弘治

4 朱元璋，《明太祖集》，頁350-351。
5 舉例而言，見焦竑，《玉堂叢語》，頁109-110當中的各項評論。
6 張怡，《玉光劍氣集》，頁1025。

圖一：汪肇，《起蛟圖》（約作於一五〇〇年）。汪肇很傳神的掌握了氣象上讓人們震驚的現象，在當時，人們認為這種現象伴隨著龍的現身。原圖收藏於北京故宮博物院。

圖二：弘治皇帝朝服御像（一四八八至一五〇五年在位）。注意皇上袍服肩膀部位的補服。在左肩的補服為一紅日；右肩補服則為一白月。日在左，月在右：合起來就是一「明」字，也就是大明的國號。當然，皇上所御袍服上繡滿了龍，這是皇室的象徵。原圖藏於台灣，中華民國國立故宮博物院。

朝最後一次有龍現蹤，是在一五〇五年六月八日，於紫禁城上空——也就是史書描述「若有人騎龍入雲者」的那次——要詮釋它背後的意義，並不困難，因為龍現蹤的時機，正是皇上升遐之時。上蒼正派遣特使，來迎接一位受寵愛的天子。

作為上蒼的造物，龍是皇帝的個人象徵。只有在皇上與其直系子孫居住的皇宮，才有那道九龍照壁，能夠抵擋外來的邪祟。只有皇室能穿著繡有袞龍的團龍袍，或是使用繪有蟠龍圖樣的瓷器用餐——不過模仿皇室的風潮需求實在太過強烈，以至於繡匠和燒窯匠只好拿掉袍子和餐具上每條龍一個爪子，技術上認定牠們不算是龍，以規避朝廷禁令。事實上，諸親王、郡王也必須遵循同樣的降級規定：位於大同的代王府裡，有一道修造於一三九二年的九龍照壁，這是明代碩果僅存、位於皇宮外的一處，但壁上所雕之龍，全都沒了五爪。

統治者與龍之間的連結，起點要追溯回奠定中華文明的老祖先，他們打敗了居住在華北沼澤地帶的惡龍，並且將這些濕地開墾為能生產作物的良田，將野獸馴養為家禽。有幾位先王甚至還豢養龍作為寵物。[7]龍與統治者之間的連結清楚明確，但是在意義上卻有正反兩面。龍既能展現皇帝的權威，卻也能象徵上天對他統治感到不滿。這就是為什麼龍現蹤值得記錄，甚至應該在史書裡大書特書的原因。大自然的訊息，是一個更大興衰模式當中的片段，如果人們能夠解讀這些片段，其中就能顯示出國運的未來走向。

王朝興衰的循環完成了這種模式。上天將治理天下的天命賦予證明自己有能力擁有它的人，他們或是靠奪取，或是保守住帝位，來證明自己能得天命。當中的邏輯重複，是一句自我循環論證（tautology），但如此做法，仍然極具有說服力。一位享有天命的開國之君，絕不會期待龍的現蹤，而任何聲稱見到龍蹤的人，則正為自己招來滔天大禍。[8]只有當一個朝代的國運衰退，而開國之君的後人——也就是他所創立的王朝君主，看來即將喪失天命眷佑的時候，龍才會現身。弘治皇帝「龍馭上賓」（騎在龍背上升天，「若有人騎龍入雲者」）——或許是朝廷史官捏造出來的故事——表明他是贏得了上天的恩典，所以在這個例子裡，龍的顯現蹤跡看來是對黎民百姓的警告，要他們團結擁戴天子，而不是對皇帝本人的示警。

當龍顯現蹤跡的次數，在繼承弘治皇帝大統的正德皇帝（一五〇六至一五二一年在位）時逐漸增加，故事就變得不一樣了。正德朝的前六年裡不見任何龍的蹤跡，直到一五一二年八月六日，有一條通身火紅的蛟龍，在距離山東龍山東北一百六十公里處的上空現身。牠以不祥的姿態，由西北往東南方向盤旋而去，然後在一聲震耳欲聾的雷響後，升騰入雲，消失蹤影。不過，牠並未帶來任何災害。四年以後，一五一七年七月七日這天，九條黑龍在淮河與大運河接匯處現

7 Sterckx, *The Animal and the Daemon in Early China*.

8 這項普遍的規則被《清史稿》的記載打破，因為根據《清史稿》，清代第一次載入史冊的龍現蹤出現在一六四九年，距離新朝廷入主中原不過只有五年的時間；見趙爾巽，《清史稿》，頁1516。《清史稿》記載下這次的龍蹤，是對滿洲人統治中原合法性的質疑嗎？

身，造成嚴重的破壞。當牠們從河面吸取大量江水時，一艘停泊在河面的船舶，被龍捲水柱捲上了天。船家的女兒當時就在船上，不過龍將船舶席捲上天，卻將這個女童輕輕放回地面，沒有傷害她。此種怪異的情節，在一年之後再次出現，情形更加惡劣：當時在長江下游地區，有三條口噴火焰之龍由雲端而降，將二十餘艘舟船席捲上天。許多跟著被捲上天際的人落下摔死，但是遠不及驚駭而死的人數。超過三百戶民家被毀，殘骸散布滿地，接下來一連五日，天降紅雨。[9]前述這些龍現蹤都比不上十一個月後、發生在鄱陽湖面上的一場群龍惡鬥。這次有十二條龍現身，在規模上遠勝一二九七年或一三六八年的那幾次。湖泊裡被淹沒的小島，在暴風雨過後，再也沒有露出水面。

所有人都同意，正德朝出現的龍蹤絕非上天恩惠的徵兆。正德這位皇帝在人們的記憶裡，是本朝最不負責任的君主。[10]沈德符（一五七八至一六四二）在他的著作《萬曆野獲編》內，一篇名為〈正德龍異〉的文章裡，對此有一番極為透澈明瞭的詮釋。這些龍的現蹤，並不只是對一位行徑乖張皇帝而產生的普通徵兆，更是對於他的惡劣判斷，及其所導致後果加以示警的跡象。沈德符排列每一次龍現蹤的時機，準確的對應皇帝飄忽不定的行跡，包括他的死亡在內，都有相應的龍蹤。正德在長江流域的湖泊上乘小舟釣魚時落水，數星期後死於一場熱病。水是龍特具的元素，沈德符因此大膽的推論，鄱陽湖群龍必定和皇帝之死有關。[11]

從那時候開始，在之後的歷代明朝皇帝所遭遇到一個又一個環境或朝政的危機裡，就時常伴隨出現群龍的身影。正德之後的嘉靖皇帝（一五二二至一五六六年在位）就深受龍現蹤所困擾，特別是在一五五〇年代時。可以確認發現時間的龍現蹤共有十八次，而被記載而不能確認時間的次數則更多。一位生活在長江下游的作家，蒐集了地方上嘉靖朝龍現蹤的故事，他提及有一回，龍在杭州一名獸醫的家門口前現身；第二次則是在經過杭州外的枋山時，將大片松樹連根拔起；龍第三、四次的現蹤，是在熱浪之中，於蘇州郊外，摧毀二十餘棟民房；第五次，龍攪動杭州的風景勝地西湖，推倒一座鐵塔，傾覆多艘遊艇，並且將一所佛寺的千佛殿化為碎片。[12]

一五七三到一六二〇年萬曆皇帝在位期間，龍出沒現蹤的次數就像嘉靖朝一樣頻繁。特別壯觀的是萬曆朝第二次現蹤，時間是一五八六年八月二十九日，當時有一百五十八條狂暴的龍，扯裂了南京以西郊外農村的天空，牠們夷平山丘，摧毀農田，使數千百姓溺斃。群龍持續現蹤，一直到明代最後一位皇帝崇禎在位時期（一六二八至一六四四）。有兩條龍於一六四三年秋天被人

9 《明武宗實錄》，卷一五〇，頁3a；卷一六二，頁2b。

10 黃仁宇在《萬曆十五年》中，對於正德皇帝提出了非常尖銳的批評。

11 「上墜水得疾北還，實與前吸舟湧水事相應。即鄱陽之怪，亦似闕聖躬。」沈德符，《萬曆野獲編》，頁742。對於《明史》中記載的龍現蹤紀錄，沈德符還添了另外兩次，其中一次，他似乎是取材自陸粲（一四九四至一五五一）的記載。陸粲在他的《庚巳編》裡記錄了同樣的故事，篇幅略長，見前揭書，頁105。沈德符在這篇〈正德龍異〉的文章前，還有另一則篇幅更長的論述，名為〈弘治異變〉。

12 張怡，《玉光劍氣集》，頁1024。

們發現，這時正是一段殘暴時期的尾聲，明朝已無法在種種政治、經濟、軍事與環境的危機當中脫身。明朝在次年的春天覆亡。

全球龍蹤

在這個時期，中國人並不是唯一發現龍蹤跡的民族。歐洲人同樣也看見了。作品備受歡迎的倫敦自然科學作家愛德華・托普賽爾（Edward Topsell）在其著作《諸蛇之史》（*The Historie of Serpents*）裡，給了龍兩個章節的篇幅。托普賽爾的寫作，由大量的文稿書籍當中挑選素材，其中包括康拉德・格斯納（Konrad Gesner）那本大量再版印製的《動物史》（*Historia Animalium*）；托普賽爾將所有他能找到關於龍的記述，全都拉拉雜雜地寫進這篇不大有條理、前後主旨也不一貫的文章裡。他告訴讀者，龍來自各種不同的種類，「若謂辨別，部分係由其領域，部分由其數量與大小，而部分來自其外觀不同之樣貌。」他先是把篇幅留給歷史上的例證，不過終究把主題帶回自己的國家，宣稱「即使在吾人的國家，」有許多龍已「被人發現，並遭到殺害。」可是，他筆下記載最為詳盡的例子，全都來自歐洲大陸：法蘭西（由許多博學且可信賴之士所見證，他們所見全都一樣）；一四九九年五月二十六日在陸森（Lucerne）；一五四三年在日耳曼（「這些龍的確會咬人，並且讓很多人受傷，無藥可救」）；以及庇里牛斯山（「龍是一種殘暴的大蛇」）。他向讀者打包票，巴黎的學者已經取得死亡的龍樣本並且加以檢驗了。「據說牠們來自印度。」

托普賽爾知道，有些讀者會質疑他的故事，所以他反覆提及一名德國消息人士在為格斯納提供自然史寫作素材時，告訴格斯納的一番話。這名消息人士對格斯納堅持說，「他並未寫下捏造的事情，而是確實發生之事，他筆下記載之事均來自信譽卓著、足堪信靠之人，他們確實親眼見及這些龍的出現，並且領悟，在火焰之後隨即而來的不幸災禍。」托普賽爾採取同樣的立場替自己辯護，他聲稱「我筆下所記載之事，足夠令任何理性之士感到滿意，相信有翼的大蛇與龍存在於人世間。」他以下面這段不怎麼具有力量的聲明，作為他主張龍確實存在論據的結尾：他寧願以文字讓讀者相信他書中所言為真，也不願意使他們等到龍真的在英格蘭現身的那日才眼見為憑，「以避免某些隨即而來的大災殃。」[13]

托普賽爾的強烈抗議，意味著在一六〇八年時，不是所有歐洲人都相信龍的存在。學者們在上個世紀就已經對此爭論不休。托普賽爾對於他筆下關於龍的記述「並未將神話與現實混為一談」的聲明，反映出他正面臨到有如芒刺在背的反對聲浪。可是從另一方面來說，他的書相當暢

[13] Topsell, *The Historie of Serpents*, 155, 161-162.引文裡某些字的拼法業已經過作者調整。在此要感謝凱斯・班森（Keith Benson）提供托普賽爾這條材料。

銷，又說明了龍的信仰對許多人而言，仍然完整無缺。

這種立場分歧的情況，同樣出現在與托普賽爾同時期的明朝人之間。陳耀文根據自己編纂的類書《天中記》所載內容，毫不存疑的相信龍確實存在於遙遠的過往；《天中記》是他於一五五〇年考中進士後一段時間內編纂而成。這位多產的學者，從典籍圖書當中廣泛蒐羅材料，讓讀者能建立對世間各種生物的完整理解；在《天中記》的第五十六卷，他也同樣如此介紹龍。在這一卷裡，我們讀到儘管水可以澆熄人們所生的火，卻能為龍噴火提供燃料。我們因此而知道龍可以看見百里（五十八公里）之外的纖芥事物。而很顯然，就如同世間的一切生物，牠們也有若干看不到的東西：「人不見風，魚不見水，鬼不見地，羊不見雨，狗不見雪」——而「龍不見石」。我們還能從中知道，龍角可長達六公尺，這是一尾赤龍的角，牠於四八七年在一位皇帝的面前現蹤。[14]陳耀文筆下的內容，幾乎全部取材自淹沒了千年或更久以前的記載。與他同時期的明人，對於這類知識就不是那麼的肯定確信，而有些人已經開始寫下他們對於類書或「筆記」當中，關於龍事跡的懷疑。這些「筆記」非常類似當時英國作家所謂的「隨筆備忘錄」（commonplace book），我也準備用這個名詞來對應中國這種隨筆記載的文類。宋代以來的讀書人，正是用這類文字記載事物非正式的陰暗側面；也就是在這裡，我們發現了明代學者所留下關於龍的苦心思索紀錄。

群龍本質

大多數的明代學者在著手判別龍的本質時，都將其視為一個種類範疇的問題。他們並不怎麼去問「龍是什麼」，反倒更著力在這些龍可以被歸類在哪一種範疇之內。龍能在空中飛行，通身赤紅明亮，可以被看做「陰／陽」二極當中象徵陽剛那一面的強力顯現；陰陽觀念，長期以來建構了中國人對物質世界的設想認定。可是，龍又能潛入深水，以及其他陰暗、潮濕的處所之中，擺動尾巴，就能帶來大雨或是洪水；這件事似乎又顯示出牠與陰陽二極當中另外一面的密切關係。中國的天體宇宙觀裡有句著名的格言——「物極必反」，並不能解決前述這個問題，因為龍顯然同時體現了陰與陽這兩種極端於一身。

認真的學者們被這個問題給難住了。陸容所著的《菽園雜記》是明代中葉內容最為豐富的類書筆記著作之一，書中有許多深刻的見解，在這本書裡將會持續被引用。然而，說到龍這件事，陸容（一四三六至一四九四）卻異乎尋常的對自己的見解不具信心。「傳云神龍能飛能潛，能大能小」，而由於在這些說法之中，沒有足堪判斷的依據，他對龍做下如此的結論：「其變化不

---

14 陳耀文，《天中記》，卷五十六，頁10a、頁19b、頁20a。

測，信矣哉！」[15]半個世紀之後，對史料考證更加嚴謹的《七修類稿》作者郎瑛（一四八七至大約一五六六），試圖透過明代學者擅長的方式，來解決這個陰或陽的難題：由他所能摘錄的早年文獻之中，詳察、篩選每一則出處。這也是愛德華．托普賽爾的方法，他很高興的記下，由於龍「在歷史上提供了如此豐富的事跡，可供充分發現其本質之用。」[16]郎瑛會同意這個看法，並且決定把研究重心擺在龍的誕生，他認為龍的生衍繁殖必定能揭露其真實本性的祕密。在目前的情況下，人們在這件事情上有很大的分歧。有的人主張龍是胎生動物，另一部分的人則認為龍是卵生。由卵孵化這種推斷，較為人們所廣泛接受——陳耀文在他所著的類書《天中記》裡也贊同此說。[17]可是，郎瑛問道，如果真是這樣，那麼這種從卵裡誕生的東西——最上者為鳥類，最下者是昆蟲——怎麼可能擁有諸般神祕莫測的能力，而被認為是龍呢？他扼要簡略的評語——「愚意龍為神物，變化不測」，表明他在對龍的本質判定一事上與陸容不同，並不接受更具空想性質的主張論調。然而到最後，郎瑛承認失敗。在不斷來回檢視各種各樣關於龍的爭論（陰還是陽？胎生還是卵生？溫血還是冷血動物？）之後，他只好不情願的做下結論：最後的解答時刻必須要推遲出現，一直等到「博物君子」（意指有能力探究自然世界的學者）有辦法得出更具說服力的結論為止。[18]

龍通常會在一場猛烈的暴風雨裡現蹤，所以觀察者便試著回頭在暴風雨裡尋找有關龍的證據。然而一旦提出問題，人們對於暴風雨的觀察記述，就顯得可疑。郎瑛說的有道理：因為暴風雨阻礙，使得人們無法清楚的觀察龍現蹤時的動態。「世人見龍，或掛或鬥，或經過，或取水，」郎瑛跟著指出：「則必風雨交至，雷電晦暝」，這使得觀察者要想清楚無誤的辨認出龍，相當困難。而龍也意圖和在地面上的人們保持距離。「甚之敗屋拔木，不過閃閃於雲煙中，見其盤旋之勢耳，欲睹全體不得也。」[19]結果，人們是以想像來填補空白。郎瑛為了證明自己的看法，詳細探究了一次可疑的龍現蹤，這次龍顯現身影，發生於龍成群現蹤的正德年間，大約是一五一〇年代初期，他指出，這次龍現蹤事件的目擊者僅只是在極為短暫的驚鴻一瞥下，就輕率做出結論，說他們見到了龍。

15 陸容，《菽園雜記》，頁14。他在稍後另一段文字裡，做出與此類似的評論。在那段文字裡，他討論一種龍的亞類型，這種龍體型較小，被稱為「蛟」。他說蛟龍沒有龍的全副本領，因此無法自行變貌（頁185）。史樂民（Paul Smith）在撰寫他的論文〈宋元明在歷史上的變遷〉（Impressions of the Song-Yuan-Ming Transition）時，大量摘引陸容的文章見解，特別是在頁95-110。

16 Topsell, *The Historie of Serpents*, 153.

17 陳耀文，《天中記》，卷五十六，頁2b。

18 郎瑛，《七修類稿》，頁289。

19 郎瑛，《七修類稿》，頁645；在此我要感謝張海浩（Desmond Cheung）提醒我郎瑛對龍的各篇論述。

接著，郎瑛調轉筆鋒，說起一次發生在廣州的龍現蹤事件。事件發生時，他本人正在這個地方，不過他並未仔細交代自己是否親眼見到這個生物。（譯按：郎瑛《七修類稿》，卷四十四〈見龍〉原文云：「吾友金茂之之父，成化末，客遊廣東新會縣」，由此可知郎瑛似乎未到廣州，也非親眼所見。）「一日，早潮方平，一龍自空墜於沙場，」他寫道。人們當下的立即反應，是保護人世間不受這頭怪獸的侵犯。「魚人各以所擔之木，捶之至死，官民群往觀之。」郎瑛描述這條龍的模樣：「其高可人，其長數十丈，頭足鱗角，宛然如畫，」這條生物像是在模仿畫裡龍的樣貌，「但腹惟多紅色。」對於這次龍現蹤事件，郎瑛感到滿意，他在本段末尾寫道：「此可謂見之明也。」這條龍無法讓郎瑛在分析龍的問題上更進一步，但至少能確認龍的存在。當然，在邏輯上，發現一條生物，符合中國畫師筆下對龍的各種描繪，並不能證明這就是條龍，更不用說要證明龍普遍存在；但是，這並不是郎瑛思考的方向。群龍是否存在，對郎瑛而言從來就不是個問題；龍的屬性才是問題。為了確保錯誤的資訊不至於滲入他對於龍在動物學範疇上，應該歸屬哪一種、哪一類的分析，他必須要剔除那些不可信的龍現蹤事件。

一個世代以前，對於從擱淺在灘岸上的龍，究竟能夠探究得出什麼，陸容並不十分有信心。他詳細的描述了一次發生在一四五〇年代初期的類似故事，當時有一頭海中的龐然大物乘著漲潮，衝進了溫州灣。早在百年以前，兩條龍就在這個海灣上空發生一場打鬥（也就是元代歷史上官方記載的第二次龍現蹤）。人群聚集圍觀這頭令人驚異的巨獸，不僅是想親眼目睹，更還想從巨獸的骨架殘骸上割下肉來。超過百名業餘屠夫一擁而上，但是當這頭龐然巨獸將尾巴擺向這些民眾時，他們全被捲入海中。在當時，這次事件的觀察者不能肯定究竟這頭龐然大物是不是龍（換作我們會認出，那是一條鯨魚），但是他們研判，這頭巨獸應該歸屬於龍的種類。陸容心中存疑的是這次龍現蹤事件的真偽，而不是其歸屬的種類範疇。[20]

在十六世紀的後半葉，筆記隨筆的作者們顯然對探究龍的屬性一事失去了興趣。他們仍然記載發現有龍現蹤的事件，尤其是在有可與之相對應的政治涵意解釋出現時，但是他們探究此問題時，顯得意興闌珊，筆下不如十五世紀的前輩們那樣充滿熱情。在我找到的晚明隨筆作品裡，唯一仍然對龍進行長期探查的著作，是謝肇淛的《五雜俎》，這是一本關於各類自然世界知識的作品。謝肇淛以全書五分之一的篇幅談論各種動、植物與物質（如筆墨），而開篇的十三則條目都在討論龍。第一則條目將龍這種最有靈性的生物，和最為凶猛的虎作對照：捉到一條龍，可以豢養牠；但如果你捉到的是一頭虎，只能以囚籠監禁牠。（譯按：原文為「莫靈於龍，人得而豢之；莫猛於虎，人得而檻之，有欲故也。故人而無欲，名利不能羈矣。」謝肇淛本意為龍、虎之所以被豢養、監禁，是因為慾望所致，人只要克制慾望，便不受羈絆和牽制。承吳政緯先生提示，特此致謝。）第二則條目，他駁斥相士的理論；相士聲稱某人如果具有類似龍之形貌，就

[20] 陸容，《菽園雜記》，頁154。

必定具備龍的種種威能，謝肇淛對此不以為然。然而，他對相術的駁斥，卻沒有使他隨之懷疑其他與龍相關的傳說。在第三則條目裡，他說明龍是所有生物之中性情最荒淫的一種。牠們會與龍以外的各種動物交配，產下的後嗣可想而知，同時具有父母雙方的特徵。在六則條目之後，他再次重複這個觀點，指出「蓋龍性淫，無所不交，故種獨多耳。」龍甚至會與人類交配。謝肇淛寫道，嶺南有善於求雨者，就利用龍的這項癖性以求得雨水。他們將一個年輕女子懸吊在半空中當作誘餌，在龍從雲端盤旋而下、朝她而來時，求雨者便設法阻止牠與女子交合。龍屢次接近女子不得，就噴射出雨水。

儘管如此，謝肇淛還是擁有某些陸容所具備的懷疑精神。龍的現蹤就是一個問題。由於龍總是在大雨和厚重的雲層當中現身，目擊者就不可能確切的看見龍的全貌，只能瞧見牠身軀的一部分。謝肇淛也對若干和龍有關的可疑情況抱持懷疑態度。他記下人火與龍火之間的不同差異，然後評論道：「此亦不知其信否也。」與此類似的是，另一個關於龍的民間傳聞，也就是鳳凰喜歡吃龍腦的傳說，對此他質疑道：「夫鳳非竹實不食，而亦嗜龍腦耶？」[21]然而，單只質疑與龍相關傳說的任何一個層面，是不足以顛覆龍的真實性的。在天生萬物之中，龍已經占據了頂點的位置，只要還有人記得，牠們就會在元代與明代繼續扮演這樣的角色。即使是如此，我猜想，就像歐洲受過高等教育的人們，在托普賽爾的論述之下喪失信心那樣，晚明的讀書人也是如此，他們在百姓對龍的認識面前，恐怕也不能徹底安心自在。

謝肇淛在《五雜俎》裡提及，龍存在最為確鑿的證據，是在北京以西的黃土高地上，因為河岸侵蝕而露出的龍骨。一六三六年，發生在山西東南部渠底村的一場山崩，使得一副完整的龍骨架重見天日。龍的牙齒寬超過一英寸，頭顱骨據測量，有四十公升，而其爪長則達四英尺。如假包換的龍就在這裡，你可以碰觸牠。這具被發現的骨骸，很快就被破壞成碎片。渠底村的百姓並不是好奇的獵人，也不是業餘客串的古生物學者。村民和我們不一樣，他們沒有運用這些化石來重建這個星球過往歷史的興趣。他們心裡在意的事情非常現實，和同一時期的歐洲人有若合符節之處：用龍骨入藥治病。歐洲的藥學知道，龍的藥性材質存在於牠們的組織裡（托普賽爾提及脂肪、眼睛、舌頭和膽），特別是在牠們的血液裡。[22]然而，根據中國藥理，龍身上最具有療效的部位，集中在其骨骼。[23]這就是為什麼在發掘出龍骨時，會引起地方民眾興趣的原因。三年以前，一場大旱襲擊山西，而在接下來的十年內，情況更形惡化。隨著饑荒而來的，是嚴重的疫疾，情況之慘，引用一位修纂省志史家的話，飢餓而死的屍骸倒於路旁兩側，猶似相互凝望。[24]

---

21 謝肇淛，《五雜俎》，頁166-167。

22 Topsell, *The Historie of Serpents*, 172-173.

23 葉子奇，《草木志》，頁16。關於明朝人對藥材的理解認識，參見Nappi, *The Monkey and the Inkpot*, 55-68.

24 談遷，《棗林雜俎》，頁483；《山西通志》（一六八二），卷三十，頁40b。「龍骨」一詞，也被用來稱呼商代祭司占卜神意、之後埋於地底的甲骨龜殼，藥材商挖掘這類文物，當作入藥的材料。一直到二十世紀，這兩種「龍骨」還是持續被發掘作藥材使用。參見Anderson, *Children of the Yellow Earth*, 74-76; Schmalzer, *The People's Peking Man*, 35-37, 132-134.

在龍骨重見天日、出現在人們眼前時，渠底村的百姓需要一切他們能獲得的醫療援助。

龍載史冊

龍屬於中國歷史，但是牠們也應該被歸類進我們這部歷史裡來嗎？答案是肯定的，理由很簡單：因為那個時候態度認真的史家們，都是這麼認為的。如果我們翻開元、明兩代官修正史的〈五行志〉，就會發現朝廷修史的編纂者，將龍和蝗災、異常降雪等反常現象歸類在一處。在我第一次閱讀《元史》、《明史》的〈五行志〉時，我覺得自己的注意力集中在蝗災與降雪，忽略了龍的現蹤。蝗災釀成饑荒，而不按時令突降大雪，則可能是氣溫酷寒的證明。那麼龍的現蹤又代表了什麼呢？

正因為當時的史家認為龍值得載入史冊，或許我們能試著用直觀來理解龍對當時的人們具有什麼意義，從中得到若干啟發，也因此而能知道這些龍現蹤事件對今天的我們，又可能會具有怎麼樣的意義。[25]元、明兩代的人是否相信龍真的存在，其實無關宏旨。那時的他們正注意著與其息息相關的事情，而如果這些事情對他們而言是重要的，那麼對我們來說也應該具有意義。要詮釋這些事件的意義，最簡便的辦法，就是以百姓之間大規模的集體歇斯底里現象，來解釋龍的現蹤，可是這並不足以令我們信服。讓人更加感興趣的做法，是將牠們看做是一種隱喻，代表當時極端異常氣候的現象。按照這樣的看法，一條在海濱翻攪洋面的龍，就變成了一次海嘯；一條以飛快速度穿行通過狹窄山谷的龍，正標定了一次山洪爆發的位置；一條將建築物扯成碎片、化為瓦礫的黑龍，其實就是一道龍捲風；一條吸取江水、連帶將水面上船家女兒也席捲上天的龍，經過重新解讀，就是一條水龍捲柱；諸如此類等等。

但是，將前述各龍解讀為氣候現象，雖然可能是正確的，卻也有風險——可能會錯失當人們在目睹龍蹤時，在情感或心理，以及政治上所產生的種種衝擊。元代與明代的人們對惡劣氣候的領會理解，其實就和我們一樣，但是當他們見到一次龍蹤的時候，所見卻遠遠超過惡劣的氣候：他們看見的，是一場宇宙天地間秩序的混亂騷動。我們沒辦法只把龍當成龍，這是我們這個時代的人具有的特質，不是當時的人所能具備的特性。可是，身處二十一世紀的我們，難道就真的可以免於將我們傾向認定的事情，做出過度引申、不合常理的詮釋嗎？難道我們不是認為惡劣氣候背後意味著全球氣候變遷——也就是我們這個時代的天地秩序混亂嗎？

當然，這些龍不僅只是動物而已；牠們是可怕駭人的生物。古生物學者史蒂芬．古爾德（Stephen Jay Gould）有一次曾經說，恐龍之所以刺激我們的想像力，是因為牠們「巨大、凶猛、

---

25 伊懋可（Mark Elvin）教授是唯一一位主張將人們發現龍這類「超出現有動物群的生物」（super-fauna）的事例認真看待、當作是理解當時人們怎麼看待世界的現代歷史學者；參見他的 *The Retreat of the Elephants*, 370.

而且已經滅絕。」[26]中國的龍也同樣如此，只不過對於元代和明代的人而言，牠們是活生生存在的。事實上，龍在中國的最後一次現蹤，發生在一九〇五年十一月的沿海水域，當時距離中國最後一個帝國——大清王朝的覆亡，只剩下幾年時間。[27]發現一條龍的身影，是和一個遠超過自己的力量遭遇。人們不只是見到群龍的身影而已，他們因群龍現身而為之目眩神迷。換句話說，這些平日肉眼見不到的生物，是主動顯示出自己蹤影的；上天正藉由牠們對人間施以影響力。

我們就真的和當年的人那麼不同嗎？近年以來，威爾斯（Walse）的農民時常說在他們的農田周圍見到黑豹出沒。黑豹並不是威爾斯生態鏈裡的動物，而當局也否認有這種大型貓科動物的存在。但是在威爾斯內外，有很多人還是深信黑豹就在那裡。人類學者莎曼沙・赫恩（Samantha Hurn）指出，召喚「具有象徵性意義的猛獸」，反映出「人們運用非人類的動物作為明確手段，或是作為人類活動隱喻的廣泛傾向。」[28]豹這種大貓提供了那些聲稱看見豹蹤影的人們一個機會，將從前難以被看見，或甚至無以名之的事情揭露出來。在威爾斯的這個案例裡，豹所「代言」的對象，是那些對於「英格蘭」禁止獵捕狐狸規定感到怨恨的低收入農民；這道獵狐禁令讓狐狸的繁衍不受抑制，而大肆捕食家禽和農作物。農民們在官方的禁令面前，深感自己無能為力，於是求助於豹，以豹代表的大自然力量，來對抗難以理解的國家威權。

這也許可以幫助我們理解，為什麼歷代中國皇帝必須堅稱能夠操控群龍。這些龍的存在提醒了黎民百姓，在不可預知的上蒼，和有時對民間疾苦無動於衷的國家體制面前，他們有多麼的脆弱、容易受到傷害。那些發現龍蹤的人，可以宣稱這些違反常態的現象，都是皇帝失政、未能滿足他治下百姓需求的徵兆。洪武皇帝聲稱自己取得了操控龍的權力。即使是明代極具悲劇性的末代皇帝崇禎，也在他還身為親王、居於潛邸時，夢見一條黑龍盤旋纏繞在皇宮廊柱之上——這個夢是他取得權力的努力，並且藉此證明他具備成為下任天子的資格。[29]大多數的皇帝都不是能夠操控群龍的真龍天子，他們也沒有見過龍蹤。在元、明兩代，群龍只對百姓顯現蹤影。牠們對人們具有什麼意義，由其自己決定。

如果威爾斯真的有豹存在，牠們對於禁獵規定想必無動於衷。牠們從藏匿處竄出，是為了獵取食物，而非表達政治不滿。就算威爾斯其實沒有豹的存在，人們還是會繼續「發現」牠們的蹤跡，這既是作為對現狀的警告，也讓人突然能心頭剎那間一亮，明白事情應該是如何模樣。如果元、明兩代真的有龍存在，我們必須得從頭開始，找出如何將牠們納入歷史詮釋之中、並且對我們產生意義的方法來。不過，就算牠們不曾真實存在過，這些擬人化的暴風雨也夠真實的了——

---

26 Gould, "Foreword," xiv.

27 趙爾巽，《清史稿》，頁1519。

28 Hurn, "Here Be Dragons? No, Big Cats," 11. 我在此感謝人類學家、寫出《今日人類學》（*Anthropology Today*）的古思塔夫・霍特曼（Gustaaf Houtman），他在書中收進赫恩的這篇文章，使我能夠注意到它。

29 李清，《三垣筆記》，頁153。

而人們需要知道關於龍正潛伏在超出視線邊緣外的一切證據，顯示出牠們準備被人們所忘卻，但是同樣也準備好要懲罰那些暴虐貪腐、不恤民瘼的皇帝，因為皇帝犯下這些罪孽，更增添牠們的困擾。要是我們生活在這個時代，我們同樣也會看見龍的蹤跡。（假如我們生活在那個時代的英格蘭，就會知道威爾斯的惡龍是最具危險性的一種。）

即便我們真的只將這些龍現蹤解讀成惡劣的氣候，仍然可以幫助我們推測出一段中國歷史，讓我們更加貼近人們所經歷的過往歲月。我在本書第三章會再加以申論：氣候確實是貫穿整個元代和明代的一項活躍因素，它在塑造這四個世紀的歷史軌跡當中所扮演的角色，其程度絕不亞於一二七一到一六四四年之間，二十八位在位當政皇帝的個人性格與熱情，他們在一個又一個危及統治合法性的危機當中蹣跚前行。關於龍有一個好處：牠們並不需要人們在不祥的惡兆與惡劣的氣候之間做出區分。這兩者是一體兩面，彼此相互加強。

群龍以駭人又古怪的行徑，向那些生活在這個時期的人證實：這是一段艱難的時代，無論在政治上和氣候上都是如此。人們對應的辦法，是精心制定各種習俗制度，尋求各種生計策略，以求能擺脫這些艱困情形，並且可以勉強維持正常生活。人們這麼做，就大大改變了這個世界之前的模樣。獨裁政治與商品化經濟，是這段時期的兩大路線主軸；這二者在宋朝時就已無人不知，但是現今則不只是在量方面，於質的方面也很大程度的與之前不同了。社會習俗變得五花八門。文化生產為了因應新的目的，而改採新的形式。哲學家們對於諸多思想層面上的設想依據，顯現輕視的態度，而這些設想認定，原先卻是儒家思想的基礎。宋代的宇宙論宏觀思想，現在被人們拋諸腦後。在任何事情看似需要一個好的前例時（例如道德、制度與風俗習慣），宋代在明朝人的話語裡就成了好榜樣，但是這個榜樣對於此時的所有人而言，卻不再具有嘗試將其付諸實現的力量。往昔歲月令人舒心愜意，但那是想像杜撰。當前則需要另外的理念，好讓下列事項具備意義，這些事項分別是私有財富的擴大、私人感情的培養，以及因為前述這兩個方面發展鼓舞之下，而造成對於仕途功名的疏離。社會上的菁英與最具聰明才智的人士在熱烈爭辯，到底哪一種信仰對人們來說是重要的，而哪一種則無關緊要，這種情形在明朝的最後一百年當中尤其如此。他們所身處的這個繁榮開放年代，究竟是一個更好的世界，還是一個忙著牟取暴利、自私自利，只會引來道德和政治毀滅的泥沼困境？這是一條向前邁進的道路，還是向後倒退呢？

就在中華帝國內部發生變化的同時，外在的世界同樣也正在改變。商賈和航海家正將明代中國拉進南中國海周邊的商業貿易網路當中，而除此之外，還延伸到印度洋與大西洋。一個全球經濟格局正在成形，而不論明朝對此是否知情，它本身也正在崛起，成為這個經濟局面底下的關鍵參與者。可是，環境、政治、軍事等災難強力匯聚在一起，共同對向前邁進的道路構成阻礙。大明王朝的末日於一六四四年來臨，這個王朝的終結者並非來自海上，再一次從北方草原而來。不過，這只是明朝的末日，卻不是帝國體系，或是文化傳統這個作為王朝支撐力量的終結。這個故事，伴隨著飛快出入於故事內外的龍，會一直持續，直到二十世紀。

第二章 規模

在十四世紀的時候，歐洲人對於元朝的認識，遠多過於其他任何一個在中國漫長歷史上出現的王朝。他們對元朝的認識，都是憑藉這個時代的暢銷作品：《馬可波羅遊記》（*The Description of the World*）。這本書告訴歐洲讀者們，有一個比歐洲任何地方都要更加廣袤、繁榮、人口眾多的國度，這個國度的統治者，是一位「權勢最為強大的人，無論就他治下的臣民，或是他統治的疆域，還是擁有的財富寶藏，在今日世界，抑或是自吾人的始祖亞當起算至今天此刻為止，都是有史以來的第一人。」[1]當然，這本書的作者，是馬可・波羅（Marco Polo，一二五四至一三二四）；而作者在上段引文裡所奉承的這位統治者，就是忽必烈大汗。

---

[1] Polo, *The Travels*, 113.

馬可・波羅出生在威尼斯（Venice），他的家族來自亞得里亞海（Adriatic Sea）遙遠東邊的柯爾丘拉島（Korčula），在今天屬於克羅埃西亞（Croatia）。馬可的父親尼科洛（Niccolò）和叔叔馬費歐（Maffeo）擺脫地中海貿易世界的陳規束縛，於一二六〇年時朝東方進發，這一年正是忽必烈被蒙古諸部共同選立為大汗的時候。經過五年的艱辛旅行與沿途貿易之後，尼科洛兄弟倆在蒙古大草原上、位於哈拉和林（Karakorum）的大汗王廷見到了忽必烈。之後他們回到歐洲，然後在一二七一年又展開第二次長途冒險，忽必烈在這一年創建了大元王朝。這趟遠行，尼科洛帶上了十七歲的兒子，馬可・波羅。這一次出門，一去就是二十四年。它留給世人最偉大的遺產，就是《馬可波羅遊記》。對歐洲人來說，這個人在元朝的經歷成了他們認識亞洲的入門導覽，而在接下來的好幾個世紀裡，這本遊記界定了他們對中國的想像與認知。[2]

如果馬可・波羅的書裡有個英雄，那就是忽必烈。「每個人都該知道，」波羅在他書裡中心章節的開篇這麼宣稱道：「這位大汗是最強大的人。」和這位統治者有關聯的一切事情，都必須以最強烈的語詞來描述。他的宮殿是「有生以來所目睹最宏大的」；圍繞著皇宮的都城裡，居住的人口是如此稠密，以至於「無人能計算其數目」；被運到這裡的商品貨物數量之豐沛，遠勝過「世界上任何其他城市。」[3]這也就難怪馬可・波羅贏得了一個綽號：「有百萬個故事的人」（Il Milione）。這就是歐洲人想像中的元朝——一個既充滿許多幻想卻又真實的世界；對於這點，之後像賽謬爾・泰勒・柯勒律治（Samuel Taylor Coleridge）這樣的作家，將會在筆下重返這個時期，燃燒他們的想像力。[4]

馬可・波羅受到後人的責難，因為在他的書裡，居然忽略了在今天的我們看來是中華帝國巨大與威力的象徵：長城。英國漢學家吳芳思（Frances Wood）甚至大膽提出質疑，認為馬可・波羅根本沒有到過中國。「無論是端詳今日的中國地圖、飛越華北上空，或是搭乘火車，沿西伯利亞鐵路（Trans-Siberian）抵達中國，只有眼力出現嚴重問題的人，才會無法注意到長城，而甚至不受其震撼、留下深刻印象。」[5]我們注視著長城這個動員大規模人力所築造出來的巨大壯舉，並且將其視為中國這個政體在地理幅員與政治規模上都遠超過歐洲經驗的代表之作。馬可・波羅

---

2 還有其他沿著相反方向、由中國到歐洲的旅行，值得以歐洲人的角度進行詳細的詮釋，像是中國景教（基督教聶思托留教派）修士拉班・掃馬（Rabban Sauma），他於一二七五年離開大都，在一二八七年先後晉見了法蘭西和英格蘭國王，但是他們的著作文字，都沒有被翻譯成歐洲的語言。掃馬的故事見於Rossabi, *Voyager from Xanadu*.

3 Polo, *The Travels*, 113, 125, 129, 130.

4 柯勒律治在他的詩作〈忽必烈汗〉（Kubla Khan）之中想像這位蒙古統治者位於上都的夏宮模樣。他的想像很大幅度都取材自對於蒙兀兒印度的敘述。蒙古可沒有什麼「蘭花蕙草開於枝樹」（incense-bearing trees）或「媲美上古山陵的蒼鬱林木」（forests ancient as the hills），也沒有披覆著雪松的「美崖斜坡深谷」（deep romantic chasm）。至於詩句中有一條「流經潛越深不可測蒼穴，竟墜一道冥冥不見日光的海洋」（through caverns measureless to man down to a sunless sun）的聖河，灤河確實在四百公里之外入海，但是並沒有沿途出現什麼「蒼穴」。令人感到好奇的是，這首詩是柯勒律治在服用鴉片作為治療疾病的緩解藥劑時寫就的，居然成為英語世界的學童認識元朝開國皇帝的第一個來源。

5 Wood, *Did Marco Polo Go to China?* 96. 儘管我對吳芳思的結論不表贊同，我還是要推薦這本著作，因為它是馬可・波羅紊亂不清的紀錄與其複雜世界的一部介紹，讀之令人感到愉快。

於一二七四年抵達忽必烈大汗的國度時，對此竟然毫無提及，使得某些讀者對他的整個故事都產生質疑。反對的意見聽起來似乎相當有道理，可是如果我們設身處地、讓自己回到十三世紀的歷史時空當中，則馬可．波羅顯然並沒有錯失什麼重要的事物。馬可．波羅說，他跟著絲路商隊，沿著甘肅走廊，進入沙州地界（「除了若干信奉聶思托留派的突厥人以外，到處都是拜偶像者〔即穆斯林〕」），來到甘州（「這是一座宏大而輝煌的城市，……有三座精美的大教堂……許多寺院和修道院」），接著朝向「東南，往震旦諸國（countries of Cathay）而去。」[6]在甘肅走廊各個地方，他都沒有注意到長城的身影，原因很簡單：當時那裡沒有長城。一直要等到明朝中葉以後，這個區域才開始有堪稱為「長城」的建築出現。[7]

不過，馬可．波羅也沒有任何城牆，可以屏障、抵擋對他「編造出整個故事」的攻擊指控。令人感興趣的論點是：長城可能在之後成為中國的象徵，但是在這時候還不是。當忽必烈兩邊眺望著巍然不動的華夏江山，以及蒙古大草原上的游牧民族領域時，城牆對他來說是微不足道的。明朝初年的皇帝們也是這麼想的，他們不顧慮一切困難，想像著有朝一日，明朝終將收復那片忽必烈曾經統治過的大草原。後來的歷代皇帝放棄了這個念頭，而逐漸地沿著北方邊境各段上構築「邊牆」，這是一道防禦工事，分隔了游牧部落與農耕民族，分隔了大明與蒙古，分隔了「華夏」與「番邦」。到了明朝末年，數百公里的長城線已經擴展到了數千公里；可是，這道長城沒辦法將游牧民族阻擋在外邊（一六四四年，他們在滿人的旗幟底下又重返長城以內之地）；而且，這道長城也沒有那麼巨大壯麗，你從太空中是看不見的。

大一統

游牧是蒙古部族的生活模式，而征服是他們統治的必然邏輯。一個部族要是待在一地靜止不動，在同樣這片水草稀疏的生態環境下放牧牛羊，就會逐漸減弱縮小，並且淪落至遭到其他部族統治的境地。想要生存，唯一的辦法是遷徙，而能夠帶領族人找到水草更豐美之地的部族領袖，就能享有非凡的個人領導魅力。成吉思汗一直到他於一二二七年駕崩之時，都遵循著這個道理，將蒙古人的疆域推進到華北平原；這裡原來是女真人建立的金朝國土，女真人屬於通古斯民族，他們在一個世紀以前掩有華北之地。成吉思汗駕崩七年之後，蒙古人滅了金朝，開始盤算征服更南邊的宋朝。

蒙古滅亡宋朝的戰役，因為在襄陽和樊城進行慘烈的圍城戰，而推遲五年之久；襄陽與樊城是一對毗鄰的城市，扼守長江中游，是由西北面進入南方的門戶重鎮。襄陽最終還是於一二七三

[6] Polo, *The Travels*, 85, 91.

[7] Waldron, *The Great Wall of China*, 140-164.

年陷落，很大程度上是仰仗穆斯林圍城工程師的技術協助。[8] 蒙古大軍在兩年之後攻下宋朝朝廷所在的臨安，不過，由於效忠宋朝的餘部帶著皇室成員逃往更南方，希望能延續本朝的香火，蒙古人要完全掃平宋朝殘餘的力量，還需要另外四年的時間。

忽必烈在拿下襄陽之後，將眼光投向一直支援宋朝的日本。他此前已經於一二六八年派遣一個使節團到該國，尋求作為宋朝盟友的日本，在蒙古滅宋的戰事上保持中立；但是第一次使節團不受日方重視，接下來第二、三次也同樣如此。既然敬酒不吃，就改吃罰酒。一支由兩萬三千名士兵、六千七百名水手、九百艘戰船組成的蒙古、高麗聯軍，於一二七四年十月橫跨朝鮮海峽，展開海島登陸作戰。從被固定在蒙古戰船兩側的裸體日本女子屍首顯現的可怕姿態可以看出，這是一場非常殘暴的攻擊。日本人的抵抗相當猛烈，而且想辦法試圖阻滯侵略方的進攻，一直到颱風來襲，蒙古艦隊三分之一的戰船沉沒，半數士兵溺斃。侵略被迫中止。

忽必烈完全有能力在還沒有令日本俯首稱臣之前，就征服宋朝，但是他還是於一二八一年，派出了規模更大的第二次遠征軍。結果，漏隙滲水的戰船、不充分的後勤補給、草率急就章的組織，加上另一次颱風來襲，導致蒙古人第二次遠征日本的失敗。日本人在十九世紀時，從這場戰役裡得出一個神話迷思：拯救日本的是所謂「神風」。這個詞語在一九四五年時又再次被召喚出來，在第二次世界大戰末期，日本面臨美國海軍最後進攻時，用來表揚、榮耀駕駛自殺飛機的年輕人（**譯按：即「神風特攻隊」**）。[9]

為了征服宋朝，忽必烈必須要求得一個概念，以合理化蒙古人的統治。他在接下來的論述裡，找到了這個想法的根據：由於蒙古人將數百年來分別在宋、遼、金等王朝統治下的土地，重新統一為一個國度，他們已經因此而贏得了治理這塊次大陸的權力。這個「將所有大汗統治的地區全部匯聚成一個整體」，並將其命名為大元王朝的構想，很可能是出自於忽必烈最信任的中國謀士，也就是法號為子聰的劉秉忠。子聰是受到敕封的佛教僧侶，他於一二四二年來到大汗帳下，效力了一段時間，然後在一二四九年重回忽必烈身邊，成為其新政權的首席設計師。[10]子聰明白，如果忽必烈沒有對中國傳統做出若干讓步、採納之舉，他作為中國皇帝，就無法贏得百姓的接納和支持。其中一項舉措，就是讓新建立的政權具有中國王朝的地位，並且讓元朝從西元前二二一年統一北方的秦朝以降、後者繼承前者的一連串朝代系譜裡，占有一席之地。藉由宣告創建大元，忽必烈聲稱自己是遼、金、宋三個王朝的合法繼承者。為了確定這種繼承地位，他敕命朝廷裡的學者，在宰相脫脫的監督之下，編纂遼、金、宋這三個前朝的官修正史。這是一個抹消長期以來中國人區分「華」、「胡」的舉措。「華」代表有文明、受教化的民族——之後則成為

---

8 Needham, *Science and Civilisation in China*, V:6, 219-225.

9 Delgado, *Khubilai Khan's Lost Fleet*.

10 子聰（一二一六至一二七四）有一個更為人所知的名字，即忽必烈在之後御賜的姓名劉秉忠。見陳學霖（Hok-lam Chan）所執筆的傳記，de Rachewiltz et al., *In the Service of the Khan*, 245-269.

「中華」名稱的由來；「胡」則是草原上的游牧民族。只要中國人還視蒙古人為「胡人」，蒙古人就不可能說服其治下臣民，他們自身具有「華」的地位。因此，更好的辦法，是另找一個更具包容性的概念，而這個概念就是「一統」。由於忽必烈已經將許多民族聚集起來，置於他的治理之下，並且匯聚為一個國度，他有資格宣稱，自己才是現今的真龍天子。

修纂遼、金、宋三朝歷史，目的在於讓後人回顧時，能界定元朝在朝代興替順序當中的位置。在當前，忽必烈則立志推動同樣性質的事業，也是在中國謀士的建議下，他下詔編纂一部全國方志：一部包含國內所有地方地理、職官、人物的綜合作品。這是首創之舉。在之前的各個朝代，方志的修纂只及於地方層級。現在元朝改變了這種做法。《大元一統志》於一二九一年首先刊行，接著於十二年後重刊增修擴大的版本。這本全國性的出版品，為之後的各個朝代訂下了前例。明朝開國以後，也學習元朝，在一三七〇年下令修纂明朝版本的全國方志，不過要等到全書的編修大功告成，可還有幾十年的時間。一四一八年，朝廷重複頒布修纂的命令，一四五四年再次更急迫的催促修纂。七年以後，《大明一統志》終於問世。

朱元璋統治的天下，並不是忽必烈所「一統」的國度。朱元璋被迫放棄原屬於元朝的蒙古和西伯利亞等疆域，傳統上視這些地區為「胡人」放牧之地。然而，由於元朝已經聲稱其「一統寰宇」，明朝自然不能落於其後。像「天下一統」、「國朝一統」，或「一統萬方」這類的措詞，充斥在明代的國家用語裡，這種情形不但在朱元璋一朝如此，本朝之後的歷代皇帝也無不如此。[11]

這件事情對朱元璋而言關係十分要緊，從他於一三七〇年命人創制的一闋辭意訣美、水準不高的仿作，名為〈大一統之曲〉的歌曲當中，就能看得出來：

> 大明天子駕飛龍，開疆宇，定王封。
> 江漢遠朝宗，慶四海，車書會同。
> 東夷西旅，北戎南越，都入地圖中。
> 遐邇暢皇風，億萬載，時和歲豐。[12]

明朝的疆域雖然幅員廣闊，但是在版圖的每一個方面都遠遜於元帝國，就疆域廣袤這一點而言，甚至也不如唐朝。[13]永樂皇帝（一四〇三至一四二四年在位）胸懷大志，想要拓展疆土，恢復元代時的邊境版圖，於是北征蒙古草原，南侵安南；但在這兩個區域，明朝都無法維持長時間的控制。在一六〇九年刊行的百科全書式圖解類書《三才圖會》裡，有一則論及朝代興替的條

---

11 例如：劉基，《大明清類天文分野之書》，序言，頁6a；朱元璋，《明太祖集》，頁9；黃瑜，《雙槐歲鈔》，頁12；《明太祖實錄》，卷五十六，頁11b。

12 《明太祖實錄》，卷五十六，頁12a。

13 張怡，《玉光劍氣集》，頁120。

目，試圖做出下列這番令人震驚的說法：「元氏以夷狄入主華夏」，意思是在「腹裡諸路」的幅員領域，不如先前各朝。「然其地西北雖過於前」，這處暗指元朝之外的其他蒙古皇族控制中亞地區、所建立的各個分支汗國，「而東南島夷則未盡附」，指的是之前日本曾接連打敗蒙古兩次入侵。前述這一切，到了明朝時都有了改變。「惟我皇明，誕膺天命，統一華夷，幅員之廣，東盡遼左，西極流沙，南越海表，北抵沙漠。四極八荒，靡不來庭。」[14]

前述說法，只是一種反元的措詞。到了明代中葉，朝廷威信所及的地區，已經從原來元代的邊境大幅向內收縮：根據明代地理學家王士性的說法，本朝在北邊棄地五百公里，在東北棄地二百五十公里，而在西南則棄地達一千公里。在這些地方當中，西南邊陲最容易遭到明朝的蠶食入侵；從明朝起，一直到後來的清朝，皆以緩慢而持續的速度，在這個地區引進農耕屯墾和官府機關，這是一個「吸納、取代，並且／或者根絕滅除」的明顯歷程，人類學者詹姆士·史考特（James Scott）替這種歷程命名為「內部殖民主義」（internal colonialism）。[15]北方邊境是擴張最為困難的地區，明朝最終在這裡設置了名為「九邊」的緩衝地帶，並築起長城，以區隔內地與外境。[16]「若元人兼有沙漠，」王士性評論道：「其廣狹又不在此內。」[17]

建路網

廣袤版圖一直有個潛在的惡劣影響，那就是內部凝聚力極度的低落：太多地方彼此距離太過遙遠，以至於無法進行有效的聯絡溝通。這是秦王朝以來歷代中華帝國所面對的挑戰，要建設一個以道路、運河縱橫貫通國境的交通網絡，如此才能使朝廷的使者、官員、軍隊以及信差等可以在合理的旅途花費下，快速到達目的地，並供國人後續仿效使用。

早在建立元朝之前，以及元朝開國以後，蒙古帝國就已經發展出一套令人感到震驚的交通網絡。這是必要之舉，因為這麼廣闊漫長的距離，要是沒有能夠聯絡溝通的方法管道，蒙古人就無法控制如此遼闊的領土。馬可．波羅對蒙古人建立的陸路交通系統留下極為深刻的印象。「當一名大汗的信使沿著這些道路啟程出發，他只需要走二十五里路，就能找到一處驛站，」他寫道。「而你必須了解，像這類的驛站，每隔二十五或三十里一處，都設置於通往各行省的主要幹道之上。」騎快馬遞送緊急消息的信使，在一天之內預計要趕四百公里的路程。馬可．波羅向他的讀

14 王圻，《三才圖會》，卷一，頁7a、7b。

15 Scott, *The Art of Not Being Governed*, 12.

16 「九邊」指的是由東北端的遼東鎮到西北甘肅鎮一線上設置的九處軍事要地。其他七處要地，由東到西分別是：薊州、宣府、大同、太原、延綏、陝西、寧夏。

17 王士性，《廣志繹》，頁2。

者擔保，這是「世界上的人們所能享有的最偉大資源，無論你身為國王，或者皇帝還是你想要成為的什麼人。」他在歐洲中部的一個小城邦長大，從來沒見過這樣的事情。「整個組織實在太過雄偉巨大，成本也太高昂，以至於使得言論和書寫都受到阻礙。」

在驛站系統之下，兵部也營運一套與之類似的郵傳體系，用來傳送朝廷內部的例行聯絡。這套體系較為倚重的是徒步信差，而不是快馬送信的使者。馬可．波羅描述這些傳遞訊息的信差，他們身繫「大皮帶，上頭繫滿了鈴鐺，因此當他們跑步時，在遠距離外就能聽見聲響。他們總是全速快跑，從來不跑超過三里路。而在三里路程外的下一個驛站，於前一名信差發出聲響、表示他即將到達時，另外一名等候出發的信差，已經準備妥當。」透過這樣輪班接棒的過程，這些徒步快跑的信差可以在二十四小時之內，穿越一般旅者通常要花上十天才能走完的路程。[18]馬可．波羅之所以會留下這樣深刻的印象，不是沒有原因的。在十六世紀末，從倫敦寄一封信到巴黎，四百公里的距離，要花十天才能寄達。要是回溯到十三世紀，這封信能不能寄達，甚至都無法擔保。

明朝延續了元代這套體系，但卻刪減了一些需以快馬傳遞而造成鉅額支出的路線。[19]根據明代晚期一部筆記當中的記載，官方的交通路網長度，東西向總共拓展了一萬又九百里（即六千二百七十八公里，或三千九百英里），南北向則拓展了一萬一千七百五十里（即六千七百六十八公里，或四千二百英里）。[20]一位近代的學者估算，明代官方水陸聯絡路線的總長，達到十四萬三千七百里（即八萬四千二百公里，或五萬二千三百英里）。[21]道路的狀況好壞間落差很大，在每個地方都有不同，這主要是因為地方官員疏於維護，以及欠缺預算經費所致。明代的開國皇帝為了想節省重新鋪設南京路面的開支，於是下詔宣稱可以回收元代豎立的石碑，作為路面鋪石之用。[22]由於這些石碑當中，以記錄捐獻佛寺的碑文為最大多數，要取回這些石碑，就表示要長驅直入環繞全京師的各所寺院，然後將這些石碑拆卸帶走，這種苛刻無情的做法，讓很多地方縣官都認為有政治上的困難，因而窒礙難行。然而，位於地方官轄區內的官道如果疏於維護，該名官員可能會遭到降級，甚至免職的處分；某些地方官員處在這樣的威脅之下，賣力維持其轄區路段的良好狀態。時效是最為要緊的因素。驛站的信使被規定，每十二個時辰（二十四個小時）須走三百里路（即一百七十五公里，或一百一十英里），而要是延遲送件，每遲三刻鐘（四十五分

---

18 Polo, *The Travels*, 150-154. 在這部《遊記》英文版的頁151，譯者把兩種體系給弄混了，他誤以為馬可・波羅「對於前述的數字有若干混淆之處。」實際上，馬可・波羅正確區別了這兩套系統：每隔二十五里路設置的是驛站，而每隔三里路設立的則是「鋪」。馬可・波羅記述的數字出乎意料的精確。驛站應該要隔六十華里（三十五公里，即二十二英里）設置一處，而郵傳系統的「鋪」則是十華里（六公里，三點五英里）設置一站；見Brook, "Commerce and Communication," 582, 594.

19 《慈利縣志》（一五七四），卷六，頁12b。

20 李樂，《見聞雜記》，卷一，頁18b。

21 沈定平，轉引自Brook, *The Confusions of Pleasure*, 35.

22 《靜安縣志》（一五六五），卷一，頁18a。

鐘）就要被鞭笞二十下。[23]快馬信使以更快的速度移動，他們要跑的行程距離更長，因此送件延遲的懲罰標準，按遲到的天數計算，每趟行程如果不能按照規定的日期送達文件，每遲到一天，就按律鞭笞二十下。

官員在因履行職務所需而外出時，得以使用驛站系統。驛站不會對他們收取分文費用。不過，因公旅行者在速度行程上受到相當程度的限制，只有按照一定的速度趕路，才能正當的要求驛舍和信差招待所供其使用。舉例而言，在元代，騎馬出公差的官員們不許在一天之內趕超過三所驛館的路，以免速度過快，令馬匹過於勞累。各種禁令載於《元典章》（這是一部官方編纂的元代法律簡明條文手冊），以供因公旅行的官員們，在遭遇極端狀況的時候，可以參照遵循。一條於一二八七年頒布的律令章程規定，官員在抵達驛舍時，必須直接將馬匹牽往驛站的馬廄餵養草料，然後才能前往飲酒，不得於下馬後便拋下疲憊不堪的坐騎，任由其累倒虛脫。另一條法令則告訴官員們，他們不得要求驛站官員提供娼妓——這條律令是針對一二八四年的一次控訴而來：有一名低階官員賄賂驛站人員，替他拉皮條，找來三名妓女同寢，然後於隔日晚間再一次提出此種要求。[24]

兵部以軍事人力來經營驛站系統。為了出外洽公官員的便利，驛站提供一本路線指引手冊：《寰宇通衢》。這本成本低廉的小手冊，於一三九四年首次刊行，列載國境之內所有驛站路線，以及沿途一千七百零六處提供服務的驛站。要使用驛站系統，需要持有一份標明路線與交通方式的路引（通行證）。如果通行特權裡包含使用驛站的馬匹，那麼通行證上會蓋印一匹馬的圖案。要是路引上並沒有馬匹圖案的戳記，而持此份路引的官員卻無論如何堅持要帶走一匹馬，他就有可能會被判處杖擊八下的刑罰。有任務在身的官員，和信差一樣，也有旅行的時間限制。每條官道都標定了通行天數，官員須按照規定日期完成他的旅程（見地圖三）。[25]

舉例來說，如果一名官員搭乘駁船由北京啟程前往南京，按規定須在四十日內到達；如果他只是要到揚州，規定旅程天數就減少一日；如果他接著要前往蘇州，那麼就比到南京再多加一日。四十日也是由北京出發，前往陝西北部的延安，以及位於河南省西南部的南陽這兩條路線所需的旅程天數。要到外圍地區的城市，需要更長的天數。從北京出發，需要花上一百四十五天才能抵達四川省會成都，到達廣西的南寧則要一百四十七天。距離京師最遠的城市，是廣東沿海的潮州，需要一百四十九日才能到達。從北京出發到此公幹的官員，先得費時一百一十三天抵達省會廣州，之後則必須蜿蜒向東，改走一條崎嶇、耗時的路線，長達一千一百五十五里（即六百七

23 Jiang, *The Great Ming Code*, 146.

24 《大元聖政國朝典章》，卷三十六，頁6b-8b。

25 時間限制引自葉時用於一五八六年（萬曆十四年）增補、陶承慶校正的《大明一統文武諸司衙門官制》，這是一部明代行政體系的介紹指南。現有一部珍本藏於北京，因為嘉靖朝時恰好有一位總督，將這部書籍呈送朝廷。各省的平均差旅日數或許可以從Tong, *Disorder under Heaven*, 129當中找到。陶承慶的名字和一本相當普遍的路程指南也有關係，這本著作的名字是《商程一覽》，見Brook, *Geographical Sources of Ming-Qing History*, entry 4.1.2.

十五公里），這又需費上另外三十六天的旅程。[26]要是官員們被允許走海路，整趟旅程所需日數會縮短許多，可惜他們無此權利。

北與南

南北分隔在南宋時是一個全國性的危機。在女真人由北方入侵之後，宋室被迫撤出位於北方的腹心地區，與金朝分疆而治。宋金兩國沿著淮河劃定國界，淮河由西向東流，北有黃河，南有長江。元朝重新一統南北之後，克服了此種內

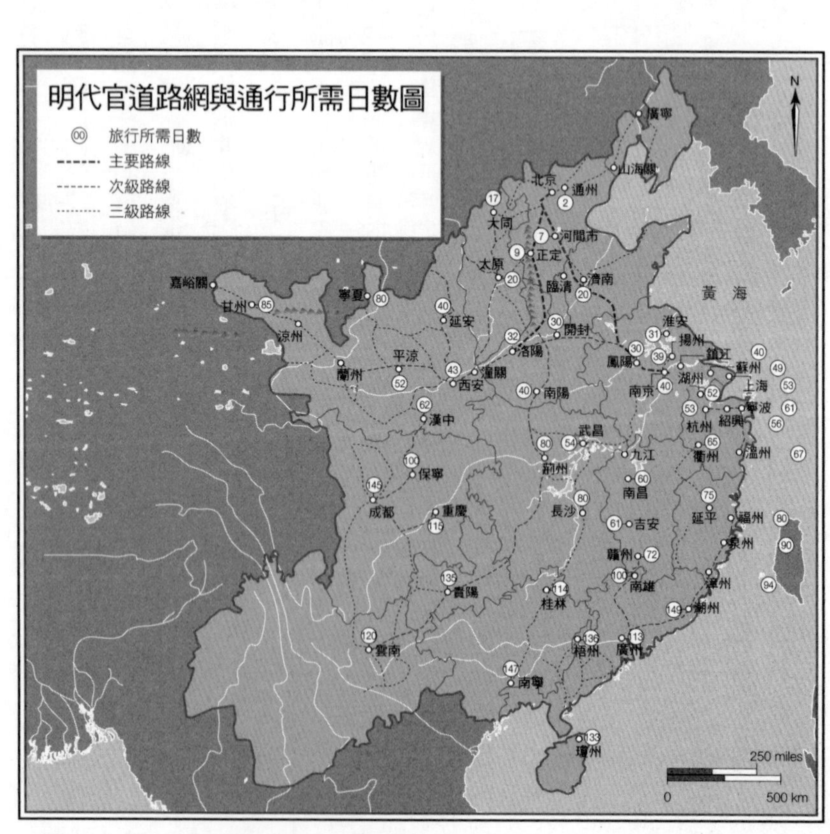

地圖三：明代官道路網與通行所需日數圖。

部隔閡壁壘。不過由地形地文來看，南北之間的差異仍然存在。氣候、地形地物、食物、建築形式和文化上的差異——甚至，有些人確信，在才智稟賦和個性上也有差別——這使得南北兩地彼此之間各不相同。北方素有氣候乾燥、生活貧困、文化落伍的名聲；而南方則正好與之相反。當時的人們都知道，淮河流域是農耕生態的過渡地帶。淮河以南的土地有足夠的降雨量（年降雨量最低八十公釐以上），可以栽種水稻；而淮河以北只能栽種小麥、高粱和其他適合旱地的作物。王禎是元代《農書》的作者，他在十四世紀時有下面這個觀點：淮河是作物栽種的分界線，以北是小米，以南是水稻。兩個世紀以後，另一位筆記評論作家則認為，淮河流域有部分適合栽種稻米之地，該處「穀價亦廉」，而其他地方則不然，他以此做出結論：「此（地）南北之交也。」[27]豐沛的降雨量與溫暖的氣候，是南方得天獨厚的有利條件，這使得南方的作物產量提高，能以更多資本挹注基礎建設、教育、文化生產等各方面，從而讓南方居於優勢地位。

不過，一般說來，人們普遍認為南北的分隔界線不是淮河，而是長江。長江以北，也就是俗稱的「江北」，是一個世界；「江南」，也就是長江以南，又是另一番天地。明代的隨筆作家特

26 從廣州到潮州的距離路程，在楊正泰的《天下水陸路程》，頁88當中已經被計算出來了。

27 陳全之，《蓬窗日錄》，卷一，頁38a-b。陳全之另外還提出一個環境差異的跡象：「北方多蠍而無蜈蚣，南方多蜈蚣而無蠍」，只有淮河流域一帶，鳳陽、汝寧二府，「二物俱產」。關於稻米與小麥的農業區分，見Brook, *The Chinese State in Ming Society*, 81-83.

別喜歡闡述這種南北之間的差異。福建籍貫的作家謝肇淛在他的隨筆筆記《五雜俎》當中，就這樣區分江南與江北：

江南無閘，江北無橋。江南無茅屋，江北無混圊。南人有無牆之室，北人不能為也；北人有無柱之室，南人不能為也。北人不信南人有架空之樓，行於木杪；南人不信北人有萬斛之窖，藏於地中。[28]

地理學家王士性則根據自己更為複雜的解釋，詳細闡明南北之間的環境差異：

東南饒魚鹽、秔稻之利，中州、楚地饒漁，西南饒金銀礦、寶石、文貝、琥珀、朱砂、水銀，南饒犀、象、椒、蘇、外國諸幣帛，北饒牛、羊、馬、騾、戎氈，西南川、貴、黔、粵饒楩楠大木。江南饒薪，取火於木，江北饒煤，取火於土。西北山高，陸行而無舟楫，東南澤廣，舟行而鮮車馬。海南人食魚蝦，北人厭其腥，塞北人食乳酪，南人惡其膻，河北人食胡蔥、蒜、薤，江南畏其辛辣。而身自不覺。此皆水土積習，不能強同。[29]

南方優勢的核心地帶，是長江下游出海口的沖積平原三角地區；這個三角地區的西北角，為明代最初的京師南京，東邊為海港上海，西南角則為宋代的舊都杭州（見圖四）。這個地區也稱作江南，之後我就以「江南」這個名詞來指稱長江下游三角地帶。江南地區在元代時隸屬於單一行省的轄區之內，但是明代開國皇帝朱元璋卻將此地區拆開，分置於南直隸與浙江兩個省的管轄之下。朱元璋的政治直覺，加上他的社會守舊主義立場，讓他對這個地區抱持不信任的態度。他寧可分而治之，並且以力征服。朱元璋出身於淮右鳳陽府，此地位處南北交界地帶，他處在出身江南的菁英分子之間，從來沒感到放心自在過。不但如此，他還是歷代開國之君當中，少數非出身北方者。這一點，在當時和之後都引來觀察人士的注意。「疇昔聖帝明王，率由北產。帝臣王佐，亦以類從，」著作備受歡迎的作家汪道昆（一五二五至一五九三）先是如此寫道，然而「迄我太祖，中天而興，挺生南國，嚮明而治，此其嚮方。」[30]

中華文化也許仍然繼續向北方找尋發源地，但是自從宋代以來，南方已經崛起，成為經濟成長的原動力，以及文化潮流趨勢的發動者。在一段更長的時期當中，這種趨勢是最近才發生的轉變。正如地理學家王士性想要指出的：「江南佳麗不及千年。」一直到近年，也就是王士性生活

28 謝肇淛，《五雜俎》，卷四，頁16b。關於這部筆記類書著作的簡要介紹，參見Oertling, *Painting and Calligraphy in the Wu-tsa-tsu*, 1-4.
29 王士性，《廣志繹》，卷一，頁3。
30 汪道昆，《太函集》，頁494。

的十六世紀，整個江南才「正當全盛之日。」而這種南向發展的動向很可能會持續進行下去，因此他預測道，「未知何日轉而黔、粵也？」[31]

元朝橫跨南北之間的分隔，建立其行政組織，而在實際上，因為元朝官員無論何時，只要情況允許，無不仰賴北方人，而不信任曾經反抗蒙古統治的南方人，從而使南北分隔的情況長期存在下去。宋、金兩個前朝的菁英分子，現在向元朝靠攏，發

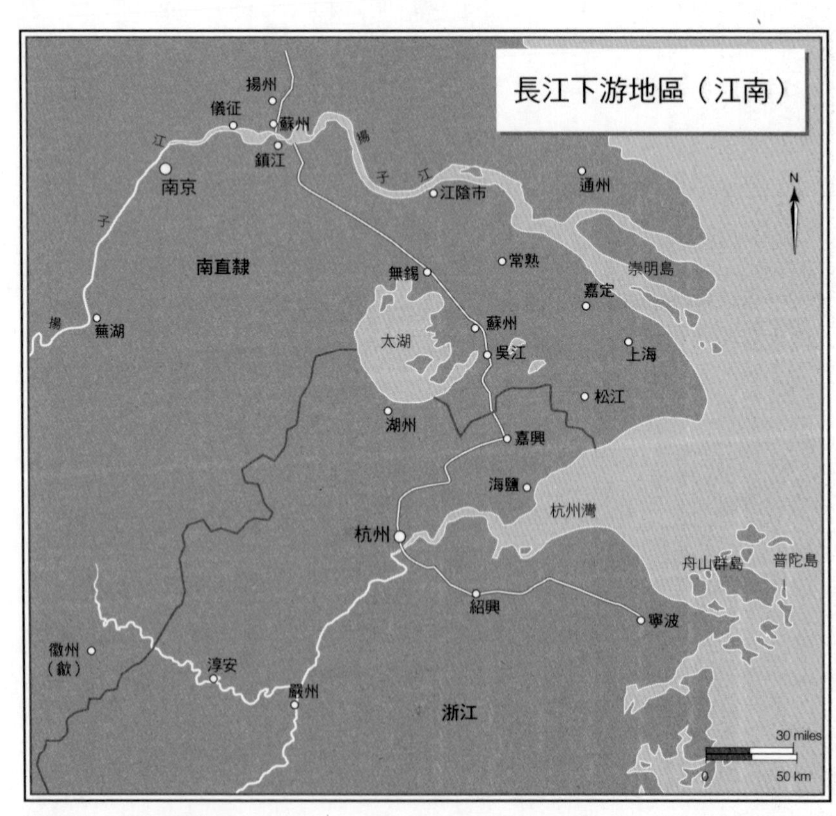

地圖四：長江下游地區（江南）。

現他們身處元朝「大一統」局面之下，卻不如新政權所承諾的那樣能被重新團結起來，反而無法跨越偏見造成的分歧，遑論相互溝通。被派往南方管理被征服的前南宋地區的北方人，與被排除在新政權之外、卻又必須和新主子交涉的南方人之間，在彼此之間的政治與文化緊張關係下，感受到這種差異的存在。南方人指控北人粗魯不文，而北方人則認為南人心胸狹窄、自以為是。處在這些情況之下，要想做到政治融合，真是相當困難。

蒙古人選拔官員，不透過科舉考試而任由私人舉薦，這種做法在遭受元朝政權極力排除的南方人中間，引起嚴重不滿，留下後遺症。在元朝覆滅之後，他們想要扳回這種不公平的局面，重新找回優勢；而他們視恢復科舉考試為糾正此種失調情況的辦法。科舉制度以三年為一期，對全天下的年輕男子施以測試，以評定其是否能入仕朝廷。每期科舉都由縣試開始，第二年在省城鄉試，第三年則在京師會試而告終。通過縣試者能取得「生員」身分；通過鄉試者則為「舉人」；通過全國或京師會試者則為「進士」。由於科舉所測考的是共同的科目，因此有助於在仕紳集團之中形成一種一致的全國文化。然而，儘管如此，各界普遍認為科舉獨厚南方人，因為南方人在科舉考試當中的成績，傳統上較北人為優。王士性以地理環境來解釋這種現象。江北風景單調而千篇一律，因此所有人看來多半同樣寡淡無趣，很少有人在文化上力爭新局、別開新面；而江南

31 王士性，《廣志繹》，頁2-3。

則山川盤鬱，促使在狹仄環境裡生活的人們，更加投注心力於科舉考試，從而使江南士子更具競爭力。王士性承認，本朝偉大的學者或名臣，並非全部來自南方，但是他不得不歸結出這樣一個結論：自從嘉靖皇帝在位（一五二二至一五六六）以來，「則江南彬彬乎盛矣。」[32]

其實，在嘉靖朝以前，這種南方人在科場獨盛的局面曾經被矯正過。當朱元璋於一三七〇年重新恢復科舉、開科取士時，他明白江南士子被元朝排除於入仕前途之外，但是他也欣賞說話坦率的北方人，不希望將南人被排除的失衡局面矯枉過正，又讓南方人重占優勢。南方人在文化上所具備的諸多優勢——更豐沛的教育資源、更精緻的創作文化、更加密集的社會人脈網絡關係，願意贊助這類的文學活動，以及支持學術生產的態度等——導致明朝開國之後第一次的全國會試當中，南方士子獲得了四分之三名額的功名。對此結果，朱元璋非常不高興，他為此將科舉暫停了一段時期。結果當他於一三八五年重開恩科時，錄取進士當中南北籍貫的比例仍然沒有改變。

一三九七年的科舉，在廷試（皇上特別為已錄取的進士舉行的不定期特考）時發生了一個問題，隨後演變成一場危機。參加此次廷試的五十二名進士全部來自南方。朱元璋要求他的主考官劉三吾，對於落第者的試卷再次進行閱卷，希望從中能找到若干值得補錄取的北方考生。可惜，朱元璋的希望落空，劉三吾重新閱卷以後，還是維持原來的錄取排名順序。劉三吾向皇帝回奏，表明此次開科取士並未區分南北籍貫；只是江南之地，著實有太多才學傑出之士，北方舉子的成績無法和南方考生相比。朱元璋聽後龍顏震怒，殺掉了三名考官當中的兩位（劉三吾被赦免，譯按：改判充軍），並且下旨重新舉行廷試。毫不令人意外，這一次錄取的六十一名新科進士，全部來自北方。

一四二五年，朝廷終於頒布一項解決前述問題的辦法：進士錄取名額當中的百分之三十五保留給北方考生，南方舉子占百分之五十五，而剩下的百分之十名額則留給來自淮河流域這個模糊地帶的應試者。然而，這項比例分配並不適用於進士錄取的排名順序，而由於排名先後能決定進士出任何種官職，所以籍貫分配比例對於官僚集團生涯事業的衝擊就被減弱了。在一三七〇到一六四三年間，所有在廷試當中列名首位的「狀元郎」裡，有百分之八十的籍貫，依人數多寡順序排列，分別來自南直隸、浙江、江西以及福建這四個南方省份。從統計數字上看，出身哪個省份對仕途關係重大。要是你出生在前述這幾個省份，你成功登上仕途階梯的機會就遠大於來自山西這樣的北方省份；從這點來說，又如果你是來自廣西、雲南，或者貴州這幾個西南邊陲省份，你晉身宦途的機會就更低了，因為前述這三個省份在整個明代歷史當中，沒有出過一個狀元。[33] 籍貫出身在文化層面上也至關緊要，因為就可獲得的資源來說，若干省份有較充裕的資源，能協助考生通過科舉考試。

---

32 王士性，《廣志繹》，頁5。

33 本段敘述主要根據 Elman, *A Cultural History of Civil Examinations*, 90-97.

為了提升北方士子考中科舉的機會，他們全部被指派進入北京國子監就讀。在南京還設有一所國子監，但是對全國士子開放，這表示競爭名額的難度要高上許多。學子們對於在北京國子監裡求得一席之地趨之若鶩，因為如此一來，便能更加接近掌管一切官職任命的吏部。羅玘（一四四七至一五一九）在本書第一章裡出現過，他是當弘治皇帝需要知道更多關於龍的消息時，所找來徵詢的其中一位學者；他是南方人，卻意外的因一次上級的打壓，而能夠進入北京國子監。羅玘出生於江西、福建接鄰處的一個邊陲小縣，他治學的興趣相當古怪深奧，不合常法，這也解釋了他為什麼接連在鄉試當中失意。到了三十九歲，羅玘放棄追求科場功名，取得「監生」的名義，進入北京國子監就讀。當時的國子監祭酒（校長）是聲名顯赫的國策理論學者丘濬（一四二〇至一四九五），他拒絕給予羅玘這個南方人入學資格。羅玘反覆爭取，丘濬最後發怒，罵道：「若識幾字，倔強乃爾（不過就是認識幾個大字，你怎麼敢這樣執拗）！」羅玘昂然回道：「惟中祕書未讀耳（或許如此，不過某些奉職於翰林院〔在修纂文獻和禮儀事務上備皇帝顧問徵詢的機構〕的人，卻連一個字也未曾讀過）！」

羅玘膽敢這樣回話，應該足以讓他被逐回老家了。不過丘濬卻對他的直率大感好奇。他准許羅玘參加國子監入學考試，並且由此發現羅玘確實是個才學傑出之士。一四八六年，羅玘獲准在北京參加鄉試，實際上他已是越過在南京應試的大批南方士子，而成為鄉試榜首。[34]帶有一點諷刺味道的是，國子監祭酒丘濬本人就來自海南島，這裡是明朝大臣出身籍貫地點的最南端。

行政區

蒙古人將原先金朝與宋朝的疆域劃分為九個行政區，另外再加上三個位於北方、橫跨大草原的延伸區域。[35]元朝疆域的核心地帶，包含環繞大都（北京）周圍的更廣闊區域，依照先前各朝代的命名做法，被稱為「中書省」。中書省同時也是朝廷主要的行政機關。國內其餘地區則再被區分為下列這八個地區，由八處「行中書省」（簡稱「行省」）治理：河南江北位居中央，四川在西邊，江浙位於東南邊，雲南在西南方，陝西和甘肅在西北，而江西與湖廣在南邊（見圖五）。

明朝建國時沿用元代的行政區劃，然後在開國近十年時略作更動。一三七六年，各處行中書省撤銷，各省改設所謂的「三司」機構：承宣布政使司、提刑按察使司，以及兵馬都指揮使司。各省三司所轄區域通常小於元代原來的行省區劃。當中有三個省份（陝西、四川、雲南）繼續沿用元代的疆域分界。甘肅省實際上消失了，因為該省的大部分地區不在明朝控制之下，而掌握在蒙古人手裡。朝廷於是將甘肅東南部的走廊地帶併入陝西。其他各行省則由區域較小的行政區取而代之（見圖六）。元代的中書省被分為山東、山西與北平（北平稍後改名為北直隸，即今天的

34 張廷玉，《明史》，頁7344；張怡，《玉光劍氣集》，頁1025。關於監生，參見Dardess, *A Ming Society*, 160-166.

35 這三個區域分別是嶺北（今外蒙古與部分西伯利亞）、遼陽（今中國東北與北韓），以及征東（今南韓，此區在實際上仍然由高麗統治，透過朝貢的安排，阻止蒙古的吞併）。

河北省）。原江西行中書省被分為江西、廣東，原江浙行中書省被分為浙江與福建，而廣西與貴州從原湖廣行中書省裡獨立出來。除此之外，還有兩個新設立的行政區，轄區結合不同省份的各一部分而成。原來江浙行省的北部地區與河南江北行省的東部地區組成南直隸（即今天的江蘇、安徽），而新設立的湖廣省則以河南江北行省的西端，加上原湖廣行省的北部組合而成。河南江北行省剩下的地區成為河南省。這些新設置的行政

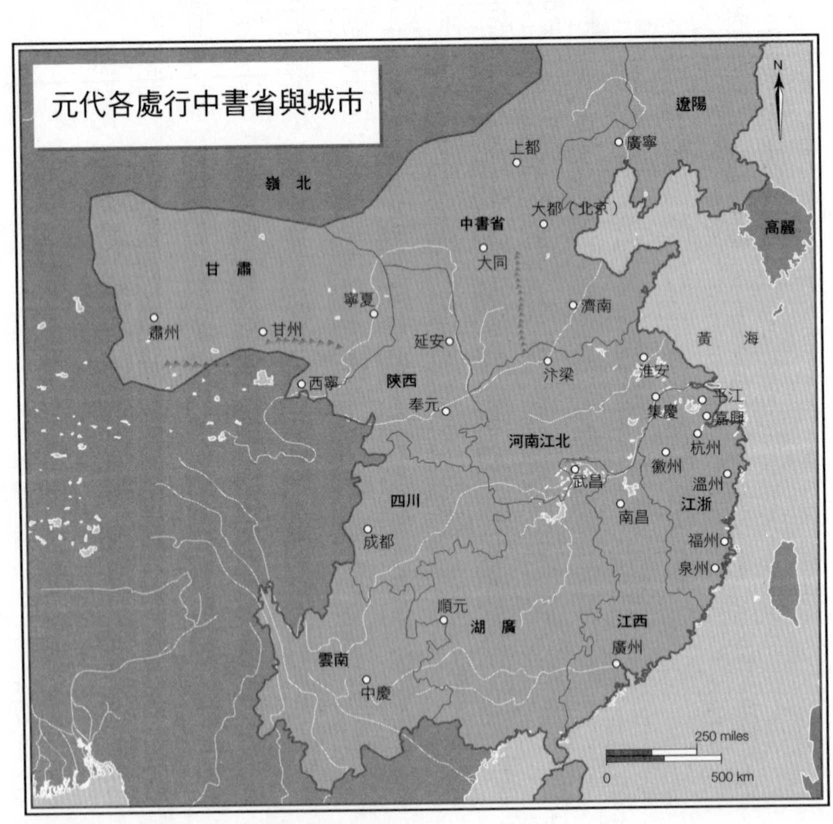

地圖五：元代各處行中書省與城市。

區繼續使用「省」這個名稱，這個字在今天仍然被用作一級行政區的稱呼。[36]

將各處行中書省拆分為各省的三司，是朝廷的「分

36 關於明代的行政地理區分，參見郭紅與靳潤成，《中國行政區劃通史．明代卷》；也參見Hucker, *A Dictionary of Official Titles*, 62-65, 75-78. 在這次行政區重組之中，今天中國的行政區劃大致定案。清代唯一重大的變革，是將原來的湖廣省拆分成湖北與湖南。城市的名稱，也同樣由元代的稱呼改為明代的命名，多數地名一直沿用至今：集慶成為南京，汴梁成為開封，奉元改為西安，靖江改為桂林，順元更名為貴陽，以及中慶更名為昆明。

地圖六：明代各省及省會地圖。

而治之」策略，旨在預防各省地方官員以省為權力基礎，構築自己的獨立王國。不過，從另一方面來看，這套新的行政體系將三個通報系統結合成一組平台（node），實際上是強化了省這個層級的行政職能。但是明朝也因增設各省，使得元代時在各個轄區較大的行省之間跨省區進行的統合協調變得難以實行；為了解決這個問題，朝廷向地方派出巡撫與總督。起初，在一四三〇年時，巡撫的派遣是臨時性質，任務是協調處理各種問題——主要是處理如水患等各種因環境惡化所引發的問題，而這些問題只能協調各省才能獲得解決。這些巡撫、總督是明朝政權的「環境問題檢修員」。[37]

在省這個層級之下，是若干較小的行政區（元代為路、府，明代為府、州），這些次級行政單位底下，依次管轄各縣，也就是國家最基層的行政機關。元代一度曾經設有一千一百二十七個縣，而明代設縣的數字則為一千一百七十三個，不過這些數字會因為行政區域的修訂而產生起落。縣是中央政府派任官員的最底層等級。每個縣都設有縣令一名，根據在籍迴避原則，縣令的籍貫總是來自其他省份，目的在防止地方勢力根深柢固，藉由犧牲中央利益而坐大。縣令的職責是監理轄縣全境之內的治安與財政，他治下的百姓，視縣份的大小，可能從五萬到五十萬。當一個縣令的負擔過於沉重時，這個縣份就會拆分，設置新的縣份。

新縣份的設置，看來似乎有幾波高峰：一四七〇年代新設十四個縣，一五一〇年代設置九個縣，而一五六〇年代又設置八個縣。很多新縣份位於邊陲地帶，通常是為了對付盜賊土匪才設置。[38]在高度開發的地區，設置新縣份的主要目的，是為了經濟成長。舉例而言，太湖以南的桐鄉鎮，就在一四三〇年進行大規模改制，提升為縣，改制的目的，是為了改善本地區在人口稠密情況之下的財政運作問題。這個地區遍布許多集鎮，其中的紡紗貿易規模急遽發展成長，因此地方領袖於一五三〇年代向官府請願，訴請將每一個市集城鎮都升格為縣。一位青鎮（前述這些商業市集城鎮之一）居民替這個提案辯護，他解釋道，本鎮由於位在交通運輸路線要衝，故而在規模與繁榮程度上都大為成長。「其居民不能僅為四、五千戶之數，」他注意道。「佛塔道觀，」均需仰賴信眾捐輸，因此皆為地方財富之標誌，「充斥於所到各處。橋梁與市集門坊旋拆旋建，洵為常事。」他還暗示，改制升格為縣對青鎮已不算公允，因為「本鎮實有府治規模。」[39]這項請願遭到駁回。

位於福建海濱的海澄縣，就是為了因應人口規模和商業活動這兩種變化而設置的。海澄原來是月港所在地，月港是漳州的海港門戶，經手大批海上貿易，使得中國經濟與東南亞產生連結。海澄設縣的第一次請願活動，發生在一五二〇年代初期，但是由於一五二五年官府關閉海上貿易

---

37 Sedo, "Enviromental jurisdiction," 8；也參見Nimick, *Local Administration*, 79-82. Des Forges, *Cultural Centrality*, 22-66.

38 江西省因為維持治安的人力不足，加上人口過多，於明朝中期獲得七個新縣的設置；見張廷玉，《明史》，頁1057-1067。

39 史如，〈請分立縣治疏〉，引自劉石吉，〈明清時代江南地區的專業市鎮〉，頁1。

之故，這項決定遇挫而中止。一五四九年的第二次嘗試，因為朝廷內部在掌控沿海稅收一事上產生複雜爭鬥的緣故，而遭到駁回。第三次嘗試於一五六五年提出時，原先只是非正式的提案，接著才於隔年正式提出訴請。本地官員於一五六六年提請升格海澄設縣時的措詞，主要著眼於解決民眾生計與地方治安這兩大問題上。升格為縣代表有更多資源可以防備海盜，連帶可以增進本地的進出口貿易。官員貶抑月港的民眾，認為他們難以管理、漠視法紀，而且與海盜同謀，牽扯甚深，但是他也認為，在本地升格設縣之後，更可妥善約束地方民眾。「又如市船賈舶，往往有稅，皆歸於捕盜牙家」，而非城鎮行政官吏。設縣後「當即布告，令其輸稅於官」，而新設置的縣衙因此將會有更充裕的收入進項，以支應行政開銷。[40]

這項訴請獲得批准。一五六七年一月十七日這天，福建新設置兩個縣，其中之一就是海澄。當海上貿易於同年在重重限制底下重新開放時，走私活動就成了貿易，海盜變成商業，而月港則升格成為海澄縣。

人口數

有多少人在元代和明代的國境內生活著？元、明兩朝都遵循傳統，進行全國人口普查，因為國家需要知道，在必須之時，它能夠強制多少勞動力投入勞役當中。今天，這些檔案紀錄提供我們了解這個時期經濟、社會的相關資訊。所以，我們有了多頁關於人口數據的資料——只不過，這些數據通常看來都是錯的。

十二世紀時的宋代人口，已經超過一億，然而當元代於一二九〇年進行第一次人口普查時，所得出的人口數字，卻只有五千八百八十三萬四千七百一十一人。進行普查者明白，實際的全國人口總數可能略微高出前述的統計，因為「山澤溪洞之民不與焉。」[41]但是到了一三三〇年進行的另一次普查，對此數字進行調整，總人口數卻只有略微增加，來到五千九百七十四萬六千四百三十三人。由宋到元的變革期，是否造成四千萬人喪失性命？元朝的武力征服是否引來大規模的人口崩盤？有些歷史學者並不這麼認為，他們並且已經提出若干建議，認為應該以一二九〇年的普查人口數為基準，再往上增加百分之二十到五十，而得出一個假定的人口數，在七千萬到九千萬人之間。對於像元朝如此規模的國家，前述這些數字在直覺上似乎要合理得多，然而元代遭遇到的各種麻煩，在某些地方必定對人口起到降低作用。我們還知道在一些地區，許多被蒙古奴隸主使喚的中國民眾，並未上報官府，致使他們消失在人口統計紀錄之中。

明朝的開國皇帝非常急切的想要知道，在他統治的天下之中到底有多少子民。一三七〇年

40 《海澄縣志》（一七六二），卷二十一，頁14。

41 宋濂，《元史》，頁1345。本章裡使用的統計數字，都取自梁方仲，《中國歷代戶口》，頁176的各項統計表格。

十二月四日（洪武三年十一月二十六日），朱元璋以聖旨諭知戶部：「如今天下太平了也，止是戶口還不明白。」他要舉行一次新的戶口普查，按性別與年紀登記所有家戶成員（將未成年與老邁者和成年男女區分開來，因為只有成年人才是勞役徵召的對象），同時還要記錄各家戶擁有的土地數量。這些資訊被載入一個文件表格（戶帖）當中，一式兩份，一份交由各戶收存，另一份嵌入戶口土地登記冊，由縣署衙門保管——縣衙是集縣官辦公處所、法庭，以及住所於一處的院落。[42]這些戶口土地登記冊被稱作「黃冊」。人們一度認為黃冊的名稱由來，是起源於該冊的黃色封皮。事實上，黃冊的裝訂封皮並不是黃色。黃冊的名稱反映出人生四個階段的用語。人到了三歲時為幼童，十五歲為少年，二十歲成年，五十九歲為老年（譯按：此處年紀皆為實歲）。年齡在三歲以下、還未斷奶的孩童被稱為「黃口」。早先的戶口普查，並未將這些年幼的孩童列入官方名冊，認定他們當中有許多人會因幼齡孩童的高死亡率而無法存活，所以絕不會成為納稅人。將他們記錄在冊是毫無意義的事情。明朝則不允許他們被排除在外——這就是為什麼戶口名冊必須要登載他們的姓名。因此，「黃冊」的意思或許是「含括黃口小兒在內的戶口登記冊」。即便連嬰兒也無法躲避登記。[43]

明代的頭一次普查於一三七一年舉行，不過有若干地區被遺漏掉了。雖然皇上表示如今「天下太平」，顯然不是舉國如此。第二次普查於十年之後開展——之後每隔十年，就重新大幅修造一次黃冊，直到本朝結束之日為止，期間只有少數例外。根據一三八一年向皇帝奏報的統計數字，明朝治下共有五千九百八十七萬三千三百零五人，一千零六十五萬四千三百六十二戶。十年以後，總戶口數成長了大約一萬戶，但是人口數卻下降了三百萬。這其中顯然有什麼不對。普查的結果經過審查檢閱，於一三九三年得出了一個修正過的全國人口總數：六千零五十四萬五千八百一十二人。無論這幾組數字是否經過調整，它們都非常接近一二九〇年、一三三〇年兩次戶口調查所得出的數字。

明代規定戶籍資料每年更新，而每十年進行一次新的戶口普查。縣令們對這種每十年就大張旗鼓進行的「大造」感到畏懼，通常只是照抄十年前的數字了事，或是更動少許數字，讓戶籍資料看來像是已經重新統計、更新過了。結果到了後來，明代的戶口統計數字就像元代一樣停滯不動，在本朝往後的歲月裡，明代的官方人口總數就一直在六千萬上下來回波動。

明代官員有一句老生常談的想法，認為人口的增減可以作為國家興衰跡象的佐證。[44]戶口增加代表興旺繁榮，而興旺繁榮意味著朝廷施行仁政，這是任何一個朝代都想要流傳後世的名聲。這種信念或許可能導致縣官在戶口數字上灌水虛報，但是這麼做將使本縣稅收配額增加，沒有

42 李詡，《戒庵老人漫筆》，引自曹樹基，《中國人口史》，頁19；另參見李德甫，《明代人口與經濟發展》，頁24；這段引文於Ho, *Studies*, 4-5有不同的翻譯版本。

43 引自李德甫，《明代人口與經濟發展》，頁26。

44 《開州志》（一五三四），卷三，頁3a。

任何縣官樂見於此，所以兩相權衡之下，還是盡可能使戶口數字維持在低點。在納稅人這方面，則試著以拆分戶籍分家的做法，讓各戶人口減少到不足以被列入勞役徵召，以求減輕負擔。這種手法拉高了戶口數，製造出一種人口增加的幻覺，在此同時卻降低了能夠負起各項勞役義務的人數。當時有一首語帶諷刺的七言絕句打油詩，傳誦整個黃河流域，就是在嘲弄這整件事情：

瘠地瀕河歲未登，
新來賦役重難勝；
各分版籍求規避，
誰解翻為戶口增！[45]

要是當時的地方民眾可以如此欺瞞官府，今天的我們能怎麼辦呢？持懷疑論者否定一三九三年之後的所有戶口統計數字，認為那只是官方虛構出來的，掩蓋了人口的真正成長，但他們卻在真正人口成長幅度一事上莫衷一是。他們傾向將一開始的統計數字再提高一成，這是基於一個認定，認為這些戶口普查數字難以表達九成以上的真正人口。他們將年度人口成長率設定為千分之三，從而得出一個十七世紀的推定人口數：一億五千萬——這個數字規模，幾乎是一六〇二年大造實際上報五千六百萬人口數的三倍。對官方統計數字抱持極度懷疑立場者則認為實際人口數應該更高，他們採用的計算基數略高於前者，並且使用較高的年人口增加率（千分之五到六），因此大幅提高十七世紀初年的明朝人口，最高可達二億三千萬人。[46]前述這些數字看在一群我們或許能稱之為「統計學基本教義派」（statistical fundamentalist）主張者的眼裡，引發他們的強烈反應。他們質疑我們為了想要見到的數字，而拋棄手上已有的數字，是否算有智慧的做法。他們盡可能的堅持認為官方戶口普查的數字可信，並且佐以更低的年平均人口成長率（千分之零點四），從而得出一個十七世紀時的人口數字：接近六千六百萬人。

因此，懷疑論者、極度懷疑論者，以及基本教義派主張者，給了我們三種關於十七世紀開始時中國人口的統計數字：六千六百萬、一億五千萬，以及二億三千萬人。這三個數字各有其令人感興趣的重要後果，因為每一個人口估計背後都蘊含一段隨之而來的不同歷史論述。根據清朝的紀錄，一七九四年時全國有三億一千三百萬人，而到了一八四〇年，據估計則有四億三千萬人。我們選擇前述哪一個一六〇〇年的人口數字，將會影響我們對於之後這些人口數字的詮釋。如

45 《嘉靖蘭陽縣志》，卷二，頁8b。

46 適度懷疑論者，可以何炳棣（Ho Ping-ti, *Studies on the Population of China*, 22）和曹樹基（《中國人口史》）為代表；極度懷疑論的代表性學者是何義壯（Martin Hejidra），其論文為“The Socio-economic Development of Rural China during the Ming”；基本教義派主張者的代表則為李德甫（《明代人口與經濟發展》，頁48-54）。關於這項議題當中若干爭議處的總結，參見Marks, “China's Population Size during the Ming and Qing.”

果我們接受統計學基本教義派「六千六百萬人」的主張，那麼十八世紀的人口成長就極為可觀：年平均人口增長率接近千分之八。要是我們採納極端懷疑論者「二億三千萬人」的說法，那麼十八世紀的驚人成長就變成一場統計學上的幻覺。居中的那個估計，也就是「一億五千萬人」的主張，緩和了統計圖表上的長期彎曲線，認為在明、清兩個朝代時，人口成長率持續維持在千分之三上下這個合理的數字。我比較傾向同意這個中間的估計數字。

移民潮

許多元、明兩代的人，並未待在他們出生的地方。其中有些人總是在遷移，無論是因為貿易之故，還是生活所需。有時候，是國家要他們遷徙。當朱元璋將長江下游三角洲地區的富人農田沒收充公時，也將某些地主遷到京師南京來，以便他能就近看管；另外某些人被遷往他的龍興之地、位於淮河流域的鳳陽府；又有些人被移往人煙稀少的華北平原。永樂皇帝即位後，計畫將京師遷往北京，立刻又引發進一步向華北平原遷徙的強制移民潮，其中某幾次的規模，甚至達到上萬戶之眾。在整個十五世紀，北直隸，這個環繞北京城的京畿省份，居民人數占全國人口的比例，由百分之三成長到百分之七。

有些人遷徙移民是因為國家的命令，但是大多數的移民都是因為經濟動力而遷徙，他們是透過民間私人網絡進行移動，而非公家的計畫。其中之一在華北，扎根於山西洪洞鎮一株大槐樹的樹蔭下。大槐樹這個場所，是這個人口極為稠密的省份（山西在宋元鼎革期間，相對較未受到影響）裡，居民到別處尋找土地的出發集合地點。洪洞的位置橫跨汾河走廊，沿著穿越山西的大地震斷層，是集合移民的理想地點。任何想要離開省境的人，都無法不從洪洞經過。但是有很多人是刻意來到這裡，為的是加入本省人從洪洞出發的移民團體。有一個充滿熱誠的地方史學者追尋從本地外遷的家族史料，他發現在全國各地，大約有五分之二的縣份，能找到從洪洞出發的移民家族在此落腳定居。這些外遷的家族之中，有些來自洪洞本地，不過有更多是來自晉陝地區中的各個地方。移民裡有五分之四往東遷入華北平原，剩下的人則散落分布於全國其他各個省份。[47]

這些移民還保留著對於山西／洪洞的鮮明記憶。住在山東菏澤的王家，於家譜裡記載了開基祖王伯聖所述的家世，這是一段關於遷徙移民的故事：

> 始祖原籍山西洪洞縣老鸛窩木查村，同胞四人，長字伯聖（配穆氏）……，每覺生於斯長於斯而終於斯也，不意洪武三年三月間上示遷民樂土，同胞四人懷始祖安居故土守業養老，而始長祖與始三祖遵示東遷，過關山河海，跋涉之勞更甚，披星戴月，風霜之苦莫述，

47 張青，《洪洞大槐樹移民史》，頁55。

> 我始長祖行至大名府東明縣東南至城五六里，爰居此處，度地安宅，選宅造室安其身家。[48]

這個「度地安宅」的地點叫做糞堆村，這意味著這個家族即將成為「糞堆王氏」。他們後來改採了一個文雅得多的堂號：菏澤；所以到了一八八七年，王家子孫修纂家譜的時候，就自稱為菏澤王氏。

在全國範圍內，明代規模最大的外流移民來自江南。南直隸、浙江以及江西這三個省，是江南的核心地帶；一三九三年時，這三個省的人口占全國總數之半；到了明代中葉，這個比例降到三分之一。[49]造成如此重大人口重新分配的原因，部分是因為其他省份的人口增長，但是同時也由於西遷移民潮帶來的影響。人們先是往西遷到江西，接著到湖廣，最後抵達四川和雲南。在一四二〇年代，湖廣南部已經快被大批因經濟困難而流寓到此的難民給淹沒，這些難民來自遙遠的東邊，若干人還剃光頭髮，喬裝假扮成行方托缽的僧人。[50]一五〇九年（正德四年），一名朝廷官員奉派到這裡，協調省境內的饑荒救濟事宜，他對於自己所發現「外省外府外州外縣流來寄住」人數之眾深感震驚，這些人幾乎全是從東邊來的經濟難民。[51]江南仍舊保持宋代以來形成的稠密人口，而且繼續在本朝的社會典範、經濟實務，以及文化趨勢等方面的塑造過程裡，扮演決定性的角色。不過，逐漸的，本地區的後代可以在全國各地找到，有時他們躲藏在偏僻的山野開墾山坡地以度過餘生，這些人多半能夠主導遷居地的地方社會，開展他們的計畫，並且運用他們因江南背景而隨之俱來的資源。

施政網

戶籍普查與納稅定額，定居和移民，聚合與細分：這些全都顯示出國家在尋求每一個可能的管道機制，記錄與掌控天下每一個臣民。讓前述這些掌控成為可能的，是一套往下延伸的行政單位互連體系，從縣（朝廷任命官員的最低層級）一直到鄉里村野，觸及每一家戶為止。人們想要不在國家行政體系單位裡生活，是不可能的事情——又或者，這是國家欲達成的目標。

元代所設置的各種地方層級行政單位，是繼承自宋代制度，明代則對此加以簡化，並齊一規制。明代的縣下面再細分成六個或更多的分區，分區裡再分為十二個鎮，而每個鎮之下還有數十個小區——然而在此之外，還有其他的行政單位能夠安插在上面這些層級當中，於人口密集的地

48 〈菏澤王氏家譜〉，摘錄自張青，《洪洞大槐樹移民史》，頁97-98。文中記載朝廷下令遷移的時間是一三七〇年，可能是錯誤的；張青在另一處（頁48）有另一種不同的說法，最早下令遷移的時間，不會早於一三七三年。

49 梁方仲，《中國歷代戶口》，頁205-207。關於各省人口密度的研究，參見李德甫，《明代人口與經濟發展》，頁111-112。

50 余紀登，《典故紀聞》，頁183。

51 《湖廣圖經書志》，卷一，頁66b。

區，可以保障地方施政網絡能更妥善的與整套行政體系密結嚙合。[52]小區真是夠小的了——在元代需要五十戶，在明代需要一百戶左右——以求與現行村莊的輪廓相符合，或者那只是理想。明朝在這套空間布局之上，於一三八一年又施行了一套戶籍制度，被稱為「里甲」系統。十戶編成一「甲」，而每十「甲」則組成一個「里」。在此百戶之外，還加上十戶鄰里之中最富裕人家戶長擔任小區區長（或至少在理論上如此），受命指揮活動與收稅。這套由國家組建的社區體系，在全國各地一致推行。沒有任何家戶能獲准脫離這套體系，而在明朝初年逃戶的情形也非常少見。

國家不但要標註每家每戶，還要登記所有身體健壯的成年男丁，以及所有的田畝土地，以利抽稅。各家戶與其勞役人力都記載於黃冊與「流水簿」裡，象徵沒有任何一塊土地，能逃脫登記在案。這份登記簿以田稅額為評定標準，羅列了在區、鎮一級裡所有的田地。在每筆土地的概略圖前面，註記了土地資料的摘要，概略圖畫得有如魚鱗，所以這種小冊就被稱作「魚鱗圖冊」。[53]

正如明朝決心將所有人都納入其施政網絡之中，它同樣也立志丈量全國之中每一塊可耕地。準確的土地丈量資料「最是善政」，陸容在他的隨筆《菽園雜記》裡寫道。一個公正的國度，是建立在公平的賦稅之上，而賦稅要公平，只有每個人都在同樣的標準下納稅，才能夠達成。「若委託得人，奉公量見頃畝實數，使多餘虧欠各得明白，則餘者不至暗損貧寒，欠者不至虛陪糧稅。」[54]準確調查田畝並非易事。以性格倔強不屈聞名的官員海瑞（一五一三—一五八七），在他於一五五八至一五六〇年間擔任縣令時，曾經撰寫過一本行政手冊（譯按：《興革條例》），在這本書中對於調查田畝稅收，有非常嚴格詳細的指示。第一條規則，是丈田均賦的調查用圖，必須以準確的東西軸線（由日出月升的方向決定），前後一致繪製，不可以依循地方舊俗。其次，測繪必須要準確詳實，而且要在有陽光照耀下的非理想狀態之中進行，以便核實。第三條規定，是測量標準必須統一。海瑞在書中包含了大量其他做法的建議，像是如何以多重角度測量山坡地。適當正確的測量至關緊要，因為其可以「清經界、均賦役，以拯民疲，以息民爭。」[55]

海瑞所揭櫫的各種理想，通常都沒有獲得實踐，就如同那些擁有土地的地主經常迴避納稅義務，而繳納田賦的重擔，都落在那些能力微薄的人身上，特別是當胥吏保管能夠完成丈量的圖冊時，更為如此。一五八〇年（萬曆八年），勤於政事的首輔大學士張居正（一五二五至一五八二）決定追根究柢，弄清這團混亂情況。他規定每個縣必須要重新量測土地，繪製圖冊。或許他

52 Brook, *The Chinese State in Ming Society*, 22-32.

53 雖然嚴密的「流水簿」戶籍申報制度，並未在明朝實施，不過這類資料仍然在編纂某些縣份的縣志時，為《魚鱗圖冊》提供複查核對的參考根據；見海瑞，《海瑞集》，頁160，190-192，285-287。

54 陸容，《菽園雜記》，頁84。

55 海瑞，《海瑞集》，頁150，190-198。關於一五七二年大修縣籍圖冊的詳細敘述，見Brook, *The Chinese State in Ming Society*, 43-59。

如此要求，背後的動機是希望能夠改善國家稅收，而不是基於公平正義，不過結果則殊途同歸。他下令給所有縣令，要他們「清丈田糧，寸土不遺。」[56]一五八二年，張居正病逝，當時他正在蒐集編纂下一次「大造」所需資訊的半途；而在他夢想之中，那一幅每分每寸都精確測量、跨越明朝國境的行政管理圖籍，最後也沒有完成。

規模帶來問題。天下實在至為廣袤，使得中央難以對所有地方進行直接監控。然而，集權中央的過程極為緊迫，也實在太過強大，因此不容許委由地方進行，或是讓在地行政實務做法有所變更。但是在實際上，地方當然這麼做了，而且程度還很嚴重。[57]不過儘管如此，明朝官員還是想辦法在前述這兩種相反的趨勢之間，找出一條妥協折衷之道，產生一套進入工業化之前的國家所能發展出最為徹底的行政管控體系。

---

56 福善，《憨山大師年譜疏註》，頁46。

57 這種偏差情況在Nimick, *Local Administration* 一書當中有深入探究。

第三章　九劫

小城瓊山位於海南島上，是瓊州的府治所在；一四五八年（天順二年）的夏季某日下午，瓊山的居民都能看見牠們逐漸逼近：有九條龍在天空中的各色雲朵裡穿梭翻騰。海南島是一座亞熱帶氣候的大島，位於南方海上，是廣東和整個中國的最南端陸地。在某種程度上，一直到明朝年間，這裡都還算是邊疆偏遠地帶，也是來自大陸的漢人與居住在山地叢林間的原住民共存之地，但是雙方的相處並不和睦。這座島嶼是颱風登陸首當其衝之地，尤其在每年夏季為中國帶來年度降雨量的雨季時節時，更是頻繁。

這群龍突然自雲端猛撲而下，攻擊縣衙，將衙門的前門徹底搗毀。究竟是縣令大人引起群龍注意，或者天順皇帝（一四五七至一四六四年在位）才是真正的目標呢？因為就在一年之前，天順皇帝才從他的異母弟手上奪回皇位；他的弟弟是在他本人於北方邊境發動一次輕率浮躁的遠征、結果導致自己被蒙古人俘虜時，接替他登基為帝的。群龍在給予國家機構這樣一擊之後，接著找上一名婦女，使其窒息而死，並將她的屍體碎成數段，這使人戰慄不安的聯想到，本朝對犯罪者所施以最嚴重的刑罰：「凌遲」。我們不禁會在心底問道：她究竟犯了什麼罪，竟會遭受到這樣的懲罰？這群龍之後騰空朝東北方向而去，牠們盪平窮人的家園，將這些人家屋裡貧陋而微不足道的物品，遍灑掉落在城區之內。上百萬隻蜻蜓緊接著龍蹤出現。稍後在這個夏季，一個大型颱風猛烈撲向這個島嶼，將樹木連根拔起，將房舍夷為平地。[1]

這個夏季在海南島上發生的諸般狀況，曾短暫的令此處為之天翻地覆。海南雖然沒有持續受到極端氣候現象的襲擾，不過從本島於一六一八年（萬曆四十六年）編纂的府志裡所保存的年度紀錄看來，這裡確實經歷過不少重大天然災害。龍現身釀災，只不過是元、明兩代期間侵襲這座島嶼、令人困惑不解的種種自然失序現象之一。從時間最早（一三〇五）到最晚的記載條目（一六一八）這段期間，海南島上的百姓經歷過暴雨（一三〇五、一五二〇、一五八五）、饑荒（一三二四、一四三四、一四六九、一五二八、一五七二、一五九五、一五九七、一六〇八）、乾旱（一四〇三、一五五五、一六一八）、蝗災（一四〇四、一四〇九）、塵霾（一四一二）、颱風（一四三一、一四五八、一五四二、一六一六）、地震（一四六五、一四六九、一五二三、一五二四、一五九五、一六〇五）、糧食短缺（一四六九、一五七二、一五九六）、火災（一四七九、一五八八）、怪誕生物現蹤（一四八二年，一頭生著蝙蝠翅膀的貓科動物於孔廟廟埕前落地，而一四九六年，有一頭豬生下一隻小象）、疫疾（一四八九、一五〇六、一五九七）、流星（一四九八、一六一〇）、降雪（一五〇七）、一胎多產（一五〇九年，有人生下三胞胎）、海水變色（一五一一）、狂風（一五一五）、洪水（一五二〇）、海嘯（一五二四）、冰雹（一五二五、一五四〇、一六一八）、發現化石（一五三九）、閃電（一五八二），以及令家畜凍斃的嚴寒（一六〇六）。在這一長串自然異象之後，府志的修纂者還加上這些動盪引發的社會效應，像是匪亂（一三〇五）、百姓大規模逃離（一五九五、一六〇八），以及一場發生於島上各原住民部族之間的叛亂（一六一二）。[2]

海南島一直被人們看作是化外之地——的確名副其實，因為它不但在地理位置上位於廣東省南方外海，在文化上也同樣如此。在十七世紀稍後，有一名江南籍貫的官員被任命為本島的知州，他對一位友人提及：他在任所得到一對孿生兄弟作為僕從，一個名叫「白龍仔」，另一個叫「黑龍仔」。兩人的身上並無特殊胎記斑痕，但是他們能在水中泅泳極長距離，而且喜歡生吃海鮮，勝過烹調煮熟的食物。兄弟倆之所以會如此，是因為他們乃是其母與一條龍所生下的孩子——或者，這位知州大人是如此理解的。[3]在海南島，人們的行事風格殊異，而大量的自然失序

1 《萬曆瓊山府志》，卷十二，頁3a。颱風登陸的日期，為八月十五日；龍現蹤釀災的時間則不清楚。

2 《萬曆瓊山府志》，卷十二，頁1b-12b。

3 沈家本，《沈寄簃先生遺書》，卷二，頁7；卷七，頁8a-b；《瓊州府志》（一八九〇），卷三十一，頁3b-4a。這位知州

動盪現象，似乎只能更加證明這樣的論點。

可是，方志的修纂者列舉出上面一連串災害的用意，並不是要反映這座島嶼上某些落後的性質，而是要將這一切記錄下來，交到那些被任命來治理此地的官員手上。當災害襲擊海南島時，他們是否關懷受災的百姓？我們可以將方志裡的這長串敘述作其他用途，不只是將其看作是這個海島上施政重點項目的按年排序，而更是將它當作元、明兩代氣候變遷之下環境壓力的證據。氣候既是人類生活中最基本的物質條件，也是一個愛開玩笑的傢伙：它能將尋常的穀物轉變為盛大的豐收，或者透過抑制任何使作物成熟，以及讓農人得以播種、收割作物的重要因素，而帶來最具災難性的浩劫。

在官修斷代正史的〈五行志〉裡，收有各種異常氣候現象與災難的詳盡紀錄。在《元史》裡記載的災難，包括洪水、不按時令出現的霜凍與大雪、冰雹、暴風雨、大火、該降雪的時節卻無雪、冰雪暴、超大豪雨、乾旱、蝗蟲、饑荒、傳染病、強風、蟲患襲擾、山崩與地震、當然，還有龍現蹤釀災。比起《元史》，《明史》裡所列的災異條目要略少一些，這可能是由於抱持反元立場的修史者，特別熱中於將明代初年的許多災難，盡可能全歸咎給不受他們喜愛的前任統治者。[4]不管怎麼說，這些收錄在史書當中的資料，讓我們得以描繪出一個形塑了這四個世紀的自然與社會災難的長期輪廓。這兩個朝代並沒有完全被這些災難給淹沒；我們等一下就會看到，這時期也是有些豐收好年的。不過，荒年偶然帶來的打擊，卻足以致命。

除了前述資料以外，還能夠佐證參考的文獻，散見於當時人們所記載的日記和隨筆類文字當中。周忱（一三八一至一四五三）的日記沒能留存下來，真是一件憾事。自明朝統治江南地區以來，財政的紊亂一直困擾著這個地方，周忱以在江南各地都建立起經濟秩序而著稱。周忱習慣在日記中詳細記錄天氣，並以此作為裁決訟案時察核證人言詞真偽的策略。在詢問證人時，他會詰問事發當日天氣如何，並將證人的回答與自己日記中的記載相互比對，然後就能判斷所言是否為真。陸容在他的隨筆作品《菽園雜記》裡記載了周忱的這套斷案訣竅，並且如此結語道：「於是知公（周忱）之風雨必記，蓋亦公事，非漫書也。」[5]

有些人也記錄氣候，因為他們期望能從中發現一套邏輯，或許可以找出未來大災難降臨的模式。正因如此，在一六三〇年（崇禎三年），有一位地方志修纂者才會回顧一場於一四四五年（正統十年）元月覆蓋整個上海縣城、積雪達三點五公尺的大暴風雪，並且宣稱這是該年稍後倭寇入侵的警兆。按照同樣的道理，他將一五五五年時（嘉靖三十四年）一隻會說人語的公雞，和

大人吳輝，於一六五七年（順治十四年）上任，在任五年，有能吏之稱。

4 宋濂，《元史》，頁1051-1115；張廷玉，《明史》，頁427-512。後者介紹的少數災異項目，像是在一六一六到一六四四年間的鼠患疫疾年表（頁477），前者並沒有類似分類。我基於這些歷史記載上重建的災難年表只是一次試驗，在一個我們至今仍然忽視的歷史層面上，運用史料求得大致近似史實的數據。

5 陸容，《菽園雜記》，頁81-82；關於周忱的政聲，見該書頁59。

該年稍後另外一波倭寇入侵連結起來。[6]海南地方志的編纂者，在尋找這些氣候異常現象當中的對應意義時，就顯得沒那麼篤定。畢竟，他注意到「心正氣和，而天地如之。」[7]罪魁禍首並非上蒼，而是施政有缺失的官員。然而，我們在後面將會看到，即使是最認真的官員，有時也會發現自己正與異常氣候苦苦搏鬥，這些異常現象至為極端猛烈，以至於受到災害侵襲的大多數人仍舊陷於苦海，難以拯救。

嚴寒

元、明兩代的歷史，屬於一段被歷史學者稱之為「小冰河時代」的氣候異常時期。大約從一二七〇年開始，地球變得比之前的兩百五十年寒冷（學者稱之前的這段時期，為「中世紀溫暖時代」〔Medieval Warm Period〕）。第一階段的溫度下降在一三七〇年左右達到最高峰，接著是一段比較溫暖的緩和期，大約維持了一個世紀。全球寒冷的情況在一四七〇年左右再度開始，溫度降得更低，許多之前從來沒有下雪紀錄的地方都見到降雪。一四九四年，佛羅倫斯（Florence）的積雪實在太深，以至於該城的統治家族突發奇想，竟然委託雕塑家米開朗基羅（Michelangelo）製作一尊巨大的雪人雕像。溫度在整個十六世紀持續降低，不過期間偶爾會夾雜著幾段回溫的時期。氣溫在約一六三〇年時再次向下探底，在一六四五年時達到千年以來的最低點，並且一直維持到一七一五年為止。[8]

小冰河時代的情形，已經透過亞洲以外地區的資料數據得到大幅度的還原重建。那麼，來自中國方面的證據又是什麼呢？異常氣候可以從樹木年輪寬度的變化當中探測得知，可是元、明兩代期間，森林被砍伐殆盡，使我們難以取得長時間的樹木年輪樣本。冰川成長速率的變化是另一項受到廣泛運用的指標，而我們可以使用這項指標來研究當時中國的情形。取自四川以西、青藏高原上冰川的放射炭素數據顯示，冰川是於十三世紀後半葉進展到這裡的：亞洲進入小冰河時代的時間，約略和歐洲同時。[9]氣象學者張家誠和湯瑪士．克洛里（Thomas Crowley）運用這些資料，再加上其他物理數據，已經確認進入小冰河時代的中國，於一四五〇年之後特別寒冷，最低溫則落在十七世紀的中期。[10]

這個時期的輪廓已經完全的被勾勒出來，而當我們在官修朝代史和地方志裡尋找極端氣候的指標時，就能夠更準確的加以證實。這些出版的紀錄顯示，在整個元代，比平常溫暖的年分只有

---

6 《松江府志》，卷四十七，頁19-20a，頁21b。

7 《瓊山府志》，卷十二，頁1a。

8 最後這段時期被稱為「蒙德極小期」（Maunder Minimum），這個時期以英國天文學家艾德華．蒙德（Edward Maunder，一八五一至一九二八）的名字命名，蒙德把低溫和太陽黑子的活動減少的關聯性聯繫在一起。

9 Grove, "The Onset of the Little Ice Age," 160-162.

10 Zhang and Crowley, "Historical Climate Records in China," 841.

一年：一三一六年（延祐三年）。除此之外，所有的報告都表明，氣候要不是合乎常態，就是比平常還要寒冷。我們大約只能推定女詞人張玉娘的生存時間，就在忽必烈在位期間，不過我傾向認為，她創作〈憶秦娥．詠雪〉這闋詞的時間，約在一二八四到一二九四年之間，也就是忽必烈在位的最後一段時間，也是他在位時期最冷的十年：

> 天幕幕。彤雲黯澹寒威作。寒威作。
> 瓊瑤碎剪，乘風飄泊。
> 佳人應自嫌輕薄。亂將素影投簾幕。投簾幕。
> 不禁清冷，向誰言著？[11]

明代的溫度指數顯示出更多的變化，不過絕大多數仍然是寒冷的氣候。本朝在寒冷的天候中開國，在一三九四到一四三八年這段期間回復正常均溫，接著又轉為寒冷，並且持續了十五年時間。一四五三年（景泰四年）的冬季特別酷寒，從位於本朝東北部的山東，到位於中部的江西，都降下不尋常的大雪。該年四月，吏部向皇帝奏報：下至江南一帶，百姓凍斃的人數很高，僅長江南岸的常熟縣，就有一千八百人凍死，江北的人數則更多。[12]接下來的春季，嚴寒導致竹子凍結，長江出海口冰封。隔年冬天，覆蓋在整個江南地區的大雪厚達一公尺。太湖上各港口凍結，所有的船舶交通被迫中止。家畜大量死亡。[13]

這段酷寒時期在一四五六年結束，接下來是為期三年的溫暖週期。然後，氣候於之後的六十六年間劇烈起伏變動，由冷到暖不斷反覆，有時兩者之間為期只有一年，但是寒冷的週期總是較溫暖的時間來得持久。一四七七年（成化十三年）冬季，強烈的冷氣團讓縱橫長江下游三角洲地區的運河全部結凍，河面結冰厚達數英尺，使這個地區的交通運輸網癱瘓好幾個月。之後的四十年間，嚴寒的氣候持續來臨。這樣的劇烈變化在一五三六年（嘉靖十五年）結束，明朝迎來了唯一一段持續時間較長的溫暖時期，共有三十五年。但是氣候於一五七七年再次轉冷。那年的冬季，長江流域的湖面凍結成冰，寒風將冰雪吹成好幾座十公尺高的小山。

除了一五八九、一五九〇年這兩個溫暖的年分之外，整個晚明時期都相當寒冷。當傳教士利瑪竇（Matteo Ricci）結束他於一五九七至九八年冬季首次到北京拜訪的行程、並且準備沿大運河啟程南下時，他發現「一俟冬季開始，中國北方所有河流全部凍為堅冰，致使在河面航行殆不可能，也許可在河面上駕馬車經過。」[14]（現在已經不能如此了。）一直到本朝覆亡之日，溫度都

11 張玉娘，〈憶秦娥・詠雪〉，田安（Anna Marshall Shields）英譯，收錄於Chang and Saussy, *Women Writers of Traditional China*, 149.

12 Sedo, "Enviromental Jurisdiction," 5.

13 《江都縣志》，卷二，頁13b。

14 Gallagher, *China in the Sixteenth Century*, 316.

很冷，在一六二九到一六四三年這段漫長期間，更下降到前所未有的新低點。

人們可能很想將元、明兩代的國運和這兩個朝代的溫度起伏走勢擺在一起比對：忽必烈把首都南移到北京的時間，正好在小冰河時代開始的前後；他開創的王朝於一三六八年崩塌，這一年則是小冰河時代第一階段的高峰期；輪到明朝，它於一六四四年覆亡之時，正處在這四個世紀以來為期最長的一波寒冷氣候的尾聲。溫度並不是這些重大歷史事件的唯一解釋，但是在任何說法當中，它必定會是其中因素之一。

這段歷史的樣貌被保留在一種史料來源裡：畫作，而研究中國史的學者，卻還未將其視為反映氣候的指標素材。我們很熟悉小冰河時代的歐洲畫家關於風雪的畫作，例如老彼得・布勒哲爾（Pieter Brueghel the Elder，約一五二五至一五六九）、亨德利克・亞維坎普（Hendrick Avercamp，一五八五至一六三四），以及湯瑪斯・希瑞曼斯（Thomas Heeremanns，約一六四〇至一六九七）等人筆下的作品。但是，當荷蘭與比利時的運河在十六、十七世紀冰封之時（而藝術家們紛紛大展畫筆，描摹這些令他們感到新奇的場景），華北的運河同樣也結了一層堅冰。中國的畫家和同時期的歐洲畫師們不同，他們較少用畫筆記錄周遭當下的環境，不過他們筆下的雪景圖，還是值得我們端詳一番，也許能夠得出什麼意義來。我們並不認為當時的中國是個雪國，但是在明代若干時候，雪景圖相當普遍（元代的雪景圖還存世的太少，難以和明代作對照），這說明畫家筆下呈現出的白雪，並不只是想像而已。

明代有多位以創作雪景圖著稱的多產畫家，首屈一指的，當推影響後世深遠的宮廷畫師戴進（一三八八至一四六二）。我們將他生活的年代與氣候作比對，就能看出戴進畫雪景的時候，正符合明代第一個較寒冷的氣候階段，也就是一四三九到一四五五年之間（見圖三）。[15]

下一個有大批雪景畫做出現的時期，是十六世紀初年，當時，唐寅（一四七〇至一五二四）和周臣（卒於一五三五年後）正擺脫前輩學院畫風的束縛，在畫作中注入新的創意。這批畫作完成的時間，正好是從一五〇四年開始，至一五〇九年結束的一段嚴寒時期。[16] 接著，於一五二八到一五三二年間，出現一波雪景畫作的密集高峰，這個時期的畫壇，正受到本世紀最具影響力的藝術家文徵明（一四七〇至一五五九）主導。在同輩畫家當中，文徵明作的雪景畫最多，雪景之所以會成為畫作普遍的主題，他的確居功厥偉。不過，這段時期並不是嚴寒階段，寒冷的年分在這個時期斷續出現（一五一八、一五一九、一五二三以及一五二九年）。文徵明的《關山積雪圖》約作於一五三二年（見圖四），是整個明代繪畫當中描繪大雪覆蓋景色最為豐富的作品之一。[17]

---

15 戴進的其他雪景圖畫，參見Cahill, *Parting an the Shore*, 15; Wu, *Orchid Pavilion Gathering*, figs. 6, 8, 9; Li and Knight, *Power and Glory*, pl. 119; Gao, *Paintings of the Ming Dynasty*, pl. 4.

16 唐寅與周臣的雪景畫，參見Clapp, *The Painting of T'ang Yin*, figs. 52, 60 and 65.

17 關於文徵明的雪景畫，參見Clunas, *Elegant Debts*, pl. 22, 74；前揭作者，*Empire of Great Brightnee*, pl. 29.

圖三：戴進，《涉水返家圖》。戴進此作，令人想起冬日場景；畫作完成的年代，大約是一四五五年，也就是明代第一次漫長酷寒時期（一四三九年開始）的最末一年。原圖藏於美國紐約大都會博物館（Metropolitan Museum of Art）。

時間再繼續走，另一群以雪景為創作題材的畫家群體，出現在萬曆皇帝在位漫長期間（一五七三至一六二〇年）的後半段。此一擅畫雪景的畫家群體，領導群倫的是董其昌（一五五五至一六三六），他的畫風與繪畫理論重新定義了中國藝術的品味傳統。他的《燕吳八景》，正是於一五九五至一五九八年之間那段寒冷時期創作的。董其昌曾一度宣稱，他不願意畫雪景。據說他曾經表示，自己一般而言從不畫雪，而是由冬季的景色作為取代。記錄前述這番言論的畫家抱怨道，董其昌的畫作中缺乏雪景，並聲稱畫軸裡無雪的冬景看來如同秋季，只是強說是冬景罷了。[18]董其昌的藝術家友人們在處理雪的意象時，不像他這般有所保留。董的摯友趙左，在本朝倒數第二次寒冷氣候時期裡（一六一六至一六二〇年），至少就畫了兩幅雪景之作。[19]

趙左畫出《寒崖積雪圖》的一六一六年（萬曆四十四年），我們正好有藝術收藏兼鑑賞家李日華（一五六五至一六三五）的日記紀錄可以參照比對，他的日記將是第八章的主題。這年冬季雖然來得晚，卻是長江下游三角洲地區多年以來最冷的一次。直到一月三日，西風才開始呼嘯。九天以後，溫度大幅下降。李日華在一月十二日日記條目裡，只記了兩個字：「寒甚」。入冬後第一場雪下在一月二十九日。之後天氣轉趨暖和，但是在二月四日這天，又開始下雪。「暮有微雪」，李日華在二月十八日的日記裡這樣寫道；隔天「雪甚」，又過一日，「雪積四五寸，（此種

18 Cahill, *Parting at the Shore*, 29.

19 關於趙左的雪景畫，參見Cahill, *Compelling Image*, 82; Gao, *Paintings of the Ming Dynasty*, pl. 65.

圖四：文徵明，《關山積雪圖》。文徵明喜愛描繪雪景。他繪製這幅畫作的時間，約在一五二八至一五三二年之間；一五二九年的冬季尤其寒冷。原圖藏於台灣，中華民國國立故宮博物院。

氣候）乃六七年來所罕者。」[20]李日華原本計畫在三月十九日動身前往杭州，但是被大雪所阻。或許我們要感謝那年冬天的大雪，因為它可能激發了趙左畫雪的構思。

本朝最後一次出現大量雪景畫作的時期，是王朝的最後八年間，從一六三六至一六四三年。就如我們之前提到的，明代此時正經歷最冷的一段時期。本時期畫家當中最為多產的，是畫風獨特的張宏（生於一五七七年），他的繪畫技巧受到歐洲藝術的影響。[21]與張宏同時代的畫家，包括王時敏（一五九二至一六八〇）和藍孟（生於一六一四年），也有多幅雪景圖傳世。

乾旱

如果元、明兩代寒冷的日子多過溫暖的歲月，那麼同樣表明比起濕潤的氣候，這兩個朝代更常遭遇乾燥的情況。[22]元朝在乾燥的氣候中開國，這種乾燥氣候持續了四十年之久。十四世紀初

20 這次嚴寒天氣加上大雪，一直持續到三月二十五日，當時天氣轉為「細雨蒸溽，髹器皆如汗流。鳥聲不止。」在氣溫回到正常以前，在四月十二日還有另一次，天氣突然驟變，氣溫變得非常寒冷（「寒甚」）；見李日華，《味水軒日記》，頁495-519。

21 北京故宮博物院典藏有三幅張宏的雪景畫。

22 對於逐年降雨量總計有興趣的讀者，可以參考北京水利部中央水文局編訂的年度降雨量地圖，這些地圖是根據一四七〇年開始的地方志統計而成；見中央氣象局氣象科學研究院，《中國近五百年旱澇分布圖集》。

期（一三〇八至一三二五年），氣候轉為濕潤，接著在乾燥與潮濕兩個極端之間來回擺盪，然後進入一段長期乾燥階段，時間從元朝末年一直到明朝建國初期（一三五二至一三七四年）。十五世紀的前四分之一時間，氣候是潮濕的，然後乾旱於一四二六年來襲。之後，除了在一四五〇與一四七〇年代，有過幾次濕潤氣候的插曲，乾旱的情況一直持續到這個世紀結束。降雨量於一五〇四年回歸正常值，一直持續到一五四四年乾旱籠罩整個國度為止，期間只有偶發的幾次旱象。本朝的最後一個世紀，直到覆亡的一六四四年，都處在反常的乾燥氣候中。乾旱時期有三段高峰，分別是一五四四至一五四六年、一五八五至一五八九年，以及一六一四至一六一九年。最後一段乾旱階段將整個國家烤焦，以至於《明史》在述及一六一五年的景象時，認為土地好像被焚燒過。[23]本朝在另一場持續七年的嚴重旱象之中覆亡。[24]

當乾旱襲來時，地方官往往求助於能帶來降雨的龍。一五六三年（嘉靖四十二年），杭州處在旱災之中，知府派遣一名道士去府境之內一座山裡捕龍，準備將其捉來杭州的祭壇，命牠獻祭求雨。當這名道士辛苦跋涉來到這座山裡的龍潭時，他所捕到的只有四隻蛤蟆和一隻牛蛙。他將牛蛙放在一只甕罐裡，帶回給知府大人。回程的路途相當辛苦，道士抱怨連連，他大聲對同行者說道：「以一蛙而費錢糧人役若此，倘禱不應，歸當烹食之。」語音剛落，立刻雷雨交加，將道士淋了個全身濕透。這時他看到原來裝著牛蛙的那只甕罐，已經空空如也了。於是他急忙趕回龍潭拜禱，為自己方才那番不知輕重的話懺悔。他又捉到了另一隻牛蛙，而且將牠完好無缺的帶回杭州，送到祭壇上祝禱，果然求得降雨。之後，道士用同一只甕罐送這隻牛蛙回去。當他打開甕蓋，要放牛蛙回龍潭時，這隻牛蛙早已消失蹤影。[25]這隻牛蛙因此被人們看成是龍王本尊的化身。

洪水

洪水的情況相當複雜。平日的一場雨，如果緊隨在乾旱之後，可能就如同一場超大豪雨那樣，帶來氾濫災情。而一條河流會不會氾濫成災，至少需看國家在維修堤壩與疏濬河床上的投入資源的程度而定，也要視年度降雨量的情形。

《元史》的修纂者對於洪水特別關注。他們在一個世紀的時間內記錄的洪患次數，比起之

---

23 張廷玉，《明史》，頁485。

24 決定降雨與否的力量所能影響的範圍，遠超過地區氣候。氣象學的研究已經揭露一種氣候模式：在太平洋的熱帶與溫帶地區降雨量偏離正常數值，都與聖嬰現象（El Niño）有關聯。聖嬰現象是一道接近赤道的溫暖洋流，每四到六年一次，在冬季上升到南美洲的西部海岸，為祕魯沿海帶來潮濕的空氣和大量的降雨。在東南亞，聖嬰現象帶來的效應則相反，並且會使季風雨季減弱，導致乾旱與較低的溫度。聖嬰現象並不能說明為何在元代和明代出現為時如此漫長的乾燥氣候，這種氣候的出現，似乎顯示是大陸氣候發生更為長期的變化，而不是海洋。儘管如此，在明朝最後一個世紀中，有一些大旱時期確實與聖嬰現象有關聯，規模程度最顯著的幾次，發生在一五四〇年代中期、一五八〇年代後期，以及一六一〇年代後期。見Quinn, "A Study of Southern Oscillation-Related Climatic Activity," 126.

25 張怡，《玉光劍氣集》，頁1024。

後《明史》在三個世紀內所記錄的總和還多。儘管發生於元代的洪水次數確實很可能較多，不過《元史》的修纂者肯定很熱中於記述這些洪患。它們起於一二八〇年代，不過直到忽必烈駕崩之後一年，大規模水患才開始頻繁出現。一二九五年整個夏季，長江流域洪水氾濫，將原本分別發生在各地的災難，轉而成為一個全國性的浩劫。長江上游於隔年夏季爆發洪患，黃河接著在秋季時多處潰堤。從那年冬季、春季，以及下一年的夏季，一處又一處地方遭水患衝擊，簡單用編修《元史》的史家筆下的一句話來形容，洪水「漂沒田廬」。[26]看起來，當時整個中國都浸泡在洪水之中。

一三〇一年，一段為時更長的洪患爆發，而此後幾乎每年都有水災發生。忽必烈的後代子孫，因此注定要統治（或是無法妥善治理）一個洪澇肆虐的國度。從一三一九到一三三二年這段期間，水患尤其嚴重。河水漫溢出堤岸，湖泊淹沒周遭農村，而海浪波濤則拍打湧進沿海的陸地。原來在中國各地築來疏導東流之水的堤防與水壩，如今已被沖毀。一三二八年四月（致和元年三月），沿海地區有一段海堤崩塌，朝廷派遣一團西藏喇嘛到此禱祀，並豎立二百一十六座浮圖（佛像），但是毫無效果：隔月，海浪就淹沒豎有佛像的地區。這時，朝廷為了因應，只好發起地方軍民修築耗費人力、物力更巨，長達十六公里的堤防。[27]一三四六年，水患災情宣告緩和，由此直到本朝結束的最後二十年期間，只再發生兩次嚴重的洪水。可是，災情緩和來得太晚，不足以令百姓信服，蒙古人還沒有失去統治天下的天命。

明代建國以後，一直到一四一〇年代之前，只有偶爾、零星出現的水患。兩次帶來嚴重災情的水患發生於一四一一年與一四一六年，正好與重建大運河的時間巧合一致。水患於一四四〇年代中期、一四五〇年代中期捲土重來。之後，明代一直到一五三七年（嘉靖十六年）才再次遭遇真正的大規模水患。一五六九年爆發嚴重洪水，一五八六年再度傳出災情，在這之後發生的水患次數較少、程度較輕。幸好，除了一六四二年（崇禎十五年）之外，明朝最後的三十年間沒有水患發生。

蝗災

中國一向容易受到像蝗蟲這樣吞食作物的蟲患侵擾。蝗害為患的劇烈程度，因為元、明兩代人們從事農耕的緣故，只更加增強，而且不只華北平原，在整個長江流域，也同樣遭受侵擾。《元史》裡幾乎每年都有嚴重蝗災的記載，和水患不相上下。有許多年，水患與蝗災同時出現，特別是在一二九五至一二九七年的嚴重水患，以及一三二八至一三三〇年的猛烈蝗災之時。在後

26 宋濂，《元史》，頁1053。
27 宋濂，《元史》，頁1058。

者這次蝗蟲大舉肆虐之時，其摧殘作物的嚴重程度，是這個世紀所僅見。接下來的二十年間有幾段緩和恢復的時間，然後蝗蟲在一三四九年再度大舉來襲，而且在元代統治時期的最後五年之中間歇出現。

明代開國以後，除了一三七〇年代有一波為期四年的蝗災侵襲之外，很顯然的不受這種貪婪吞噬作物的昆蟲所害，直到一四三四至一四四八年的大蝗災為止。一四四一年的蝗災為害尤其劇烈。牠們在一四五〇年代後期再度出現（一四五六年特別是個災年）。一四九〇年代初期又鬧蝗害，不過造成破壞的程度，並沒有元代時來得劇烈。在整個十六世紀，蝗蟲只造成三次嚴重災害（一五二四年、一五六九年、一五八七年）。在十七世紀前半葉，蝗害不但頻繁出現（一六〇九年、一六一五至一六一九年、一六二五年、一六三五年、一六三七至一六四一年），而且活動能力還見增長。在最後這五年的大規模蝗害裡，蝗蟲毀壞作物的程度，是整個明代百姓從來沒有見識過的。

蝗災容易在一場大雨、結束長期久旱之後出現。元代為患最嚴重的蝗災，出現在一三二八年，就出現在一陣為期三年的嚴重乾旱氣候之後。與此相似的是，一四四〇年代初期明代首波為時甚久的蝗災，便出現在一場長期乾旱的第五年；而一四九〇年代初期那次蝗災爆發，正好出現在下一波造成漫長旱象（一四八二至一五〇三年）乾燥氣候的中段。在好幾年的乾旱之後降雨，容易助長這類吞噬作物的昆蟲大量繁殖，而明代所遭遇到的情況，似乎就是如此。在本朝的最後一個世紀當中，每次重大蝗害都緊隨著旱災而來。

地震

歐亞大陸東邊的地形地貌，是好幾塊次大陸版塊匯聚組成的結果，而地震就是這個組成過程最明顯的證明。中國像是一塊拼圖，陸地版塊相互摩擦。青藏高原以東，三條地震造成的主要斷層線，大致上呈南北縱走：在山西沿著汾河流域，往南到黃河交會處，轉而向東；福建海岸；以及經由雲南到達四川盆地。這三個地震斷層帶在元、明兩代都十分活躍。

元代於一二九〇至九一年時經歷了一陣頻繁的地震活動，不過這些地震的程度，都比不上開始於一三〇三年九月十三日（大德七年八月辛卯）、震撼汾河流域的那一次大地震。位於汾河中段的高平鎮居民，本來已經就寢，但是被午夜一陣由西北方向吹來的可怕怪風所驚醒。他們被驚醒可說是意外的走運。因為當地震（估計震度為芮氏規模五點五）於數小時後發生時，大部分的民眾都已經醒來，而且身在戶外，而大多數的房屋將會被地震給震垮。地面搖晃的程度，據親身經歷者形容，感覺好似划船渡河。

高平地震如果和四天以後，發生在汾河流域以北五十公里的趙城地震相比，就是小巫見大巫了。趙城地震（芮氏規模八）的威力，足以將一切沒被高平地震摧垮的建物全部蕩為平地。就連遠在黃河流域的建築，都被這場地震夷為瓦礫，而人們所感受到的恐怖戰慄，則遠過於此。大約有二十五萬到五十萬人在第一波地震來襲時被壓在屋裡。數十萬人受傷，十萬棟建築被毀。接下來的兩年期間，不斷發生的餘震讓這個地區無法安頓、一直處在恐懼擔憂之中，而緊接著地震之後降臨的乾旱，則讓這個省份又過了另外一年的煎熬歲月。[28]地震在接下來的元代年間持續發生，在一三三八年與一三五二年間幾乎每年都有地震。

明代建國初年歷經了一段搖晃的歲月，接著是一四四〇年代、一四八〇年代，以及一五〇五至一五二八年，都有地震紀錄。最後這階段的地震，引來一次龍在雲南現蹤的奇異事件。在陸粲（一四九四至一五五一）所著的筆記作品《庚巳編》裡，記載了一則離奇事件：正德初年，有一條通身粉白的龍，於半夜出現在一戶人家的後圃。這座後圃是本地舉人汪城所有。本地稱為「龍衛」，位於雲南與緬甸邊境上的一處特別行政區裡（譯按：騰衝）。這條龍的鱗甲鋒銳異常，足以將任何去觸摸牠的人手切斷，不過人們卻不覺龍有什麼蠢動的跡象，而且也沒有想要離開的意思。汪舉人愈來愈焦慮，害怕好奇前來觀看這條龍的人潮愈來愈多，會失去控制，於是他借助一種驅龍的老辦法：以狗血塗抹在龍身。這個招數奏效，龍果然消失無蹤。陸粲解釋說，汪舉人的家人之所以會發現這條龍，是因為他們全都住在後圃臨時搭建的廬舍裡；家人們住在這裡已經有一年半了——他們正等待一場大地震之後的餘震過去。[29]

明代頭一次在規模上可與一三〇三年趙城大地震相比的地震，發生在同樣的地區，時間是一五五六年一月二十三日，這一次震央地點不在汾河流域，而在渭水上游。地震強度達芮氏規模八，將本地往南到黃河流域、往北到汾河流域，長達二百五十公里的道路破壞，城牆、官署建築與民宅全都被夷為平地。在震央渭水地區，所有民宅全部遭到震毀，半數居民罹難，泉水改變位置，河流也為之改道。陝西、山西兩省持續發生餘震，達一個月之久，餘震的搖晃，在最西北的甘肅、東邊的山東、南邊的長江流域，都能感受得到。此次地震，官方統計的罹難民眾數字是八十三萬人。實際的死亡數字很可能超過百萬。[30]

明代最後一次大地震，發生在一六〇四年十二月二十九日，震災襲擊的地方卻不是先前經常有地震的黃河流域，而是東南沿海。雖然華南位在菲律賓與太平洋兩大板塊交會處的西邊，距離卻也夠近，以至於在板塊碰撞時，經常飽受地震之苦。「閩、廣地常動，」福建籍的作家謝肇淛（一五六七至一六二四）如此表示：「說者謂濱海水多則地浮也。」對於這種說法，謝肇淛很不以為然，他指出山西之地高燥無水，卻也時常發生地震，而且其程度之劇烈，「動則裂開數十丈，不幸遇之者，盡室陷入其中。及其合也，渾無縫隙，掘之至深，而不可得。」[31]

---

28 國家地震局地球物理研究所，《中國歷史地震圖集：遠古至元時期》，頁151-156；Gu Gongxu, *Catalogue of Chinese Earthquakes*, 19-21.

29 陸燦，《庚巳編》，頁110。

30 Gu Gongxu, *Catalogue of Chinese Earthquakes*, 44-52.

31 謝肇淛，《五雜俎》，卷四，頁17a。

一六〇四年地震的震央，距離福建海岸只有三十公里。這場地震摧毀了位於東南沿海的兩個海上貿易中心：泉州與漳州。月港是漳州的出海港埠，該地的大多數建築都被地震摧毀，不過由於月港沒有直接位在地震斷層帶上，所以死亡人數並未同樣慘重。地震的震波沿著海岸傳遞，最遠到上海也能感覺，甚至內陸的省份如廣西與湖廣都感受到搖晃。[32]這次地震規模空前，直到一六五四年（順治十一年）天水大地震才可堪與之相比。即使是如此，明代時期陸地板塊仍然持續在位移，導致在本朝最後的四十年裡，有三十二年發生多場大地震。斷層帶最劇烈的活動階段，出現在本朝的最後四年；這提醒每一個人（如果他們還需要被提醒的話）：大事不妙。

火山爆發和地震一樣，也是地殼板塊運動的產物。然而，與地震不一樣的是，它們只出現在板塊運動的邊緣地帶。中國並沒有位於板塊邊界上，但是這並不意謂元、明兩代能夠免於受到火山爆發的影響。就像在大陸能感受到位於菲律賓板塊斷層帶上的地震那樣，這個區域所噴發的懸浮火山灰也被吹送到中國上空。火山爆發之後，火山灰組成的厚重雲層遮蔽了太陽照射到地球表面的光線與熱度，為時通常達好幾個月，立刻造成氣候異常現象，引發作物收成量下降，並且導致饑荒。

既然在元、明兩代時期，日本、琉球以及菲律賓諸島等地都有火山活動的紀錄，如果沒有這些火山噴發的空中懸浮粒子向西飄移，才令人訝異。而火山活動與異常氣候之間，的確有一些蛛絲馬跡的巧合：一三三一年日本安座真火山爆發與元代一三三〇至一三三二年的酷寒時期；一四六四年菲律賓巴丹島（Bataan）上伊拉雅（Iraya）火山爆發與明代一四六四至一四六五年的寒冷時期；一五九七至一五九八年日本岩木山、安座真兩座火山爆發，與明代一五九八至一六〇一年間的乾旱和饑荒；以及呂宋的依力加（Iriga）火山於一六二八年爆發，正好在一六二九年開始至一六四三年寒冷時期之前。[33]前述這些火山爆發的威力，是否強大到足以遮蔽照射在明代田畝上的溫暖陽光，並且阻撓作物成熟結穗呢？

疫疾

疫疾在元明兩代曾經多次襲擊民眾，不過有四段時間特別嚴重：元代的最後十五年間（一三四四至一三四五年、一三五六至一三六〇年、一三六二年）、一四〇七至一四一一年間，而在一四一一年爆發的瘟疫，是整個十五世紀最嚴重的一次、一五八七至一五八八年間流行廣泛的大浩劫，以及明代的最後六年（一六三九至一六四一年、一六四三至一六四四年）。從一五〇六年開始到一五四六年這四十年期間，頻繁的疫疾也超過正常的比例。後三次瘟疫在明代的大規模流

32 Gu Gongxu, *Catalogue of Chinese Earthquakes*, 67-69.

33 這些日期均取材自Lentz, *The Volcaano Registry*.

行，在時間上正好與本朝最後一個世紀裡，因乾旱而引發的饑荒相符：它們的時間分別是一五四四至一五四六年、一五八七至一五八八年，以及一六三九至一六四一年。

要鑑定這些疫疾究竟是什麼病，是相當棘手的一件事。我們所能根據的，全是當時的人們留下對於症狀的描述紀錄，這些記錄者大部分不具醫學知識，而他們所知不管怎麼說，也和今日我們的理解不相同。痢疾、傷寒、天花，以及鼠疫，是造成大規模瘟疫流行可能性最高的解釋。歷史學者尤其容易採信一種說法，認為在元末與晚明幾次造成大規模流行的瘟疫，可能是腺鼠疫，這是透過跳蚤叮咬受鼠疫桿菌感染的老鼠而傳染的疾病。這種歷史診斷之所以如此具有吸引力，不僅是當時疫疾流傳散布的可怕程度，而是因為它與歐洲在十四世紀戲劇化的遭遇鼠疫密切相關。畢竟，第一個罹患鼠疫的歐洲人——在黑海北岸抵抗蒙古大軍包圍的義大利人——就是被蒙古人感染的，而後義大利人又在一三四七年，將這種疾病傳回君士坦丁堡（Constantinople）與義大利本土。鼠疫的初始帶原者是欽察汗國的戰士；欽察汗國又名金帳汗國（Golden Horde），這是由一部蒙古人在忽必烈建立大元之後，與其斷絕關係所建立的獨立國家，位於原來成吉思汗大帝國疆域的西端。

新加坡流行病學專家伍連德，是一位致力於打擊阻遏鼠疫在中國流傳的鬥士，他曾經於一九一一年在東北組織防疫工作，控制肺鼠疫疫情的爆發。伍連德是第一位提出「元末疫疾是鼠疫」說法的人，儘管當時他所依據的證據並不充分。「鼠疫能快速在歐亞大陸傳播」的論點，吸引了世界史學者威廉・麥克尼爾（William McNeill）的注意，他採納了這種看法，作為他在一九七六年出版、討論全球瘟疫傳播史的鉅著《瘟疫與人》（*Plagues and Peoples*）的主要論旨根據。一直到近代，蒙古草原仍然是鼠疫桿菌的大儲藏庫，蒙古利亞種的沙鼠則是亞洲跳蚤的宿主，這都為前述的論點提供額外的說服力。

現在，挪威籍的人口史學者歐勒・班尼蒂托（Ole Benedictow）已經對這個假說論點提出質疑。「黑死病已經在研究它的學者之中，造成太過深刻的印象，」他評論道，印象深刻甚至到了「他們那種離奇怪誕的意識」壓倒本身批判能力的程度。班尼蒂托主張，關於研究疫疾起源的各種問題，最好不要先提出最誇大的假說尋求回答，而應該以「直接來源準則」（**the principle of proximate origin**）進行探究。換句話說，也就是「傳播距離愈短，阻礙就愈少。」[34]他很具說服力的指出，一三四四年在元朝流行的鼠疫，如果要在一三四六年傳播到黑海之濱，途中的障礙實在太多、太大，不可能成功。鼠疫桿菌要移動這麼遠的距離，兩年的時間著實太短了。而欽察汗國甚至讓快速移轉的可能性再為降低，因為他們在一三四三年切斷了中國與歐洲之間的沙漠貿易路線，而這年正好是元朝爆發大規模瘟疫的前一年。

空間與時間是疫情傳播的障礙。在十四世紀，鼠疫在帶菌的老鼠和人類搭船走水路的情形

---

34 Benedictow, *The Black Death*, 50.

下，疫情一天之內能傳播四十公里的距離。然而，要是改走陸路，傳播的速率就會驟降為每天不到兩公里。考慮到腺鼠疫的潛伏期只有三到五天，罹患者受感染後一天之內就具有傳染力，以及百分之八十的患者在發病後三到五天之內死亡等情形，很難想像患者傳染力的範圍高達兩公里，而且還能在整條絲路上持續保持傳染力。所以，烏茲別克（Uzbekistan）或其他位於欽察汗國境內的地方，更有可能才是鼠疫真正的起源地。最後，還有一個與氣候有關的論點。跳蚤的自然死亡率很高，必須不斷繁殖，以保持族群數量；寒冷的氣候會限制跳蚤的繁殖能力。[35]從一三四四到一三五三年這些年間，是元代最為寒冷的一段時期，對帶有鼠疫桿菌的跳蚤來說，遠距離轉移的各種條件都極為不利。

學者對元末疫疾為鼠疫的假定，同樣也適用在明末的瘟疫判定上。當代的人口統計史家曹樹基就認為，一五八七年和一六三九年爆發的兩次大規模瘟疫都是鼠疫。他追溯前者的根源，可以追蹤到一五七一年（隆慶五年），明朝重開邊境、與蒙古人貿易這件事情上。曹樹基也把疫情爆發的因素之一，歸因於蒙古利亞種的沙鼠，這種沙鼠是傳播鼠疫的潛在帶原者，當許多漢人農民移民到塞外蒙古草原屯墾，牠們原來的棲息地就受到了干擾。曹樹基研判，疫情由鼠傳人的突變，大概發生在一五八〇年（萬曆八年），這一年正好有一場瘟疫在山西省爆發。明朝在疫情爆發後，立刻關閉和蒙古貿易的邊境馬市，但是已經太遲了。瘟疫在一五八二年五月傳到北京。它潛伏了幾年，然後於一五八七年六月於北京爆發，整整一年後再次出現。[36]

一位福建文人，於十六、十七世紀交會之時正好在北京，他將疫情的爆發，歸咎給北京惡劣的生活環境。「京師住宅既逼窄無餘地，市上又多糞穢，」他抱怨道。「五方之人，繁囂雜處，又多蠅蚋，每至炎暑，幾不聊生。」然而，即使降雨能夠消卻暑熱，卻不總是能解決問題。「稍霖雨，即有浸灌之患，故瘧痢瘟疫，相仍不絕。」[37]無論導致瘟疫的是不是同樣的病菌，英格蘭國王愛德華三世（Edward III）於一三四九年瘟疫蔓延期間為倫敦市長描繪的一幅場景，和前述真是令人有毛骨悚然的相似感：「人們必須通過的街衢巷弄上，充斥著汙穢的排泄物，而這座城市的氣味對於通過的人們，則大有危害。」一三六一年，在另一封給市長的信函裡，國王又抱怨道：「腐臭的髒血流到街上，」他注意到「這座城市的空氣極受汙染，而且到處蔓延，由是令人厭憎與最汙穢之惡臭瀰漫，疾病與許多其他邪祟出現在前述這座城市的住宅裡，或已經盤桓聚集

---

35 Benedictow, *The Black Death*, 18, 26, 49-51, 229-231, 235. 文中所引述的數據資料都是腺鼠疫（經由跳蚤齧咬而傳染），不是肺鼠疫（透過患者從肺部吐出氣息當中的水滴直接感染到其他人的肺部）；班尼蒂托主張，肺鼠疫在黑死病期間的案例甚少。Li Bozhong（李伯重），"Was There a 'Fourteenth-Century' Turning Point?"一文對於一三四四年的疫疾為鼠疫的看法，也提出類似的質疑。

36 曹樹基的假設得到美國的中國醫療史學者韓嵩（Marta Hanson）歸納和支持，見Hanson, "Inventing a Tradition in Chinese Medicine," 97-102. 一五八二年和一五八七年在北京爆發的瘟疫，記載於張廷玉，《明史》，頁443。

37 謝肇淛，《五雜俎》，卷二，頁26，轉譯自Dunstan, "The Late Ming Epidemics," 7.

於內；而人們恐懼有更危險的事情，即將要到來。」[38]

萬曆皇帝與英格蘭國王不同，他沒有同樣的機會，可以親臨京城的街衢；但是他的首輔大學士申時行，卻於一五八七年（萬曆十五年）六月十一日就疫疾於這座城市爆發一事向他啟奏。「茲者天時亢陽，雨澤鮮少，」他向萬曆奏道，因此而「沴氣所感，疫病盛行。」申時行提醒皇帝，洪武與嘉靖兩朝，在遇類似情況時，皆廣設惠民藥局，是以促請皇上履行祖宗舊舉。他建議萬曆「敕禮部札行太醫院，多發藥材，精選醫官，分札於京城內外，給藥病人，以廣好生之德。」[39]皇上俯允首輔申時行的建請，不過很快的，他就發現自己面臨祖宗遭遇過的難題：想給予百姓銀錢，可是能分發給窮苦人家的銀錢卻相當有限。明朝皇帝不可以直接撤回祖宗既已頒布的前例。萬曆靠著援引他皇祖父嘉靖時代的前例，授與病患銀錢，用以支付醫藥開銷，解決了這個難題。對於降低百姓死亡，這樣的介入效果有限。研究人口統計數字的歷史學者曹樹基作了一個偏高的估計，認為當時華北的死亡率在百分之四十到五十之間。如此，華北三個省份（山西、北直隸、河南）的人口，便會由一五八〇年時的二千五百六十萬，降低到一五八八年時的一千二百八十萬。

長江流域在這一年也受到疫疾的猛烈侵襲。根據報告顯示，瘟疫可能是沿著大運河沿岸走廊地帶，由北方一路傳播南下。然而，有一個同樣具說服力的看法，指出這次在長江流域流行的疾病，是諸如傷寒與痢疾等透過水傳染的致命混合地區瘟疫，而之所以爆發疫情，是因為人們在經歷一五八七至一五八八年的饑荒以後，健康狀況普遍變得衰弱的緣故。[40]兒童特別容易遭受瘟疫的侵襲（見圖五）。但是，這場發生在長江流域的疫疾卻留下了若干耐人尋味的蛛絲馬跡，這則證據是一首詩，由一名婦人陳氏作於一五八八年：

年來水旱作災屯，
疫疾家家盡掩門；
兒女莫嫌全食粥，
眼前不死亦天恩。[41]

陳氏這首詩顯示出，當時的人們已很清楚的意識到與感染者接觸的危險，而他們為了自身的安全，將自己隔離起來。不過，詩裡提及的「兒女」，相當令人感興趣，因為這似乎表示有若干兒童逃過一劫，沒有隨雙親在這波瘟疫當中死去。如果我們考慮到年紀很輕和年紀很大的人，通

38 引自Benedictow, *The Black Death*, 4.
39 《明神宗實錄》，卷一八六，頁2a。
40 Hanson, "Inventing a Tradition in Chinese Medicine," 109.
41 談遷，《棗林雜俎》，頁280。

圖五：觀音菩薩，這位中國佛教當中象徵慈悲的神祇顯靈，對一名遭到瘟疫惡鬼帶走的孩童伸出援手。這幅十七世紀的畫作，創作於一六四〇年代初期那幾波可怕的瘟疫之後。原圖藏於加拿大多倫多（Toronto），皇家安大略博物館（Royal Ontario Museum）。

常是瘟疫當中的第一批受害者，前述這種情形就顯得很不尋常。要是死亡的主因確實不是營養不良，而是疾病所致，那麼就表示某些兒童對於奪走他們父母生命的疾病（不管是哪一種疫疾），已經產生出抵抗力了。

饑荒

這個時期並沒有持續發生饑荒，但是它的確時常復發，特別是在元代。從本朝的第一次糧荒時期（一二六八至一二七二年）到最末一次（一三五七至一三五九年），平均每隔兩年，百姓就經歷到一次大規模的饑荒。一三二〇年代是狀況最為嚴重的階段。這十年當中政治局勢動盪，本朝在此時換了五位皇帝，一個比一個少不更事，而且大權旁落，這勢必讓政權更加難以妥善應對前述這些災害。不過，我們倒是可以很輕易的倒轉這個問題，質疑是否正因為這一連串的饑荒，才製造出政治局面不穩定的意識。朝廷裡的內鬥在一三四〇年代減少，但是到了這個時候，氣候才是最為棘手的重大急務。

元代最可怕的那幾年饑荒歲月，在幾個世紀以後仍然存在人們的記憶之中。在第一章裡，龍王與其子於一二九三年，在長江下游三角洲地帶的成山現蹤，此地屬於海鹽縣，在一五三九年遭受饑荒摧殘。在那個時候，海鹽的耆老開始回想起鄉里流傳的記憶：發生於一三〇五年的饑荒，那是本縣最為嚴重的一次災劫。「海鹽歷大饑，民相食，此二百年未有之大災。」[42]兩個世紀的時間還不夠長，不足以忘卻對災難的記憶。

明代開國後的半世紀內，有幾次為期短暫的作物歉收，但是第一次真正嚴重的饑荒，發生在一四三四至一四三五年（宣德九至十年）。從一四三〇年代到一五三〇年代這一百年期間，幾乎每隔幾年，這個國家就要經歷一次大規模的生存危機。整個一四五〇年代是災害相尋的十年，因為不但有饑荒發生，還有其他各種各樣的環境危機；但是除此之外，從一四六五至一四七三年、一四七七至一四八七年，以及一五〇一至一五一九年之間（一五一五年有過短暫的紓解），還發生了多場持續很久的饑荒。這幾波糧食短缺不但在挨餓的飢民之間形成壓力，同樣也令朝廷官員感到緊張。一四九二年（弘治五年），兵部尚書等官員上奏皇帝，指出「蘇松浙江水災，山東久旱，恐飢民乘此為變」。為此，應提醒地方官員在第一波糧食短缺情形出現時，就要迅即行動。各軍也應該加強戰備，「以戒不虞」。皇上同意這些奏請。[43]直到一五一九年後，饑荒災情才漸次平息。

一五四四年（嘉靖二十三年）——也就是「聖嬰現象」（El Niño）之年——乾旱捲土重來，隔年隨即發生饑荒。一五四五年這次饑荒規模甚大。在浙江省，「湖盡涸為赤地，」米價為之暴漲。任何夠幸運、能買到半斤米的人，當他在回家途中，在暗處行走時，都有被殺害的危險。乞討者陸續倒斃。朝廷雖然開倉賑濟，但是糧食供不應求，而且遲遲其行。許多挨餓的飢民還沒能等到開倉賑濟，就倒斃途中，或是在等待分發時死去。[44]

下一場嚴重的饑荒於一五八七至八八年爆發。[45]一五八七年八月十二日，戶部侍郎上奏：黃河以北的民眾陷入只能以草根、野生植物為食的境地，而陝西西南的百姓更只剩沙土可吃。[46]乾旱一直持續到一五八八年的春、夏兩季，使得許多原本逃過一五八七年饑荒的地區，也陷入饑餓遍野的災情之中。四月三十日，朝廷派往廣西的總督呈報，在西南地區也發生同樣的危機。他強調，唯有朝廷施以救援，方能遏止局面愈形敗壞之勢。三星期後，該省官員的後續報告指出，這場饑荒已經瀕臨浩劫的規模：「人民相食，枕籍死亡，滿城滿野，有鄭俠（譯按：北宋畫家，繪製《流民圖》，進獻宋神宗）不能繪者。」就在同時，一名身在南京的官員上奏，稱長江以北「民飢相食」，而長江以南各地「米價騰貴」。據他之見，官員對此責無旁貸。「救之當議遠羅，而委之無銀無穀，」他質問：「則設官謂何？」[47]

---

42 《海鹽縣志》，卷十三，頁5a。

43 《明孝宗實錄》，卷六十五，頁5a。

44 《紹興府志》，卷十三，頁32b。

45 這場發生於一五八八年的大饑荒，學界實際上還沒有對此進行專門的研究；在Dunstan, "The Late Ming Epidemics," 8-18，有關於這場饑荒的初步探究。

46 《明神宗實錄》，卷一八八，頁4a。

47 《明神宗實錄》，卷一九七，頁3a、頁11a；卷一九八，頁2a。

明代最後一波饑饉，於一六三二年開始，在一六三九年升級成為大範圍、大規模的災情，並且又持續了兩年之久。無論是元朝還是明代，先前都沒有遭遇過如此規模的災難。這是本書最後一章要討論的主題。

九劫

元明兩代的各種災難一波波前來。它們大部分為時很少超過一個季節，但是有時也可能會歷時超過二或三年。一季作物歉收是人們承受得住的災禍，但是一場為時多年、各種災難並至的浩劫可就大不相同。為了給予這些為期漫長的災難時期一個特徵，我重新啟用一個古老的詞彙：「劫難」（slough，和「絞刑架」〔bough〕押同樣尾韻）。「Slough」原來指泥沼，或是聚積汙泥穢物、羈絆困住旅人的低地。自從約翰．班揚（John Bunyan）於一六七八年出版《天路歷程》（*The Pilgrim's Progress*），提及「失望泥沼」（Slough of Despond）以後，這個字就被用來描述身陷各種困難之中而無法脫身的情境。對班揚來說，劫難是一種隱喻；對我而言，這個詞彙更能貼近描述最艱難時期人生的模樣。

以本章裡蒐集而來的資料作為基礎，我找到了九次劫難，三次發生在元代，六次在明代，我根據劫難發生時的年號，逐一為它們命名（參見附錄二）。

忽必烈差一點就要親眼見到他所開創的王朝面臨頭一次低迷時期。元貞劫難（一二九五至九七年）就開始於忽必烈的繼承者鐵穆耳（譯按：即元成宗，忽必烈孫）承襲帝位的那一年。鐵穆耳或許在治理天下的精力上不如他的祖父，但是他接掌江山的時候正逢氣候轉差，則純粹是他命運乖舛所致。他極其希望能改變命運，於是在即位後第三年，也就是一二九七年，改年號「元貞」為「大德」，希望能遏止國勢傾頹。

泰定劫難（一三二四至一三三〇年）襲擊元朝之時，正值忽必烈之後的第五位君主承襲帝位——三十年來，這是第五位皇帝了。政局的動盪，因為環境惡化而更形加深，而環境的惡化又回過頭來影響蒙古人的政權，使他們無法有效對應。我將泰定劫難的結束時間標定在一三三〇年，不過從許多方面來說，劫難其實並未真的結束。這一波劫難只是暫停了兩年，到了一三三三年，又隨著該年發生的多次饑荒而繼續下去。

大規模的乾旱與洪水開啟了至正劫難（一三四二至一三四五年），隨即而來的是一三四四年和一三四五年的洪水與嚴重瘟疫。就在這樣的環境底下，未來明朝的開國皇帝長大成人了。官修正史《明史》記載朱元璋生平的〈太祖本紀〉以下面這一句話開篇，證明了至正劫難在朱元璋早年生涯當中所扮演的角色：「至正四年（一三四四年），旱蝗，大飢疫。」[48]當時朱十六歲，而上

[48] 張廷玉，《明史》，頁1。

段話裡的這些情形逼使他鋌而走險，踏上叛亂的道路。元朝的國祚此後又延續了二十年，起義群雄之間彼此征戰，推遲了它崩潰的時間。到了朱元璋於一三六八年稱帝的時候，蒙古人對於大局來說已經是無足輕重了。

明代一直要到一四三三年（宣德八年）才開始遭遇各種困境的間歇侵擾；從這時候起，氣候變得寒冷，在接下來的兩年內帶來饑荒、傳染病與蝗災。一四三七年氣候再次轉冷，而且水患頻仍，使得整個國家在一四三八至一四四五年之間陷入一連串的饑荒之中。這些間歇發生的災難，冷酷無情的於一四五〇年時構築了一個為時五年的全面環境生態危機，然後在一四五五年升級成本世紀狀況最為惡劣的年分之一。[49] 景泰劫難（一四五〇至一四五五年）發生的時間與景泰皇帝在位期間完全重疊，他是在本次劫難開始的頭一年，因為其同父異母的兄長遭到蒙古人挾持，而接掌帝位的。景泰的哥哥後來獲釋，在一四五六年奪位復辟，此時正好是景泰劫難宣告結束之時。景泰皇帝在位時所遭遇的一連串不幸局面，真是無以復加。

我們已經從群龍現蹤這件事情上明白，正德皇帝在位時期（一五〇六至一五二一年）是一段動盪的年代。正德劫難（一五一六至一五一九年）坐實了當時和之後對這位皇帝治國無方、不體民瘼的惡名。

下一段災難密集出現的時段發生於四分之一個世紀之後。嘉靖劫難（一五四四至一五四六年）並未與政治危機明顯相關。這單純只是一段為期三年、在全國各地出現疫疾與饑荒的時段。

萬曆皇帝是明代享國最久的君主——在位四十八年。然而，萬曆這麼長的執政時間，也讓他經歷了兩次劫難。我們已經提過，嚴重的饑荒與猛烈的疫疾構成了第一次萬曆劫難（一五八六至一五八八年）。第二次萬曆劫難（一六一五至一六一七年）雖然相較之下為害程度沒有前次嚴重（因為未爆發瘟疫），但仍然是艱困的年歲。

本朝最後一次低迷階段，是驚心動魄的崇禎劫難（一六三七至一六四三年），也是本書最後一章所要談的主題。我先前已經將本次劫難開始的時間標定在一六三七年，也就是長達七年乾旱降臨的年分；不過，我也可以輕易地將本次劫難的開始時間向前推，到崇禎皇帝即位次年的一六二九年，當時氣溫滑落，引發各種災難，從而使得他在位期間，天下幾乎無法治理。這次劫難在王朝覆亡前幾個月逐漸緩和，但是為時已晚，已經無力回天。

度災

人們認為，世間的正常秩序需仰賴天、地、人三種力量間的和諧均衡方能達成。上至皇帝，

49 關於一四三四到一四四八年間每下愈況的各種情形，被簡要歸納於Twichett and Grimm, *The Cambridge History of China*, vol. 7, 310-312，但是他們的敘述裡並沒有提到景泰劫難。

下至最貧賤的販夫走卒都明白：惡劣氣候的背後，定然有更深一層的意涵。它的出現，象徵這三種力量失去了均衡。對於此種失衡，有兩種詮釋方式；其一是在天地關係當中，賦予人類積極的角色作用；另一種則是扮演消極的角色。

主張積極角色者認為，天地出現異象，是由於人們的敗德之行所致。修正這些行為，自然界的各種動盪就會中止。這種「以道德為依歸的天象論」（moral meteorology），將皇帝擺在一個頗為微妙的位置上，因為他既身為天子，與上天最為接近，對於人間這股力量，便應具備最大的影響力（無論是好或壞）。[50]這種思考邏輯意味著每次氣候變差，人們就可以指責是皇帝的治理出了問題。因此當前述的劫難出現時，不啻是給皇帝安上了一副沉重的負擔。朝廷裡那些愛挑三揀四批評的言官，認為必須要對皇上提出示警，他們唯一能做的事情，就是列舉這些異常氣候現象。有一位官員，就以這種相當引人注目的方式，對正德皇帝上了一道奏疏。他宣稱，國內各處飽受困擾，因為「霾者黃風黑霧，春旱冬雷，地震泉竭，揚沙雨土。」這意謂「天變於上，地變於下，人變於中。」而皇上對此最好有所行動。[51]

正德的前任弘治皇帝相當幸運，因為他在位期間並無劫難發生。當然，弘治一朝仍舊飽受惡劣氣候的糾纏困擾，這種情況還因為群龍令人不解的頻繁現蹤而更形惡化。乾旱是最主要的問題。一四八二年（成化十八年），也就是弘治皇帝即位前六年，國內多處地方都出現旱象，當中除了短暫緩解的時候，災情綿延了二十年之久。這也是一段寒冷的時期。一四九二年，也就是弘治五年，在各種環境狀況轉壞變差的情形之下展開的。一次大規模的乾旱，加上華北多條河流爆發洪患，讓情形雪上加霜。在那年的前幾個月裡，華北各地紛紛向朝廷呈遞奏摺，報告洪患與溫度降低已經使得今年的秋收不保。弘治皇帝明白，他必須要豁免自一四九一年起尚未繳納的稅賦。堅持要收齊各省縣因作物歉收而未能上繳的賦稅，只會讓當前年度稅收的徵集變得更加不可能。皇上先後三次分別下旨免去各地稅賦，一共豁免了三百五十萬升的小麥。

比起因災難而造成的有形財政支出，無形的道德代價更令孝宗皇帝煩惱。這種為了這些災難而付出道德上代價的感受，起於朝廷職司觀測星象的官員上奏，三月時天象也產生擾動跡象：東方有流星大盞，墜落在南方，後又有三小星跟隨；月犯井宿東扇南第一星；木星犯靈台星。接著大地震動，嗡鳴有聲，繼而在西北邊陲引發激烈的雷電震響。這些全都是不祥之兆。

弘治皇帝本來可以拜伏在天意之下，除了懇求上天憐憫之外別無他策，但是他不這樣做，而選擇聽取臣僚們的諫言。身為天子，他該做什麼，才能安撫天地呢？一位被派往監督河患治理的御史於三月七日提出四點奏陳，建議重新分配來自南方的漕糧。隔日，另一位言官上奏，建請朝廷暫停舉辦各種節慶，以撙節開支。一名給事中上疏，建議弘治提醒各地方行政官員，務要各自

50 Elvin, "Who Was Responsible for the Weather? Moral Meteorology in Late Imperial China."

51 張廷玉，《明史》，頁5503。譯按：此官員為南京吏科給事中彭汝實，見《明史》列傳第九十六。

修明政事，並且下令各地主管司法刑罰的官員，要寬貸犯事者，不可濫施極刑。用官員的術語來說，前述這些舉措應該能說服上天「轉禍為福」。皇上以身作則，作為全民道德表率，能夠運用神祕力量，轉化天、地、人三種力量間的關係。但是這並非輕而易舉之事。因為在當晚，月座就沖犯了另一個星宿，而這個星宿此時不該在這個位置。隔夜，大盞青白流星再次出現。看來想要讓這艘龐大的帝國巨艦轉換方向，還需要一些時間。[52]

大部分的人們不能指望能如天子一般，能夠改變天地造化。因此他們傾向採取一種消極的詮釋天地現象之道，此道認為天、地、人三種力量的失衡不協調，是周期性出現的。天綱地樞時常變動不居，人們所能做的，就是對此忍耐，直到動盪的時期過去。實際上，對於平民百姓而言，能夠應對周而復始出現的災難，辦法確實只有一種，那就是占卜。如果你不能改變上天降下的災禍，至少你可以預測它們的到來，並且準備好面對它們。

晚明時期蓬勃發展的出版業，以刊印列舉凶日的年曆和占卜手冊來因應人們對於占卜吉凶的需要，並且讓你能夠一窺未來。有一本這樣的年曆，在一五七四年修纂的湖廣《慈利縣志》裡，能夠找到斷簡殘編。這本慈利占卜年曆從農曆正月的前八天開始，每一日都主導一種動物（或植物）的吉凶，依次分別是雞、狗、豬、羊、牛、馬、人以及穀類。如果初一那天（也就是雞日）是個晴朗日子，那麼牠們將會成長茁壯；如果是個陰天，牠們就會碰上災難。同樣的道理也可以運用在初二的狗日，初三的豬日，諸如此類等等。顯然，初七與初八是最重要的兩天，這兩日的氣候決定了人們和作物在接下來這一年當中要如何行事。

慈利這份占卜預言年曆也標註了全年當中的日子，通常是以一句地方上的諺語作為說明。舉例來說，三月初三那天，如果你在午前聽見蛙鳴，那麼就表示位於高海拔的作物將成熟；而如果你在午後才聽見蛙鳴，成熟的則是低海拔的作物。年底的小寒與大寒兩天是最後可供占卜的日期，這兩天是接近一個農曆年結束時的日子。大寒幾乎總是落在農曆十二月，通常是我們現在使用陽曆的一月十一、十二或二十一日；而小寒大概會在農曆十一月，通常是陽曆的十二月二十六、二十七日，或一月五、六日。當這兩個日子其中一個落在農曆十二月，而颱風或降雪時，就表示將會損失家禽或牲畜。縣志的修纂者以一則評語結束這些占卜預測，認為它們都是從經驗當中得出的。這些資訊也許並未包含在明代朝廷每年對其臣民頒布逐月職責的「正宗」知識之內，可是，他堅持道，讀者當會發現「其談水旱災祥，時或奇中，」這至關緊要，「存之以為農事資焉（記載保存下來，提供農事耕種的幫助之用）。」[53]

萬曆年間在書籍市場上氾濫的家庭用百科全書，也對讀者提供判定災難何時來襲的方法。著作豐富的福建籍刊書家余象斗，在他於一五九九年（萬曆二十七年）刊行的家用百科全書式著

52 《明孝宗實錄》，卷八十四，頁2b-4a。

53 《萬曆慈利縣志》，卷六，頁4a-6a。關於上海的類似預測占卜，見《上海縣志》，卷一，頁10b-11b。

作《萬用正宗》裡，告訴他的讀者，如何算出天然災害發生時間的方法。這個方法要以年曆來進行計算。中國年曆裡的每一日都以兩個字起名，頭一個字根據十個「天干」，第二個字按照十二個「地支」，依次排列。二者組合排列，每六十天為一個循環，如是不斷反覆。[54]預測的方法，是找出立春當天，天干落在哪個字上。農曆上的這個日子，依照我們現行曆法，應該是在一月二十六、二十七日，或是二月五、六日。如果立春當日的天干是「丙」或「丁」，該年將會遇上一場大規模的乾旱；如果是「壬」或「癸」，那麼河水將會氾濫。要是立春碰上了「午」或「己」日，表示你將會丟失田土。「庚」和「辛」預兆和平繁榮；「甲」或「乙」則代表作物豐登。[55]

如果我們將前述這些預測方法，運用在《萬用正宗》出版後的二十年間，也就是從一六〇〇年到一六一九年這段時期，所得出的結果並不令人信服。[56]按照立春預測法，一六〇〇年應當為大旱之年。然而該年福建卻大量降雨，以至於城牆坍塌、橋梁沖毀。一六〇三年對余象斗來說算是走運，因為按照他的方法預測該年將有大水，果然有一陣海水倒灌，淹沒閩南沿海，造成上千民眾溺斃。[57]除此之外，其他所有的預測都告落空。

我對這些預測方法加以驗證，目的並不是要嘲諷明代時人們的迷信膚淺趨勢。我的重點只在於呈現當人們面臨一個無法預測的自然世界時，他們如何去感知。受到氣候起伏變化的困擾，饑荒的恐怖陰影在心頭盤旋不去，元、明兩代的人們尋找任何能提供協助的方法，以求使他們能度過最惡劣的歲月，並且給予他們希望：不是所有事情都會超出他們的掌握，就算有時事情看來確實難以掌握，也仍然如此。

豐年

在元、明兩代的四個世紀裡，儘管有好幾波惡劣氣候與寒冷溫度來襲，但我們卻絕不能說這是一段從不間斷、災禍連綿的歲月。惡劣的氣候引來洪水和饑荒，諸多悲慘的影響使得人們心中焦慮暗自滋長，擔心未來無從應付，難以克服。但是，這段時期裡也有若干好年頭。人口成長（在明代尤其顯著），而國家在支應政府運作開銷上綽綽有餘，直到本朝最後二十五年裡，因為邊境戰事而使得國庫為之耗竭為止。私有財富不斷積累，通常到了令人驚訝的程度，而即使是程度最低的小康生活，也能影響到大多數人的生活。這些年並不總是過得豐腴滋潤，但卻也不是時常黯淡蕭條。

---

54 在數學上，十個「天干」與十二「地支」可以產生一百二十種組合，但是按照中國算法（譯按：每逢新的一年，天干和地支必須同時更換），將組合限制為六十。

55 余象斗，《萬用正宗》，卷三，頁4b。讀者如對這本家用百科裡另外的預測方法感興趣，可以參閱Brook, *The Confusions of Pleasure*, 163-167.

56 立春的各個日期取自王雙懷，《中華日曆通典》，頁3845-3864。

57 張廷玉，《明史》，頁453、475。

要找尋這些豐年，我們只要將前面引述的那些災難年分，從相反的角度觀察，並且看看會有什麼發現。如此對比相當具有啟發性質。元代開國時，確實是處在一次全球氣溫低迷的時期當中，但是我們看忽必烈在位年間，一直到他駕崩為止，大部分時候都是豐年。開始於忽必烈駕崩的元貞劫難期間（一二九五至一二九七年），使得好年頭暫時中斷，不過這是九次劫難當中，程度最輕微的一次。因此，在元朝開國的前五十年間，環境狀態也相當好，給予蒙古人半個世紀的相對繁榮昌盛時期。稍後的評論者也都如此認為。「元朝自世祖混一之後，天下治平者六七十年，」一個世紀以後，葉子奇在他的隨筆作品《草木子》裡寫道：「生者有養，死者有葬，行旅萬里，宿泊如家。」此一時期，「誠所謂盛也矣。」[58]葉子奇之後又過了兩百年，焦竑在他的筆記著作《玉堂叢語》裡，對於元初的評價也相當一致：「胡元受命九世，世祖最賢，其一代之治，有足稱者。」[59]前述這一切，都隨著泰定劫難（一三二四至一三三〇年）的到來，而發生變化。一三三〇年代，以及至正劫難（一三四二至一三四五年）之後的一三五〇年代，可以算作是較為平順的兩段時期，儘管在這些時候，饑荒與洪患確實已經成為頻繁出現的問題。支持農產收成的各種條件逐漸受到削弱，從而中止元代初年的繁榮昌盛歲月，開啟廣大民眾的不滿與武裝叛亂，最後使得王朝倒台。

明朝開國後的初期階段，很幸運的享有比元初治世還要長的風調雨順好年頭。一四一一年爆發過一次猛烈的瘟疫，一四三四年另外發生一次嚴重的饑荒，但是兩次災情都很快恢復。直到本朝即將邁入開國九十年、在景泰劫難（一四五〇至一四五五年）時期，這個國度才開始受到災難的侵襲。我們可以毫不誇大的這麼說：在明代之前和之後，沒有一個主要朝代能夠享有為時如此之長的初期階段。

景泰劫難之後，各種惡劣的情形又持續了十年。到了一四七〇年代情況改善，百姓的日子也相對變得好過，一直延續到一四九〇年代為止，在這時，弘治皇帝發現自己必須應付群龍現蹤和其他的動亂。但是在正德劫難（一五一六至一五一九年）以前，情況並沒有真正轉壞。這次劫難使得經濟成長減緩，卻沒有妨礙生產。而明朝隨即進入一段溫暖的階段（當中遭受到若干擾亂，例如一五四四至一五四六年的嘉靖劫難），一直持續到一五八〇年代。如果我們不將這些災難考慮在內，那麼嘉靖與隆慶兩朝（一五二二至一五七二年）實際上經歷了一段極為平順的豐年。我們在之後會看到，這段時期是明朝經濟成長最驚人的年分，甚至到達將周遭地區的經濟體都納入其發展軌道的程度。

平順的豐年結束於第一次萬曆劫難（一五八六至一五八八年）帶來的重大災禍，這次危機帶來的影響，幾乎觸及國內每一處地區。情況隨後開始復甦，但是仍然令人疑慮：日子在一五九〇

---

58 葉子奇，《草木子》，頁47。

59 焦竑，《玉堂叢語》，頁93。

年代末往下墜，再次復甦，然後於第二次萬曆劫難（一六一五至一六一七年）再度轉壞。氣候在一六二〇年代轉好，不過，我們稍後就會看到，朝廷內部政局紛擾與邊境外族的入侵，削弱了原本該能改善百姓生計的正面影響。明朝的好運在一六二〇年代末期開始消退，到了崇禎劫難（一六三七至一六四三年）期間，徹底消失無蹤。

這九次劫難對於元、明兩代而言，是九波劇烈來襲的危機，但是在為期四個世紀、豐年遠多過災年的歲月裡，它們更像是反覆出現的插曲。在這四個世紀裡，除了第二個世紀能免於遭受持續的災難之外，這兩個朝代的人們差不多每過七個豐年，就要迎來一個荒年。在一百年的時間裡，約有十三年的惡劣歲月，而其他時間都是好年頭。元、明兩代人們所行經的道路，因此而穿插著許多段黯淡陰影，但是每一個陰沉的階段，最後都會恢復光明——除了明代的最後幾年例外，在當時，一切都深陷黯淡。

第四章 大汗與皇帝

元朝和明朝這兩個王朝，橫跨了帝制時代一段重大的政治變化階段。數世紀以來，人們習於視皇帝為天子。依照中國人的血緣親屬規律，他是唯一有資格在祭祀時上通於天，並且視其需求與子民期望與上蒼溝通的人。他受命於天，統攝天下，但是由於上蒼仍然與人世間保持疏遠的距離，皇帝因此不能指望得到上天的幫助。所以，他以一套精密複雜的人事結構體系來協助自己治理國家：有些人因為文治而獲得職務（即透過科舉考試組成的文官集團），有些則因為武藝長才而被任用（如軍官和士兵），以及有些因為受到閹割而得到資格者（如宦官，他們因為去勢，得以在皇宮大內服侍，而不至於有玷汙皇室父系神聖血統的可能）。前述這幾個集團，每個都有各自代表的利益，這些團體的利益，彼此間很少相同一致；更確切的說，每個集團都可以組成派系，捲入你死我活的激烈鬥爭之中。這些派系的勢力既然如此強大，是以很少有皇帝能夠不依靠他們而治理天下。此外，皇帝還要受到好幾個世紀以來形成的禮儀制度的規範，這些禮儀制度決定了誰能登基成為皇帝（先帝的長子），以及他如何行使皇帝職權。就算是最為強勢的君主，都得在一連串今日我們或許會認為是「憲政慣例」的規矩底下行事，而難以改變或是規避。

蒙古大汗並不是中國皇帝。大汗在其政治體系裡所處的位置和皇帝非常不同，他與其所統治臣民之間所享有的關係也相當不一樣。他統領軍隊，並且運用各種各樣的手段，動員其軍事支持者與盟友，但是他並沒有一套文臣官僚班底，可以倚靠其從事治理，也不能將宮中事務交託到宦官之手。對大汗的子民來說，他的出身血統與在這其中所顯現的秩序相當要緊，不過它們所扮演的角色，卻與皇帝繼承的機制不大相同。長子繼承權或許會決定權力承繼，但是其他因素可能也會在其中產生作用。一位大汗（如果是忽必烈的情況，那就是「諸汗之汗」）必須戰勝他的競爭對手，然後透過選立過程，讓各部貴族議事大會「庫力台」（*khuriltai*，或譯為忽勒里台）認可他的領導權。[1]在大汗死後，應該由其諸子，通常也包括大汗的眾侄子在內，進行一場繼位之爭。這種諸兄弟競爭父親遺留下來權位的做法，被稱為「家族成員競爭繼承制（tanistry）」，這種做法與中國皇帝的長子繼承制度一樣，也是具有正當性的繼承制度。當兄弟之間的競爭演變成手足相殘的時候（這種情形時常出現），就被稱為「血腥的家族成員繼承制」（bloody tanistry）。[2]

實行長子繼承制，目的在維持政局穩定；穩定是帝國政治體系的核心理念，也是一個固定不變的農業社會所偏愛的局面。家族成員競爭繼承制度的設計精神，卻不在於複製原本的政治體制，而是尋求使其重新煥發活力。在游牧民族經濟體系裡，重振生命活力是在資源貧乏的大草原上存活的關鍵因素。大汗的繼位過程通常可以事前預料，但是很少平和有序的落幕。朝廷帝位的傳承尋求在每個世代都上演同樣的權力安排，然而草原上的大汗繼承競爭卻是要重組體制，並且在付出政治動亂解體的代價之後達成目的。

忽必烈的祖父鐵木真（後來以他的頭銜成吉思汗廣為人所知）了解家族成員競爭汗位繼承制度的力量，能夠扯碎、裂解他所一手打造的帝國。基於這個原因，他於一二二七年臨終之時，將所有兒子全召來病榻之側，對他們說起一則寓言故事。從前有兩條蛇，他說，一條有一千個頭顱，卻只有一條尾巴，另一條則有一千條尾巴，而只生了一個頭。當一輛馬車疾駛接近時，第一條蛇被輾死了，因為牠的一千個頭顱想往一千個不同的方向逃逸，而第二條蛇卻能毫無困難的從車輪底下滑行逃生。[3]他的眾兒子們聽懂了故事的寓意，一致同意長子窩闊台應當繼承成吉思汗的大汗之位。不會有人競爭汗位。但這次汗位繼承是一次例外，因為在一二五一年窩闊台駕崩之

---

1 關於普通的汗與大汗之間的區別，參見Allsen, "The Rise of the Mongolian Empire," 332, 367. 馬可．波羅用歐洲語言介紹這兩個詞，見其《行紀》，頁113。關於身為一位大汗的意義的精采論述，可參見Fletcher, "The Mongols: Ecological and Social Perspectives," 21-28.

2 關於「家族成員競爭繼承制」，參見Fletcher, "The Mongols: Ecological and Social Perspectives," 24-26, 36-38.

3 Ratchnevsky, *Genghis Khan*, 140.

時，繼任者不是他的兒子，而是其姪兒蒙哥，他在諸子姪的鬥爭當中最後脫穎而出。繼承蒙哥大汗之位的也不是他的兒子，而是其弟忽必烈，他透過政治、武力，以及運氣，設法勝過兩名還在世的兄弟，並且於一二六〇年獲得蒙古所有部落擁戴，選立他為大汗。

中國的皇帝繼承大統，不需要擊敗他的兄弟，他也不準備這麼做。兄弟之間如此競爭不但是不可能的，而且從他的角度而言，更加證明那些人以這種方式進行權力接替之野蠻。這使得他們被置於遠處中華文明範圍外的化外之地。凡事先講究禮儀，而不是使用武力，必定會成功——或者，這只是在理論上如此。實際的做法並不總是遵照前述的規律進行，尤其在元朝以後，更是如此。這是因為明代的皇帝不再只是唐、宋形態的君主，他們也繼承了蒙古人選立大汗的傳統。稍後的政治哲學思想家，例如忠於明朝的學者黃宗羲（一六一〇至一六九五），傾向於獨立看待元朝的歷史，並將其視為自秦代一統天下（西元前二二一年）以來，最為顯著的歷史斷裂時期。經過這兩次重大的變亂之後，黃宗羲宣稱「古聖王之所惻隱愛人而經營者蕩然無具。」[4]這番論調很難算得上是對中國帝制的客觀描述，不過黃宗羲的目的也不是客觀論述。相反的，他是要藉由批評之前來自亞洲內陸的征服者，以詆毀滿洲人，這個不受到他歡迎的邊陲異族統治者。

儘管黃宗羲的看法裡帶有政治成見，他卻和近代學者所主張的一樣，正確無誤的認為蒙古人入侵是一次重大的歷史斷裂階段。[5]不過，這次斷裂卻不是一旦明朝得了江山之後，就宣告完成，並且消失無蹤。蒙古人之所以改變了帝制中國的歷史進程，正是因為那些擊敗他們的人，將蒙古人留下的行為典範長期保留了下來。一度曾被看作與中華文化格格不入的行為舉措（例如家族成員競爭繼承制），已經成為一項中國人的行事準則，即便它從來沒有公開獲得承認。蒙古大汗所擁有的人身領導魅力已經成為中國皇帝一項必備特質，這股潛能讓中國皇帝不斷的宣稱自己擁有蒙古大汗的領導魅力，並且在行事時不顧祖宗成法對皇帝的種種限制。有少數幾位明朝皇帝將會如此行事，特別是本朝的第一位（洪武）與第三位（永樂）君主。其餘的歷代皇帝則發現自己身陷困境：自己雖然身為至高無上的統治者，卻並未享有不受限制的權力；這個困境太過嚴重，以至於他們對諸事皆無法做成，反倒陷入被稱作「朝廷」的政治泥沼當中。

大元建制

家族成員繼承制度促成了元代帝位繼承表面上的混亂情形。忽必烈於一二六〇年贏得蒙古大汗頭銜，於一二七一年宣布建立一個中國式的王朝：大元，依中國傳統訂年號為「至元」，並且當他於一二九四年駕崩時，也按中國傳統，上廟號為「世祖」。他的長壽意謂帝位繼承要跳過

---

4 de Bary, *Waiting for the Dawn*, 99.

5 Dardess, "Did the Mongols Matter?"

一個世代。忽必烈死後，由他的孫子鐵穆耳（一二六五至一三〇七）接位，鐵穆耳並非忽必烈長孫，但卻擊敗兩位兄長甘麻剌（一二六三至一三〇二）和答剌麻八剌（一二六四至一二九二），贏得庫力台選立為汗。鐵穆耳駕崩時，帝位落入答剌麻八剌一脈，由其子海山（元武宗，一二八一至一三一一）接位。海山駕崩時，接掌帝位的是其弟愛育黎拔力八達（元仁宗，一二八五至一三二〇），之後則由愛育黎拔力八達之子碩德八剌（元英宗，一三〇三至一三二三）繼位。一三二三年，碩德八剌遭到謀弒，帝位繼承回到他的叔輩，並且重新落入鐵穆耳的長兄甘麻剌一系子孫之手。元朝的江山由甘麻剌之子也孫鐵木兒（泰定帝，一二九三至一三二八）接掌五年，但是當也孫鐵木兒的幼子阿剌吉八（天順帝）於一三二八年秋天被擁立為帝時，只在皇帝寶座上待了兩個月時間，帝位傳承就被答剌麻八剌一系的子孫奪走。接下來的五年中，答剌麻八剌的兩代子孫互爭帝位。最後，妥懽帖睦爾於一三三三年崛起，成為元代最末一位、也是在位時間最長的皇帝（參見附錄）。從鐵穆耳在位的最後一年，一三〇七年算起，到妥懽帖睦爾登基為帝之年的一三三三年為止，十七年間，共有十位大汗坐在元朝皇帝的龍椅上——而如果不是宗圖帖睦爾（元文宗）兩次為帝，那就有十一名大汗了。

在看似紛亂的帝位繼承表象底下，是元代國家體制的基礎，這是由忽必烈與他的親近臣僚（大部分都是漢人）按照中國制度所打造的。甚至早在元朝開國之前，忽必烈的伯父窩闊台便開始將蒙古的國家體制帶離原先成吉思汗建立的做法，即透過貿易與朝貢相結合的做法，來獲取國家稅收。窩闊台認為直接治理、抽稅，可以獲得更大的利益，忽必烈則鞏固了此一傾向。他從漠北草原南下吞併中國，並非驟然之舉，而是隨著一個早期國家發展過程而來的原動力在背後支持。忽必烈也受到催促，要建立一個類似中國帝制的國家體制，行政開支是促使他這麼做的其中一個原因，而另一個推動力量，則是貪婪的蒙古貴族集團，他們對忽必烈的支持程度，取決於能夠從他那裡得到多少回饋。為了保有他們的支持，忽必烈需要興兵征服南宋。

忽必烈往這個方向前進的頭一個動作，是放棄原來的舊都城哈拉和林，遷都到更南方的地方去。一二五六年，他委任其身兼僧人的顧問子聰和尚計畫籌建一處新的首都，中文名稱為「上都」——在英文則被浪漫的拼寫為「仙能度（Xanadu）」。一旦等到他掃清競爭對手，就給子聰第二項任務，要他以九年時間，在遼、金兩朝的南京以南三百公里處建立一座新首都：北京（大都）。[6]自此以後，除了明朝開國後的前五十年之外，北京長期作為中國的都城。忽必烈聘用一位穆斯林建築師亦黑迭兒丁（Yeheitie'er），以令人驚嘆的宏偉規模來設計他的新首都；亦黑迭兒丁結合了蒙古軍事操演的要素與傳統中國建築形式，完成了這項任務。成果是一座混合蒙、漢的城市，這座城市並未採用宋代的建築形式，然而卻將被後世看作是典型的「中國」特色。遷都之舉加強了忽必烈要身兼皇帝與大汗的決心。每年夏季他都會返駕上都——這裡作為他的夏都，

6 Chan, "Liu Ping-chung," 252, 258.

以躲避華北平原的溽暑，而且在此狩獵。狩獵能供應朝廷糧食，提供他的軍隊操演機會，並且給予忽必烈一個大好時機，得以展示他身為蒙古馬上男兒和獵手的技能。劉貫道作於一二八〇年（至元十七年）的《元世祖出獵圖》，就捕捉到了皇帝正在參與狩獵活動的身影（見圖六）。

遷都北京，就像這座城市的建築風格那樣，致使一個結合蒙古諸因素進入中國設計的新國家體制出現。天下行政大權操於中書省。其辦公處所就位在忽必烈的住處——紫禁城南門外。中書省官員提供皇帝政策的諮詢顧問、負責起草律令，並且督導按傳統設置的六部：吏、戶、禮、兵、刑、工。吏部任命官職，評估官員表現，建議升遷或降黜。戶部負責調查戶口，徵集稅收。禮部承辦朝廷繁重的禮節儀式，督導辦理科舉考試（在其恢復舉行時），並且處理、安排對外關係。兵部比較像是文職政府單位而不是軍事機關，它監管軍隊的組織、補給和訓練，並且經營驛站系統。刑部統轄全國司法行政。而工部負責全國的建設和從城牆、運河到皇陵的土木營建工程計畫。中央政府還設置樞密院監理軍事事務。忽必烈自信能夠緊盯京師裡的一切事務，不過為了確保各省行政官員不至於損害蒙古人的利益，他指派蒙古人出任特使「達魯花赤」（*darughachi*）至各行省去。

忽必烈唯恐權柄由蒙古人之手落入漢人掌握之中，這就是他偏好以私人舉薦進用官員的其中一個原因，以私人進用則會建立起私人之間的責任義務聯繫，而非經由任何危險性極高的匿名機制（如中國傳統的科舉考試），只憑功績長處來選拔官員。儘管如此，對於那些被他征服的臣

圖六：《元世祖出獵圖》，一二八〇年，由宮廷畫師劉貫道繪製。畫中的忽必烈當時年已六十四歲，體型就像畫中那樣高大魁梧。原圖藏於台灣，中華民國國立故宮博物院。

民，忽必烈確實努力傳達一種表面上的節制與善意，以求能對他們施以懷柔安撫。根據一名官員的報告（不過無從核實），他於一二六三至一二六九年間，只下令執行了九十一次死刑。即使用今天的標準來看，這樣的刑度都算是非常節制了。[7]這樣的舉措受到銘記。明初筆記作品《草木子》的作者葉子奇，就讚揚忽必烈一朝是「輕刑薄賦，兵革罕用」的年代。[8]

在各個中國傳統政治機關裡，人們或許期待忽必烈能將一個單位廢除裁撤，但是他並沒有這麼做，這個單位就是御史台。御史奉命監察官員和皇帝的言行舉動。他們的目的，是在確保國家體制與成法不受破壞或侵擾。有時候，這是一份帶有危險的工作；又有的時候，這是一個手中無權的職位。元朝歷代皇帝不肯賦予御史台任何實際的權威。結果，這個機構淪為奉皇帝之命行事的單位。不過，元代第五任皇帝碩德八剌是一個例外。一三二三年二月，作為他徵用更多漢人進入朝廷，以制衡蒙古政敵權力計畫的一部分，他頒布一系列的詔命，敦促御史根除政府當中的貪汙腐敗。七個月後，一場政變爆發，皇帝被弒殞命，領導這場政變的不是別人，正是不信任皇帝拉攏漢人的蒙古籍御史大夫。[9]

義大利籍的中亞歷史學者狄宇宙（Nicola di Cosmo）主張，忽必烈儘管成功併吞中國，卻因此產生出一個「有嚴重缺陷的體制。這個體制因為實行制度化的種族隔離政策，而陷入族群不和諧的境地。更嚴重的是，由於機構增設極為浮濫，中央政府深受其苦，這些機構主要都是為了服務皇帝與其隨員而設立的。」（在其他許許多多從外界進入忽必烈政府裡供職的外籍人士裡，這些機關就是我們可以找到馬可・波羅的地方。）狄宇宙還指出，「『蒙古人』對於治理仍然維持著相當飄忽、粗率的心態，以及若干中亞政治傳統的特點——像是各種繼承的規則、根據血緣與種族、家系關係授予特權，以及地方和中央政府與商人組織間的夥伴關係——全都非常明顯的保留了下來。」[10]這樣的一個帝制王朝架構，如果想要維持一段長遠的時間，只能仰賴漢人官員集團堅定的支持（而蒙古人卻從來沒有真正完全信任過他們），以及權力能夠被制度化，並且可以被順利移轉的穩定統治（從來沒能真正獲得實現）。所以，這個架構崩塌了；但是在它崩壞以前，仍然矗立了一整個世紀。

明代獨裁

朱元璋推翻蒙古統治奪取天下，成為洪武皇帝，不過他在一三六八年以前的各種奮鬥，都是與長江中下游的競爭者作戰。他將國號定為「明」，在宇宙論上屬於火象，應當繼承屬於水象、

7 Rossabi, *Khubilai Khan*, 130.
8 葉子奇，《草木子》，頁47。
9 Hsiao, "Mid-Yuan Politics," 531-532.
10 Di Cosmo, "State Formation and Periodization in Inner Asian History," 34.

意謂「萬物之源」的「元」（物質，就跟人間事一樣，也被認為是有金、木、土、水、火的五行循環）。「明」這個國號也顯示出朱元璋得益於摩尼教「光明與黑暗兩股力量交戰」的宇宙觀，這部分是來自於他早年崛起時所加入起義團體的宗教意識形態。

朱元璋公開聲稱，他的使命是去除蒙古人對中國的影響，並恢復宋代的模式。這是一段可以安撫他身邊儒士顧問的論述，或許也頗能迎合民間盲目的排外種族主義情緒，但是在實際上，朱元璋的新政權卻傾向於複製他所熟悉的各種元代做法。[11]如此帶來的效應，是將蒙古大汗與宋朝皇帝的傳統混合，產生出一種嶄新的統治模式。二十世紀著名的美國明史學者牟復禮（Frederick Mote）在半個世紀以前，稱此種統治模式為「專制政治」（despotism）。牟復禮相信，宋代是中國專制獨裁政治的起點，但是他也特別點出所謂蒙古人的「殘暴獸性」，摧毀了原本內建於帝國政制之內的諸多限制，從而為明代的獨裁專制開啟了大門。「元代這個殘酷暴戾的世界之所以至關緊要，具有如此的重要性，是因為明朝頭一個世代的統治者與臣民，都是在此時長大成人，並且在這樣的情況下，塑造了有明一代的調性與特色。」[12]

牟復禮提出這個關於「中國專制政治起源於宋元之際」的假說，挑戰德國漢學家魏復古（Karl Wittfogel）提出，而在一九五〇、六〇年代冷戰時期居於主流地位的論述觀點。魏復古主張，從遠古至今日，亞洲都被封閉在專制主義的永恆環境之中。這樣的想法概念，原來源自十七世紀時歐洲知識分子的發明，用來概括西方與南亞各政權的特色。直到十八世紀，這個詞才被拿來涵括中國，而最終將中國貶低為專制主義的最高階段。[13]這種貶低是歐洲企圖建構帝國主義意識形態論述霸權的要素之一，合理化歐洲自身的帝國主義，其後續的效應，仍然在影響著我們對中國的各種想法和預期。

在下一個世代的明史研究者當中，美國史家范德（Edward Farmer）以「獨裁」（autocracy）代替「專制」，改變了學界討論明代政治時的用詞。范德將「獨裁」定義為「帝國政治制度下中央權力的高度集中。」[14]此一定義將獨裁單獨提出討論，認為它是一種被囊括於制度之內的政治組織體系。重點不在忽必烈的蒙古舊慣，不是朱元璋個人的殘暴性格，也不是中國社會的集權主義本質，而是他們所引進以保持權力在握的各種制度。「獨裁」這個詞，或許在皇帝為了擺脫朝廷對他施加的程序約束，還有百姓對他的期待時，拿來作為皇帝權力從前述二者當中解放出來的快速印象，可能很有用處。可是在歷史上，很少有統治者真正能夠大權獨攬（也就是「獨裁者」的「獨」字）。牟復禮注意到，即便是意志最堅決果斷的明朝皇帝，在施展權力時也有諸多「實

11 Hucker, *The Ming Dynasty: Its Origins and Evolving Institutions*, 33.
12 Mote, "The Growth of Chinese Despotism," 18.
13 Blue, "China and Western Social Thought in the Modern Period," 86-94.
14 Farmer, *Zhu Yuanzhang and Early Ming Legislation*, 100.

際做法上的限制之處」。[15]

有一項制度，我們或許可以將其視為獨裁政治的約束機制，那就是法律。明代的開國皇帝在朝代建立的第一年，就下詔頒布一部法典（譯按：《大明律》）。然而，這部法典內的條文律令意在規範官員與一般百姓的行為，而非約束皇帝。朱元璋並不認為他應該受到自己所頒布法典的束縛。朱元璋認為觸犯特定十惡不赦重罪者，應施以嚴刑峻法，而這部法典裡並未提供相關規定，這使他深感挫折。因此，他創制了許多所謂「法外酷刑」。一三八〇年代中期，他將這些法外判例集結起來，陸續刊印，稱為《大誥》。《大誥》實際上成為第二部法典。朱元璋諭令各級官員尊重《大誥》中的判例精神，但是他也小心謹慎的堅持道，除了他本人以外，其他人一概不准按照其量刑標準施行。法司在依據《大誥》擬定罪刑的時候，都要降一等判決。[16]

民間認為新頒布的法律太過嚴峻，朱元璋對此並非不知，但是他深信自己龍興之時正值亂世，必須要用重典。但在朱元璋龍馭上賓前一年，刑部尚書請求將法典當中的若干刑罰程度，升級到與《大誥》相等，皇帝卻駁回他的奏請。[17]這可能是他讓大汗判決特權凌駕皇帝司法制度的大好時機，可是他卻讓這個時刻從眼前放過。儘管如此，朱元璋所實施的各項規定和制度，仍然明顯的缺乏在人君與臣屬，或是人君與百姓之間的相互規範精神，儒家思想讚揚這種互相規範，認為是施行仁政的一項重要原則。朱元璋的統治理念掏空了儒家道德傳統的內涵，只以嚴刑峻罰來維持政權的健康活力。朱元璋駕崩後翌年，中國歷史上一段最為古怪的年代宣告結束；在這段時期裡，獨裁政治，甚至專制統治，都已經接近完全實現（見圖七）。儘管朱元璋在身後留下遺命，他的各種指令教誨均「不得更動一字」，朱的後代子孫卻無法維持他所尋求建立的獨裁統治成法。[18]他們必須更動朱元璋定下來的法律精神，即便這些文字斬釘截鐵、神聖不可侵犯。更動畢竟是所有政治體系在遭遇事態發展出現變化時，所會發生之事：舉例來說，在皇帝拒絕履行其職務的時候，或是在戰役裡遭到俘虜，或是無法冊立其繼承人之時。前述這些危機只能靠某種程度的欺瞞敷衍和類推的推論以尋求規避。然而這些成法規則著實太過僵硬、不容更改，每一場危機到頭來都變成一連串的危機，而每一次的解決之道，都是以整個體系面對將來威脅的能力作為代價。我們不從承平時期的政治運作追蹤明代統治之道，而是改由本朝五次重大危機發生時來一探究竟。第一次危機，就出現在開國皇帝登基僅僅十二年之後。

---

15 Mote, "The Growth of Chinese Despotism," 32.

16 陸容，《菽園雜記》，頁123。譯按：此段引用《菽園雜記》原文為「惟法司擬罪云有《大誥》減一等云爾」，係指犯罪人等若家中收藏有《大誥》，則所獲判之刑罰可減輕一等，朱元璋藉此將其法典推廣至基層。

17 Brook et al., *Death by a Thousand Cuts*, 116.

18 《皇明祖訓》，譯文引自Farmer, *Zhu Yuanzhang and Early Ming Legislation*, 114-119；引文出現在頁118。

圖七：《明太祖像》。這幅作於十六世紀、坦率不加修飾的明代開國皇帝墨畫肖像，是否意味著對他的譏刺，或是成功描摹出他不凡的容貌特徵？原圖藏於台灣，中華民國國立故宮博物院。

胡惟庸案

本朝第一次撼動統治基礎的制度危機，發生在開國後第十三年。朱元璋指控他的丞相胡惟庸正和敵對外國勢力（證實有日本人，或許有越南人，甚至可能有蒙古人）勾串，在策畫一場謀弒皇帝的陰謀，並意欲取朱家天下而代之。無論這番指控是否事證確鑿，或是出自炮製捏造，已經不可能說得清楚明白了，因為所有和胡惟庸有關的紀錄都已遭到竄改或銷毀；但胡惟庸想要造反是有可能的。占城（越南）的使節團前來朝貢，胡惟庸卻匿不上奏，這是引發胡惟庸案的導火線。接見朝貢使團是皇帝專屬特權，不屬丞相的權力。此番指控，用薄弱的錯誤與猜疑羅織而成，也許有事實根據，但它卻正好迎合了某個新登龍位者的偏執妄想。《明史》當中對於胡惟庸一案一反常態的缺少細節描述，原因可想而知：在清代史家修纂明代歷史時，這些細節均已徹底遭到查禁而難以獲得。[19]

然而，在對胡惟庸指控的背後，是丞相權力的制度現實層面。丞相作為文官集團之首，他有任命官員之權，因此可以將其支持者擺在重要的職位，實際上打造了整個行政體系，獨立任免供職於內的官員，不受皇帝挑選。既然這是他的職掌，胡惟庸除了接待朝貢使團之外（且讓我們

---

[19] 張廷玉，《明史》，頁7906-7908。

假定這項指控為真），不必做出任何超越其職權範圍的事情。朱元璋所無法容忍的，是一種可能性，即他的丞相正將其排除在他躬親奮鬥而得來的江山之外，不讓他插手治理事務。他除掉胡惟庸，並將任何與胡有牽連者一概拔除。據朱元璋本人估計，涉案者約為一萬五千人。接下來十四年間，是一連串的整肅行動，又導致國家各級官吏被處死，受害人數約為四萬。一三八〇年代的政治整肅，是當時人類史上最可怕的平民屠殺暴行，對於知識菁英所帶來的衝擊，比起昔日蒙古人的任何摧殘之舉都來得劇烈。

廢除丞相一職，是弱化文官體制之舉。朝廷的運作，現在完全仰賴在位皇帝的才智與能力。隨著丞相擔任最高長官的中書省被永遠撤廢，原來統籌協調六部施政的機構不復存在。樞密院和御史台也被拆分成幾個類似性質的較小執行機關，但失去原先全盤統轄的職權。美國明史學者賀凱（Charles Hucker）在總結前述這些舉措的後果時說：「一三八〇年以後，明朝政府確立其組織架構，沒有任何一位被任命者能夠單獨掌握控制軍隊、一般施政機關，或是言官監察系統。行政大權握於皇帝之手。」[20]

上面這段話，是對這場大整肅最嚴厲的批評，或許同時也是最實際的評價。它確實在幾年的時間裡削弱、癱瘓了明朝政府，使得官員們在這二十年期間人人自危、心生戒懼，然而，我們卻也能從另一個面向來檢視這場大整肅。胡惟庸案與其後的整肅絕非僅只是一個偏執狂患者，懷疑任何非由他親自起手經辦的事情，皆為對他個人權力之威脅，因而發起的報復攻擊，是否我們也能將之視為一次和用人惟親、偏私不公政治模式（元代即因此而揹上如是之惡名）的關鍵決裂？由於資料的闕乏，我們或許無法對這個提問有更深入的探索。但是，如果我們認為由元代到明代之間的種種連續傳承確實重要，那麼我們就必須將具備如此規模的一場政治整肅，看作是對前朝遺緒的一次大調整，而不僅是認為它是一位皇帝想表現得比大汗更加像大汗，從而引發的一次事件。

行政大權全部集中於皇帝一人之手以後證明，即使是像朱元璋這樣活力充沛的君主，也大感吃不消。很快的，他就被迫要重新設置協調政務的機構，不過這個機構是勉強設立的臨時單位。最重要的一個步驟，於大整肅之後兩年，也就是一三八二年到來。朱元璋挑選了負責草擬詔命的翰林院裡一批低階官員，任命他們為「學士」，以備向他提供建議——不過，是個別受皇上徵詢，而不是共同提出建議。這些大學士，後來逐漸形成了某種內閣的型態。內閣並未被明確的載入朝廷的組織章程之中，用以取代舊日的中書省，但是到了一四二〇年代，它已經取得政府行政機關的權力。在此之後，內閣大學士負責掌理國家施政，不過他們在名義上，卻只是皇帝身邊的顧問而已：他們是事實上的丞相，但是卻沒有從前胡惟庸所享有的權力或獨立性。

---

20 Hucker, "Ming Government," 76.

靖難之役

明朝活力充沛的開國皇帝於一三九八年駕崩，並未讓本朝立刻陷入頭一次權力繼承的危機之中，但是危機也來得夠快的了。朱元璋之前已經冊封其長子為皇太子，但是太子卻於一三九二年先於他的父皇離世，因此根據長子繼承制的原則，朱元璋冊立太子諸子當中最年長的朱允炆為皇太孫。朱允炆於一三九八年繼位登基，是為建文皇帝，這令他為數眾多的叔父們大失所望，因為這些太祖的兒子們，全都指望能繼承父親的帝位。他們的疑懼是正確的：朱允炆身邊的儒臣們，正將皇帝引領往儒家人君的道路上而去，而背離朱家尚武的傳統。

在皇上的眾多叔父裡，最主要的競爭者是朱元璋的第四子朱棣（一三六〇至一四二四）。一三六八年，朱元璋將京師移往南京，這裡是他新國度的經濟腹心地帶，但是他需要有一支強有力的部隊鎮守北方。朱元璋認為他的第四子有本事擋住蒙古人的進犯，因此將朱棣分封在蒙古人的舊都（現在改名為北平）。建文繼位後不到一年，朱棣就起兵席捲北方，接著和他的姪兒皇帝展開一場為時三年的內戰。忠於建文皇帝的官員們聚集起來，號召保衛朝廷，特別是在山東，該地已經成為南北兩軍勢力的緩衝區，可是他們難以戰勝朱棣那心狠手辣的用兵天賦。[21]朱棣的軍隊突襲南京，而京師幾乎未交一矢即告陷落。皇宮被焚，而建文據信死於這場大火之中。但是關於建文脫逃的謠言，數十年後仍在流傳。

朱棣大打南北牌，以合理化他所謂的「靖難（南）之役」。他宣稱，南方已經誤入歧途，而他則將本朝從那些自私自利臣屬的錯誤道路上拯救回來。建文的死相當不幸（他死了倒是省事），不過朱棣聲稱，他並未謀逆弒君。大火之後四天，他就登基繼位，是為永樂皇帝——他不是從姪兒的手中接過帝位，而是繼承其父朱元璋的帝業。他下令將建文朝的一切紀錄盡行抹除刪毀。在官方紀錄上，他登基的那年，西元一四〇二年，年號不是原來的建文四年，而是洪武三十五年，即使其父早在洪武三十一年便已龍馭上賓了。這種年代計算方法，意在表明他的登基並非篡位政變，而是子承父業。之後直到一五九五年（萬曆二十三年），建文執政時期的四年歷史才重新回到官方修纂的編年紀錄之中。

朱棣以為他可以爭取建文的首席顧問大臣方孝孺（一三五七至一四〇二）歸順，他錯了。方孝孺是位堅定的保守主義者，他相信回復古聖王之道乃改善世界的不二法門，而非循順當世的做法；對於他所輔佐、合法繼位的皇帝被人取代，方絕對不會苟同，更別提支持叔父繼承姪兒帝位這種事情了。根據永樂的父親所訂下的規則，唯一能繼承建文皇帝之位者，只能是建文之子。永樂決定考驗方孝孺，看他是否可能歸順臣服，便命令他起草自己的即位詔書。方孝孺不肯從命。

21 關於在保衛建文朝廷的戰役裡殉難的官員，參見《山東通志》，卷二十五，頁10b-11a。之後，據說永樂皇帝善待那些不負效忠誓言、捍衛建文皇帝的臣子；陸容，《菽園雜記》，頁28。然而，另有一種說法，指控朱棣麾下的軍隊對待這些被擊敗的人，手段極為殘暴。

他擲筆於地，宣稱自己寧死不從。永樂默然同意，下令將他「凌遲」處死。[22]永樂在稍後隆重地宣稱「朕所用治天下者，《五經》耳」，然而在居上位者與下屬間，那種能賦予儒家倫理生命力的道德互惠規範，卻很難於他在位年間看見。[23]在這位皇帝的權威確立之後，知其不可為而為的忠誠，就減降為卑躬屈膝的奉承之風。方孝孺不過是許許多多選擇為朝廷盡忠而付出昂貴代價的官員之一，他們在任何時候，都不願意向執掌權柄的人屈服逢迎。

方孝孺也不是永樂所謂「靖難」的唯一受害者。隨這場政變之後而來的，是數萬人遭到屠殺，其惡劣程度可以與他父親發動的整肅相比。現在，開國之君的兒子在位當政，處處以其父親為榜樣。在中國政治裡的獨裁統治，於蒙古皇帝統治元朝時就已經可見端倪，然而洪武與永樂兩位皇帝才是決定性的關鍵人物，他們掏空了儒家關於義務與互惠的核心價值，從而使明朝政權的成長發展，無法在恢復舊日帝制體系的情形之下進行。

永樂藉由將中央政府遷回北方的蒙古人故都北京，完成了他對政權的改造重建。新京師的大規模建設始於一四一六年，而在一四二〇年十月二十八日，北京這座城市被正式指定為國家的京城。南京則被降格為次等地位的留都。

由於篡逆奪位的惡名仍然揮之不去，永樂必須動用一切他所能想到的方法，對此加以掩飾遮蓋。其中一項舉措，是將國都由南京遷往北京。國家政治中心因此設於他的勢力範圍之內；此舉也暗中對應了明代意欲繼承女真人的金和蒙古人的元留下的戰士尚武傳統，而非宋代文人遺緒。永樂將忽必烈視為他效法的榜樣之一。他的另一個舉措，就有如忽必烈曾經做過的，是向海上世界宣布，他是現任皇帝。為此，他差遣了一連多名懂得用兵的心腹宦官，率領外交使節團前往位於東南亞的各個朝貢諸邦。這些宦官當中最為著名的，就是領導六次「下西洋」任務的穆斯林：鄭和（一三七一至一四三三，**譯按：鄭和於明宣宗宣德五年〔一四三三年〕再次率領船隊出航，故共為七次**）。鄭和於一四〇五至〇七年進行的首次遠航，在折返回到明朝之前，最遠已經抵達印度的東南沿海。接著，之後五次遠航分別於一四〇七至〇九年、一四〇九至一一年、一四一三至一五年、一四一七至一九年，以及一四二一至二二年間進行，全都規模龐大，並且耗費國家鉅資。由於北京同時正進行營造建設，是以國家財政負擔極為沉重。第七次出洋本來已經下詔進行，但是在一四二一年，一場大火燒毀新建成的皇宮三大殿之後（通常這是上天不認可的徵兆），永樂皇帝下旨暫停出洋，並且在發動下一次計畫之前便告逝世。在負責財政度支官員的諫議下，之後繼位的各代皇帝同意國家應該停止建造這類耗用鉅資的「星槎」或「寶船」（這是他的大型艦隊廣為人所知的名稱），並且將國家預算作更妥善的運用，而非耗用在差遣規模誇張的海外使節團，只為了宣揚本朝國威，並取回少數異國珍稀。[24]

---

22 張廷玉，《明史》，頁4019；論及方孝孺的保守主義態度，見前揭書，頁4053-4054。

23 余繼登，《典故紀聞》，頁107。

24 Church, "The Colossal Ships of Zheng He," 174-175. 邱馳（Sally Church）很合理的糾正了史料當中關於寶船的規模尺寸

近來有一種奇特的訴求出現，主張將鄭和看成哥倫布（Christopher Columbus）的先驅：鄭和是一位勇敢無畏的探險家，若非國內氣宇狹小的官僚掣肘阻撓，他早就能夠在哥倫布之前發現美洲大陸。這種訴求已經在業餘歷史研究愛好者之間引來諸多想像，但是它對於鄭和與哥倫布航行的認識上有著根本上的誤解。哥倫布根本不是位探險家。他的歷次遠航是執行投機商業投資的手段，目的在於找尋與中國進行直接貿易的航道；哥倫布之所以向他的資助者們提出這樣的看法，有部分是得自於他閱讀馬可．波羅筆下遊記的緣故。他向西航行，因為他認為這條航線會抵達中國。他最主要的資助者，是西班牙的國王與女王（譯按：斐迪南二世〔Ferdinand II〕與伊莎貝拉一世〔Isabella I〕），他們之所以能提供哥倫布航行的資金，是靠一四九二年大肆驅逐西班牙猶太人、沒收他們的資產所搾取得來的。他們對於這幾次遠航的興趣，主要著重在財政層面，而非外交、政治或者思想層面。哥倫布橫渡大洋是為了貿易，不是為了殖民，儘管他確實留下數批人馬建立幾個據點，以提供未來遠航的補給所需。

當我們如此看待哥倫布時（而不認為他是一位「發現」了美洲大陸、改變這個世界的英雄探險家），鄭和的真實身影就開始從原來錯誤認識的迷霧中浮現出來，比起人們心目中他的化身，真實的鄭和更接近其形象的對立面。鄭和下西洋的主要目的屬於外交性質：這是一支使節團，向中國所知的各藩屬國家宣告當今天子為永樂皇帝，同時要各國派團來華朝貢稱藩，藉以表示承認新皇登基。他率領一支人數可觀的軍隊同行，以確保他所召喚的各邦君主不會拒絕他的指令；不過，鄭和並沒有征服他國的意圖。中國有意增益遍及整個亞洲的水路貿易連結網絡，鄭和的艦隊也幫助商賈擴大其貿易圈，可是鄭和歷次出航卻並非商人們投資的目標。他們也並不期待能產生如哥倫布所承諾的驚人黃金回饋，而哥倫布卻老是未能將黃金帶回給斐迪南與伊莎貝拉。最後，鄭和的艦隊確實履足之前中國官員從未曾到過之處，尤其是非洲東岸，但是他們航行的水路，走的是很久之前穆斯林商旅行經印度洋時早就使用過的航道。中國海員或許對其中若干地方並不熟悉，不過他們從任何意義上來說，都不能說是「發現」了它們。他們只是將沿途所經各國，加入承認大明宗主權的海圖記載之中罷了。鄭和並不是一位航向大海、發現新世界的冒險進取探險家；他是大明的官員，奉命出航來探求他那篡位奪權的皇上所極度渴求的物事：各國的外交承認。這是一幕政治大戲，而其意義也同樣重要。[25]

有一個關於鄭和遠航的傳說，是永樂相信建文皇帝不但未死於京師皇城大火，而且還逃往國

的記載，其長度與其重量，大約分別各是《明史》當中記載（頁161-162）的三分之一和十分之一。對於這幾次遠航的精確描述，參見 Tsai, *Perpectual Happiness*, 197-208.

25 學者韋傑夫（Geoff Wade）在其論文〈鄭和下西洋的重新評價〉（The Zheng He Voyages: A Reassessment）當中主張，鄭和的歷次遠航可看作是永樂皇帝往東南亞擴張版圖的連串動作之一，也可視為是蒙古人南進嘗試的延續。他認為，正如蒙古人在中亞建立起其龐大帝國，永樂也希望在東南亞海域諸國建立起以大明為宗主的天下秩序。這番解釋促使學者注意到鄭和艦隊裡有很高比例的軍隊，但是可能卻弄錯了這些軍隊隨行的目的，他們隨同鄭和下西洋，意在威懾，而不是征服。

外，所以鄭和的任務，就是要尋訪他的下落。這個傳說不太可能是真的，但是它之所以看似可信，是因為永樂皇帝確實一直留心注意關於他姪兒下落的奏報，而在他當政期間，這類發現行蹤的報告數量還的確不少。最後一次舉報發生在一四四七年（正統十二年），當時有一名年逾九十的和尚，在雲南與廣西之間的旅途上，向一個途中認識的人表示，他就是遜位的建文皇上。當這番夸談進到地方官的耳裡時，老和尚立刻遭到逮捕，而且被押送到京師審訊。在嚴刑拷打過後，這個可憐的老人承認，自己其實只是個普通百姓，在一三八四年（洪武十七年）出家為僧，不是建文皇帝。記載這則故事的《萬曆野獲編》作者沈德符在書中提到，問案者在動刑以前，只需稍加計算，應該就能辨明這名老僧的年齡。朱允炆生於一三七七年，在一四四七年時，應只有七十歲：而這名老僧卻比他大上二十歲，故不可能是建文。「則假託立見」，沈德符語帶挖苦地寫道。[26]這名僧人於入獄四個月後，瘐死其中。另有十幾名和他有關聯的僧人皆被剝除僧職，發配北疆充軍，過著悲慘的日子，而北方這個方向，正是下一次危機發生之處。

土木之變

永樂將其帝位傳給長子（也就是洪熙皇帝），但是帝位很快又交替，洪熙傳位給其長子宣德皇帝，後者再傳位給他的長子正統皇帝。最後這位皇帝，也就是永樂的曾孫朱祁鎮，在一四三五年時以八歲之齡登基，使得本朝祖制成法裡一個明顯的缺陷之處就此浮上檯面：每當原任皇帝過早崩逝，依據繼承法則，必須立一名幼兒為君。在正統皇帝尚未成年時，三位在他父親時就輔佐政務的內閣大學士（全都姓楊）使政局維持穩定。然而，到了正統皇帝十五歲時，「三楊」已經失去對朝局的控制，大權落入宮中宦官最高機構——司禮監之手。這群宦官更願意讓正統為所欲為，而當中最具災難性的，莫過於他想要指揮一次遠征，對抗打破長城入侵的蒙古人。這個念頭將使本朝陷入一場始料未及的法統危機：當皇上被外邦勢力挾為人質時，該怎麼辦？

危機的起因，從蒙古首領也先的三路入侵華北開始；也先於先前已經統一蒙古諸部。朱祁鎮率軍御駕親征這場被後世學者稱為「明代最嚴重的軍事挫敗」戰役的前一日，[27]任命他的異母弟、郕王朱祁鈺在他離開北京、出外作戰時，暫時監國攝政。事情在短短幾週之內，就由情況惡劣轉成不可收拾。毀滅的一刻，在也先於土木堡追上御駕時到來；土木堡是一處驛站，位於長城內外之間地帶，是皇上撤回京師必經之路。明朝軍隊拒絕與蒙古人談判，遂遭到屠戮，隨駕出征的朝廷重臣全部遇害。一四四九年九月三日，正統皇帝被蒙古人俘虜，扣為人質。

在此危急關頭，北京的朝廷有兩個體制上的選擇：接受皇上被挾為人質的事實，並且展開交

26 沈德符，《萬曆野獲編》，頁9；余繼登，《典故紀聞》，頁196。

27 Twitchett and Grimm, "The Cheng-t'ung, Ching-t'ai, T'ien-shun Reigns," 323. 關於此次戰役導致的軍事影響，見 Waldron, *The Great Wall*, 87-90.

涉，希望能贖回皇帝；或是暫時取消他的皇帝頭銜，另立新君。正當朝廷傾向於考慮後者時，又面臨兩個選項：扶立被俘皇上不到一歲的兒子，或者容許帝位旁落、由已經出任監國的郕王繼位登基。在國家社稷最脆弱危急的時候，擁立一位嬰兒作皇帝——這顯然不是明朝所需的解決危機之道。一個妥協方案很快生效，在正統被俘二十天後，朱祁鈺登基，是為景泰皇帝，而正統的稚齡幼子則被冊立為皇太子。公元一四四九年仍然是正統十四年，但是隔年，也就是一四五〇年，則改年號為景泰元年。

此舉可以被詮釋為一場奪權政變；正統皇帝顯然就是這麼認為的。甚至連北京街頭的頑童都察覺到了這種緊張脆弱的局勢，因為他們很快就開始唱起下面這首兒歌來：

雨滴雨滴，城隍土地。
雨若再來，謝了土地。

歌詞聽來相當天真無邪。畢竟，這片土地上，在過去十二年來，都籠罩在為時甚久的乾旱之中，每個人的心裡都想著降雨。可是，這首童謠裡的每個字，說的全是雙關語。把第一句裡的「雨」換成施與的「與」，第三句的「雨」則以皇帝的自稱「予」代換（三個字全都同音）；將「雨滴」的「滴」字換成「弟」，去掉第二句「城隍」的「城」字左邊的「土」旁，改換部首，就成了景泰居於藩邸時的封號：郕王。而整首兒歌經過改動以後，就變成對於皇位接替的諷刺評論：

> 與弟與弟，郕王土地。
> 予若再來，卸了土地。[28]

景泰皇帝即位，使得也先手上的人質失去價值。一年以後，也先釋放了這位沒有利用價值的人質，換得明朝重開邊境貿易市集的無力承諾。景泰皇帝卻不准許朱祁鎮回到北京，除非他清楚聲明放棄皇位，朱祁鎮自然照辦了。景泰為了確保皇位能傳承給他的後代，而不是由他兄長的子孫繼承，於是在一四五二年廢黜了他姪兒的皇太子之位，並改立自己的兒子為太子。但是新任太子冊立不到一年之後就告薨逝，當時正值景泰劫難期間，而太子之死被視為是上天不悅的證明。景泰痛失愛子，也增添了他面臨重新冊立一年以前被他廢黜的前太子的壓力。

景泰一朝過得並不平順。這很難讓人感到訝異，因為整個景泰年間都消耗在景泰劫難帶來的災難當中。這個時期自始至終，氣候異常寒冷，前三年是能奪人性命的旱災，最後兩年則是讓人

---

28 黃瑜，《雙槐歲鈔》，頁101。

陷入絕境的水澇。一四五四年，一名官員公然將這些災異歸因於景泰不尊重帝位傳承的正確順序之故。「詔沂王（譯按：原太子朱見深）復正儲位，則和氣充牣，懽聲洋溢，天心自回，災異自弭」，他對皇上啟奏道。景泰閱覽奏章後大怒，下令逮捕這名官員，準備將其處死，但是隔天吹起一場覆蓋京師的風沙暴。由於擔心這是上天的譴責，他終究暫緩行刑。[29]

景泰於一四五六至五七年的冬季病倒，他的病勢甚重而無法出席元旦的朝會。一個由文武官員結盟組成的集團擅自作主，將朱祁鎮由軟禁之中釋放出來，擁立其復辟為帝，並現身元旦朝會，令參加的朝廷官員們為之震驚。正統皇帝並未效法其曾祖父將建文年號革除的先例（這就意味著他必須將「景泰」年號從史冊當中抹除），而是另取一個年號「天順」，取其「順從天意」之意。三月十四日，被廢黜的景泰皇帝逝世，但究竟是病死還是遭到謀弒，沒有人能說得清楚。

原來被廢黜的正統皇帝重新復辟，成為天順皇帝，歷史學者對此有各式各樣的評價，例如「明代史上最典型的奪權政變」，一次「對禮儀成法的嚴重侵犯」，以及「一次政治投機主義者的行動，引來大量牟取暴利與求官的風潮。」[30]但是，如果我們細細尋思，將它看作是蒙古最優秀傳統底下，一系列家族成員競爭繼承之舉，那麼當一位懷有野心的親王，趁其異母兄弟無能為力之際攫取權力，無論它有多麼冒犯中國傳統禮儀，也就不會令人感到難以置信。為了抹除所有破壞禮制的證據，朱祁鎮在接下來的四年內，將所有擁戴他復辟的共謀者盡行整肅。事實上，在使用天順年號的這八年間，沒有任何事情是中國帝制傳統回顧這段過往時，可以感到驕傲的。

大禮爭議

下一回合的體制危機也與皇位繼承問題有關，它造成若干人等認為，此次危機乃是對禮制的又一次嚴重冒犯。在天順之後的成化、弘治、正德三朝，都是由年齡最長的皇子繼承父親的帝位，直到正德皇帝於一五二一年駕崩，但沒有留下可繼承帝位的皇子時，局面才有了變化。由誰承接大統的疑問，還混合著正德從一開始就不適任皇帝職務的問題。正德十三歲繼承大統，隔年大婚，他對於皇后或是江山都不感到興趣；他繼位後前五年，國家大政全都委由他的首席司禮太監劉瑾掌理。劉瑾貪得無厭的政風激怒了文官集團，紛紛起而對抗閹宦造成的恐怖統治。[31]這種局勢到了一五一〇年到達危機的程度，當時，正德的曾叔祖安化王起兵造反。這場亂事被平定下來，但是之後政壇開始傳出一個謠言，指出劉瑾正在策畫謀弒皇上的陰謀。光是這樣就足以讓正德回過頭來，對付他手下這名太監了，他下令將劉瑾千刀萬剮，凌遲處死，分成三天執行，不過劉瑾只挨到了第二天就一命歸西了。接下來的十年裡，局勢幾乎同樣惡劣，這一次是正德叔公輩的寧王，於一五一九年起兵謀叛。領兵平定寧王之亂的統帥，是資兼文武的哲學家、政治家王陽

---

29 陸容，《菽園雜記》，頁37；張廷玉，《明史》，頁4411。

30 Twitchett and Grimm, "The Cheng-t'ung, Ching-t'ai, T'ien-shun Reigns," 339.

31 關於劉瑾，見Geiss, "The Cheng-te Reign," 405-412.

明（本名王守仁，一四七二至一五二九），他確保正德這個時運不濟的皇帝，能夠將其年號延續下去。

兩年之後，正德皇帝龍體不豫，據信是去年秋天泛舟垂釣時落水所致。（群龍在其中起了作用？）他並未留下子嗣，而雖然他曾於後宮蒐羅數百佳麗，不過這些佳麗很可能只是一場精心設計謀劃當中的人質，用來向她們的家人訛詐金錢罷了。[32]皇帝身後既沒有留下子嗣，關於繼位人選的遺詔也付之闕如，朝廷高層官員們便開始制止正德的叔輩與堂兄弟們謀取大位的競爭。這時，朝中最有權勢的大臣楊廷和（一四五九至一五二九）出面說服眾人，擁立正德的堂弟、時年十三歲的朱厚熜繼承皇位（譯按：即明世宗嘉靖皇帝）。祖制並不允許堂弟繼位，禮部遂提出建議，讓朱厚熜過繼給正德逝世已久的父親。這個安排將使這名即將承接大統的少年成為正德之弟，而兄終弟及是祖制所允許的。[33]由於朱厚熜已逝的父親是弘治皇帝之弟，在中國傳統過繼習俗當中是可被接受之事，這使得弟弟之子成為其伯父的法定繼承子嗣。

朱厚熜心裡很清楚，他即將要成為下一任天子，但是隨後他便開始阻礙繼位工作的進行。他想要建立自身繼承大統正當性的方式相當不同，而且在朝廷中沒有人考慮過這種方式。他並不想過繼給皇伯父作嗣子，而是要將已逝的父親追尊為皇帝（同時也將還在世的母親提升到皇太后地位）。如此一來，他在血緣關係和禮制上，都可以繼承自親生父親。現在，一個頭等棘手的體制難題出現了。新登大寶的皇上不願意偽裝自己是皇室血脈的直系子嗣，因此帝位繼承便將旁落於宗室分支。但是這就開啟了朱氏宗藩挑戰帝位的可能性，而在兩次藩王叛亂之後，沒有人樂見此種情形出現。朝廷中大部分臣僚都試著讓這位年輕的皇帝知難而退，可是嘉靖卻仍然頑強堅定。此番爭議隨著一個問題而成為危機：年輕的皇上該以何種名義遵奉親生父親？是以生身父親之禮，還是以叔父之禮？這個問題在接下來將近十年之內，使得文官集團分化為兩個陣營，後來被稱為「大禮議」之爭。

一五二四年八月十四日，也就是嘉靖三年七月十二日，事態發展演變至決裂關頭。數百名官員在紫禁城左順門外發動抗議。他們不容許皇帝將其家世血統看作自家私事，因為這關係到是大明皇室傳承的整個根基所在。參與抗議活動的一百三十四名官員最終遭到逮捕，其中八人被判決流放邊疆，其餘諸人各獲較輕的種種刑罰，包括廷杖在內。有十六名受廷杖的官員被打死。抗議者繼續發起第二次聚會，又導致流放與廷杖致死的情形。但是爭議仍未獲得任何解決。隔年春天，官員侯廷訓比同僚們還更進一步：他將對於此事的批評寫成奏摺。侯被逮捕下獄，遭到嚴刑拷打，之後因為其十二歲的兒子上疏解救，才得以於稍後獲釋，而且最後恢復名譽，重新受任官職——不料，他後來因為貪虐的罪名，又被削職為民。[34]

---

32 Geiss, "The Cheng-te Reign," 433.

33 Waltner, *Getting an Heir*, 1-3.

34 張廷玉，《明史》，頁5077-5078。

反對皇帝的人並未完全占有優勢。皇上這邊也有支持者，而且在這群支持者裡，還不僅只是大批可想而知、打算透過此舉求取個人事業進步的局外人。支持皇帝的力量來源，不是別處，正是來自明代中期偉大哲學家王陽明的追隨者。王陽明因為平定一五一九年的寧王之亂而聲名大噪，不過他立下如此功勛，也使得其政敵忌刻，因而千方百計阻撓他進入中樞供職，讓他在整個正德朝都被排擠，未獲重用。嘉靖皇帝即位，任命他為兵部尚書，但是他隨即因為父喪，而必須返鄉丁憂守制。在一五二四年的抗議事件裡，他仍然置身局外，並且保持沉默。一五二七年六月，嘉靖起復他為兵部尚書（譯按：王守仁的正式職銜為「南京兵部尚書兼都察院左都御史總督兩廣軍務」，明代遷都北京後，南京仍設六部、都察院等中央政府機構，不過各部堂官多為虛職，僅南京兵部尚書掌有兵權，為一例外），並令他平定位於廣西、安南邊境的一場亂事。這場戰役立刻就大功告成——王陽明才剛抵達，還未交戰，亂黨就因為他的威名而俯首投降了。但是此時他已經病重，在返鄉途中逝世，未及在嘉靖朝廷裡發揮直接影響。他人生的最後一場戰役，或許在之後的歲月裡，幫助了由他門生徒眾所組成的派系，在朝廷中取得領導地位。

王陽明避免對嘉靖朝的大禮議之爭直接發表看法，但是對於皇帝發自天性、對生父的孝心，他絕非毫無同情、不表憐憫，因為他相信天理人心乃是道德行為的真正基礎。[35]那些反對嘉靖皇帝的人，傾向於接受宋代理學，以及其尊重成文前例的權威，而皇上的支持者卻相信，本著天理人心才是正確的道德行為。因此，嘉靖想要尊祀他的父親，其爭議並不僅限於事件本身，它還成為來自層峰的頭一次清楚聲明：在道德上，個人擁有獨立於前例之外自主行事的機會。王陽明那關於「天理即是人心」的道德哲學，就不再只是學問課題，而找到了其政治上的立足根基。王學的理論角度，在幫助嘉靖於「大禮議」爭議當中取勝的程度，還不如王學門人在朝廷裡所占的優勢來得大。但即便如此，王陽明心學的興起，卻與禮儀體制政治當中的帝位繼承問題，產生了密切的聯繫關係。其結果，有如美國明史學者蓋杰明（James Geiss）所指出的：「王學的教誨在很短的時間之內，就遍及整個帝國，遍人皆知，而且在進入十七世紀以後，仍然是人們感興趣的議題，以及爭論的焦點。」[36]

「國本」之爭

王朝傳承延續的正當性，仰賴冊立正確的帝位繼承人。沒能冊立太子，將會引來一場體制上的危機，這就是萬曆皇帝（一五七三至一六二〇）一朝的情況。萬曆是嘉靖之孫，隆慶皇帝之

---

35 Fisher, *The Chosen One*, 72-80, 163-167; Brook, "What Happens When Wang Yangming Crosses the Border?" 王陽明在他上奏皇帝、報告廣西軍務的第三封奏疏當中，表明了自己的立場。他稱讚嘉靖「倡純孝以治天下」。見《王陽明全集》，頁470。

36 Geiss, "The Chia-ching Reign," 450.

子，而隆慶則是嘉靖嬪妃所生、唯一在世的皇子。隆慶在位只有六年時間（一五六七至一五七二年），駕崩時正當盛年，虛懸的帝位，就由還是孩童的萬曆接替。一等新君成年，他就必須思考冊立太子的大事。而弄得皇帝與大臣們心煩意亂的問題，就在於萬曆並不希望由他的長子繼承帝位。他心裡偏愛的是皇三子朱常洵，這是萬曆寵愛的鄭貴妃所生之子。如此私心偏愛，遂開啟了一連串無止盡的麻煩禍端。

「國本」之爭起於一五八六年，當時萬曆晉封貴妃鄭氏為皇貴妃，他同時也希望能冊立鄭氏所生之子為皇太子。朝局正如嘉靖在「大禮議」時欲追尊其父為皇帝時一樣，陷入意見分裂。由於太子能夠確保朝代的正當性，並延續王朝的統治，他就被稱為「國本」，而這場爭端就以「爭國本」在史冊上留名。然而，與嘉靖皇帝在生父與繼父之間選擇的爭論不同的是，於此次「國本」爭議當中，萬曆皇帝的支持者在道理上完全站不住腳。此事純粹端看群臣是否順從或違抗皇帝的偏好與意向，是堅持維護祖宗成法秩序，還是容許皇位繼承的規則做出修改。這場風波真正的麻煩之處，其實和兩位皇子沒有太大的關聯，而一切都與萬曆意欲取悅他的嬪妃的焦慮密切相關。

朝中大臣清楚的知道鄭貴妃是皇上的寵妾，而她與朝臣都在利用她和萬曆的關係。一五八八年，參與各種社會改革運動的知名官員盧坤（一五三六至一六一八），編印了一本名為《閨範》的小冊子，裡面收錄歷史上婦女德行的故事。這本《閨範》引起鄭貴妃的注意，於是她委託人重新增刊一部圖解新版本，添加十二則婦德典範故事，最後一則故事的主人翁不是別人，正是皇貴妃鄭氏。新版《閨範圖說》有鄭貴妃的伯父與兄弟作序，清楚表明她的贊助人角色。這很顯然是後宮干政索權之舉，它引發了一場大風暴，抗議的對象是鄭貴妃，但是表面上以盧坤為目標。

又過了三年，萬曆終於向他的大臣們讓步，同意冊立長子為皇太子。鄭貴妃卻仍然為了其子而繼續施壓，兩年後，當一本小冊子出現在北京的街頭巷尾，指控她糾集九位高級官員，意欲發動一場危及「國本」的政變時（譯按：即震動京師的「妖書案」），再次引發一連串激烈的譴責抗議聲浪與逮捕行動。[37]同樣的，萬曆也仍然繼續運作，試圖為鄭貴妃製造良好形象。他的種種做法，於一五九四年（萬曆二十二年）五月幾乎來到最高峰，當時在萬曆施壓下，鄭貴妃捐銀賑濟河南饑荒，藉此以逼迫在京五品以上官員跟著捐出薪餉。[38]不論是誰，在這個時間點上做了什麼事，合乎祖制禮法的選擇仍然有效。這整件風波的諷刺之處是，繼承皇位的萬曆長子，也就是泰昌皇帝，在即位後九天之內就病倒了，御宇不到一個月便龍馭上賓，這可能是由於他服用錯誤診斷的藥方、遭到毒害所致。皇位並沒有落入朱常洵之手，而是平凡無奇的傳給了泰昌那極為不適任的長子，也就是天啟皇帝。這時的明朝，已經成了一個高度文官體制化的國度，並未出現家

37 對於這些事件的描述，參見Hsia, *A Jesuit in the Forbidden City*。

38 王錫爵，〈勸請賑濟疏〉，收於陳子龍編，《明經世文編》，卷三九五，頁7b。

族成員挑戰繼位權的事情。

萬曆想冊立他的皇三子為太子的鬥爭，缺乏本朝早年爭奪帝位時的暴力情節，但是整場風波已經使得皇上為之痛苦不堪，而且帶來重大影響，因為在「爭國本」危機之後，他就或多或少讓自己在朝政活動中長期缺席。[39]全體在京文官按照規定，每天都行禮如儀，出席早朝例會，不過在皇帝寶座上，通常空虛無人。在某種程度上，國家大政可說是只能透過皇上授權批閱奏章的司禮監，遵照內閣大學士的票擬，在私底下進行；開國的太祖高皇帝要是看到了這樣臨時湊合將就的程序，一定會困惑不解，並且勃然大怒。與其說萬曆是位真龍天子，還不如說他是一位深居後宮裡發號施令的高手。在今天，我們對萬曆皇帝的印象，是一個孤立、充滿挫折感的皇帝，被他治下的官僚集團所囚禁；這樣的印象，很大程度上都來自於研究明代財政史的歷史學家黃仁宇筆下對他的描述。黃仁宇將萬曆一朝的政治僵局歸咎於「施加於君主身上的種種窒礙難行情況，這些情況係從周遭環境偶然出現，而非精心設計。雖則皇帝陛下根據定義來說，應為大權獨攬之主，他卻沒有制訂法律之權。雖則皇帝身為最高、也是最後的裁奪者，他卻必須在一片法律的模糊迷霧地帶裡行事。」[40]對於此一困局，萬曆本人的「貢獻」，是怠政不作為——如此約束了他治下官員們任何想做之事，同時卻也限制他自身的各種發展可能性。

朝臣們既然與帝國的權力中樞疏遠，於是便做了當人們身處一個經營不善的組織內時，通常會做的事情，用以創造一條打開局面的道路：他們結黨。在十七世紀初期出現、填補了權力領導真空的這個黨派，得名於東林書院，這是一所位於無錫的私辦學術機構，於一六〇四年由一群江南士大夫重新恢復，作為公眾論政的講壇。東林黨吸引了眾多志同道合的年輕人，追求共同理想，它很快就崛起而為制衡宮內宦官勢力的力量，實際上也就是制衡皇上本人的力量。如果萬曆皇帝能夠如本朝之初的某幾位列祖列宗那樣，培養出政治手腕與道德權威的話，他或許就可以打破朝廷中的政治僵局，並且繼續治理國家。可是，一個終其一生都被拘束在紫禁城四方高牆之內的人，要如何去學習前述手腕技巧，或是在他的出生血統之外，另尋得道德權威的來源呢？

忠誠困境

如果將皇帝看作是他自己獨裁統治下充滿悲劇性質的受害者，未免太過荒謬。要是當中真有悲劇性的角色，那麼他們就是像方孝孺這樣的人，認為道德是無可妥協之事，並且願意為了捍衛道德立場而觸犯皇帝，甚且犧牲生命。我們最好將明代政治看成是一場討價還價的交易，而非悲劇性的缺陷。大部分的人都明白，在皇帝獨裁政治底下君臣之間「忠誠」的限定條件：出錯的永

39 萬曆的頑固性格，在黃仁宇《萬曆十五年》的第一章裡，有精采的論述。

40 Huang, "The Long-ch'ing and Wan-li Reigns," 517.

遠只能是大臣。人主的表現無論是良善還是惡劣，都無關宏旨，因為他是這個體系當中不可或缺的根本重心，也是這個王朝賡續綿延的唯一保證。忠誠產生了一個情況，對於為人主者與為人臣者而言都是困境：人主想要凌駕一切其權力的實際約束，但是卻找不出如何實現的辦法；而對於相信祖宗體制成法高過於侍奉皇上義務的人臣來說，他們無法兼顧二者：堅持其中之一（成法體制），勢必會讓另外一樣（效忠人主）受到侵害。

在陸容的類書筆記《菽園雜記》當中，記載了一位法號慧暕的老僧於十五世紀中葉接受訪談時所說之語，這名老僧極為深刻的了解到帝國的困境對官員們來說所具備的意義。慧暕於本世紀初曾被召至南京，參與《永樂大典》的修纂工作。《永樂大典》是一部大規模的學術匯集叢書，收羅天下所有典籍。修纂計畫由一四〇五年開始，至一四〇八年，許多國內最優秀學者的精力都投注於此。慧暕隨後告老退休，來到陸容的家鄉，在陸容與他相見時，他已經年逾八十。

「洪武間，」老僧對這位來訪的生員說道：「秀才做官，吃多少辛苦，受多少驚怕，與朝廷出多少心力？到頭來，小有過犯，輕則充軍，重則刑戮，善終者十二三耳。」這是在洪武一朝出仕者的命運。慧暕接著說了一番告誡之語，就這點而言，他的這番話可能會出乎我們的意料，也讓陸容感到驚訝。

「其時士大夫無負國家，」慧暕承認，「國家負天下士大夫多矣。」但無論皇上是否苛待其臣下，其實並不重要。真正要緊的，是他們願意接受皇帝所給予的任何處分。雷霆雨露，皆是君恩，他們這麼做，是為證明自己對皇上無條件的忠誠，裡面完全沒有悲劇性質。慧暕聲稱，今日的年輕人都未能做到專制政治底下的理想。即便近日以來「聖恩寬大，法網疏闊」，年輕士子仍拒絕出仕，他們行事沒有準則，不過是想要保全性命而已。[41]

在慧暕的世界觀裡，沒有士大夫自主的空間。這並不意謂這樣的想法（或是理想）不存在。但是，無論是採取超然冷漠的姿態，或是完全從公職退隱，追求自主理想者，必須在暗中默默的從事。我們可以在這個時代裡許多應酬文章的措詞背後，察覺出這種沉默。譬如，出身徽州商賈家庭的官員汪道昆，同時也是位著作等身的多產作家，他於一五八二年受託為廣東鄉試題名錄作一篇序文。這篇序文要表達出人臣無懈可擊的忠悃，乍看之下似乎也確實如此。汪道昆在文中回顧本朝的歷史，並特別提及幾位先帝加以讚譽。洪武皇帝「中天而興」——這毫無爭議。嘉靖皇帝「重明麗正，首出郢都」——也就是他藩封所在之地的湖廣省會。嘉靖「文命先敷，光被海宇」——對於這位讓朝廷陷入多年禮議之爭的人主而言，這樣的修辭上似乎稍嫌溢美了。汪道昆確實承認有「二三大夫」被迫「握珠懷寶」，退居故里，不過他對這位皇帝與朝中許多大臣之間的駭人關係，可就沒有更多的著墨了。

---

41 陸容，《菽園雜記》，頁16；關於《永樂大典》的修纂過程，參見Tsai, *Perpectual Happiness*, 133.

至於當今聖上，汪道昆寫道，萬曆皇帝「在宥萬方，文德四洽。多士摶扶搖而上，殆將乘海運而天飛，有如垂天之雲，何論朱鳥」，是以毫無疑問的，廣東鄉試錄取生員也希望在適當時候，能乘運而起。汪道昆特別點出萬曆十年的意義，這一年是學子們的應試之年，也是在天子盛德下，才華成熟綻放之時。「乃今鄉國，以三物而賓，多士寔應昌期。」而具有如此令人驚嘆眼力者，正是萬曆皇帝。「夫律天時，協地紀，本之以帝德，類應之以人文，」汪道昆語氣莊重的詠嘆道：「多士其皆得之，殆千古一覯也。」[42]

對於嘉靖與萬曆兩朝的情形，很難想像還有比上引這篇序文更加誇飾溢美的文章了。但是，所有人都知道真實現狀為何，而我們要是被序文裡那些偉大高尚的表面語言給欺騙愚弄，那就大錯特錯了。當中顯然別有所指。文章裡的主角，是「摶扶搖而上青天」的鳳凰——實際上，就是士大夫——而不是嘉靖、萬曆這對皇帝祖孫。儘管困難重重，他們已經投入幾十年的苦讀歲月，而不只是事奉人主，更是事奉天子理應倚靠的天與地。皇帝的職責，只是作為體系的根基，充當德行的具體象徵罷了，至於實際統治的任務，就交給那些真正勝任的人去承擔。僅在禮制上扮演人主角色的君王，難以信靠其能妥善治理天下。或者，這才是汪道昆和他的世代裡所有才華洋溢的讀書人，除去表面那些陳詞濫調的讚美之詞以後，內心的真實想法。

對於這群鄉試舉人抱持的此種企圖，萬曆皇帝相當警惕。[43]但是對於他自己心底想要擺脫本朝祖制成法、自行其是的企圖，卻沒有那麼戒慎恐懼；如此行事，將會減損他的權威，一如之後他不合祖制的試圖要冊立皇三子為太子時，所學到的教訓。這是他的困境：本朝的祖制成法，必須凌駕於皇帝個人的偏好取向之上——正像是他治下的臣僚面臨的困境，他們為了達成侍奉君王的忠誠，而難以追求聖賢經典所教誨的更高道德目標。

---

42 汪道昆，《太函集》，頁494-495。

43 隔年，萬曆皇帝指派翰林院的官員至各省監督鄉試辦理情形，以遏止各省自行其是的情況。見Elman, *A Cultural History of Civil Examinations*, 151-152.

第五章　經濟與生態

馬可．波羅在忽必烈的國度裡見識到的繁華盛況，令他為之驚嘆。他宣稱說，此處人口「龐大」；鄉村之地「令人愉悅」，大小城鎮「優雅精緻」，土地田畝「精耕細作」，往來商賈「人數眾多」。在馬可．波羅搭乘駁船，沿著大運河航行之時，他將目光擺在「太多的村鎮，以及星羅散布的民宅，以至於人們或許會認為，這整條航行路線上都布滿人煙。整趟旅程裡，食品供應從未缺乏，像是米、麥、肉類、魚類、水果、蔬菜以及酒類等等，價格均相當低廉。」途經一個又一個城鎮，人們「以貿易與作坊行業生活。他們因其繁盛的商業活動而獲取巨利。他們擁有多艘船舶。」[1]這是超出當時歐洲人所能想像的生產力。

---

[1] Polo, *The Travels*, 152, 156, 200-201, 204-205, 215, 306.

兩個世紀以後的一四八八年，遭遇船難的朝鮮官員崔溥，被海浪沖到浙江沿岸。他回國的旅程同樣沿著大運河北上，在他的日記中，也發出類似馬可．波羅的讚嘆。「士夫淵藪，」他在乘舟擺渡穿越江南一帶北上時，於日記裡寫道：「海陸珍寶，若紗羅綾緞、金銀珠玉，百工技藝、富商大賈，皆萃於此。」在蘇州城內外，「市坊星布」，而「人物奢侈，樓台聯絡。」在運河沿岸的各碼頭，「楚商閩舶輻輳雲集。」[2]他所目睹的這些風光名勝，在自己原來生活的現實世界裡找不到對應，只能從唐詩所敘述的想像宮殿裡去描摹揣想。

馬可．波羅受到後人的指責，說他誇大了對元朝的描述；可是崔溥的日記，卻被看成是一段對明朝生活審慎細緻的記載。但是二者對各自讀者所述說的故事，卻大致相同：這是一個繁榮昌盛的國度、是井然有序之地，也是一個富裕順差的經濟體。自然災害斷續間歇造成破壞與傷亡，可是它們卻沒有減低經濟成長的勢頭、危及到人們的生存。人們製造出能夠維持政體和社會運作的經濟盈餘，在物質層面上遠超過當時的朝鮮或威尼斯，或是世界上的任何一個國家社會，而能在這幾個世紀當中延續下去。這一切，將隨著歐洲在明代滅亡的同時突然進入近代初期的轉型而發生變化，但是如此改變所帶來的影響與後果，還在遙遠的未來。

農耕帝國的混合經濟

大多數生活在元、明兩朝這個農耕帝國裡的臣民，都是種植穀類作物的農民，他們栽種的作物，在北方是小米、高粱、小麥，在南方則為稻米與冬麥。馬可·波羅認為「精耕細作的田畝」值得細講，並且得出了一個印象：「可耕之地無有被閒置者。」不過，崔溥所注意到的，卻是「樓台聯絡」與運河沿岸碼頭船舶的商賈雲集。就這一點而言，馬可·波羅也是如此，他的視線一直放在為數眾多的往來商賈，以及那「多艘船舶」之上。所有這些經濟活動跨越各種類型範圍，從耕種、手工製造業到貿易，對於支撐這個帝國，扮演至為重要的角色。它們的相互依存，促成了商業擴展，使得農業繁榮，城市成長茁壯。商業化並不是一路前進的線型過程，可是它成長的速度通常太過飛快，以至於讓人們（尤其是晚明）認為它確實如此。

國家徵集稅收的主體部分來自於農產作物。一二九九年，元朝政府收稅時徵集到一千兩百萬石農作物（等於十一點五億公升）。[3]假設一名成年男性每年要消耗六石（五百七十公升）的穀

2 Meskill, *Ch'oe Pu's Diary*, 93-94. 譯按：引文據崔溥《漂海錄》回譯。

3 梁方仲，《中國歷代戶口、田地、田賦統計》，頁303。二十六年後的報告顯示，徵集的數量完全相同，但是這個數額並不能讓學者具信心。唯一持續研究元代經濟地理的著作，是吳宏歧的《元代農業地理》，但是這個研究卻避免嘗試對農作物產量作量化統計。

物，那麼在一三三〇年時戶口登記在案的六千萬人口，就需要每年三億六千萬石（三百四十億公升）的農作物產量才能餵飽肚子。[4]不是每個戶籍人口的糧食消耗量都能到達成年男性的水準，但是從另一方面來說，當時的真正人口可能是戶口數字的一倍半。如果我們容許前述兩種人口增減的力量相互抵銷，那麼這個徵稅量就顯示出稅率為百分之三點四——這個數字證明與中國歷代政府通常採用的稅率相符。[5]

一三九三年的徵集量，則是另一番完全不同的故事。根據明朝政府的報告，該年徵集了二千四百七十二萬九千四百五十石（二十六億五千萬公升）的米，以及四百七十一萬二千九百石（四億四千七百萬公升）的麥。[6]兩者相加，那年的穀物徵集量達到三十一億公升，是一二九九年徵集量的兩倍半。如果明朝對農作物的需求和元代大致相同，那麼明代徵集農作物的稅率就是百分之九點一，比起元代高出許多。[7]是什麼原因，導致稅率上漲這麼多？二者當中的差異，表示明代政府在徵集稅收方面比起元朝更有效率，或許這就是當時的情況。這個情況也可能表示實際人口多於戶籍數字，使得實際稅收增加。或許還可以指出，明代政府抽取稅收的經濟體，具有更高的生產力，而這也很可能是實際的情形。

明代初期，政府極力提倡農業生產，朝廷將民眾遷徙至元、明鼎革戰亂期間無人耕種的荒地從事開墾。朱元璋的理想，是每戶耕種之家都應該有百畝土地（六點五公頃），這樣的耕地是北方的大家庭生計所需，對於南方從事更為密集農業經濟的家庭而言，也相當足夠。[8]到了十六世紀，此種理想耕地在華北已經降低為五十畝了。[9] 一六二〇年代，北方有一名深感挫折的生員，在其父授與五十畝田地時（這樣的田土於當時已不足以維生）慨然說道：「焉有世上男子可祿以五十畝者耶？」於是隨即出售田畝，並且投身軍旅。[10] 在華南，許多農家耕作的田地，已經小到僅有二十至三十畝了。

在明代初期的恢復生息以後，經濟生產主要由接近發展至最大能力的耕作，以及國家稅額幾乎全以穀物徵收的財政經濟構成。然而，一旦經濟生產站穩了陣腳，政府就開始改變其徵稅的方式，從實物徵集改為銀兩繳納（有一項名為「一條鞭法」的改革，之後我們還會提到）。隨著徵稅形式的改變，到達中央的農作物數額也開始下降。遷都北京是這項變化背後的一個重要因素。京師現在位於北方，其農業生產環境不足以維持這麼多的人口，因此朝廷一面加緊累積存糧，而

---

4 馬文昇（一四二六至一五一〇），引自張怡，《玉光劍氣集》，頁73。

5 Huang, "The Ming Fiscal Administration," 107.

6 梁方仲，《中國歷代戶口、田地、田賦統計》，頁344。

7 黃仁宇提出一種解釋觀點，認為以一個農耕為主的帝國，若抽稅稅率低於百分之十，將無法存活。見 *Taxation and Government Finance*, 174, 183. 洪武年間的財政體系，似乎是建立在最低程度的需求上的。

8 朱元璋，〈大誥武臣序〉（一三八五年），收於楊一凡，《明大誥研究》，頁426。朱元璋指出，一戶之家，若耕地少於八十畝，則自身都無法維持溫飽。

9 馬志冰，〈明朝土地法制〉，頁421，引用一則一五七八年的詔令。

10 張怡，《玉光劍氣集》，頁509。

重新開鑿疏濬了大運河；另方面也認識到：要讓京師及北方各邊防重鎮的人都能飽食，實際上是超出朝廷存糧與運送糧食的能力，而如果改為徵收銀兩，藉著刺激私人商業貿易開展，以滿足這些需求，將可以更有效的達成目標。此項安排同時也將作物本身留在產地各省，得以互通有無，以有剩餘糧食的地方接濟缺糧之處。結果，距離北京最為遙遠的省份，如廣西、雲南和貴州等，得以保留該省的農作物充作地方用途，而不是耗費鉅額成本，將徵稅糧食運往京師等候分配。距離沒有那麼遙遠，但仍然被視作邊陲的省份，如廣東與福建，則獲准保留大約三分之二的徵集糧食。在四川、湖廣等盛產作物的糧倉地帶，地方官員有權留下約六成的作物。[11]

明代從建立之初，就開創了一種能與私有經濟協同運作的計畫經濟制度。這並不是隨著情況發展而做出的被動安排，因為明朝政府提供了若干條件，能夠促進生產製造和貿易進程，遠遠超出其本身財政與獨占的利益。晚期帝制的中國政府，和同時期的歐洲各國相比，之所以明顯看來不同，就在於中國具備「國家要為人民福祉負責」的信念。這種信念根植於儒家相互報償的互惠規範，使得天子要顯示出其對百姓安康的關懷，官員則要致力於維護、增進民眾的福祉。一五一八年（正德十三年），於水災而引起的饑荒之後，朝廷發出一道詔令，提醒在北京的官員「督有司加意撫卹，毋致失所。」[12]這不只是一種慈悲善意的姿態，更是道德指令與求生存的努力。許多皇帝輕忽了這樣的期待，而許多官員更是不管不顧，只視其官職為圖利自身的大好機會，可是君臣都不重視百姓福祉，只更證明了一條規律，那就是無法善養百姓的國家，將會失去天命的眷顧。[13]

很多元、明兩代的經濟成長（儘管此種情形在明代較為多見），其組織和資本都屬於私人，而就其營運層面而言，卻屬於公家，因為它們都是在國家設立、提供資金的基礎設施裡運作的。國家提供了讓商品得以在其中流通的交通運輸體系。它終究使稅賦改以銀作為單位，俾便設定衡量商品價值和交換的條件。國家在鹽和貴重金屬上採取專營制度，它徵集稅收的財政運作機制為私有經濟設定方向，並且影響了平民百姓攸關生計的決定。國家儲存糧食，而在發生饑荒時便會介入糧食市場，舒緩糧食缺乏帶來的威脅。國家經營製造作坊，大多都位於江南各商業中心，以滿足皇家的需求。[14]國家委託若干特殊的作坊，例如江西景德鎮的瓷器，或者山東運河南端臨清的瓦窯，製造物品，提供朝廷營建和修繕所需。最後，它還提供了人們所需的行政與司法機關，可以調解、處理經濟上的爭端。國家看上去是依靠人民為生，但它在實際上幫助經濟活動的建構。

---

11 省級的稅收與支出資料，在梁方仲的《中國歷代戶口、田地、田賦統計》，頁375裡，有概述說明。

12 《明武宗實錄》，卷一五八，頁4b。

13 中國歷代政權對此觀念的實踐，在Wong, *China Transformed*, 135-149當中有詳細的論述。雖然該書主要論旨是從清代史料當中得出，但仍然適用於之前的各朝代。

14 關於明代官方織造產業，見Schafer and Kuhn, *Weaving and Economic Pattern in Ming Times*.

交通運輸

大批貨物走水路運輸的成本，比起走陸路低廉，因此能夠運輸糧食和其他大批商品貨物的河流、運河，就顯得很重要。由於中國水文的自然流向，是由西邊山區流向東邊平原，如何安排南北向的水路貨流運輸，是國家在促進商貨流通時面臨的主要挑戰。開鑿時間可以追溯到七世紀的大運河，就成為元、明兩代南北向交通運輸策略的重點核心。

忽必烈在今天的北京建都之後，以海運作為臨時湊合手段，向北方補給物資。但是在山東沿海顛簸的海域航行所招致的損失，再加上駁船速度慢又容易引來海盜劫掠的特點，促使朝廷考慮他種運補糧食之道。其中一種選擇，是新開通一段橫貫山東半島底部的運河；朝廷在一二八〇年代試著進行此方案，但之後宣告放棄。下一個選擇，是重新疏濬原有的大運河，並將其河道往北延伸至黃河（宋代時修築到此即告停頓），最後接通北京。工程支出極為龐大，而維持保養的費用更是昂貴。因此，在整個元代，朝廷都無法維持使大運河持續暢通運作。無論運河堵塞的原因是淤積、洪水或是戰禍，元朝官員只好又回到海運補給的老路。

大運河向北延伸的挑戰，在於將運河與黃河兩條交會的水道合而為一。黃河動輒潰堤氾濫、並且變換河道，而且每次黃河改道，都會造成運河的運作陷入混亂。讓黃河回歸故道是一個要價昂貴的解決方案，需要大量的勞動人力。一三五一年（至正十一年）的那次河工勞役就經常被史家引用，認為是大規模起事叛亂的導火線，最終導致元朝的覆亡。該年冬天，祕密社會組織紅巾軍的領袖韓山童，就能在強迫服勞役疏濬運河的十五萬民工裡，糾集到大批的追隨者。韓山童日後遭到元軍俘虜並且斬首，但是他的兒子韓林兒卻逃脫追捕，之後自稱「小明王」，成為反元起事的名義首領，當時朱元璋已經投身在叛軍之中。韓林兒於一三六六年身亡，為朱元璋取得領袖之位敞開大門。他選擇以「明」作為國號，便是承認自己當年的紅巾軍出身。

朱元璋決意定都南京之後，大運河就失去其在施政順序上的優先地位。到了一三九一年（洪武二十四年），運河已經淤塞不堪使用。[15]永樂決定遷都北京以備蒙古，使得朝廷再一次投注巨資在大運河的修濬事務上。[16]明代政府的表現，證明其比元朝在保持建設成果方面來得更有效率，朝廷沿著運河延伸至山東境內的艱困河段，投注了可觀的資金，進行改善工程。大運河於一四一五年（永樂十三年）重開，而且很少受到黃河改道的影響，一直保持運作，直到本朝覆亡之日。大運河對於整合國內各基礎建設與經濟發展做出巨大貢獻，但同時也是一個沉重的負擔。對於運河的經營維持，讓原來想保持水土現狀平衡、壓力已經相當沉重的水文結構更是雪上加霜。隨著每次洪澇和淤積，保持運河暢通的任務就變得愈來愈艱難。[17]

---

15 陸容，《菽園雜記》，頁66。
16 吳緝華，《明代海運及運河的研究》，頁35-42；Brook, "Communication and Commerce," 596-605.
17 Sedo, "Enviromental jurisdiction," 4.

運河運輸所需的人力、物力規模，其等級與為維繫其暢通付出的成本相同。到了十五世紀中葉，有一萬一千七百七十五艘朝廷拖船，由十二萬一千五百名士兵牽曳，上下來回於運河，以確保北京的皇家糧倉充盈。糧倉裡的實際存量少於官方帳面上的數字，不過這些短缺是由負責漕運的兵丁中飽私囊，以及私自販賣到民間市場所造成的。皇室也有自己的漕船，以運補宮中所需糧食。這些漕船據說有一百六十一艘，當中十五艘是可在結冰河面上航行的冰船，負責由南方運送鮮魚和蔬果。伴隨這些漕船的，是兵部管轄的小舟，稱為「馬快船」，數量大約有六百艘，負責保護朝廷官船。[18]不過，官船的數量遠遠比不上沿著這條擁擠的運河航行的數萬艘民船。有一位明代中葉的文人描述了運河上的場景：「東南漕運，歲百餘萬艘使船來往無虛日。民船賈舶，多不可籍數，率此焉道。」[19]重開大運河，給予商業運輸一條主要幹道，得以初步聯通全國各地，構成一個整體經濟領域。[20]

儘管如此，商賈出外旅行仍然是艱困之事，因此出外從商者便仰賴吉凶占卜之術，藉以保護自己，避免在旅次遭遇不測。「楊公忌日」提供了一份時間表，告訴人們不得旅行、裝載貨物行李，或從事交易的日子。這份時間表被保留在一本一六三五年（崇禎八年）刊行的商用年曆《商賈一覽醒迷》裡。[21]這些「忌日」從農曆正月起算，每隔二十八日就出現一次：依次是正月十三、二月十一，以及之後每月按此類推的日期。這本年曆還收錄另一則普遍受到商人採用的日期表：「六十甲子逐日吉凶」，以天干地支計算，每六十日為一個循環。這些日期缺乏「楊公忌日」

裡的規律性。比如說，根據六十日一轉的循環，農曆六月有十個適合啟程出外的日子，可是農曆三月卻只有兩個吉日。每個月同時也有五個「十惡大敗」的凶日，只有愚蠢的商人才會在這些日子裡做出任何進取之舉。在正月，這些日子落在「巳」與「亥」，因此在一六三五年，分別是二月二十二、二十八日，以及三月六、十二、十八日這些天不宜交易經商。這個六十甲子日循環本身也有吉日和凶日，這些日子落在哪一個月則沒有關係。每個循環裡的頭一個「巳」日皆為大凶，不適合出行在外。第一個「亥」日則可能極為吉利，只要你在下列這些特定時辰內出門啟行即可：凌晨一到三時、上午七到九時，或晚間七到九時間。你絕對不能在上午十一時到午後三時之間啟程。

商人們從事這類複雜的計算，其實正是商人總是在做的事：在一個沒有保險保障的經濟體裡，盡量減少風險。這種迴避風險的行為，穿透商人們的日常生活。譬如說，蘇州商人忌諱使用「飯」（音近「翻」）和「箸」（音近「阻」）這兩個字。由於中文口語裡有很多同音而意思不同的

---

18 談遷，《棗林雜俎》，頁39-40。關於「馬快船」，見星斌夫（Hoshi Ayao），《明清時代交通史の研究》，頁88-124。

19 李東陽，〈重修呂梁洪記〉，收於陳子龍編，《明經世文編》，卷五十四，頁19a，轉引自封越健，〈明代京杭運河的工程管理〉，頁50。

20 Deng, *The Premodern Chinese Economy*，對一個全國性統合的經濟體系出現於明代中國的說法提出質疑。

21 重刊於楊正泰，《天下水陸路程》，頁334-342。

字彙，這就導致若干有趣的字彙代換。「箸」本來的意思是筷子，但是有另一個字，發音相近，意思卻完全不同，也就是封阻的「阻」字。既然商人最擔心的，就是他們運送的貨物受阻，蘇州人就開始使用與「阻」意思相反的字「快」——這就是今天我們稱呼「筷」的由來。[22]

城市

經濟的發展促進城市的成長，而城市具備交易市場、生產製造功能，以及菁英居住選擇這三項功能，也同時得到發展。北京具備朝廷所在地的優勢，不過它同時也是北方經濟的商業樞紐城市，並且擁有超過一百五十萬的人口。之前的京師南京，規模也與北京相仿。一項估計指出，一四〇〇年（建文二年）該城戶口有七十萬人。[23]不過，這個時期最大的城市，則位在長江三角洲更下游的地區。蘇州頗以身為本朝商業、文化樞紐為榮，而其人口也應有將近百萬之數。上海港埠在十四世紀時崛起，成為棉花貿易中心，周遭有一縣之地，百萬人口，當中至少有四分之一的人，就居住在上海縣城周邊。[24]南宋的故都杭州，比起從前的全盛時期，雖然略顯沒落，但仍然是一座優雅與富庶的城市，有錢人都希望能在此擁有一座園林。

在前述這些大城市裡，商業和行政職能匯合在一起。可是在規模較小的城市裡，雖然行政職能原本是城市設置的初始目的之一，商業功能卻已超出行政功能之上，成為城市發展的原動力。

這種情況就發生在臨清。臨清位於山東境內，大運河流經於此，向北便進入直隸省界。在元代以前，這個有河流流經的小縣，本來沒有什麼重要性，直到元代選擇此地作為大運河北端的新終點。在運河延伸工程於一二八九年完成時，臨清成為南方經濟與北方政治的連結樞紐。元代後期運河荒廢，使得臨清又沒沒無聞，一直到一四一五年，大運河重新開通為止。臨清的興旺繁榮在一三六九年時已經初奠根基，當時縣衙搬遷至離水閘距離更近的位置，這裡行船困難，因為流向東北、往天津而去的衛河在此與運河交會。本縣被選定為五處官倉設置地點之一，用來收納由運河北運的捐糧。很快的，臨清的重要性就壓倒其他四處官倉，尤其是在一四五〇年（景泰元年）以後，該年朝廷指定臨清作為鹽商納捐糧食、作為交換鹽引（專營許可證）的交卸地點（這種制度稱為「開中」法，或捐納邊塞糧食）。臨清被形容為南北商業的戰略「咽喉」要地，於是在一四八九年（弘治二年）升格為州。[25]

臨清發展為城市的進程，一直延續到十六世紀，這其中有部分是國家的促成，部分則是私有企業的支持。所有向北運輸的糧食都必須經過臨清，這裡也是南來北往官員、商賈的必經之地。

---

22 陸容，《菽園雜記》，頁8。

23 Li Bozhong, "Was There a Fourteenth-Century Turning Point?" 145.

24 關於棉花在元、明兩朝發展成為紡織翹楚，見Zurndorfer, "The Resistant Fabre," 44-51.

25 陳建，《皇明從信錄》，卷十八，頁18b；張廷玉，《明史》，頁946。

這股人流、物流，使得臨清發展茁壯。在成化一朝，之前原本被迫到北京服勞役的工匠，現在可免去此項指派，改為在臨清就地服役即可：實際上，本地的勞動資源，就不再受到京師的瓜分牽制了。北京的營繕工程仍然需要外地工匠的支援，但是臨清本地的匠師可以就地燒製磚瓦，而不必長途跋涉到京師。在這樣的情況下，負責貨品運輸和供應本地需求的本地產業，就應運而發達興盛起來。到十六世紀結束時，在城內西北角的二十八處造船廠裡，匠師正忙著修造運河漕船，而織造商人經營著一百又五處作坊。[26]像臨清這樣的城市所具備的市場規模，表示製造產業不再局限於家庭作坊之內，而正擴大到接近工廠生產的程度（見圖八）。

儘管私有商業貿易發展成長，臨清的私營產業卻仰賴國家對基礎建設的投資。大運河沿岸其他城市的發展過程，也與此相同。[27]但是，有一批明代城市的發展軌跡，卻與前述進程相反：由私有產業先打頭陣，然後國家跟進。長江是自然形成的交通動脈，並不需要國家投入如修濬大運河般程度的人力、物力，因此長江沿岸的口岸成長歷程，就與大運河沿岸的城市不同。以沙市作為例子：沙市這個地名，從沙頭市簡縮而來，也是地名的由來：在湖廣西部、長江的嘉陵縣段，有一處突出的峽灣沙灘。嘉陵縣治距離長江河岸幾乎有十公里，以沿江貿易來說實在太遠，只好

26 楊正泰，〈明清臨清的盛衰與地理條件的變化〉，頁117-119。

27 同樣位於大運河沿岸、兩百公里以南的濟寧，是另一個在此邏輯底下發展的好例子，參見Sun, "City, State, and the Grand Canal."

圖八：在這幅描述生產場景的圖畫中央，四名工人正在操作一具大石磨。他們有可能正在碾磨稻米以製造麥酒，或是在磨碾製造瓷器用的原料。圖中沒有其他細節可以佐證究竟是前述的哪一種情形。無論如何，圖中確實顯示出手工藝勞力集中為工業生產的趨勢。這幅圖收藏於哈佛美術館（Harvard Art Museum），原始出處不明。雖然畫中的時間為明代，其風格顯示此圖作於清代。

將商業優先的地位拱手讓給沙市。讓沙市得以繁榮發展的大宗貿易，是由四川順流而下的穀類作物買賣。四川商賈和船家是沙市的一大商業群體，不過商人則來自全國各地。在明朝滅亡前夕，沙市城內已經擁有九十九家商賈與匠人組成的同業公會。[28]朝廷無法忽視沙市的存在，不過並未將其升格為縣，因為若這樣做，將會搶走嘉陵縣相當大比例的賦稅；反之，朝廷專門在沙市設置維持治安的巡檢司。國家力量還以其他方式出現在這裡，因為朝廷在此設有徵集賦稅與軍用物資的衙署。例如，工部在此就設有稅關，監控載運原木順長江而下的船隻，並對其課以賦稅。[29]

作為商業城市，沙市比其他以行政職能為主的城市，更容易受到商業興盛與衰敗的影響。明末詩人王啟茂於崇禎劫難期間的不景氣時節重返沙市，他在詩作〈沙市志感〉裡，記錄下這種易受影響的特性，並且回憶起他少年時見識過的那個繁盛世界：

記得當年踏碧沙，沙津無物不繁華；
舟船夜貫千門酒，樓閣春藏十里花。
世亂蜀江稀賈客，民窮荊俗減琵琶；
重來勝地增惆悵，坐對空林數暮鴉。[30]

沙市的興起（以及短暫的衰落），證明了商業經濟如何在與國家沒有關聯的情況下，就能單獨扮演決定某些城市繁榮與發展的關鍵性因素。但是所有形態的城市，都必須在很少有國家指引方向的情況下進行治理。在國家察覺到其利益或稅收受到威脅時，它從未在聲稱「自身包攬所有公共事務」一事上有所退讓。這也就是說，地方官員必須想出一套和在地菁英合作的機制，以妥善安排那些超出常規程序範圍之外的事務。舊日農村生活的各種模式，在處理數十萬人、而不是區區數百人的需求時，已經完全不可行了。

舉例而言，都市火災防範就是一個問題。一三四一年五月四日，杭州發生一場嚴重大火，不過，在火災中喪命者（七十四人），比起被焚毀建築的數字而言（據事後清點，共有一萬五千七百五十五間房遭毀）還算輕微。然而，任何逃過了一三四一年這場烈焰的人、屋，也都在一三四二年六月四日的大火中倒下。這兩場大火「自昔所未有也」，一三六六年（至正二十六年），一位筆記類書作者在其著作中聲稱道：「數百年浩繁之地日就凋敝，實基於此。」[31]杭州是一處行政中心，可是國家既有的各種機制卻無法保護這座城市免於祝融之災。

位於福建省沿海的延平府城，也是一座以行政機能為主的城市。但是國家力量在此的影響力

---

28 Heijdra, "The Socio-Economic Development of Rural China during the Ming," 511.

29 Huang, "The Ming Fiscal Administration," 147.

30 《光緒荊州府志》，卷四，頁2b。

31 陶宗儀，《南村輟耕錄》，頁116。

卻更加微弱，縣令要推動任何事務，都不得不與在地商業領袖協調合作，才能辦成。本城建築雖不如杭州稠密，但「歷來火災，延燒甚廣」，縣志的修纂者寫道。延平本來就容易發生火災，此問題又因為城內丘陵地形、民居密布，聲氣相聞，因而更形嚴重。一五七五年（萬曆三年），知府下令修築防火牆。由於修建防火牆意味著要徵用城內高價的地產，知府大人必須要動員城內五名富有的民眾，為他買下這些地段，而不是以不受歡迎的手段強制徵收。防火牆一共修築了七道，其中一道就立在知府衙門的前面。然而，這幾道牆並沒有連接在一起，三年之後，城內市中心就有上百戶民宅（當中還包括幾處衙門建築）被焚為平地。後任知府下令將這幾道牆加長，並且連結在一起，甚至還捐出自己的俸銀助建，但是這還不夠。他還得回頭去找原先組織修建計畫的人，讓他們去勸說各戶屋主捐出若干土地，「量助拓基」，協助建設。原先的七道防火牆擴展成為九道。為了避免將來有民宅侵沒防火牆地基，知府准許坊民向衙門呈報這種情形。修建防火牆奏效，城內頻頻發生火災的情況趨緩。[32]

在延平府城內修築防火牆，初看時會認為是知府之舉，然而城市內的菁英在籌資捐助修建一事上扮演關鍵角色，他們或許在最初時還是規劃設計之人。縣志的修纂者表彰歷任知府的功勞，認為他們能苦民所苦，為治下百姓謀福利，但是那些實際承擔修建任務的民眾——毫無疑問的，這些人都是延平府裡商業界的領袖人物——是他們完成了一個知府大人欠缺妥善手段處理的任務。明代政府在技術層面上，對於城市裡的各種問題視而不見，因此城市菁英必須起而加以解決。不過，我們應該要當心，不能率爾做出結論，認為明代的城市菁英和近代初期歐洲各城市的菁英一樣，也主導了城市的治理。「由一個以小農社會為建設理想的帝國轉變為城市化國度的過程，」研究城市史的學者費絲言寫道，不應只被視為「商業力量蔑視、反抗國家的緊密壓迫，並且終於取得了勝利。」這樣的過程是經由「同時進行的制度改革與文化溝通，在明初小農社會理想與晚明都市化趨向之間彌合、調和」之下才發生的。[33]城市居民靠著調整正式治理規範，使其適應「他們的城市不再是農村」的現實，找出運作城市之道。

商業經濟課稅

元朝政府和大多數軍事占領政權一樣，亟需稅收挹注，可是它對於農村社會的控制卻相當貧乏虛弱。朝廷對農村的課稅，憑藉著派下固定的徵稅額度，並將其外包給出價最高的包稅人來達成。包攬稅收者在購下某一特定地區的收稅權後，便將原先規定的額度稅款上繳給朝廷。無論他實際收到的稅款高過還是低於配額（這個數目可能相當可觀），都歸他所有。元代執行公家勞役

32 《民國南平縣志》，卷二，頁16-17a。

33 Fei, *Negotiate Urban Space*, 1.

的做法相當嚴酷殘忍，無論何時，只要公家有需要，就逼迫農民放下手中的耕作，毫不考慮農作時節。蘇州女詩人鄭允端（約一三二七至一三五六）就在她的詩作〈望夫石〉開篇數行中，表達出這種沉重的負擔；這首詩以一則古老的故事作譬喻，訴說婦人等待丈夫歸來，苦候無果，而終於化成石頭：

良人有行役，遠在天一方。
自期三年歸，一去凡幾霜。
登山凌絕巘，引領望歸航。
歸航望不及，躑躅空徬徨。[34]

明代放棄這種毫無區別的勞力徵派，以及土地稅的統收包攬，因為朝廷認為這樣的做法非但有違道德，而且缺乏效率。前述這兩種做法，不但毫不顧慮農忙時節的需要，毫無節制的抽調農村必須人力，與此同時，還鼓勵其他的包稅人搾取黎民百姓的血汗，他們不是為了因應國家重要的開銷支出，而是要自己中飽私囊。這些模式對社會基礎造成破壞，擾亂地方財富的生產，而且造成公家款項流入私人之手的情況。如果這兩種做法有任何的好處（元朝政府很顯然就是這麼認為的），那就是能夠降低朝廷徵稅時的成本開支。不過，要降低開支，還有別的辦法。明代所提出的做法，就是將公家勞役的徵派，以及土地稅的徵集，交由地方社群中的耆老去執行。這就是明朝開國皇帝構思出「里甲」戶口制度的由來。在地民眾最清楚誰有辦法接受勞役徵調，而誰應該支付多少土地賦稅。

此種在「里甲」體系支持之下，農村經濟自給自足、免於地主剝削的美好憧憬——這是朱元璋個人的願景——沒有能夠看出經濟體系接受國家資本挹注、引發財富集中的自然趨向。十五世紀時，這種趨勢引發明代財政上的精神分裂情況。鄉里自給自足、自行徵集稅賦的模式早已偏移，現實的情形是農村和鼓勵市場生產的商業網路建立密切關係。[35]

賦稅體系因應現實環境的速度很緩慢，這正是歸有光（一五〇七至一五七一）在一五六六年以四十九歲高齡方初登宦途、擔任縣令時所發現到的情形（直到一五六五年之前，歸有光參與會試屢屢落第，次數之多令人震驚）。「田制雖有定制，其俗以洪武祖名為戶，」浙江長興縣縣令歸有光回覆知府上級詢問時寫道，是以「徵收之際，互相推調，」不肯繳納。「又有田連阡陌，而戶止數畝者（實際上兼併他戶大片田產，但在戶籍記載裡卻只登記區區幾畝之地）；」以至於各戶都聲稱自身財產貧乏，低於應納稅門檻。「又有深山大戶，終歲不聽拘攝者，」無論任

---

34 鄭允端，〈望夫石〉，由石慢（Peter Sturman）英譯，收於Chang and Saussy, *Women Writers of Traditional China*, 134.

35 十五世紀中葉地方政府在經濟體系與實際做法上的分歧，是倪清茂（Thomas G. Nimick）《明代中國的地方行政》（*Local Administration in Ming China*）一書中第二章討論的主題。

何稅目，全都拒不繳納。[36]歸有光發現，本縣的戶口統計紀錄已到了無藥可救的地步。戶籍紀錄顯示，在這樣一個高度商業化的縣份，於一四八八到一五二二年之間，戶籍人口居然減少了百分之二十，之後則毫無成長。不但如此，根據戶籍紀錄，女性只占本縣人口的二成。[37]很明顯的，這套體系已經和現實徹底脫節。「真實」的經濟情況，是一個商業投資與財務集中化的貨幣經濟——已經完全脫離一三六八年時設立的農村社會經濟體制，而且正在創造課稅名目之外的財富。

解決之道是將兩種農村經濟的主要賦稅來源——作物與勞役，調整、換算為價值相等的貨幣，並且按此徵稅。賦稅以銀兩徵集，並用此銀兩來支付行政上的各項開支。各地縣令都明白，以金錢購買支付的勞動力，會比起強制徵派來得充裕許多。以每年四兩銀子的代價聘用一名水閘專責看守人，比起按照冗長的勞役徵派清單找來義務服一年看守勞役者，卻完全不懂水閘操作、而且還很可能在需要履行職責時不見蹤影，要來得好多了。隨著這項改變於十六世紀時普及全國，原先各項以特定實物徵收的賦稅，現在全部統歸以銀兩繳納。

中國的賦稅體系由明代開國時設立的停滯農村模式，轉換為十六世紀時的金融貨幣交換經濟體系，是中國經濟在邁向工業化之前最重要的一次轉變。我們知道，這次轉變有一個不尋常的名稱，叫「一條鞭法」。這個名稱一語雙關，指的是各種賦稅額度全部折變為單一項目。「鞭」音近「轉變」或「變革」，因此民間具詼諧機智的人，取其形象，將「一條變」說成了「一條鞭」。這項改革於十五世紀時漸次開展，於一五七〇年代在大學士張居正的主持下正式推行，並且擴大適用範圍——同樣是張居正，在一五八〇年下令重新徹底清丈全國的可耕之地。張居正被當時看成一位具有偏執狂熱傾向之人，認為他不計一切代價，也要增加國家施政的影響力，在涉及國家金融層面的事務時尤其如此。實際上，幾乎在萬曆朝的每一部筆記著作裡，都包含對他改革效應的評論。「江陵（張居正）當國時，持法不稍假，」筆記作者沈德符寫道：「如盜錢糧四百兩以上，俱非時誅死（立即處決）。」[38]張居正在今天被看成一位眼光遠大的行政官員，他讓舊日農業社會的賦稅體系能適應商業模式，並且為近代經濟奠定基礎。[39]

在這些變革之中，貨幣化是主要項目。當明朝開國皇帝想像其子民日後榮景時，他所想像的畫面，是一個由農民組成的封閉社群，每家每戶都有地可耕，生產自給自足的糧食與原料物資。雖然這種理想場景並不是元、明兩代經濟運作的實際情形，不過這幅畫面仍然描摹出一種理想的經濟生活，在這種經濟生活之中，貨幣幾乎沒有任何角色。存在於這種經濟生活之中的貨幣，是一種戰國時期就已使用、中間有小孔的銅幣（又叫「銅錢」）。由於生活必需品的價值低廉，只

36 歸有光，《震川先生文集》，頁922-923。

37 《長興縣志》，卷七，頁3a-b。

38 沈德符，《萬曆野獲編》，頁481。沈德符在寫到蘇州銀匠管方洲的故事前，作了此番評論，管方洲的故事，在本書稍後第九章開篇時將會提到。

39 關於政治家張居正的事蹟，見黃仁宇《萬曆十五年》的前三章。

需幾個銅錢，所以面額高的貨幣就沒有存在的必要。

這只是理論上如此；實際情形很快就將理論束之高閣。隨著剩餘農產品和更多貨物兌換為現金，大筆金額的交易必須以一千個銅錢串成一「貫」來支付。這些銅錢串笨重而不方便攜帶，而銅錢本身也很容易因為被熔作其他用途或摻入雜質而損害其價值。此種弱點使得貨幣時常出現短缺情況，從而讓賦稅的徵集變成每年一度的噩夢。元朝建立之前整整二十年，面對銅錢短缺的情形，蒙古人決定採用宋、金兩代的做法，發行面額為「貫」的紙鈔。元朝政府以充足的農作物當作預備金支持紙鈔的幣值，一直到一三五〇年之前，紙幣都能保持其價值——到了一三五〇年這時，由於朝廷亟需稅收以支持軍事開支，便容許紙鈔的發行量超出支持紙鈔的農作物預備金。到一三五六年，元朝紙鈔已經毫無價值，形同廢紙，因而不再流通。[40]

明朝循元代先例，發行稱為「大明寶鈔」的紙幣，但是這種紙鈔無法兌換，而且也沒有充足的預備金，因而失去其票面價值。這時便需要有另一種形式的貨幣出現，用以支付日常用品小宗購買之外的較多金額的交易，而銀兩的使用就應運而生，填補了這一空隙。銀的單位是「兩」，每「兩」重三十七公克。然而，銀並未被鑄成錢幣，而是以銀錠方式儲存、秤重並且戳印。（一六〇一年，有一位派往廣東的巡按御史因為好奇而發現「西番銀，範如錢形，有細紋在兩面。」）[41]在支付款項時，便秤量需要的銀兩價值，支付正確的總金額。在這個銅銀並行的貨幣體系裡，銅錢兌換銀兩的匯率，時常隨著二者間何者相對較容易取得、使用者對其純度的信心程度

（銅錢的價值因此常被貶低），以及政府對貨幣市場的干預，而產生波動。[42]銅錢貶值的問題，表示有好幾種不同樣式的銅錢，以好幾種不一樣的兌換匯率，同時在同一市場內流通。價值最高的銅錢，是洪武年間鑄造的那一批。[43]這批銅錢的流通範圍遍及整個東亞，在日本更是特別受到重視。一六四七年（順治四年），在上海以南外海的舟山群島，一支抗清義軍接收到一船由日本資助者運來的銅錢，他們發現滿船裝載的全是洪武銅錢。通常，日本人會將明朝其他皇帝在位期間所鑄的銅錢熔化挪作己用，但他們卻不會熔鑄洪武銅錢，而是因其價值加以收藏。[44]

隨著經濟成長，貿易規模跟著提升，因此對白銀的需求也同樣升高。一四三六年，朝廷選擇數項賦稅，諭令折換成白銀繳納，更是加快了這一趨勢。這種對於白銀的渴求，因為朝廷又毫無批准民間開採銀礦的意願，更加雪上加霜，朝廷之所以不肯開禁，是擔心白銀這種貴金屬會落入

---

40 Hsiao, "Mid-Yuan Politics," 552, 575, 585.

41 王臨亨，《粵劍編》，頁92。

42 萬志英（Richard von Glahn）的《財富之源》（*Fountain of Fortune*）為明朝的貨幣問題做了一次完整的回顧整理，特別是銀銅之間價值的轉變（頁157-160），以及在此時期銅錢水準降低的情形（頁187-197）。

43 Kuroda, "Copper Coins Chosen and Silver Differentiated," 67-74，這篇論文已經注意到他所稱「制錢」（standard coin，也就是宋代和明朝初年所鑄的銅錢，人們傾向收藏而不打算流通花用）和「現錢」（current coin，之後鑄造的低品質銅錢，用於日常買賣當中）這兩者的分歧，後者流通在市面的價格已經大打折扣。我們這本書的英文版封面上，就印著一枚洪武年間鑄造的制錢。

44 黃宗羲，《黃宗羲全集》，第二冊，頁220。

少數私人手中，因而損害國家經濟。一直到了十六世紀的後半葉，對白銀的渴求才因為來自日本與祕魯的大量輸入而告舒緩。要是沒有這批白銀，明朝經濟加入全球貿易體系的劇烈過程（這是本書之後的主題），可能就不會發生了。

貨幣經濟下的糧食供應

穀類作物是農耕經濟的主要產品。那些如朱元璋推行里甲系統、期待著出現一個自給自足農村社會的人，必定也想像每一個地區經濟，下至最小社群單位，都能具備足夠的資源與環境，方可栽種、收成足以滿足本身糧食需求的適量作物。所以穀類作物雖然是主要產品，卻不是農耕經濟下的唯一產品，這就是其中原因。這也能解釋為什麼有時穀類作物失去原本農民栽種時的糧食角色，而進入商業交易圈，成為與其他人交易的商品。

在元、明兩代，這種情況逐漸成為經濟發展的主要趨向，特別是當愈來愈多的人，或是居住在城市中，或是從事商旅出差於路途，又或是留居鄉村，但是為交易市場生產其他農產或手工藝商品，起初這三種型態涇渭分明，後來之間的界線則相對較為模糊。對這些人而言，他們所吃的糧食是買來的，而不是自己栽種的。這對明代的政治經濟學者而言是一個全新的局面，尤其是朱元璋那「自給自足」的幽靈，還陰魂不散的在他們身旁纏繞。這種情況對於糧政官員來說，也是前所未有的，他們不再需要維持適當的糧食存量，以避免糧價突然產生波動，因為在之前，這種情形若不很快矯正過來，就會升高成為危機。這是一個農耕經濟體在邁向商業化時所付出的代價：使得工匠和對經濟持保守見解者這一類的人士陷入沮喪之中。

在明朝官員的眼中，商業作物具有一種令人迷惑不解的能力：它們既能從一處有糧食需求的地方離開，也能移動到一個同樣有糧食需求之處，這種能力是根據糧食需求的虹吸力量大小，以及其他地方價格競爭的存在而定。當作物往缺乏糧食的區域移動、供飢民食用時，人們便判斷經濟體正在從事其該做的事情。而當相反的情況出現時，也就是在穀物商為了以較高的價格售出，將作物從缺糧區域調走之時，商業界可能會遭受嚴厲的譴責。毋庸多說，價值定律（laws of value）在其中發揮了效用，這可以從人們追求自身利潤的傾向當中看出。但是，當其結果造成地方糧食短缺時，官員並不認為這樣的規律合乎道德。

同樣的，在面臨糧食不足的災荒時，人們並不總是明白該做什麼。在當時，要是發生了極其嚴重的饑荒，人們有一句口頭禪是這麼說的：「救荒無奇策。」然而，口中時常掛著這句話的官員，想表達的意思卻截然相反，他們認為一位有效率的幹練官員，必定能在災情惡化為大規模饑荒之前，就找出避免糧食短缺之策。「救荒不患無奇策，」一位退休還鄉的縣令，在他的筆記著作《見聞雜記》裡堅持認為：「只患無真心，真心即奇策也。」[45]這種看法反映出晚明的主觀主義思想，不過它更是呼應了一個更古老的信念，那就是「精誠所至，金石為開」，真心誠意可以克服一切困難，即使是地方上糧食供應短缺的問題，亦復如此。

這些「奇策」最根本要緊之處，就是在官方糧倉裡儲存大量糧食；在豐收的年歲將這些糧食從經濟市場中撤出，然後在糧食短缺時開倉賑濟（這是理想狀態，見圖九中的情境）。明代開國皇帝朱元璋推行這個政策，規定在每個縣裡都要設立四座預備倉。大部分的縣令都遵命建倉，但是他們的繼任者往往未能繼續儲存糧食，而且除了中央直接管理的糧倉之外，大多數的倉庫都任其毀壞廢置。[46]糧倉的傾頹不只是冷漠、無能或貪腐的問題，儘管前述三者任何之一就足以讓縣預備倉逐漸陷於毀壞了。除了這些問題，它們的廢置還與倉庫裡儲藏的糧食之中的政治經濟本質密切相關。按照洪武皇帝設置預備倉的構想，它們應該收納地方上豐收後的剩糧：政府只是在豐年徵收剩糧，讓地方農民可在荒年時提取。然而，愈來愈多的民眾從糧商手中購得糧食，而這些糧商手上的糧食，又是從別的地方向農民收購得來，因此地方糧食短少很可能既是作物歉收的效應，同時也是商業行為引發的危機。

45　李樂，《見聞雜記》，卷七，頁4b。
46　余紀登，《典故紀聞》，頁289。關於明代糧倉的歷史，見星斌夫，《中国の社会福祉の历史》，頁55-81。

圖九：在饑荒時期，一名縣令正在分發朝廷糧倉裡的作物。這幅畫取自改編自十四世紀戲曲的晚明小說《琵琶記》書中的插畫。

在商業經濟型態下，人們所謂的儲備，儲存的可能不是糧食，而是儲備資金，以便支付貨源缺乏時造成的高價，這個舉動應該可以引來別地的商業糧食，而讓糧價回歸正常。這個「善策」的唯一問題，是有時饑荒的規模，可能會升高到糧商所無法應付的程度。這似乎就是一三〇七年（大德十一年）、一場災情遍布山東全境的饑荒當中所發生的情形。元朝政府對此的反應是發放賑濟金，但是朝廷很快就發現，根本沒有糧食可供災民購買，附近也毫無大量糧食運抵的跡象。幸運的是，一位幹練的官員出面干涉，促使朝廷改變賑災政策，從原來發放賑濟金，改為分發朝廷儲糧救災。[47]

但是，以發放金錢作為賑濟的形式，也很容易被若干官員中飽私囊。這種情形就發生在前述山東饑荒的同一年，當時浙江沿海爆發了一場瘟疫。到了一三〇八年，疫情已經發展成為大災難的程度，患病者同時也正在挨餓。這時，派往該省的宣慰同知脫歡察向朝廷申請賑濟。朝廷於是諭令當地的富人向脫歡察捐輸賑災錢，這些有錢人也都照辦了。由於款項的徵集與帳目的審核都在地方上進行，脫歡察便看到了可以上下其手、吞沒賑款的自肥良機。他準備將這筆賑款分成幾筆小額金錢，存放在多名下屬那裡，這些地方官替脫歡察保管這筆錢，等到他需要時再領回。脫歡察等待時機，然後過了一段時間後回來取款，再編造一份收支書面紀錄，故意寫得夾纏繁複，以至於難以看懂。

在其中一個縣分，脫歡察犯了一個錯誤：他將六分之一的款項託給該縣主簿胡長孺。胡是宋朝名臣之子，於忽必烈在位時被迫出仕，這時才剛因為得罪有權勢者，被貶官為主簿，這是個品秩最低的職位。胡長孺懷疑脫歡察意在吞沒這筆賑款，因此他在領到錢後，立刻將其分發給需要的人。每位受領賑款者，都要填具收據。在脫歡察於一個月後回來索討這筆錢時，胡長孺把裝訂成冊的收據交上去。

「錢在是矣，」胡長孺冷靜的對脫歡察說道。脫歡察勃然大怒。「汝膽如山耶！何所受命，而敢無忌若此！」胡長孺聞言毫不畏懼。「民一日不食，」他回答道：「當有死者。誠不及以聞，然官書俱在，可徵也。」脫歡察聽後，雖然憤怒，但是一句話也說不出來。[48]

儘管官員貪汙、中飽私囊的可能性一直存在，到了十五世紀，多數提出國策建議的大臣們都認為，預備倉體系已經無法妥善因應糧食短缺了。[49]商業經濟體系在糧食重新分配的表現，比朝廷體系要好，這種想法在一四八七年（成化二十三年）時，已經成為大臣丘濬（一四二〇至一四九五）向弘治皇帝提交行政改革方案當中的關鍵要素。[50]按照同樣的邏輯，在十六世紀時負責

47 余文龍，《史彙》，卷二十五，頁45b；宋濂，《元史》，頁4004。
48 余文龍，《史彙》，卷二十五，頁59a-b；宋濂，《元史》，頁4332。
49 即使是如章懋（Zhang Mou）這般冷靜清醒、曾經宣稱他之所以少有著述，是因為宋儒皆已著作、毋需再有增添的哲學家，也準備要放棄本朝開國皇帝規畫設置的預備糧倉體系；見Goodrich and Fang, *Dictionary of Ming Biography*, 97.
50 Will and Wong, *Nourish the People*, 11-13.

重新提出饑荒賑濟政策的林希元（約一四八〇至一五六〇）就主張，反對由國家來承擔救濟的任務。反之，救災賑濟應該運用民間私有部門現有的商業能力，由糧商在別地購入廉價的糧食，然後運往饑荒地區販售。糧食商人將會獲准在販售的糧價上加收兩個銅錢，半是補貼轉運費用，半是支付委託佣金。朝廷將會提供運糧賑濟行動的起始成本。等到糧食販售出去、補助費用回收以後，政府不需負擔任何開支。[51]國家或許可以偶爾介入，藉由挹注資金，增強糧食需求，加速流程進行，不過大部分時間，應該任由市場機制來因應糧食危機。

可是，發生在元、明時期的九次劫難，其規模超出了國家或市場機制所能應付的程度。救災「無奇策」這句話，在為饑荒災區百姓找糧食這件事情上，通常看來確實是如此。就有如在嘉靖劫難期間，河南有一位評論者哀嘆道：「古之民命懸於君，」當時的百姓能夠指望朝廷捐輸糧食到受災地區，然而「後之民命懸於天。」[52]當上蒼能夠透過天子的詔命以紓解受災民困時，人世間的各事看來似乎仍然沒有差錯。但是在上蒼成為市場機制時，民眾很難想像在他們的生存與死滅之間，還有什麼事情存在。

在明朝的最後一個世紀，官員們仍然在國家與經濟市場中間的灰色地帶，嘗試著各種新政策，並自問前述二者如何能做最好的運用，在實際做法上如何能結合起來作試驗。對於他們當中較具備見識眼界者而言，饑荒賑濟不僅僅是介入處理特定的危機而已，這是一個更加宏大、意圖增進民眾生活福祉計畫綱領的一部分，他們稱這個計畫為「經世」。此二字就是「經世濟民」這句話的前半截。那些為這個「經世」志業奉獻的人，明白他們為國服務的角色，正是調動一切國家交由他們處置的資源，以確保百姓在艱難時節不至於死亡，在豐收年歲得以興旺茁壯。他們此一志業的付諸實行，是出現於本朝中葉的明代新儒學內涵之中「起而行」的重要依據。百姓是他們心中的關懷，而其行動則表達在經濟層面上。奉獻於這志業的力量極為強大，以至於到了十九世紀，在當時需要造一個中文新詞，用以翻譯由歐洲傳來的「economy」概念時，「經世濟民」這個詞就脫穎而出，轉變成為「經濟」這個新詞。

困惑的繁榮

抱持經世濟民理念的活動家們主張，百姓的生存危在旦夕時，國家必須要介入經濟活動。頗具意義的是，他們的主張引起注目的時候，不是在經濟衰頹時，而是在經濟成長發展的時候。這樣的發展或許顯示出一種認知，即商業化既能使人立刻增加收入，也可以讓人難以生存。但是它同時也表示人們期待的轉變。自給自足的農村歲月已經不再是人們追求的目標；愈來愈多的人開

51 陸曾禹，《康濟錄》，頁3a，頁48a-b。

52 《蘭陽縣志》，卷三，頁16a。

始期待一種根基於更加商業化之上的繁榮生活。國家施政的方向，通常與這個目標一致，儘管隨著經濟的成長發展，有些官員開始感到憂心，因為他們眼見各種隱藏在繁榮之下不受歡迎的效應：社會流動、傳統風俗習慣的崩壞，以及既有道德秩序的侵蝕瓦解。

顧清就是前述這些官員當中的一位，他感覺到自己正處在這種世風變化浪潮的最前線。顧清是松江府在地人氏，松江府轄下是長江三角洲東側最商業化的地區，當中包括上海附近的棉織工業地帶。正德年間，顧清的父親去世，他只好辭官返鄉守孝二十七個月。他在鄉守制的時候，參與《松江府志》的首次修纂工作，這部地方志於一五一二年刊行。很明顯的，顧清對於松江地方風俗感到不快，因為他在《松江府志．風俗卷》一開篇，就以「變」字點題。「觀其變，」他寫道：「而世可知。」他並不樂見當前的世俗風氣。在本卷當中，他寫下一連串對「巨家勢閥」破壞淳樸習俗的譴責：這些富豪之家在典儀、禮制以及服飾上的鋪張浪費，使得每個升斗小民也跟著奢侈起來，而將原來儒家合乎禮儀、節制，以及關懷他人福祉的核心價值掃滅以盡。由於他特別將這些「巨家勢閥」和士大夫做出區分對照，我們知道松江府一帶的商賈巨室，正是顧清指控的對象。他們的財富正對長江三角洲地區帶來廣泛的改變，而顧清極有耐心的為他的讀者一一列舉這些變化，確切的來說，一共有二十三處改變。[53]

我們無須逐一敘述這二十三處令顧清感到困擾的變化，在此只略舉幾項就足夠了。譬如：婚娶人家在婚禮之前彼此交換的禮物，其價位已經大幅上漲。喪禮變成毫無必要的繁文縟節，過程冗長。原來用以社交酬酢的薄禮，現在成了賄賂用的厚禮。晚宴桌上擺的不再是適度節制的青菜蔬果，而是用昂貴瓷器盛裝大魚大肉的豐盛宴席。太祖高皇帝曾經下旨頒布格式的成年男用四方頭巾，上頭沒有裝飾，現在已經讓位給裝飾精緻繁複的方帽，而女性頭飾的各種荒唐搭配，就更不用說了。簡樸的布鞋被裝飾華麗的鞋襪取代。座轎上的幕簾樣式已經改變，民間遊船的設計風格同樣也不同了。平凡的一般信箋已經消失，取而代之的是邊緣有繁複花樣裝飾的信紙。甚至連染料的花色也變了。現在，荔枝紅取代了大桃紅，早先的竹根青翠藍色，一變而為今日的天藍色。丁香茶褐色代替了之前的醬色。種種諸如此類，不勝枚舉。顧清這份踰越禮俗的清單，以一則（對他而言）令人震驚的揭發作為結束：地方上的豪富之家中私養的戲班，其年輕戲子都穿上紫色綾羅作為外出常服了。「觀其變，而世可知。」

這二十三項奢侈風俗指控當中的每一項，顧清都使用同樣的句型結構：「初時」人們這麼做，而「今」或「近」他們則開始那樣做。無論是「今」還是「近」，都不被看成事情應有之道。顧清有值得我們讚許之處，他避開使用道德侮辱的語彙來表達自己對於鋪張浪費的反對態度，這種「奢侈有違道德」的抱怨，我們在十六世紀末葉會更頻繁的聽到。在一五一二年時，事

53 顧清，〈俗變〉，重刊於《崇禎松江府志》，卷七，頁23a-32a。關於顧清的生平，見前揭書，卷三十九，頁27b-29a；也見張廷玉，《明史》，頁2432。

情還沒有到那樣嚴重的地步。顧清所反對的，只是光為了引人注目，不惜斥資重金的愚蠢浪費舉動。在百合花上作各種虛榮的矯飾，毫不能增添花的價值，卻可以導致一戶之家破產，只為了他們認為必須要跟上地方豪富人家的時髦。而這種競相炫富風氣的沉重負擔，對那些連蠟燭都不大買得起的人們來說，最是為難。

這種奢侈風氣的發動機，雖然顧清並未明言，卻十分簡單直接：奢侈品的需求和供應的成長。曾經有一段時間，大粉桃紅、竹根青翠藍以及醬褐色，是人們在購買染料時僅有的花色。到了一五二二年，染料製造商已經能夠調製出荔枝紅、天藍和丁香茶褐等顏色，價格大概都高出甚多。同樣的升級在消費者這端也是如此。有這麼一段時期（也就是顧清所說的「初」），當時大多數的人們在需要褐色染料時，除了醬色之外，實在無法想到還有什麼更好、更時髦的花色了。現「今」熱切的消費者，可以負擔得起丁香茶褐的升級，想要看見它上市，而且對整個產業抱著樂觀其成的態度。如果顧清所貶抑的種種改變已經充斥氾濫於整個消費做法之中，那只是因為人們現在有經濟能力，能夠加入追逐潮流的行列罷了。顧清將這些變化解釋成漫長墮落趨勢的跡象；我們則可以從另一個方面來看，將這些改變視為十五、十六世紀之交，明代經濟已經開展出一波新繁榮盛景的明顯證據。

這種新榮景已經讓某些歷史學者認為，中國經濟的財富累積意味著民眾的高水準生活。可是，一六二五年因為海難漂流到廣東沿海的耶穌會傳教士亞德里安諾·德·拉·科特斯

（Adriano de las Cortes）卻不這麼認為。科特斯對於中國經濟豐饒的生產能力有很深刻的印象，但是他不認為經濟的生產力與普通百姓的興旺生活之間必然畫上等號。「中國擁有的商貨數量尚不足以構成一強有力之論據，證明民眾生活相當之富庶，」他注意到。「一般而言，這個民族的生活，與前述正好相反，實為極度貧窮。」[54]科特斯當時身處在偏遠的廣東海濱之地，不是江南的大城市。他是以自己所知的家鄉情況，作為判斷此地貧窮或富裕的依據。根據他在地球兩端各自的生活經驗，明代農村百姓的生活並不比歐洲鄉村民眾要好，很可能還更糟糕。總之，中西兩方社會底層生活的差異可能很少，而其中大部分的民眾還勉強足以過活。

樹與虎

儘管科特斯對經濟發展抱持審慎保留的態度，逐步發展累積的明代經濟比起中國歷史上任何先前階段，都要更加繁榮。從我們今日誇大的近代標準來看，這樣的經濟成長或許規模不大，但是它已經提高出大量的糧食產量，可以供養更多的人口。隨著這種情況出現，經濟成長就愈發加

54 Girard, *Le Voyage en Chine d'Adriano de las Cortes*, 239. 在別處（頁165），科特斯注意到「中國人吃得很不好，」不過這種看法可能反映出某些習慣大量吃肉者的觀感。見Brook, *Vermeer's Hat*, 87-113. Pomeranz, *The Great Divergence*, 127-152則認為十八世紀時中國民眾的生活水準要高過同時期的歐洲，而社會中的貧富差距也不劇烈。

緊利用自然資源。為了增加耕地面積，農民在湖澤水畔砌牆圈地、排出積水，造出圩田。在內陸，他們在陡峭的山陵建造梯田。這些改變提高了農業產量，而能提供經濟發展的其他部門所需，但是如此也必須要付出重大的代價。圩田使水位上升，增高洪水氾濫的危險。梯田壓縮了動、植物的天然棲息地，並且破壞山坡地的水土保持。靠著砍伐森林與排水系統在山地建構出的中國式農耕體系，導致本地動植物生態的大幅縮減，而這些動植物生態，卻是山地民眾得以發展、維持他們社會的重要資源。[55]

大多數時代、大多數地方的人們（尤其是生活在近代都市裡的人們）認知裡的自然世界，比起我們今天對野外世界的認知，要來得更廣闊而且更加豐富。一六三八年（崇禎十一年）冬季，在南京郊外的山區，家境富裕的藝術鑑賞家張岱還能參加一場校獵，帶回一頭鹿、三頭麂、三隻雉、四隻野兔、七隻貓狸的狩獵成績，對於這種出於娛樂消遣性質的狩獵活動，可能會對這個地方的自然動物生態帶來什麼樣的揀選、造成何等衝擊，參加這場會獵者顯然毫無所知。[56]

不過，動物數量逐漸耗竭受到注意的程度，還不如更加緩慢、也更為稀疏的樹林資源重生速度。[57]中國失去大規模森林植被覆蓋的時間，已經足足有一千年以上了。而早在一千五百多年以前，哲人孟子就已闡釋過「斧斤以時入山林，林木不可勝用」，若不以時從而導致地基侵蝕、土壤貧瘠的道理。[58]元、明兩代的每一個學童都讀過這段話，這表示每一個學童都知曉將林木砍伐殆盡帶來的諸般負面效應。可是，這並不意謂每個學童都認為此種情形會發生在其家鄉的山上。

對於木材的需求，不但使人口稠密的華東地區的山區樹木被砍伐殆盡，連帶還使得離人口密集中心地帶有遙遠距離的地區的木材也為之耗竭。一旦等到華北平原周遭丘陵變得童山濯濯時，許多人便將矛頭指向元、明兩代宏大奢侈的宮殿建築計畫。在丘濬於一四八七年上呈御覽的行政改革奏疏當中，他就建議興建宮殿時，減少徵用北直隸的木材，而改採購買，並將其採買額度平均分配至全國各地。丘濬還提出一個在邊境復育林地的整體政策方案。正如研究中國森林資源史的學者孟澤思（Nicolas Menzies）注意到，前述這些陳奏建議確實使得若干林地恢復舊觀，然而，由於地方官府往往另有想法，或是中央又面臨木材的緊急需求，「事後證明，禁伐令在保護森林方面的成效並不令人感到滿意。」[59]

要獲得木材，從偏遠邊陲地區取得是一項選擇。明朝就在位於西南邊陲之地的雲南省開伐森

---

55 Scott, *The Art of Not Being Governed*, 12-13.

56 張岱，《陶庵夢憶》，頁110。史景遷（Jonathan Spence）已經在其著作《前朝夢憶：張岱的浮華與蒼涼》（*Return to Dragon Mountain*）（溫洽溢譯，台北：時報出版，2009）一書中生動又迷人的描述了張岱的生平。本段所述這場校獵，出現在該書英文版的頁30（中譯版頁34-35）。

57 Bray, *Technology and Society in Ming China*, 2-3.

58 Lau, *Mencius*, 164-165. 譯按：原文參見《孟子．告子章句上》，第八章。

59 Menzies, "Forestry," 658-662. 朝廷確實在北方邊境上進行了若干森林復育的計畫，不過這些造林看來似乎是一種國防措施，而不是資源再生之舉。參見邱仲麟，〈明代長城沿線的植木造林〉。

林，藉以取得木料。到了一五三七年（嘉靖十六年），雲南道御史上奏，警告皇上「各處材木顏料採取既多，漸至匱竭」，並建議朝廷減少對木料的用量。這名御史主要顧慮的並不是樹木，而是為了砍伐、運輸這些木材所加諸於地方人力的沉重負擔，但是從他的顧慮中，能看到我們在意的重點。[60]

博學多聞的談遷是《棗林雜俎》的作者，《棗林雜俎》可能是十七世紀卷帙最為浩繁的筆記類著作，當中收錄一篇令人感到好奇的專文〈古木〉，記載了木材的損耗。〈古木〉記載了所有談遷可以從典籍中查考得知來歷的老樹，按照各省各縣分別記錄。他以下面這番沉鬱的言語開篇：「通都交區，巨材連抱。匠石積睨其下，十不壽一。豁谷昧深，壟坻昃阨。木雖專其年，民無得而稱焉，亦未始幸也。」接著，他抱怨起編纂古木名錄時遭遇到典籍紀錄殘缺的困擾，尤其以近來砍伐甚劇的地區更是如此。由於「秦、蜀、閩、粵、滇、黔中，地多深阻，歷代採木輒致異材」，而卻沒有得到人們的重視，未能留下採伐的任何紀錄。[61]談遷既對文獻紀錄殘缺不全感到苦惱，同時也為消失的樹木感覺沮喪。

整個中國沒有別的地方像南直隸的樹木這樣，於明末時遭到徹底砍伐殆盡。由整個長江下游三角洲向北，到淮河流域盆地，這片地區裡沒有任何一株樹的年紀，或是其他足堪記錄的項目，可以進入談遷這篇名錄之中。廣東是另一個植栽樹木稀少的省份，在明代時粵地正逐漸成為人口稠密、生態環境緊張的區域。少數幾個仍然保有良好植被、樹木的省份，分別是位於西北的山西、陝西，以及位於西南的雲南。位於陝西北部的神林，擁有上千株古樹，由於據說砍伐者會遭遇災厄，因而逃過被破壞的命運。而沒有這樣禁忌的地方，原始的林木就會被砍倒。只有在雲南，還留有足夠數目的木材，其周圍直徑可以充當廟宇和宮殿大堂的梁柱。談遷這篇專文顯示出，歷史學者伊懋可（Mark Elvin）在做出下面這番總結時，也許太過樂觀了：「中國的總體森林危機大約只有三百年的歷史，即便是在少數如長江下游地帶這樣（砍伐劇烈）的地區，其植被的蘊含根源也遠比當時人所想的還要深得多。」[62]就算林木的缺乏在當時尚未到危害經濟發展的地步，〈古木〉一文顯示出危機已經初露端倪。在明朝末期，人口稠密的地區已經沒有顯著的森林資源了，而西陲地帶的森林，正以飛快的速度消失，來不及加以記錄。

砍伐森林所造成的影響，遠不只是樹木消失而已。它還加速動物棲息地的消失。隨著森林消失的動物中，以老虎最受到當代評論人士的注意。虎位居於食物鏈的頂端——美國歷史學者馬立博（Robert Marks）稱虎為華南的「明星物種」。至今仍有少數老虎依然存活在中國南方邊境的山區裡；在元、明兩代，從西伯利亞到華南都可以發現老虎活動的蹤跡，不過，隨著農民耕種的範圍侵入棲息地的邊緣，以餵養更多人口之際，牠們的數量便開始減少。農民愈是開發新耕地，

---

60 《明世宗實錄》，卷二〇二，頁2b。

61 談遷，《棗林雜俎》，頁426、頁453。

62 Elvin, *The Retreat of the Elephants*, 85.

人、虎的棲息地就愈是重疊。老虎需要一百平方公里未受破壞侵擾的地帶才能生存。在這樣天然棲息地大量減少的情形下，虎患成為明代文人筆下某種揮之不去的執念——老虎現蹤的次數，並不像龍那樣稀罕，卻值得在發現老虎的蹤影時，將其逐次記錄下來。[63]

最早有虎患的紀錄來自北方。《明史》裡記載了一次老虎與雲遊四海的士大夫喬宇，在陝西華山之巔的猝然遭遇。除了這次人虎遭遇發生地點位在北方令人訝異以外，更令人驚奇的，是這場猝然遭遇的結局。喬宇的僕從見到老虎，在驚惶駭怖之下，紛紛仆倒在地，唯獨喬宇面不改色，端坐不動。最後，老虎垂下尾巴，徐徐而退。[64]《明史》的修纂者並未在此說教，但是他們期待讀者可以領略其中的寓意：喬宇是一位深具道德勇氣的人，以至於大自然無法施放其毀滅打擊力量來對付他。華山之巔的那頭老虎遵奉這個道理。故事當中的寓意廣受歡迎：老虎扮演的是大自然的角色，而被人心的力量所壓制、擊敗。

不是所有猝然遇虎的事件，最後都像喬宇這樣以平和結局作收。位於長江以南的徽州府，在明代時仍然植被濃密，擁有大片森林之地。此地也以虎患聞名，老虎時常闖入人煙稠密之區，攻擊民眾。地方史料在提及老虎時，往往使用「荼毒」、「為害」、「孽獸」以及「災害」來稱呼。一四一〇年（永樂八年），本地一位縣令要民眾設下三百一十四處捕虎陷阱。在一個月之內，百姓就在這些陷阱內捕殺了四十六頭老虎。根絕老虎為患，被讚揚為教化蠻荒的正面之舉。可是徽州府的虎患並未就此消失。到了一六〇〇年，老虎不但故態復萌襲擊人畜，而且為患甚烈，逼使當地縣令不得不發起第二次根絕虎患行動，以對付牠們。[65]

禮部尚書霍韜（一四八七至一五四〇）一向以不能容忍地方宗教迷信習俗聞名；他在返回廣州家鄉途中、經過江西時，便以富於儒家精神的手段來處理當地虎患。在返回廣東中途，霍韜在清遠縣停留歇腳。地方父老前來稟告，本地河谷一帶飽受惡虎為患之苦，並請求他出面處理。霍韜沒有發動本縣民眾參與捕虎行動，他選擇以一場儀式平息虎患。他作了一篇文告，移檄當地的山神，命令祂約束老虎。結果，隨著文告發出，虎患就此絕跡。[66]霍韜的成功只是時間問題，因為正當他移文給山神，要祂禁絕虎患的時候，人虎之間生態環境體系失衡的引爆點早已過去。

佛教徒面對虎患時的處理方式，也與前述頗為類似。杭州近郊的雲棲寺，由禪宗大師志逢於西元九六七年闢建，當地也是老虎的天然棲息地。志逢素有「伏虎禪師」之稱，據說他曾買肉飼虎，是以虎遇見他，動輒馴伏成列。雲棲寺毀於一四九四年的一場大水。當蓮池袾宏大師（一五三五至一六一五）於一五七一年（**隆慶五年**）在此重建寺院時，仍能見到老虎蹤跡。[67]袾宏法師

---

63 Marks, *Tigers, Rice, Silk, and Silt*, 43.

64 張廷玉，《明史》，頁5134。喬宇於一五二〇年代出任吏部尚書；這則故事發生的時間，很可能是十六世紀之初。

65 《同治祁門縣志》，卷三十六，頁4a-b、6a-b。

66 焦竑，《玉堂叢語》，頁266。

67 關於另一則這個時期江南地區發現虎蹤的記載，見桑喬，《廬山紀事》，卷一，頁39a，提到發生在一五五一年的一次事件。

因應虎患的思路邏輯，得自於佛教教義。凡性情殘暴的生物，都是前世往昔曾引發或身受暴虐之人所輪迴轉世，因為業力報應，是以投胎為猛獸。虎皆為「餓鬼」所轉世。如果能平撫牠們的靈魂，自然可以消退虎患。

袾宏法師各項消去業障的儀式都未能帶來任何效果，於是在一五九六年十一月，他再主持一場為期五天的大型水陸消災法會。「予始信人虎本性無殊，災厄惡業均緣起往昔諸般瞋恨，」他在一篇紀念這場法會的文章裡解釋道。「倘獵捕虎，則吾人實自相傷害，而吾等佛徒與其他人何異？是以吾人須持戒禁食，造功德，而能對其潛移默化，其害消失於無形。」與霍韜類似，他求助精神力量的支持與幫助，要求「古來伏虎諸賢……請致此禱者至山神、土地與各方神祇前。」袾宏體認到人虎之間須要得到平衡，他於是「懇求前世曾取虎性命者，放下諸憤恨，虎方不致生報復心。」曾經傷害過人的老虎無法自度，他解釋道，但是人卻可以，而且如果人們希望「培養悲憫之心」，更應該如此。在這篇文章末，袾宏為這些老虎祈求，祝願其能「速脫此世肉身，得離輪迴苦。」[68]

當蓮池袾宏法師於一五七一年重建雲棲寺之際，這個地區正飽受乾旱之苦。此時農民已將耕田擴至雲棲山周邊，他們紛紛要求袾宏法師祈雨。在他祈雨而天降甘霖以後，便得到信眾回報，支持他重建寺院。這正是根絕虎患的最佳方式：將牠們棲息的荒野之地轉為可耕種的良田。當這個情形出現時，老虎就失去了抵禦人們步步進逼的能力。在明朝覆亡前後，只剩下南方諸省還見得到老虎的蹤跡；到了十八世紀末，牠們幾乎已經絕跡。[69]二〇〇九年，非法盜獵者殺死並且吃掉了可能是中國的最後一頭野生虎。

人口增長、商業化進程以及明代經濟的擴展，促使這時候的人們以前所未有的速率，向大自然搶奪資源，將荒野拓為耕地，將更大體型的哺乳類動物獵殺至瀕臨絕種。[70]隨著經濟發展，動物棲息地消失，林地縮減，而人類與環境的關係也變得極為緊繃。一六四二年，在南京郊外的明孝陵（朱元璋的陵墓）林園內，一株有三百年歷史的老樹被伐倒，其樹根被掘出，充當柴薪。當大明朝於兩年後覆亡，許多人相信，正是祖陵伐樹此一褻瀆之舉造成本朝的鼎革。[71]或許，他們的看法是正確的。

---

68 Yu, *The Renewal of Buddhism in China*, 20.

69 最後一次目擊老虎於廣東、廣西現蹤的紀錄，時間是一八一五年，見Marks, *Tigers, Rice, Silk, and Silt*, 325.

70 舉例而言，當時市場對於台灣梅花鹿皮毛的需求量是如此之高，以至於牠們在十七世紀中葉便幾乎絕跡；見Andrade, *How Taiwanese Became Chinese*, 134-138, 149-150.

71 張岱，《陶庵夢憶》，頁8。

第六章 家庭

一六一二年九月二十一日（萬曆四十年八月二十七日），李廣華（譯音）在位於四川盆地與華東地區中間、長江流域中段的沙市病逝。這並不是他所預想的人生結局。他自年少進學時，便才華出眾，年方二十三，就在縣學考取令眾人豔羨的生員資格，這是科舉金榜題名、晉身官員之階的第一步。但是，他所夢想的功成名就，此時卻逐漸離他遠去。每次他參加鄉試，最後都發現自己名落孫山。而在李廣華努力求取功名的同時，他的胞弟李廣春卻棄學從商，在長江上游做生意。事業成功從兄長的身邊離開，來到了弟弟這裡。在李廣華發現自己家中食指浩繁——他有四個兒子和不知確切人數的女兒，須供養的家人愈來愈多——他便決定放棄科途，到沙市與弟弟一起經商。他就在這裡撒手人寰，享年四十七歲。

李廣華的死訊傳回他故鄉家裡，他的長子李燁立刻啟程前往沙市，將父親的靈柩迎回。一六一三年三月六日，李燁護送父親的遺體回到故鄉，李廣華位於祖先墳丘上的墓地已經準備妥當。一位精於判讀地脈方位的堪輿師（或稱風水先生）被請來，要找出一處能夠庇蔭子孫事業興旺的下葬位置。如此，家屬就能按照安葬獲得生員功名者的適當禮儀，在隔天讓死者入土為安。葬禮隔天，他的墓碑於一場法會後被豎立起來，根據墓碑上刻銘文所述，三名（還在世的）孝子哀痛哭嚎，至於泣血。

李廣華的故事，就和所有普通人的故事一樣，通常會於一六一三年春季這裡就畫下句點：一名有志於科甲功名者，卻轉而踏入商界，此後經商成功，直到盛年去世。他的牌位會被供奉在祖宗神龕裡，每逢祭祖之時就會接受子孫獻祭。他會在幾個世代裡，受到家族成員的緬懷，他的名字會保留在神龕裡更久一點，過此之後，除了家族宗譜的頁面上還記載著他的名字，他就會被人們遺忘。這種情況本該出現，但李廣華的墓碑卻讓他的故事繼續流傳下去，因為這塊墓碑以他所無法想像的方式，堂而皇之的走進商品市場。它出現在南韓首爾的骨董文物批發市場，從那裡又輾轉來到加拿大多倫多的一家家具店裡，被當成庭園裝飾品出售。二〇〇二年，我在這家店裡救回了這塊墓碑，它現在被安放在我位於溫哥華的研究室裡。

這塊墓碑並不是一件保存狀態完好的作品。墓碑以一塊板岩裁切而成，碑文字體是以粗糙的書法技巧，刻在石碑表面上。碑文因為飽受風吹雨淋，已經漶漫不清，致使某些字句難以辨識，不過還是足以重建李廣華不算成功的人生故事。墓碑上端刻有兩個字，是相當引人注目的特點：

「日」字在右，「月」字在左，兩個字合起來，正是本朝國號「明」字。日與月標示著此墓將亡者置於天地宇宙之間，在身後能夠得到日月庇護——就像皇帝於生前所得到的庇護那樣。（參見圖二；在皇帝朝服的左肩處，繡有一道象徵紅日的補服紋章，右肩處則有白月。）[1]皇帝們能得到一切庇祐，注意到他們所欲。而李廣華只擁有這塊墓碑，基於這個理由，更顯得它的寶貴。這塊墓碑並未告訴後人，李廣華曾經是個什麼樣的人，而它對我們訴說的，是什麼樣的關係定位了他的人生：一個囊括他的生與死的家族關係。

家族結構

元、明兩代的人們生活在一個他們不太有能力可掌控的行政結構體內，但是他們同時也在一個自身創建的關係網路裡生活，這個網路就是家族關係。你的身分和地位大多不依靠國家賦予，而由與你有關係的人們來界定。父親就是你的頭一個重要人脈資產。他生產或者取得讓你溫飽的食物，並且累積（或失去）你日後將要繼承的財產。同樣重要的是，他也是你和兄弟、堂兄弟之

[1] 除了皇帝之外，沒有人有資格穿用此種繡有日、月紋章的袍服；見《明會典》，卷六十二，頁1a。穿用有龍、鳳、獅、麒麟或象圖案的袍服，同樣也在被禁止之列。皇袍肩部補服一事，見Li and Knight, *Power and Glory*, 259. 此書的兩位作者列出所有明代皇帝的官方肖像，指出這些肩部補服是到十五世紀中葉，才開始穿用於皇帝袍服之上（頁264）。

間的第一個鏈結人物，這個鏈結將每一個人都統整進入家族關係網路之中，人類學家稱這個鏈結為世系宗族（lineage）。父系宗族就是一個親族團體，當中包含你與父親這邊親人的關係，以及你出生時所冠的姓氏。你和世系裡的男子成員與他們的家人有著同一位祖先，還有這個家世裡一致的禮儀認同。在這樣一個世系宗族網絡裡，男性可以在順境時尋求土地與資本，在遭逢逆境時尋求救濟與庇護，在最壞的情況下，還能夠得到安葬與祭祀。

這種世系結構，無論其界線輪廓如何分明，都不是也不可能是封閉的。在這個結構的外圍，透過女性嫁入與出嫁，延伸出一套通常不斷擴大發展卻不穩定的關係脈絡。父系親族關係賦予你根本的身分認同，但是姻親關係（透過婚姻建立起的親屬關係）才能讓你與家門之外的世界產生連結。你的姻親關係使你擁有配偶、鄰居、朋友以及生意上的夥伴。它是各個直系父系宗族關係之間的聯絡管道。這種關係是如此重要，以至於家裡要是有兒子尚未娶親便告早逝，他的父母很可能會選擇與另一戶最近痛失愛女的人家安排冥婚，並在喪禮隔日便舉行一場全套婚禮，而不是白白失去建立姻親關係的機會。[2]

前述這些習俗做法，不是全部起源自元、明兩代期間，但是有許多確實是來自這段時期。這是一段家庭的社會本質面臨改變的時期。舊日唐代的那些世家大族已不可見，宋代歷任朝廷公卿的官宦世家也正在消失。在明代，很難找到一個名聲顯赫的家族，能夠聲稱其在元代之前有任何居於高位的先祖。在元、明兩代社會中仍然有貴族菁英家庭崛起，但是他們沒落的速度，遠比之前時代的世家大族還要快。例如，福建有一位縣令，於一五七二年左右以讚許的口吻指出，在轄縣南部比較富裕的地方，還可以找到若干「前朝舊世家」，但是為數不多，而這樣的家族，在本縣其他地方都已找不到了。[3]

為了要彌補這個階層更加扁平化的社會空間，各個家庭透過自行組織成能夠分享資源的較大宗族網路，以求找尋力量。最為成功的宗族擁有農田、倉儲，提供族人墓地，修建祠堂，並且經營生意。有些宗族還設置學堂，供族裡孩童進學，許多宗族更贊助族裡最有天分的男孩，讓他們得以聘請塾師教席，以準備應試科舉。宗族保持對其成員與資產的詳細紀錄，而在整個明代，他們逐步選擇這些紀錄當中的若干資料，將其集結刊行在族譜之內，當中分享了未來的生意夥伴，或是聯姻對象。[4]

李廣華的墓誌銘反映出這種結構當中的某些構成要素。墓誌銘和族譜不同，族譜按照時間順序積累資料，而墓誌銘則是反映出一個家庭在某個特定時刻的狀態。如果仔細閱讀李的墓誌銘，可以得出不少資訊。碑文提供了墓主的祖父、父親姓名，說明他的父系家世。他的母親則只載有姓氏（張），因為在各式紀錄裡，她丈夫家中大多數的女性名字，都沒有保留下來。李廣華是三

---

2 陸容，《菽園雜記》，頁62。陸容指出此一習俗盛行於山西，不過實際上有此習俗的地方很可能更為廣泛。

3 葉春及，《惠安政書》，卷四，頁6b。

4 Hazelton, "Patrilines and the Development of Localized Lineages."

兄弟當中的長兄。二弟廣春，就是帶李廣華到沙市經商的那位。三弟廣桓雖已娶妻卻早逝。墓誌銘裡還提到墓主有一位姊妹。所以李廣華出生的這個核心家庭，包含了一對夫妻、三個兒子以及一個女兒，當中有兩名兒子和那名女兒順利長大成人。

李廣華有辦法為他家族傳宗接代的歷史增添新頁。他的首任妻室周氏早逝，而且並未生育，但是他續弦再娶鄒氏，就生下四個兒子。長子李燿在嬰兒時不幸夭折，不過接下來的三個兒子——李燁、李烴、李炫，全都順利長大成人。在李廣華去世時，也留下一位（或是多位）還未出嫁的女兒。根據這篇墓誌銘，鄒氏來自鎮上（譯按：原文作「Township 11」，不知其意），而行文裡暗示李廣華並非來自同一地方。菁英家族為了擴展他們影響所及的範圍，會在他們居住的縣境之內與別戶人家通婚，但是一般平民百姓只會在本地尋找他們的配偶。

家庭運用取名來標定彼此間的關係和世代。李廣華為四個兒子命名時，都取相同的部首偏旁（都是「火」字旁），以確認四人的手足關係。這是一種常見的取名方式，另一個做法則是讓同一輩的子嗣取相同的中間名，李廣華的父親就是這麼做的：其三個兒子分別命名為廣華、廣春、廣桓。這兩種命名方式都可以表明出生的先後順序，因為有時候名字的選擇就呈現了長幼輩分。宗族之內還有一個常見的做法，是賦予每代子孫一個標籤代字，並且以排行數字標明族內堂兄弟之間的長幼先後。非常罕見的，李廣華的墓誌銘用這種方式標明了每個人在宗族之內的排行順序。李廣華兄弟等人屬於「正」字輩：李本人是「正二」，弟弟廣春是「正八」，而幼弟廣桓則排「正九」。李廣華的兒子們屬於「瑞」字輩。他的長子是「瑞三」，這個排行順序顯示：在李燿出生以前，已經有一或兩名「正」字輩的族內成員（或許是堂兄弟），已經生下兩名李燿的堂哥。在這篇墓誌銘當中，還提到一個關於宗族的事實，那就是「祖丘」的存在，這很可能是宗族墓園，不過關於這部分的銘文嚴重侵損，以至於難以重建全文。

李廣華的墓誌銘也說明了若干婚姻親屬關係。周姓成員在其中相當顯眼。李廣華、李廣春，以及他們的姊妹都和周家聯姻。這些周姓姻親很可能全部來自同一個宗族。姻親關係是非常用心建立起來的，因為它對於家族的生存至關緊要。只有廣桓娶了其他人家的姑娘，也就是李氏（和這個李家不同宗），但是在廣桓過世後，李氏就改嫁到謝姓人家了。在下一代裡，李廣華的長子李燁之妻姓陳。李燁過世後膝下無子，李家將陳氏改嫁給一名周家的男子（譯按：原文如此）。李廣華的外甥，另一名周姓男子，也出現在墓誌銘當中。李、周兩家的反覆聯姻，表明這兩個宗族互相結合，彼此確保在地方社會上的地位。

婦女生涯

如果宗族關係提供了元、明兩代人的生活體制架構，那麼性別就是組織成這個架構的規律。性別觀念藉由安排重男輕女的社會關係，在社會加上一套階級制度。扼殺女嬰是一個很適當的例子：必須保持小規模的家庭會選擇殺害女嬰，而不會冒著放棄男性的風險，因為男性在未來能提供勞動力，或是傳延家族香火，當時的人認為前述兩件事都只能透過男性才能辦到，即使是在很遙遠的未來，也是一樣。但是性別觀念也有其互補作用。[5]婦女在家族繁衍後代這個方面具有的重要性，不管從任何意義來看，都與男性相等。家庭生活的組織構成將這一點列入考量，將勞動力做了性別分配：讓男丁下田耕作，婦女留在家中編織。不過在實際上，家庭勞動力的區分卻不同於這種規範。例如在北方，婦女被期待要投入農耕勞動，從事某些穀粒加工的工作，例如碾穀（見圖十）。商業經濟的發展成長也顛覆了這種按性別區分的勞動力安排。舉例來說，當絲織品是要在市場販賣，而不是滿足家庭需求時，男人就走進室內，接手婦女的編織工作，以及原屬於她們的收入。一直到清代末年，絲織生產工業化以後，這項工作才又回到女性手中。[6]

我們所知道關於元、明兩代婦女的情況，大多來自於她們的婚姻紀錄。婚姻在女性身上施加了一個不對稱的負擔。她們在婚後必須往來於婆家與娘家之間，而男性卻不必；她們只能侍奉一位丈夫，而男子卻可以納妾；她們要是守寡便不能改嫁，而男子卻能夠再娶續弦（如同李廣華在第一任妻子周氏死後再娶那樣）。至少，前述這些是人們對女性的期望。就婦女守寡這件事情來

5 Bray, *Technology and Gender*, 175-181.

6 關於這種以性別區分勞動力的說明與圖解，參見Sung Ying-hsing(宋應星), *Chinese Technology in the Seventeenth Century*, 46, 101.

圖十：〈小碾圖〉：一名老婦人和一名年輕婦女正在使用石碾碾磨稻穀。圖中文字提到了四種穀類作物，並解釋道「粱粟稷黍皆用此碾」。圖畫前方顯眼處，有兩把雅致的小凳，用意在呈現她們的工作乃在家庭之內，而非農耕勞作。兩人年齡上的差距表現在左側婦女臉上的皺紋，以及右側婦女優雅的髮式，她可能是左側老婦的媳婦。圖取材自宋應星，《天工開物》，一六三七年（崇禎十年）。

說，國家為那些在丈夫死後仍然保持「貞節」的寡婦提供了一項獎勵動機，表彰她們為道德楷模。一名女子要是在二十九歲之前就守寡，並且在年過四十九歲之後還未改嫁，就符合官方褒揚的資格，可以獲頒一道表揚她貞烈節行的橫匾。這項榮譽極具意義，也是國家授予婦女的唯一榮譽。貞節婦女的德行係由夫家的宗族向官府提出，並申請認證，因為支持、贊助她努力取得這項高尚的成就，有助於提高整個宗族的聲譽——即便，來自宗族的支持相當不情願，而榮譽的報酬則全歸節婦所有（實際情況也通常是如此）。[7]

婦女喪夫後再嫁的情況，遠比寡婦守節普遍得多。許多婦女梅開二度，這在我們的預料之中，因為在殺害女嬰習俗下的人口，意味著男子數量要遠多於女性，而妻子在丈夫去世時仍處在適合生育年紀的可能性也很高。傳統道德反對婦女再嫁。明初哲學家曹端（一三七六至一四四七）曾經建議，如果發現寡婦疑似涉入與男子通姦情事，應該給她一把刀和一根繩索，將她關進牛棚裡，直到她自我了斷生命為止。[8]但在實際上，寡婦守節不改嫁的情況並不常見。亡夫的家人會對還處在適合生育年齡的遺孀施加壓力，要她別再守節，而是在五年之內改嫁出去，以避免家族因為維持她的生活，而形成過於沉重的負擔，或是防止她迫於窮困，而做出玷汙貞操的事情來。[9]李廣華的墓誌銘證實了這種做法。當他的弟弟廣桓英年早逝之後，妻子李氏改嫁到謝姓人家。而在他的兒子李煒過世後，其妻陳氏也改嫁給周姓男子。

一名帶著兒子生活的寡婦，如果選擇守節，拒絕再嫁，確實有若干機會能夠如願；因為她亡夫的家族應該會想保有這一支香火血脈的興趣。當然，夫家的親戚也不會給她保證，提供她足以維持守寡生活的資源。[10] 十五世紀初年，揚州有一位名叫邱妙珍的女子，嫁給黃姓男子為妻，她在二十六歲之齡成為寡婦，撫養年幼的兒子。她選擇不再改嫁，夫家的族人並未企圖要剝奪她繼承亡夫財產的權利。然而，她的一名小叔看上了這筆財產，於是逼迫她改嫁，好將她的財產占為己有。為了反制他，邱妙珍招集夫家的族人，設置酒案，公開奠祭亡夫，當著他們的面，她立誓絕不離棄死去的夫君。根據邱妙珍的傳略，她的節行後來在三個層面得到回報。她活到八十九歲高齡，有一個孫兒於一四八四年考中進士，之後升官出任侍郎，並為其祖母請得了通常是三品官員妻子才能獲得的「淑人」頭銜。[11] 邱妙珍是許多幸運者之一。某些命運乖舛的婦女，她們守寡，是因為除了自殺之外，別無選擇。[12]

收錄在地方志裡的節婦傳略，通常記載了她們成婚時的年齡、丈夫的年齡及地位、守寡的年

---

7 Farmer, *Zhu Yuanzhang and Early Ming Legislation*, 161; Birge, "Women and Confucianism from Song to Ming."

8 曹端，〈家規集略〉，收於氏著，《月川先生集》，轉引自多賀秋五郎，《中國宗譜の研究》，頁168。

9 《河間府志》，卷七，頁4b。

10 Dardess, *A Ming Society*, 97, 122-123.

11 《揚州府志》，卷三十四，頁11b。

12 例如，《漢陽府志》，卷八，頁5b。

紀、生育子嗣的人數，以及守寡的時間長度，因為前述這些數據為申報節行之所必須。[13]根據這些資料顯示，女子成婚的年紀在十五到十九歲之間，不過大多數人皆在十七歲時出嫁。那位曾經建議「給把刀讓關在牛棚裡的失節寡婦自盡」的曹端，認為女子到了十三或十四歲的時候，就可以考慮婚嫁。[14]女孩在只有十二歲的時候就成婚出嫁，並不是聞所未聞的事情。這個年齡絕對是適婚年齡的下限，因為在元律中，與十二歲以下女性性交，即便兩相情願，亦會被看作是觸犯強姦之罪。[15]這些數據，與福建沿海一位地方志修纂者於一五三〇年（嘉靖九年）時所作的紀錄大致相符，他注意到：女性通常被期待在十三至十九歲之間成婚出嫁，對此他解釋道，因為在十九歲後成婚，妊娠與分娩時的各種風險會大幅提高。[16]婚姻年齡同樣也有地域性的南北差異：位於南方和內陸地區的女性，大約比北方女性早一年成婚。

在明代，一名女性平均能生下四名未在嬰兒時期即告夭折的子女，不過能順利長大成人者，大多時候只有二或三人。[17]生下男丁以傳承香火的壓力很沉重，更使得女性在生產過程當中必須面臨的危及生命威脅次數增加。李日華的日記裡反映出這個現實狀況，他於一六一〇年八月二十日（萬曆三十八年七月初三）的日記中，便記載了其媳婦沈氏的死亡。沈氏懷孕後，罹患一種被李日華稱為「胎瘧」的病症，家人因此延請醫者為其診治。在服用十帖醫者開具的藥方後，病勢漸告舒緩。她突然出現陣痛，這是早產的跡象，好在生產過程順利，所以她還能起身親自觀看新生女兒的洗浴。可是，在進食少許稀粥之後，她就突然陷入昏厥。李日華聞訊，趕緊進入女眷的房中探視，但沈氏已經過世了。沈氏十六歲時嫁入李家，過世時年僅十八歲。[18]

李日華對分娩過程感到興趣，一年以後，他在日記中記錄了兩則五胞胎的案例。其中一則母親與五名胎兒都沒能保住，另外一例則母子均平安。李日華相當困惑不解，何以女子能一次懷有這麼多胎兒。「孿子不足為異，（然）累數至五，幾同犬豕，又俱見於一邑，不知何祥也？」[19]

有一條人生道路，使女性能夠免除踏入婚姻和生兒育女諸事，那就是出家為尼。這並不是一條普遍常見的人生選項，因為女性在負責傳延男性香火這件事情上，扮演重要角色，承擔巨大壓力。除此之外，儒家對於這類選擇出家為僧尼的女性有許多成見，懷疑她們在性方面放蕩混亂、敗壞倫常。在本書上一章裡，於清遠縣曾經移文山神、諭令其禁止老虎為患的禮部尚書霍韜（一

13 下面的這番論述取材自九種地方志裡收錄的節婦傳略，分別是：《保定府志》、《大名府志》、《鳳翔府志》、《阜寧府志》、《廉州府志》、《南昌府志》、《欽州府志》、《瓊州府志》以及《兗州府志》。在這些記載中原先以中國算法標明的歲數（農曆算法，甫出生即為一歲），都已換算成西方歲數算法。

14 多賀秋五郎，《中國宗譜の研究》，頁169。

15 Frank, "Women under the Dynasties of Conquest," 41. 明律延續元代律法的這項年齡下限，見Jiang, The Great Ming Code, 214.

16 《惠安縣志》，卷九，頁6b-7a。

17 Dardess, *A Ming Society*, 81，運用江西省的統計資料；劉翠溶，《明清時期家族人口與社會經濟變遷》，頁97。

18 李日華，《味水軒日記》，頁113。關於明代的產科理論與婦女醫藥情形，見Furth, *A Flourish Yin*, chs. 4-5.

19 李日華，《味水軒日記》，頁173。

四八七至一五四〇），對這項議題所採取的敵意立場尤其激憤。一五三七年（嘉靖十六年），他在一封呈奏皇帝的長篇奏疏當中，聲稱南京的出家尼僧有公然敗壞風俗的情事。「尼僧內無夫家，上無父母，下無嗣育，不亦可憫乎？名為修行，實則敗倫，自汙己身，復汙人妻女」——這指的是僧尼竟為來寺院進香的良家婦女媒介性交易，「不亦可惡乎？」嘉靖皇帝同意並批准了霍韜的奏議，將這個地區內的七十二所寺院充公，地產作為學校用地，或朝廷崇祀聖賢的祠堂使用。僧尼年紀超過五十歲者，遣回親屬原家，或交由養濟院照顧。五十歲以下者，以三個月為期限，自行選擇婚配對象。如果期滿而還未成婚，或者無人肯娶者，就將其指配給還未娶妻的軍戶士兵。[20]

清初有一位諷刺作家寫道，佛教界人士於稍後發動反擊，扳回一城。據說，原來是霍尚書看上了一處寺院，想要將其改建作為私人宅邸，因而將這處寺院納入佛寺充公的命令之中。佛寺裡最後一位僧侶在離去前，在一面牆上題了兩句詩：「學士家移和尚寺，會元妻臥老僧房。」這招道德反擊果然奏效，霍韜羞愧之下，只得放棄他侵占寺產的圖謀。[21]道德名目的攻擊很容易主導公眾輿論，但是正如眾人所知，財產才是真正的重點所在。佛教僧尼在能掌握地產的寺院內生活，而在這樣一個高度看重土地的經濟體制裡，他們的教團總是處在各方勢力競逐土地的威脅底下。在這起事件裡，男女性事在任何人心目中，都是關聯性最為遙遠的事情，或許只有以性作為攻擊名目的控訴者除外。

除了為人妻室或出家為尼，女性還有其他的道路可走，其中以偏房妾室和娼妓最值得注意。社會對前述二者的需求都很高，而且隨著經濟商業化和財富累積至足以負擔前述的程度，這類需求只會有增無減。納妾是一夫多妻制下的合法形式，納妾的富有男性，大多數都是因為遲遲無法生出能繼承事業的子嗣。這是一件要價不菲的昂貴事情，而且很容易造成家庭內部的動盪失和，因為正室（丈夫可因「無法生育子嗣」為由休妻）不但會擔憂失去關愛，更害怕喪失地位，以及隨著地位喪失而失去的財產繼承權利。[22] 在婚姻中擁有多名伴侶的念頭，是一種男性的普遍綺想，這在晚明小說文學當中俯拾即是，其中最有名的，就是詳述一位北方富商放浪生活的情色小說《金瓶梅》。[23]

尋花問柳、流連於風月場所的男子，出身來自社會光譜的兩個極端，背景差異更大，特別是最窮苦與最富有的人都包含其中。經濟地位最低的男子，對於籌備給新嫁娘家中的聘禮、婚後自立門戶所需的財產這兩件事上，向來就沒有任何指望。在每個城鎮都有的花街柳巷裡，找個妓女

---

20 Chaoying Fang, "Huo T'ao," in Goodrich and Fang, *Dictionary of Ming Biography*, 681. 譯按：原文據《霍文敏公全集》，卷四上〈正風俗疏〉回譯。

21 趙吉士，《寄園寄所寄》，卷一，頁30。

22 離婚的威脅，可參考陸容，《菽園雜記》，頁47-48當中的一則故事作為例證。

23 這部小說在最近已由漢學家芮效衛（David Roy）翻譯為英文。

風流一度，是他們唯一能得到性滿足的來源。最有錢的那些人，出入於不同的圈子，那是由高級酒樓和技藝熟練歌女組成的風月場所，當中或許有某些人提供性服務，而有些人則可能賣笑不賣身。對於身在這煙花世界裡工作的女性來說，這可能是個骯髒下流的地方，不過當中也有些女子，明明可以選擇回返她們出生的家庭，卻情願留在這風月歡場之中。[24]也有若干著名例子（不過數量比起來要少得多），歌妓受過很高的教育，文化教養良好，是以贏得眾人仰慕，讓大批江南士子為之傾倒。如果有錢人納妾，其目的充滿了情欲，那麼高檔的風月娛樂就被浪漫化，成為兩情相悅的才子佳人傳說了。[25]這種念頭非常好，可惜能實現者很少。

男子生涯

對於男子而言，明代世界又是另一番全然不同的天地。男性的優勢，透過禮儀和「男高於女」的社會優越性，貫徹到現實層面之中。但是，這類習俗傳統上的優勢，同時也是男性優越地位容易受到傷害的薄弱環節，因為如此一來，家庭就被迫以各種特殊的方式來進行建構。首先，每個家庭必須要有一個兒子。要是沒有兒子，父母和父親的祖先將來就無人祭祀，因為只有男性後嗣才能供奉祖先。每個社會都會設想各種因應其規範的變通辦法，中國社會同樣也設計出克服這個問題的方式。宗族可以安排堂兄弟輩中有兒子者過繼給沒有兒子者當後嗣；或是讓女兒的夫婿入贅到家裡來，這種做法稱為招贅婚姻；又或者，一個膝下無子的男性，如果他是一位虔誠的佛教徒，便可以將祖宗與自己將來的牌位供進一所佛寺，由該寺永久供奉、祭祀。

男性優勢這項習俗最沉重的負擔，就落在那些年輕女孩的身上。一個家庭在遭逢災荒浩劫或是財政困難時，被迫要縮小人口規模，但是同時卻還是必須得確保家族的香火能傳延下去，這時候就只好犧牲家裡的女孩子，要不是將她們賣掉，就是殺害她們。殺害女嬰在明律當中是要受懲罰的行為，但這並不足以嚇阻此種風俗，況且大多數的縣官對此都睜隻眼閉隻眼。我們可以從人口數字猜測這種風俗的盛行情況，這些數字說明殺女嬰的風氣很盛。無論這些數字是否為捏造、是多麼不可靠，它們都一致的指出性別失衡的現象：每一百名男性與女性的比例，由開始時的大約一百比九十，下降一百比五十，甚至更低。[26]這樣的性別失衡，有部分是統計數據上的幻象，但是本來在正常人口裡應該存在的大量女性正在消失當中，卻是事實。

以產後扼殺女嬰來控制人口，所立刻付出的代價，必須要從女性的死亡來衡量，而對於男性

24 沈德符在《萬曆野獲編》當中說了一個情節曲折糾結的故事：弘治朝，有個名叫滿倉兒的女子，被其父賣至樂戶為妓。在她父親死後，母親和兄長找到了她的下落，並試圖要替滿倉兒贖身，可是她卻拒絕了。這則故事以送禮和行賄開場，而以弘治皇帝親自下令收押滿倉兒，發送宮中浣衣局為奴作為結尾。參見氏著，《萬曆野獲編》，頁459-460。

25 Chang, *The Late Ming Poet Chen Tzu-lung*.

26 Brook, *The Confusions of Pleasure*, 97-99.

而言，這樣的做法還有一種日後才會出現的代價，那就是男性的被迫單身。沒有足夠的女性可堪婚配。這種情況導致某些別出心裁的安排。其中一種，就是被人類學者稱之為兄弟間一妻多夫的做法：同胞兄弟數人共同娶一名女子為妻。在浙江沿海，有一個俗名為「手巾嶴」的村莊，就以此種做法而惡名遠播。本村之所以得到如此外號，是因為其地方風俗的緣故。當兄弟裡其中一人想與他們共同的老婆同室而睡時，就將他的手巾懸掛在她的房門，提醒其他的兄弟別貿然闖進來。窮苦人家的婦女據說頗喜歡這樣的安排，因為比起只嫁給單一收入的丈夫，如此做法更能使她在經濟上獲得保障。有人宣稱這是日本人引進的習俗。這樣的指控，很可能不過只是將不合正軌的做法推到外國人身上罷了；但這種情形也可能與村民出海的高危險有關，也因此可能與日本船員有關係。一四九一年（**弘治四年**），這項習俗因為官府援引《大明律》第三百九十二條，姦淫兄弟之妻視為亂倫罪的規定，而遭到禁止。[27]

「手巾嶴」多夫共事一妻的情況或許受到禁止，但是人們設計出其他的安排，對於那些無法成親的男性提供性方面的滿足。在福建和廣東的部分地區，另有一種較不普遍的做法，是男人之間結成婚姻關係。「男」字的標準寫法，是上為「田」，下為「力」。對於那些和男子通婚的男性而言，這個字下方的「力」字，就被換成了「女」字。同樣的，這種做法也與出海航行有關連，因為那些長期無法接觸女性的男子，只好相互尋求性滿足，不過女性人數稀少這項因素，也必定在這種形式的婚姻關係裡，扮演了若干的角色。[28]

大多數結成異性婚姻的男子，傾向和比他們年長的女性成婚；妻子的年齡最多可長丈夫五歲。[29]這種娶比自己年長的女子為妻的做法，大致上集中在北方。一五三〇年，一名福建文人認為，男子的適婚年齡，在十五歲到二十四歲之間，這要比女性的適婚年齡範圍寬廣得多。[30]不過，這種做法可能也是女性人數短少所引來的另一種效應。競爭的人數，加上贈與新娘家聘禮的義務，推遲了男性進入婚姻的時間。對於某些人而言，這一延遲，就成了永遠單身。我們永遠不會知道有多少男子終身未婚，因為未婚者在記載當中遠不及那些有家室者多，不過他們在全部男性人口裡，最高可能占百分之二十之多。

農民傅本一家展現出元、明兩代婚姻形態的很多典型特色，同時也有少數例外。傅本是個單純的農民，要不是談遷在他的筆記著作《棗林雜俎》當中，保留了傅家於一三九八年登錄的黃冊資料，我們今天對於他就將是一無所知。[31]傅本一家人耕作、生活的地方，位於黃河流域、河南省中部，他於黃冊上註冊入籍的日期，離全家才搬到這裡的時間還沒有太久。根據黃冊紀錄，傅

27 陸容，《菽園雜記》，頁141-142；Jiang, *The Great Ming Code*, 215.

28 沈德符，《萬曆野獲編》，頁902；謝肇淛，《五雜俎》，卷八，頁4b；Szonyi, "The Cult of Hu Tianbao."

29 劉翠溶，《明清時期家族人口與社會經濟變遷》，頁53-55。

30 《惠安縣志》，卷九，頁6b。

31 談遷，《棗林雜俎》，頁5；中國算法的虛「歲」已經轉換為西方算法的年齡。

家地產有瓦屋三間，南北山地兩百畝。一三九八年時，這戶人家裡有三代人共同生活。最年長的第一代是傅本（五十一歲）和他的妻子（四十一歲）。第二代包括他們的兒子醜兒（十九歲）與媳婦（姓名不詳，二十二歲），以及兩個還未出嫁的女兒：荊雙（十二歲）與昭德（八歲）。醜兒與他的妻子已經為傅家的第三代帶來了第一位成員：一個小男孩，不過由於年紀太小，還未正式起名。登記在戶口冊上的，是他的乳名：小棒槌。在名冊上，小棒槌被登記為次男，這表示醜兒的長子已經夭折了。在傅本這一代，我們可以看見他延後了結婚的時間，或許這是因為貧窮，可能是由於明朝初年的各種困難情形，也可能是因為在元、明政權轉移之際，他投身行伍，成為一名士兵的關係。到了下一代，醜兒與他的妻子都是在不到二十歲的年齡就已成親。傅本的年紀比妻子大上十歲，而醜兒卻比自己的老婆小三歲，而且在十九歲的時候，已經當上兩個兒子的爹。最後，傅家還有兩個女兒。荊雙只有十二歲，還不到嫁人的年紀，而昭德還比姊姊小四歲。值得注意的是，傅家在生出一個兒子之後，還想辦法養活了兩個女兒，沒有犧牲她們任何一個。在這個家庭裡，小棒槌是最受重視的成員。他會看到傅家往第四代邁進，而且在其他三代人全都離開世間時，還能夠確保傅家的香火繼續綿延下去。

隨著這些職責而來的，是男性維持家庭生計的義務，這項義務不僅是在禮儀方面，也包括經濟方面。元、明時期壓在男性肩頭的沉重負擔，是努力生產出足夠維持家人生活的糧食與財富。傅本就靠著積攢了兩百畝（十二點五公頃）的土地以盡到他養家活口的職責。這片土地顯然相當有規模，但是被登記為山地，在財政分類上，算是產值最低的耕地；由此可知，傅本不是個富裕的人。不過，這片土地仍然足夠讓他和醜兒支撐這個七口之家。對醜兒和小棒槌來說，在他們各自成為這個家的戶長之時，如何想辦法為家裡增添財富，就將是他們的職責了。

家戶世業

當蒙古人征服中國之時，他們便立即依其天性，按照民族差異的分別，將社會秩序永久固定成四種階層的結構。蒙古人居於最頂層。其次是所謂的色目人，他們既不是蒙古人，也不是中國人。第三層是居於北方的民眾，他們被稱為「漢人」，這一稱謂並非得自千年以前的漢朝之名，而是來源於西元四世紀十六國時期，控制華北一帶的漢王國（譯按：即匈奴人劉淵於三〇四年建立的國家，立都山西平陽，後改國號為趙，史稱漢趙，又稱前趙）。[32]四個階層當中，地位最低者是南人，他們大部分都是之前南宋的臣民，也是蒙古人最不信任的族群。

在這樣的社會架構之中，蒙古人制定了一套不可更動的職業體系，以確定勞動力，並且保障他們所需的物品生產與服務。在蒙古人定鼎中原之時，無論某人當時正從事什麼樣的職業，他應

32 Elliot, "Hushuo: The Northern Other and Han Ethnogenesis."

該繼續操持原來的行當。比方說，製弓的匠師，便被規定為永遠世襲繼承的製弓匠師。他們的戶籍也永久登記為製弓匠戶，子孫根據法律規定，要繼續其父輩從事之職業，為蒙古人製造弓弩。這套戶籍登記體系是一種顧慮周詳的精簡程序，它保留了某個特定時期的社會狀態，並且試圖使這種狀態能各安其位，延續下去。蒙古人可不是差勁的社會學家；他們這樣安排，只是想確保在其統轄之地的製造業經濟能永遠遵照指令，提供他們所需。這套體系的考量，在本質上屬於經濟層面，而不是社會層面：用以保障他們能夠徵集所需要的物資與勞動力。對於一戶世代操持世襲職業的人家，如何建構為一個「家庭」，他們並不感到特別的興趣。

在蒙古行政管理者界定、劃分每一個戶口種類的時候，從來沒有擬定出一份完整的項目清單。在一九七〇年代，台灣歷史學者黃清連試圖盡力蒐羅所有能找到的參考資料，以詳細列舉出元代戶籍的行政管理基礎架構。他提出了一份分類列表，當中囊括八十三種項目。少數戶口按照種族分類，但是大多數為職業分類項目。前四項為最大宗：民戶、軍戶、匠戶、站戶（驛站信差）。很多戶別分類之下還有次分類。比方說，軍戶之下還可以再分為十二個群體，例如銃手、弓弩手等等。這份列表再往下看，會出現一些相當專業化的戶口，例如種薑戶。也有若干分類，或許能稱它們為宗教性職業。讓讀書人大感沮喪的，是他們被歸為「儒戶」，與僧尼、道士以及佛教裡預言降世的彌勒信徒們同列。[33]

朱元璋得到天下之後，也有類似的明確主張，但是他的社會戶籍簡化分類，卻呈現出一個不同的特色。朱元璋身為大一統之主，蒙古人的民族統治架構對他沒有用處。絕大多數在他治下的臣民，不論怎麼說都是「華夏」子民。對於他的四層社會階級，朱元璋求助於古代經典當中的權威，宣稱他和古代聖王一樣，將要「治天下，分民以四業，曰士，曰農，曰工，曰商。凡四者備天下，國家用無闕焉。」[34]

前述這四者，與其說是職業類別，不如說是廣泛的社會分類，而明初的官員相當明智的不去清楚界定它們。對於原來蒙古人對於職業留下的清楚區別，他們除了延用少數某些特定任務性質的役別（例如製鹽的灶戶）之外，其餘都棄置不用。然而在本朝中葉，雇工被認為是比徵召世襲灶戶提供勞役更為划算的製鹽之道。儘管階級流動後來成為明代社會的特色，這種以「士農工商」作為民眾分類的古老模式，卻持續擁有意識形態上的地位，而與社會的現實情形脫節。任何感嘆世道沉淪到此可憐境地的人，只能援引這個「士農工商」的社會分類，並且認為過往存在著一種健全的社會模式，還可供今日改革之借鏡，即便這並非事實。

有一種職業戶籍類型在經過長時間後仍然存留下來，那就是軍戶。明朝需要軍隊，在本朝

---

33 黃清連，《元代戶計制度研究》，頁197-216。在這項總目列表的末尾，黃清連提到，他懷疑仍有些分類未能列進去，日後「必須再行增補」。

34 葛寅亮，《金陵梵剎志》，卷一，頁33b。朱元璋並不認為這四大分類能夠窮盡、含括社會的所有層面，因為他接著又指出釋、道這兩種「專門」之業的存在，完全不同於前述四種分類。

的任何時期都保持至少一百萬人的武裝兵員。[35]當兵不是條利潤豐厚的生涯道路，不過它確實擁有若干其他行業所欠缺的保障。更重要的是，士兵所領國家發給的俸祿，並不會因為士兵死亡而停止。依據洪武朝制訂的規矩，他的遺孀可以繼續領取亡夫的俸祿（儘管打了折扣），以充作撫卹金。在父親從軍之後前十年內出生的兒子，只要通過武藝測考，就能繼承父親的職位與俸祿。即使兒子因身有殘疾而無法從軍，他還是能領到其父薪餉的若干成比例。[36]這套支付薪餉的體系在實施以後，卻無法使軍隊人力維持在朝廷所需的水準，因為軍事技能與武藝的價值逐漸受到貶低，而不少軍戶轉而尋求更有前途的行業，甚至去讀書求取功名。明代政府決心要防堵軍戶的大批出走潮，甚至即便是軍戶出身的子弟考中進士，他也不能從軍戶名冊當中脫籍。只有當某人在官場爬升至兵部任職時，才獲准可提出改換戶籍的申請。[37]不過，在實際上，出生時的戶籍登記，對於那些有志於脫離軍戶的人來說，並不算是嚴重的障礙。

在這四種社會身分的分類之中，「士」代表的仕紳階層最讓洪武皇帝感到不安。他明白自己需要這批人的文化教養與學問，才能治理轄下七千萬臣民的事務。但是他同時也懷疑這些人是否總是將自身的利益擺在皇上本人的需要之前，從而成為百姓的負擔。隨著經濟的發展成長，「四民」的先後排列順序發生了變化：農民被推到社會的底層，而有的時候，甚至連仕紳的地位，都被推到這個時代的新主角——商人之後。

仕紳社會

仕紳階級——他們栽培家中子弟入朝為官，大部分都靠著擁有土地以支持全家生活——在十五世紀時興起，逐漸形成彼此間關係緊密的地方菁英集團，透過對一系列在地經濟活動和禮儀事務的安排，支配、主導地方社會。身為一個階級，他們最為重要的資源，就是增加科舉考試錄取的機會。在理論上，任何男童都可以參加考試，謀取科舉功名；但在實際上，要通過科舉考試，必須要有辦法能獲得掌握經典內容與考試所需文章體裁的徹底教育，以及對整個經典體系所呈現出的文化的全面、整體理解。當然，這套系統是一柄兩面刃，因為正如科舉考試是邁向仕紳地位的晉身之階，它同樣也對仕紳的地位構成威脅。仕紳之家想要長久維持他們目前的地位，只能依靠每一個世代至少有一位子弟連登科甲、高中進士；而對許多人來說，這是一項不可能的任務。

在元代出現一個以科舉考試為基礎的地方菁英集團的可能性，已經宣告破滅，原因很簡單：朝廷很少舉辦科舉考試。蒙古人寧可避開任何像科舉這樣自主且無法預料的制度，直接任命他們信賴的人選為官。當朱元璋登基為帝之後，他內心並不完全肯定，是否要讓仕紳自身成為一個社

35 關於明代士兵的世界，參見Clunas, *Empire of Great Brightness*, 160-182.
36 陸容，《菽園雜記》，頁134。限制兒子人數的規定，於永樂朝時在獎賞靖難之役從征士兵的家屬時被放棄了。
37 陳文石，〈明代衛所的軍戶〉，頁228。

會階級，因此他恢復科舉考試的腳步，就顯得蹣跚而躊躇。然而，在洪武朝結束時，科舉考試已經完全恢復舊觀，而仕紳家族興起、主導地方社會，正如他們在科舉考試當中取得優勢地位一樣，不過只是時間問題罷了。

想要為國效力，還有其他門路，但是沒有任何一條道路能像參加科舉、進士及第這樣，能夠具備功成名就的地位。然而，科舉考試的競爭規模非同小可，而且隨著時間推移、競爭人數的增加，只會更為劇烈。舉例來說，一六三〇年時，南京的鄉試貢院是全國規模最大的省試考場之一，內設七千五百間考房。假設每間考房裡都有考生應試，這就表示只有十五分之一的考生，能夠繼續晉級、在來年參加於北京舉行的全國殿試。[38]

文官體系的頂峰是入閣成為大學士；大學士的人數不多，只有四到五人，他們為皇上提供建言，並監督整個朝廷事務的推行。商輅（一四一四至一四八六）是這些內閣大學士的其中一員。在商輅去世後的神道遺像上，列出他的全部官銜：「贈太子太傅、前賜進士三元及第、吏部尚書兼謹身殿大學士，追贈諡文毅」——這一大長串冗長的官銜，說明他是當時天下層級最高的文官（見圖十一）。在一四七九至一五四四年間，能夠成為吏部尚書兼謹身殿大學士，並且獲得太子太

[38] Elman, *A Cultural History of Civil Examinations*, 140-143, 178.

圖十一：商輅遺像（一四一四至一四八六）。圖上題文寫道：「贈太子太傅、前賜進士三元及第、吏部尚書兼謹身殿大學士，追贈謚文毅商公。」原圖藏於哈佛大學，亞瑟·賽克勒美術館（Arthur M. Sackler Museum）。

傳榮譽官銜者，只有十二位。[39]在這十二位大臣之中，有兩名在身後沒有獲得追贈謚號。其中一位，正是惡名昭彰的嚴嵩（一四八〇至一五六五），他於嘉靖朝曾一度權傾朝野、把持朝政，而導致他在八十二歲高齡時名譽掃地、所有財產被抄沒充公的結局。而商輅雖然聲名卓著，卻未能在入閣期間發揮深遠影響，因為他擔任謹身殿大學士的時間，只有區區兩年。他最顯赫的名聲，是在鄉試、會試、殿試三場考試中，均拔得頭籌，三元及第——在整個明朝歷史裡，僅此一人。[40]

在通過科舉、進入文官體系的人裡，能夠入閣供職的究竟是極為少數。文官體系實在太過龐大，而試著想要進入這個體制內的人又著實太多。根據晚明一位筆記類書作者的說法，在十六世紀開始時，全國有兩萬零四百名文官，一萬名武官，以及三萬五千八百名領取朝廷津貼的生員。[41]如果我們保守的估計，每個縣大約有一百五十名在縣學裡註冊就讀的學生，並將這個數字和全國縣份的總數相乘，那麼就有超過十五萬名年輕士子在科舉體系的最底層，正十分努力的往上爬。再加上為數更為龐大的學生，正在爭奪名額有限的縣學席次，而競爭的場域極為廣闊巨大。

科舉考試除了產生官僚之外，還帶來其他的影響。科舉之途使年輕的學子和來自全國各地、有著同樣社會背景與更強烈企圖心的人士發生接觸。要準備省級的鄉試，可不只是自顧自的練習如何精通共通的學問，並將其呈現出來，在你那間被貼上封條的考房裡奮筆疾書、寫下答案，然後就回家這麼簡單。應考是一個高度社會往來性質的經驗，當中包含了和其他胸懷壯志的學子共同住宿，吃、喝都在一起，有時候就因此而培養出極深厚的情誼。如果你考上了，那些和你一樣金榜有名者，就成為你的同年，你可以期待與他們建立起來往聯繫，而對他們來說，在你往後的生涯之中，你都是他們可以請託幫忙的對象。

參加科舉之業可能也會是一場轉換語言的體驗之旅。學子們在家鄉學堂進學時，就被規定要學習「官話」——這是一種人為制定的發音方式，歐洲人按照葡萄牙人改編印度字「*mantrī*」（梵文作*mantrim*，意思就是「官方」）的做法，稱中國官話為「Mandarin」。明代官話以南京口音為本，這一點可想而知，是因為本朝興起於這個地區的緣故，不過它囊括了所有的書面文言詞彙，如此便可以在任何實際的方言之間流通。能夠說得一口流利官話的官員，更可提升自己在官場獲得擢升的機會；不過，有些官員仍然無法擺脫他們的方言口音。一五二七年，霍韜在成為禮部尚書之前，被免去擔任嘉靖皇帝講官的職務，原因是他為南方人，而其「語音多訛」。[42]這點

39 張廷玉，《明史》，頁3336-3379。

40 關於商輅，見張廷玉，《明史》，頁4687-4691，以及由林懋（Tilemann Grimm）所執筆的英文傳記，收於Goodrich and Fang, *Dictionary of Ming Biography*, 1161-1163.

41 李樂，《見聞雜記》，卷一，頁43a。儘管這些數字並不高，但是內部流動量卻很大；見Parsons, "The Ming Dynasty Bureaucracy."

42 《明世宗實錄》，卷七十八，頁6a；也見Coblin, "Brief History of Mandarin," 542. 譯按：據《明世宗實錄》，卷七十八：「命詹事府少詹事兼翰林院侍講學士方獻夫、霍韜俱充經筵日講官，講大學衍，韜自以南人語音多訛，辭免日講。……上嘉其忠藎，許之，命侍經筵如故。」可見霍韜係主動請辭，而非被免去皇帝講官的任命。

缺失並不足以妨礙他的宦途，但是卻足以揶揄像霍韜這樣，以欠缺幽默感聞名於世的人。福建方言口音被認為更加難懂。在一四三〇年代，有兩名福建籍官員入閣成為大學士，但是根據《明史》指出，「閩人入閣，……以語言難曉，垂二百年無人」，期間沒有任何皇帝再任命福建籍的官員入閣，出任大學士職務。[43]

由於入朝為官的機率極低，大部分受過教育的年輕學子最終都放棄了科舉之途，而回到鄉里，尋求致富與功成名就之道。其中一個途徑，是成為耕田種地的鄉紳。另一條道路，是像本章開篇時提到的李廣華這樣，投身商場。第三條路，是從事一項專門職業，其中，醫藥是最受敬重的行業。在元代，鮮少舉行科舉考試，仕紳階層便將精力投入其他的追求，懸壺濟世是大多數讀書人在轉換生涯道路時的主要替代選擇。醫者的社會地位於是開始上升。[44]明代作家汪道昆，出身自徽州一戶興旺的商賈世家，他既樂於讚美商人的優點，也能賞識醫術高明的醫者。他認為當時天下的良醫，全都來自徽州，並以此為榮。「吾郡貴醫如貴儒」，他如此宣稱。據說，良醫多半都是由儒生轉業。一位名叫吳山甫的徽州醫者，對汪道昆解釋道，訓練儒者所用的方法，可以直接轉而用在醫學方面：「儒者上治經術，下治百家，於是乎始有成業。醫家上軒岐而下四氏，宜亦如之。」醫者們從鑽研經典古籍開始，然後研讀金、元兩代四位醫界領袖人物（稱為「四氏」）的著作。不過，吳山甫認為，每遇十次病例，從古代醫典和四氏著作裡，只能找出四次診療處方。至於其他六次，醫者為了尋求療方，必須求助於道。「道在是矣，」吳山甫指著自己宣稱。「既為醫方，」他說：「願就有道。」[45]

無論地方仕紳最後以何為業，他們內心最初、也是最重要的關懷，就是要在地方社會裡保持其菁英的身分地位。這意味著運用財富與社會關係，來確保與地方官員的聯繫，並且投入慈善與贊助事業，以便維持其公眾形象。成功經營前述事業的家族，無須培養子弟投入科舉，仍能在地方社會裡享有受人尊敬的地位；不過，家族裡終究還是要有一名子弟，或是女婿，必須要重回科舉，求取功名，因為這才是取得名望地位的泉源所在。這些情形表明，如果貴族是在出生時就獲得其地位，那麼仕紳絕不會成為世襲貴族。在明代，開國皇帝朱元璋的後代子孫是唯一的世襲貴族，而這些朱家皇親們生活在一個享有特殊待遇的孤立環境裡，與外界隔離開來。但是，仕紳家族並不是在每一世代裡便進行興衰起落的全部過程。他們所享有的名望、人脈關係與財富，都能夠延續好幾個世代，這就建構了所謂的「鄉紳政治」（aristogeny），也就是地方菁英能夠不單依靠出生家世，而能跨世代的維持其地位的體系。[46]從十五世紀起，地方仕紳在全國各地、每一個

43 這兩名福建籍的大學士是楊榮（一三七一至一四四〇）和陳山（一三六五至一四三四）。見張廷玉，《明史》，頁5741；Goodrich and Fang, *Dictionary of Ming Biography*, 1569.

44 Shinno, "Medical Schools and the Temples of the Three Progenitors in Yuan China;" Furth, *A Flourishing Yin*, 156-157.

45 汪道昆，《太函集》，頁492-493。汪道昆本身就是一位學者，但同時也受人聘雇，撰寫文字，「這是金錢所能購買最好之物」；見Clunas, *Superfluous Things*, 14.

46 Brook, "Xu Guangqi in His Context," 80.

縣份裡的穩固存在地位，證明了他們的成功（見圖十二）。一個仕紳之家能夠在沒有子弟得到功名的情況下，只要這個家族能維持與其他有功名家族的社會與聯姻關係，並且參與仕紳集團內能和平民百姓區隔的活動，仍然能保有其菁英地位達兩或三個世代之久。儘管如此，科舉功名終究是菁英地位的來源，而每一個負擔得起子弟教育費用的家庭，都會讓孩子走上讀書之路。

在仕紳階級以下，根據傳統的「四民」分類模式，是其他三個階層：農民、工匠以及商賈。農民在官方意識形態之下獲得推崇，地位僅次於仕紳。當中的邏輯很明顯，因為他們的勞動能確保作物成長，而農產作物是國家的基礎。用農耕經濟政治的語言來說，農業是國家根本，也是經濟之本。其他的產業，無論是製造業還是貿易工商業，在這樣的語言下，都是「分枝」。只有當根本穩固的時候，分枝才會繁榮茂盛。或者，這只是官方意識形態如此以為罷了。遍觀整個元、明兩代，農民的地位在實際上處在社會最低階。工匠的地位持續受限，直到法律上對自由勞動力最後的限制，於十六世紀被廢除為止，儘管到了萬曆朝（我們在稍後就會看到），某些匠人的地位已經與仕紳相差不遠了。

商賈是實際社會地位與官方認定差距最遠的群體。商賈這個類別包羅甚廣，小至鄉間叫賣的攤販，大到以國家專賣事業（最常見的情況是製鹽業）坐擁巨額財富的家族，都包括在內。朱元璋之所以堅持要恢復古代「四民」社會分類，也許部分原因，是因為之前在蒙古人統治下，商人能夠以犧牲其他行業為代價致富，而百姓對這樣的豪富之家極度不滿。地方志裡包含了不少元代

圖十二：明代仕紳肖像。他頭上所戴唐式風格的方巾帽，顯示他是仕紳階級的成員，不過他身上欠缺能顯示出任何功名等級的標誌，這表示他本人並沒有功名在身。原圖藏於哈佛大學，亞瑟・賽克勒美術館。

傲慢商人得到應有報應的故事。的確，我所找到時間最早的元代民間發現龍蹤紀錄，時間在一二九二年（至元二十九年），就是描述長江下游三角洲地帶，一名富商在太湖附近渡河時的情景。渡河到中途，船隻開始原地打轉，船家在划槳試圖掙脫時，船槳卻被卡住了。富商見狀，就命令他的一名僕從下水，嘗試讓船隻挪動；這個可憐的僕從發現，這艘船是卡在一條龍的背脊上，而船槳嵌在龍的鱗片間！富商驚慌失措，跳船逃生，可是他不會游泳。於是他又命令一名隨行者將自己安全帶往岸上。然而，好不容易回到家後，這些人全都患病，而富商則一病不起。[47]在大眾的心目中，這正是一個最適合有錢人的下場。

商人的財富可以成為取得官員身分的進身之階，不過這通常得透過贊助仕紳之家，或與其聯姻，才能成功辦到。十五世紀末，陸容在撰寫《菽園雜記》的時候，正是商業興起之時，他注意到「今世富家有起自微賤者，往往依附名族」，而且為了取得上層社會的立足之地，不遺餘力的攀附這些名門世家的年輕子弟。其中有一種圖謀，稱為「通譜」，也就是對仕紳之家行賄，移入這個家族的宗譜之內，並冒用其姓氏。這種風氣在江南一帶尤其盛行。陸容舉了孔子的第五十五世子孫孔克讓的故事為例。孔克讓的祖父在元代時擔任稅監，由於嗜好讀書，因此轉而攝理地方上的學務。如此一來，孔家的家道果然很快的中落，變得十分貧窮。附近有一戶富裕人家，瞧準了這個機會，引誘孔克讓，覬覦孔家的家譜。開始時他堅定的拒絕了，可是由於他的家人正處在這樣貧困窘迫的境地，終於讓他同意富家以「米一船易（家）譜去」。「以此觀之，則聖賢之後，為小人妄冒以欺世者多矣」，陸容如此推斷。[48]

在表面形式上，身分地位還是作為衡量人們的標準，不過在內涵裡，金錢逐漸成為王道，而在當中，商業才是興財之道。到了明朝末年，橫梗於仕紳家庭與商賈之家中間的障礙，已經衰退到前所未有的低潮程度。一個富裕之家，想要保持長期的興旺，多半讓其子弟採取雙重投機的策略：一名子弟從商以建構家族的財富，另一個則致力於提升家族的身分地位。

家庭、禮儀、財產

元、明兩代的社會樣貌，已經在行政與宗族的架構下獲得詳細的闡述；在這些架構當中，家庭要不是努力掙扎以求生存，就是不斷奮鬥，想讓自身能過上更好的生活。驅動這些生存策略的，是要讓家族綿延傳承到下一個世代的堅定不移目標。這個目標塑造了女性身為妻子與母親的生涯，而她們在家庭中的地位，端看其生下後嗣、傳宗接代的能力而定。男性的生涯，無論他們

47 《湖州府志》，卷四十四，頁10a。

48 陸容，《菽園雜記》，頁85-86。**譯按**：《菽園雜記》原文為「有孔淵字世升者，孔子五十三世孫。……。子克讓，孫士學，皆能世其業。士學家甚貧，常州某縣一富家，欲求通譜，士學力拒之。歿後無子，家人不能自存，富家乃以米一船易譜去。」可知允許富家「通譜」者，應為孔克讓之子孔士學。

身為學子、農民或是商賈，同樣也受這個目標塑造成形。他們必須要擁有足夠的財富或匹配的身分，才能讓妻子或側室懷孕，而他們也必須要將財富與身分地位傳給其子嗣，讓他們踏上同樣的道路。

社會上承認有四種禮儀鞏固了宗族延續男性香火的理念。這四種禮儀被宋代理學的開創者朱熹（一一三〇至一二〇〇）加以萃取、提煉，寫在名為《家禮》的著作裡。一直到明代中葉，這本著作才開始廣泛的流傳散布，首先是在仕紳階層之中傳播，因為他們尋求藉由端正禮制，從而提升自身身分，而與基層民眾有所區隔，但是最終這本書還是成為家喻戶曉之作。到了十八世紀，據一位耶穌會傳教士的記述，《家禮》僅次於《論語》，是中國家庭裡最常見的必備書籍。[49]四種禮儀當中，首先是成年冠禮，這項儀式象徵男孩就此進入青春期，因而也表明他具備生育能力。儘管這種禮儀被視為太過古遠，某些仕紳之家仍舊重新恢復了這種做法。其次是婚禮，這項禮儀給予男孩一位女性，供其繁衍子嗣。其三是喪禮，它提供一個重要的場合，能使宗族舉行團結一致的儀式。最後是祭禮，它確認已逝的先人在世系中的地位，並定期向他祭祀，使之不至於在陰間淪為餓鬼。

這套禮儀落實，並且強化父系傳承的優勢地位。不過，在這些禮儀的背後，是所有家庭的基礎：財產。這一章結尾要說的故事，顯示出禮儀和財產上的需要是如何相互重疊，而對於某些身處菁英階層邊緣的男性來說，想要同時保住禮儀與財產，又有一段多麼漫長的路要走。這則故事涉及一場爭議官司，最後在一四九九年十一月二十九日，驚動了弘治皇帝聖駕。[50]這次事件相當之不尋常，因為幾乎所有不涉及人命案件的訴訟官司，都是在縣層級審理，由縣官審結。但本案因為太過複雜，因而無法留在地方審結。

王珍在江西省會南昌城外的山地上，擁有一小塊土地。江西位於長江以南，地形多山，人口稠密，土地缺乏，地方百姓經常為了耕地或工作而到處遷徙。「本省山多田少，」南昌一名縣志作家在解釋地方民眾為何如此貧瘠時這樣說道。[51]即使是作為墓地使用而非耕地的山坡地段，都顯得十分搶手而價格高漲。最受到人們爭奪的山坡地，是專業風水先生鑑定過，認為其為地氣地脈匯聚的地點。在這樣一塊風水寶地安葬先人，祖先之靈會庇蔭後世子孫，為他們帶來福澤。江西的各大宗族競相爭奪這些墓葬寶地，他們為了謀求自身的福祉，不惜犧牲他人利益，訴諸詭計與暴力。為爭奪墓地而起紛爭，是本省在整個明、清兩朝特有的地方風俗。

本案之所以發生，起自於一個名為張應奇的民眾，不經王珍同意，就在他的土地上埋葬一具遺體。張應奇是南昌府學的舍生，領受官方的津貼；他有志於科場，顯然是來自低階仕紳家庭，

---

49 Brook, "Funerary Ritual and Building of Lineages," 480.《家禮》這部書由美國宋史學者伊沛霞（Patricia Ebrey）翻譯為英文。

50 這次事件改寫自Brook, *The Chinese State in Ming Society*, 1-9.

51《靜安縣志》，卷一，頁18a。

不過朝廷紀錄裡（《明孝宗實錄》）留存至今的案件摘要，對王、張兩人的描述都不多。[52]王珍是這塊土地的擁有者，他並非生員，也沒有任何仕紳身分的象徵標誌。然而，即使是平民百姓，也能夠將他的案子訟之於官府，王珍就是這麼做的，他寫了一份訴狀，告到府衙。江西民眾以好於興訟而惡名遠播；洪武皇帝甚至還在一三九八年的遺制命令當中特別提及此事，抱怨他們「雖細微事務，（亦）不能容忍，徑直赴京告狀。」[53]一直到明朝末年，根據當地一位評論家的說法，南昌人的性格「勤生嗇施，薄義喜爭，彈射騰口，囂訟鼓舌。」[54]王珍就是這種類型的人。

南昌府的通判受理王珍的訴訟，並判決他勝訴。張應奇決定繼續出擊，他找上同在府學的生員劉希孟協助，因為劉擁有某件他所需要的事物：與上級官府的關係。劉希孟在江西按察司副使吳瓊家中擔任教席，教其子讀書。他因為設法送禮討好吳家上下，因而劉某在吳瓊與任何想找副使大人幫忙說項的人之間，成為一名不入流的關說掮客。這層關係正合乎張應奇的目的，因為按察司副使的官職（約等於高等法院副檢察長）要高過南昌府的通判（地方法院法官）。金錢在其中幾度轉手，最後劉希孟傳達了一句話，進到了吳家某位家人的耳中，讓王珍訟告張應奇的案子成功翻案。

張應奇並沒有因這樣的勝利而感到滿意。畢竟那具盜葬的遺體還在原地，張應奇仍然可能會因為王珍的反擊而受到傷害，所以他對王珍提起了告訴。這次張應奇找上另一位靠山，本省的提學僉事蘇葵（一四八七年進士）。蘇葵素來有不徇私的清廉名聲，而他竟然願意幫助張應奇，據稱是收受賄賂所致，則讓人感到大惑不解。張應奇想必誤導了案情，讓蘇葵認為他才是本案中真正受害的那一方。於此同時，王珍眼見張應奇在官僚集團當中到處獲得支持，於是便尋求與另一個手握重權的朝廷要員建立關係：皇宮大內派駐江西的宦官。江西鎮守太監董讓奉皇上之命派駐本省，節制地方軍事，王珍是怎麼找上他的，我們不得而知。[55]大概，人們只要通曉門路，送上大筆金額，就能打通任何關節。王珍向董讓陳情，董太監受理這件案子，他將張應奇與劉希孟兩人逮捕下獄，牢中的拷問者可以說服兩人撤銷張的訴訟。

董讓的本意，只是想威嚇這兩名生員，讓他們知難而退。但是牢獄中的拷問者從兩人口中得出的內情，卻大大超出了董讓的預料。張、劉這對不幸的生員招認：他們行賄朝廷官員，以求官司勝訴。這則內情揭露一旦外傳，原來是地方上的財產官司，立刻就演變成官僚罪行醜聞。現在，案件必須透過行政階層，逐級上呈北京，先到都察院，再轉送刑部，最後來到皇帝的御案之上。董讓這下把事情鬧得太大，弄得皇上要親自過問這宗南昌府的案子，並責令刑部調查。這起原本來自地方層級、微不足道的行賄事件，現在倒轉過來，成為國家力量由上而下滲透施壓的政

52 《明孝宗實錄》，卷一五五，頁4b-5a。

53 〈教民榜文〉，引自Farmer, *Zhu Yuanzhang and Early Ming Legislation*, 203.

54 趙秉忠，《江西輿地圖說》，頁2b。

55 關於鎮守太監一職，見Tsai, *Eunuchs in the Ming Dynasty*, 59-63.

治案件。

刑部經過調查後發現，早在王珍找上董讓求助以前，董太監原來就與蘇葵不合。兩人之間的緊張敵對關係，正是賄賂能夠發揮作用之處。董讓在另一事件之中，認為自己受到蘇葵的侮辱，因為這個理由，他答應站在王珍這一邊。結果，討厭董讓的並不只有蘇葵一人，董太監代表宮中，作風專橫跋扈，早已引來其他官員不滿，紛紛上疏請求朝廷將其調離，但是毫無作用。[56]董讓的勢力比蘇葵更強大，因而能以涉嫌貪汙的罪名，將蘇葵逮捕下獄。南昌官學裡的學子們，對於這個宦官的攻擊大感憤怒，有上百人衝擊監獄，放出他們的上司。蘇葵不久後獲得赦免，之後則被擢升，但是董讓還是不動如山，權勢完全不受影響。[57]

弘治皇帝選擇不介入群下的紛爭之中，這從事後任何一方都未遭受到實際的傷害便可以推論得知。皇上下詔譴責董讓和蘇葵違背制度，受理職權之外的司法訴訟案件，他還責備蘇葵與吳瓊收受不當餽贈。然而，他的裁決影響最大的並不是手下這批官員，而落在引發這整起事件的兩名生員身上。張應奇和他的朋友劉希孟都被褫奪生員身分，並被追繳津貼。這項懲罰在今日看似輕微，可是在明朝中葉這樣一個激烈競爭身分地位的時代環境裡，卻顯得十分嚴厲，因為兩人成為仕紳的道路，就此宣告永遠斷絕了。

至於埋葬先人一事，弘治皇帝沒有任何表示。這起事件發生在官僚結構的底層，對他而言距離著實太過遙遠，難以看清究竟發生了什麼事情。正如他在同年正月頒布的另一道詔命裡表示：

「朕深居九重（宮中），雖慮周天下，而耳目有不逮，恩澤有未宣。」[58]此案既事關國家規模，但同時也關乎皇帝究竟應該在意什麼事情。在他治下的官僚集團裡出現貪汙情事，這事關重大，因為要是他無法仰賴官員公正不偏私的報告國內各地的情況，他就不能公正的治理天下。至於張應奇的先人埋葬在什麼地方，不在皇帝的考量之內。這種事情，最好留給南昌府的判官去裁定。

在這個時候，本案受關注的熱度已經消退。我們不知道張應奇是否必須要將他的先人遺體再挖掘出來，並改葬在其他地方。皇上對張應奇所作的負面裁決，想必大幅影響了知府對他的觀感，所以我們可以合理推想，他必須將遺體遷葬，而王珍則成功取回其土地。令人感到興趣、同時也觸及明代社會運作規範的核心的事情，那就是在張應奇與王珍的利益爭端分歧當中，財產是共通點。張應奇的考量是將先人安葬在這樣一塊風水寶地，好讓祖先在天之靈可以恩澤後世子孫。毫無疑問的，王珍也作此想，不過在此案中，他更直接的考量，是擔心有人正試圖控制他名下的財產。

禮儀對於國家朝廷至關緊要，要保持國家這部機器裡每一個運轉的部件各得其所，必須仰

---

56 關於彈劾董讓的奏摺，見張廷玉，《明史》，頁5351，結果弘治皇帝懲罰了這名上奏的官員；另一次大臣試圖使正德皇帝責罰董讓，未能成功，亦見《明史》，頁4848。

57 中央圖書館，《明人傳記資料索引》，頁944；焦竑，《國朝獻徵錄》，卷九十，頁9a。

58 《明孝宗實錄》，卷一四五，頁9b。

仗個人、家庭與社會一體遵守這套規矩。然而在實際上，皇上所能做的，也只是挑出若干異常事例，並加以干涉而已。這件案子要是落在本朝開國皇帝朱元璋手裡，下場可想而知：他會將涉案人等一概處死。好在，對張應奇來說，弘治皇帝並非那種殺雞用牛刀之主。在任何類似案件中都相當要緊的一點，則是私有財產的神聖不可侵犯；沒有這一點，前述這些體系都將難以發揮功效。在這起因為爭奪墓地而起的訴訟官司裡，較為明智的做法，是讓禮制遵從財產歸屬，而非迫使財產依照禮儀規矩重行安排自身產權。禮儀規制或許能使家族凝聚，但是惟有財產才能讓族人活下去。為此，王珍必須要贏得官司，他也果然辦到了。

第七章 信仰

元朝和明朝的人們相信宇宙間蘊含著三種力量，或是界域。天在上，地在下，而人們則居於其中。上天是一種具有創造性的力量，監看著萬事萬物，但是天與人間的距離卻很遠：只有皇帝，也就是天之子，可以直接向如此崇高威嚴的力量祝禱。但是天界同時也是一個眾神會集的國度，道教的法師，佛教的僧侶，乃至任何人都可以向祂們祝禱祈願。最受人們喜愛的婦孺守護神觀音菩薩，就是在天上的佛教眾神祇之一（見頁一一四，圖五）。天之下是為地。這是人們賴以生活的領域。地上同樣也有若干層級較低的諸神，像灶神和門神等，祂們是涉入人們日常生活事務的神明。祖先之靈也是如此，需要定期獻祭，以免祖先感覺受到忽略，而讓他們的後代子孫遭逢不幸。但是人們耕犁挖掘的大地表面，並不是唯一的地層。地獄位在地底深處，這是一處巨大的煉獄，死者被放逐至此二十七個月，在閻羅王和其他的十殿閻王面前，淨化自己的罪孽，然後由這些監管亡者的神祇將他們釋放，到人間轉世投胎。

這就是人們在天、地兩種力量之間生活的全部歷程。好幾個世紀以來，中國人已經發展出三種信仰、風俗習慣，以及面對困境時的敬拜禮儀方法，或者更確切的說，是如何好好過人生的方法，它們分別是儒、釋、道三教。道教尊奉老子為始祖，為人們帶來自然神論的技藝，像是咒語、符咒和療法，幫助人們調適周遭環境引起的身體變化。堪輿之術——勘查建築建物坐落的地點與各種地脈的關聯——正是道教的技藝之一。佛教提供了豐富的理念與儀軌，幫助信徒從讓人受苦的各種執著業障裡超脫出來。也正是佛教，觸及人死之後該何去何從的議題：佛寺和僧侶提供各種法會儀式，讓生者能協助亡者找出一條穿越地獄的道路。

儒教是一套鬆散的規範學說，內容起源自孔子的教誨，它提供一個與前述不同的方向進程。儒者相信，比起透過敬拜眾神，致力於道德修持與建立和他人之間的倫理關聯，更能臻於良善之境。在宋代時，儒家學說經歷了一次改進，成為所謂「道學」，我們在今日又稱它為理學（Neo-Confucianism）。這次改革過程帶來諸多深刻的哲學思想效應，某些影響直到了明代時才完全開花結果，不過，對於引領庶民百姓過日子的各種信仰，理學完全沒有造成任何實際的衝擊、影響。對老百姓來說，儒、釋、道三教全都是他們精神生活所必需。

蒙古人入侵中國之後，發現自己處在一個比之前更加複雜的宗教環境之中。蒙古人的宗教信仰，以薩滿信仰（shammanism）來描述最為恰當。這種信仰，致使他們對於藏傳佛教（喇嘛教）

的興趣，要高過儒、釋、道三教；不過，由於蒙古人對各宗教諸神祇的敬畏，足以使他們對任何聲稱可以掌握神祕知識的宗教人士，都表示尊敬。佛教僧侶與道教天師競相爭取蒙古人的支持眷顧，雙方也相互爭辯，其中以一二五八年在上都宮殿舉行的佛道大辯論最為著名。但是蒙古朝廷拒絕支持某一方而壓制另一方，只要各自的信徒能證明其教義之價值、能夠帶來福澤就行。[1]這樣的結果，或許是中國人士試圖向蒙古人解釋其多元傳統文化的努力所致——或者，這其實是蒙古人嘗試向新臣民們展現他們的理解呢？——它促進元代的民眾在各自的信仰體系之中，見到一個根本的整體基礎。儒釋道三教並未分據三個不同的分類，而是處在一個單一的範疇之內。分屬三種不同傳統下的各宗派信徒內部間，仍舊彼此爭鬥，以求得到朝廷的認可與優惠的待遇，但是他們並未拘泥固守於門戶之見，而能任意以折衷的角度來理解其他的信仰，甚至是程度變化不定的出入於所有這些傳統之間。

這個儒、釋、道三教的整體，也就是「中國的三種信仰傳統，只不過是相同事物的不同表達形式」這個概念，正是塑造元朝與明朝信仰世界的兩大觀念其中之一。[2]第二個大概念，與明代中期政治家王陽明（本名王守仁，一四七二至一五二九）開創的儒家學派有關。在本書第四章

1 Liu and Berling, "The 'Three Teachings' in the Mongol-Yuan Period."
2 Brook, "Rethinking Syncretism."

裡，我們已經見過王陽明，當時他是負責平定廣西邊陲當地土著叛亂的指揮官，而且拒絕加入當日士大夫菁英對嘉靖皇帝的譴責，只因為皇帝意欲將他親生父母親的地位，置於先帝之上。王陽明的新觀點，是德性來自本心，而非後天學習得來。這項發現導致一種激進的思想，認為我們固然應當研習聖人章句，但是我們更應該身體力行，才能顯現本心具足的德性。然而在王學門派當中，有立場更為激進的詮釋者，他們產生出一種想法，認為與其研習經典以求取道德學問，還不如靜坐冥想與反思內省來得有用。以直覺取代學習，對於傳統教育是極大的挑戰，因為舊日的教育理念，視弟子在受教之前，皆為蒙昧無知之徒。

這兩大觀念——我們生來即具備德性，能夠以此思考和行事，以及儒、釋、道三教實為一體——或許是基於一個強烈的願望所塑造出來的，而這個願望：整體，在那個分崩離析的宋代世界裡，被認為是不可能達成的。「整體」這個信念的重要性是隨著時代俱進的。正如元朝在新建立時，將大一統視為首要的政治原則，明朝也完全服膺這個信念，於是生活在這兩個朝代下的臣民，就以整體一統的原則，來引領宗教與哲學的思想。一統重新接合了原來被迫支離的經驗，讓原先被打破的重新成為一個整體。而這從一開始就已經存在。我們將會看到，接下來在明朝時期，甚至連若干理學家也樂於研習佛學，而在某個場域中的倫理道德實踐，與另一個場域裡的宗教事務參與之間，不會有根本抵觸。所有信仰的教旨皆來自於同一個共同整體這一觀點，成為日後人們面對另外一種宗教信仰時的態度，這種信仰隨著歐洲人貿易的腳步抵達中國，它就是基督宗教。

使用「信仰」而不是「宗教」或「哲學」作為切入元、明兩代世界的概念，多少有些不合常規，但是我之所以採取這種途徑，是想要捕捉當時的人們以什麼方式來看待他們理解之下的這個世界。我這麼做，並不是要將當時他們相信為真實的事情，一竿子打翻，全部貶斥，只說成是信仰問題。他們相信為真的，當然就是真實，但是當時的人們在面臨信仰與真實有所扞格的時候，更有能力辨別真偽。對他們而言，信仰的意義和今日的我們一樣，並無二致：信仰宗教的虔誠、個人對宗教的信任，以及對於已經得到確認為事實的信靠。他們和我們一樣依賴信仰；而他們也同樣明白信仰是可以挑戰和改變的對象。舉例來說，謝肇淛就在他的筆記著作《五雜俎》裡抱怨，道家始祖老子在母親子宮中度過八十一年歲月這則故事「固不足信」。[3]在這件事情上，我們和謝肇淛觀點一致，但是我們可能會質疑他所接受的諸多信念。他們相信真實存在的事物，我們是否也認為真實，並不是本書的主旨所在，因為某些盛行的想法，在某個時期遭受質疑，在另個時候卻又受人相信。我們即將要看到許多看法不一致的事情：你死去之後會發生什麼事、決定自然世界本質的事物為何？世界是否為平面？而建構道德生活的因素又是什麼？前述都是人們看法不同、見解殊異的問題。從十六世紀以來，特別是十七世紀，人們的好奇心一直在探究著這個世界，他們查閱經籍、修改原來的認定，並且對於如何最有效的將他們的經歷賦予意義，感到好

[3] 謝肇淛，《五雜俎》，頁95。

奇。我們的任務，並不是將他們的信仰轉變成我們的，而是去觀察他們如何運作這套信仰體系。

在這一章，我們不從哲學家開篇，而要從一個人的故事說起；這個人可以毫無拘束的表達其內心根深柢固的信仰，並且將這些信仰加諸於他人身上。這個人，就是洪武皇帝。

鬼神之事

一三七二年二月十七日凌晨，天剛濛濛亮，洪武皇帝率領著一長列的官員，全部身著正式朝會袍服，步出位於南京的紫禁城，朝距離京師以東五公里的蔣山寺（譯按：即今天的紫金山靈谷寺）進發。元代時，蔣山寺是南京的首要佛剎。元朝第六任皇帝（泰定皇帝）曾於一三二五年初親自造訪，他提供一大筆捐贈，引來信眾捐獻大量的香油錢，贊助本寺重新修建。五年以後，他的姪兒繼任皇帝，送給本寺住持法師全套法會穿用的法袍，繼續朝廷對佛寺的贊助支持。朱元璋遵循這個先例。在他登基即位之前和之後，都曾經多次造訪蔣山寺。不過，這一回可不同以往。皇帝御駕親臨本寺，是為了參加一場大佛事法會，目的是超度在內戰期間，所有為了助他登上權力顛峰而喪生的亡魂。

主持這場法會的僧侶，是著名的禪宗大師清濬和尚（一三二八至一三九二；參見圖十三）。在官員大隊人馬到達時，清濬引領千名寺僧手持香花出迎，在寺門恭候皇帝大駕。洪武賜給清濬

圖十三：一尊以羅漢為形象的佛教僧侶雕塑。羅漢是已經達到解脫涅槃境地的修行者，不會再轉世出生到人世間。這尊元代木刻雕像塑於十四世紀初年，原來有上漆。原件收藏於加拿大多倫多，皇家安大略博物館。

萬兩黃金，這是極為特殊的恩典，然後由寺僧導引皇帝入大佛殿上。在大殿上，皇帝朝北面肅立——這個姿態相當引人注目，因為皇帝除了祭天之外，都是南向面對群臣；接下來，皇帝帶領群臣，對著佛像頂禮敬拜，旁有和聲奏樂，演奏〈善世曲〉，這是本日誦唱的七首梵曲當中的第一首。群臣再次叩拜，然後洪武向佛祖屈膝下跪——這又是另一個顯眼的姿勢，因為皇帝通常只對上蒼下跪——並且進獻祭品。接著，一列由二十八名僧侶組成的隊伍，或持燈、或持香、或珠玉青蓮，在御駕之前翩翩跳起悅佛之舞。舞畢，皇帝再次下跪進獻供品。如此奏梵樂與悅佛舞反覆進行數次之後，皇帝和群臣排成一列，徐徐退出殿外。洪武升御事前為他備妥的寶座，皇帝寶座設於寺門內五十步距離處所築的高壇之上，洪武南向而坐，接受群臣跪拜行禮。日暮黃昏時，皇帝率領群臣返回紫禁城。

次日破曉，天降紛飛大雪，一道祥光布滿寰宇。所有人無不以敬畏之情凝視著蒼穹——這是我們從宋濂（一三一〇至一三八一）筆下關於這場法會的記述當中得知的情景。宋濂是洪武皇帝身邊的資深顧問諮詢儒臣，他本人同時也是位虔誠的佛教徒。他的記述證明皇帝的誠心感動佛陀，普降恩澤，是以上天給予洪武這樣不可思議的奇蹟景象作為回應。[4]

顯而易見，這就是當時的人們所理解的：他們會認定確實有祥光出現在天際，並且對新皇帝能感動天地宇宙的能力感到敬畏。在當時，他正是新任皇帝。這時距洪武皇帝登基，才不到五年時間。在一個王朝的初期階段，無論發生任何事，都能阻撓、妨礙這個脆弱的新生國家。軍隊的武力、嚴厲精確的治理手腕，以及儒家的道德倫理思想，都被運用來創造並維持這個新政權；不過，在打造國家所需的軍火庫裡，還有另外一項武器：宗教。洪武皇帝與他的謀臣們，現在正運用宗教來治理國家。就如同藝術史學者白瑞霞（Patricia Berger）所描述的，一四〇七年，於同一座佛寺舉行的另一次法會上，上天降下各種徵兆，「在這個為時甚長的『天人交感幻象』（consensual hallucination）時刻當中，在場所有人都和諧而圓滿的注意到了這些徵兆。」[5]要不是這個新朝代獲得了上蒼的賜福庇祐，根本沒有人會提起天降徵兆這檔事。

洪武在這場全體臣僚出席的廣薦法會上遵用佛教儀軌，是因為這正是涉及亡者時所用的宗教傳統。法會當天，他頒布一道詔令，要天下臣民對佛像頂禮，當中並未提及佛教教旨——不過，他卻談到當年自己還是個孤兒時，在一所佛寺內每天所作的日課。在這裡，他採用的是一般大眾的觀念：我們生活的世界稱為陽世，下方還有一個世界是陰間，人死之後尚未懺悔罪過者，就在這個地方如餓鬼般受苦。對於這種鬼魂說與來世論，儒家思想抱持不屑一顧的態度，因此同樣也排斥地獄之說的宗教理論。人死之後，他的身上屬於氣者稱為「魂」，屬於地者稱為「魄」。魄降至地，很快便入土消解，而魂升於天，隨風四散。死者原來的形體與魂魄，都沒有任何剩餘

4 葛寅亮，《金陵梵剎志》，卷三，頁23a-26b、64b；關於元朝皇帝駕臨本寺及提供贊助等事，參見前揭書，卷一，頁17b。

5 Berger, "Miracles in Nanjing," 161.

還留存下來。這是一種嚴格的死後觀點，並不被大多數百姓所接受。人們寧可相信，人在死亡之後，魂魄仍然繼續存在，無論其魂魄是身處在煉獄之中，或是在陽世間人們難以見到的地方遊蕩，成為孤魂野鬼。

洪武也是這麼相信的。這樣的看法，對於他理解人們為何會向善，具有相當重要的意義。如果人身後沒有靈魂可以撫慰，道德便失去了目的，超渡法會也變得毫無意義。洪武在這道詔命裡明白宣示他的意圖，他聲稱自己到蔣山寺參加廣薦法會之目的，是要撫慰許多在近來戰亂當中無辜喪命的生靈，並且承認百姓至今還因亂事帶來的沉重負擔而飽受煎熬。元末戰事的創傷記憶，正是洪武努力想要補救、緩解的。他明白百姓遭受冤屈的程度，也知道緩和撫慰的需要，因此求助於佛事，以求事能有成。[6]

朱元璋身邊的大部分儒學之臣不會同意這樣的看法。皇帝收到一份奏摺，報告有幽冥之物在陽世與陰間搖擺出沒、忽隱忽現，於是他御製一篇文章，在其中列舉了群臣懷疑鬼神是否存在的看法，並加以回應。皇帝御覽前述這封奏摺以後，徵詢身旁眾臣的意見。對這些臣子而言，最簡易的應對之道，是迴避皇上的信仰，並重複孔聖人在這個議題上教導其門徒的兩句話：「敬鬼神而遠之」，以及「祭如在，祭神如神在」。[7]不過，有一名臣子卻上鉤了。

「是妄誕耳，」他忿忿不平的小聲碎語道。這正好是洪武皇帝期待出現的回應。「爾何知其然哉？」皇上反問道。這名臣子並沒有立即引述孔聖人的看法，卻從人類存在的本質開始，說起一番簡短的議論，以否定奏摺中報告的鬼神現象之存在：

> 人稟天地之氣而生，故人形於世，少而壯，壯而老，老而衰，衰而死。當死之際，魂升於天，魄降於地。夫魂也者，氣也，既達高穹，逐清風而四散。且魄，骨肉毫髮者也，既仆於地，化土而成泥。觀斯魂魄，何鬼之有哉？所以仲尼不言者為此也。

但是洪武皇帝卻別有看法。他對鬼神的信念，起自於在淮右親身經歷的貧困童年歲月。他一直抱持著這些信念，因為承認鬼神的存在，能讓他明辨善與惡從何處而來。不敬鬼神，就會致使他統治的國度充斥著倒斃的屍骸與餓鬼。「卿（若）云無鬼神，」他尖銳的提醒這名臣子，「將無畏於天地，不血食於祖宗——是何人哉！」（譯按：英文版未標明出處。此處及上段引文都依據《明太祖文集》，卷八，〈鬼神有無論〉回譯。）洪武皇帝與這名廷臣在信仰上的歧異，同樣顯現在當時的社會上——飽讀經書的儒家菁英是一邊，而大多數的平民百姓站在另一陣營；洪武則認為自己與黎民百姓站在同一邊。對於相信鬼神存在的他們而言，生者與死者棲身的世界大致

6 葛寅亮，《金陵梵剎志》，卷三，頁5a-7a。

7 Analects 3. 12，由理雅各（James Legge）英譯，見Legge, *The Confucian Classics*, Vol. 1, 159. 譯按：此二句話前者出自《論語・雍也》，後者典出《論語・八佾》。

相同，而且二者之間過於接近，以至於有時彼此還穿插交會。

這樣陰陽交會的信念有一則簡單的範例，是一份由一三六一年（至正二十一年）十一月保存至今的土地買賣契約。葉豐叔從吳旺益手中買下一塊土地，不過如果再仔細一看，這份契約竟然（至少對我們來說）顯露一個驚人的事實：葉豐叔在土地買賣的時候已經去世，而他正在購買的這畝地，是要作為自己的墓地之用。在買賣契約上簽字者，不是葉本人，而是他的妻子李定度代表亡夫簽署。在她的簽名，以及賣家和仲介者的簽名下方，出現了四句這樣的誓詞：

何人書了天上鶴，
何人書了水中魚。
白鶴讀了上青天，
魚書讀了入深海。[8]

前述誓詞並非一般契約的標準用語。李定度在契約後面添上這四句，意在確保她代表亡夫簽署的協議，在陰間也能在陽世那樣受到尊重。陰間地獄設有法庭，因此人們有充分的理由認為，陰間和陽世一樣，可能也有人會對這項買賣提出質疑。於是，她準備了一份契約抄本，隨著丈夫的棺柩下葬——契約文字寫在陶器上，如此才不會如紙張般朽壞——好讓葉豐叔在地底，可以出示這份契約，證明自己買下這畝土地，並且已經付訖。如果幽冥陰間的法律訴訟走到撕破臉的難堪地步，最終的仲裁者會是地獄的主管者、十殿閻王之上的閻羅王。葉豐叔很可能必須在閻羅王面前提出證據。

相信人死後會來到地獄的人，並不僅限於平民百姓。甚至連正直不阿的內閣首輔、大學士葉向高（一五五九至一六二七），也對都察院左都御史鄒元標（一五五一至一六二四）坦承，他很受到地獄觀的影響：自己行事若偏離正道，將來死後下地獄就會受到懲罰。

「公講孔孟，」葉向高對鄒元標說，「予只講閻羅王。」鄒元標問他原因何在？葉向高回答：「不佞老矣，填溝壑之日近。苟有欺君誤國、傷人害物、招權納賄等事，於閻羅王殿前勘對不過者，皆不敢為。」[9]

聽了這番話，鄒元標一如葉預期的笑了——但是，當我們得知葉向高在耶穌會傳教士告訴他基督教教義裡的地獄，而顯示出濃厚的興趣以後，就知道他前述這番話其實是半開玩笑、半帶正經的。對於同時信仰孔孟之教與地獄之說，葉向高顯然毫無困難。鄒元標也是如此，但是在當時，這兩人都生活在一個以懷疑和信仰兩端來回擺盪作為特徵的時代。

---

8 丁荷生（Kenneth Dean）、鄭振滿編，《福建宗教碑銘彙編：泉州府分冊》，頁961。

9 談遷，《棗林雜俎》，頁222。

釋道二教

事實的真相是元、明兩代的大多數人們，在信仰上都抱持雜亂隨意的態度。他們能夠接受儒、釋、道三教各自以不同的模式來詮釋同一個現實。但是三教的地位並不全部相等。如果我們將當時人們的信仰看成是一棟多層建築，那麼葉向高的那番對談，顯示佛教在民間社會這棟建築中已經占據底層的主要位置。佛陀是至高神祇這一點，儘管有若干嚴格的儒者提出質疑，已經受到廣泛的信奉，也幾乎被大多數人所接受。愈往建築上層，就愈看個人的選擇與宗教上的體驗。平民百姓向眾多佛像焚香祝禱，祈求獲得佛祖眷顧庇祐。有時候，若干仕紳階級成員也會前來拜佛，他們在遍布天下各地的名山大寺裡聚集參拜，既徜徉於山林勝景，也領受佛經的開示。

這種趨勢鼓勵像陶宗儀這樣的十四世紀士大夫，嘗試在三教的理論架構之內，進行調和彼此的實驗。陶宗儀在他於一三六六年初次刊行的筆記著作《南村輟耕錄》裡，生動的描述了自己關於三教同出一源的見識。在該書末尾，陶宗儀草繪了儒、釋、道各三幅圖解，展示其中八種道德教義的相互關係，並且以此顯現三教彼此之間系出同源。如此操作，背後的重點很清楚：儘管儒、釋、道三教有許多複雜的差異，三者卻共同表現出一個一致的整體基礎。

洪武皇帝在本朝建立之初，宣示儒、釋、道三教均為合法時，也贊同這種看法，不過在三教之中，皇上特別支持佛教。朱元璋早期對於僧侶和佛寺的支持贊助態度，可能源自於他在少年時期，父母在一場饑荒當中雙雙身亡，蒙一座佛寺開恩收留，才得以活命的親身經歷。然而，他相當謹慎，並未將佛教提升至國教的地位，也不讓自己太過涉入佛教內部利益之中。在胡惟庸案之後，朱元璋對於他所擘畫實施的體制產生了信心危機。他不願意再相信任何人，包括從前他扮演大護法角色的佛教僧侶在內。到了一三八〇年後，他疑心佛教出家徒眾和其他所有人一樣，同樣自私，全都包藏禍心：他們追逐個人欲望、逃避納稅，甚至還陰謀煽動謀逆。為了將他們置於嚴密控管之下，洪武強制實施了一系列嚴格的規範。最嚴峻的時刻於一三九一年降臨。皇帝頒布詔命，諭令全國各地的佛寺歸併到各縣的少數寺廟之內，並且永久禁止建立任何新的佛寺。前述這些變革，必須在百日之內執行完畢。對於佛教的種種禁令，在三年後（洪武二十七年）的《申明佛教榜冊》諭令頒布之後宣告完成，《榜冊》規定出家僧侶必須居於寺內，不得與俗家百姓混居。[10]

這些禁令在洪武皇帝龍馭上賓不久後就紛紛放寬解除，可是對於佛教的壓抑卻延續下去，致使許多佛寺再也沒能恢復往日規模。之後的各代皇帝或許選擇成為佛教的護法，或是道教的贊助者（例如嘉靖皇帝就供養了好幾名聲稱能讓皇上長生不老的道教方士，這些道士負責為他煉出仙丹，不過沒有一位能辦到），但是佛教再也沒能恢復元代或明初時享有的權威地位。道教的地位則更為衰落，根本無法和佛教相提並論。一四〇三年，有人向新登大寶的永樂皇帝進獻好幾套

---

10 Brook, *The Chinese State in Ming Society*, 141-146.

道教經書，皇上喝斥道：「朕所用治天下者，《五經》耳，道經何用？」十四年後，又有一名道士向永樂進獻長生不老的金丹及方書。皇帝要這名道士自行吞服金丹，並下令將那些方書全數銷毀。[11]國家沒有禁絕道士，但是在意識形態上卻並未支持道教。

佛教僧眾在社會上受到普遍的歡迎，因為他們能提供人們所需的喪禮和其他佛事。官員對此深有所知。「釋道二教，自漢、唐以來，通於民俗，難以盡廢，」一名官員對朝廷如此聲稱：「惟嚴其禁約，毋使茲蔓。」[12]一四一八年，一道詔令將每縣的僧眾員額限為二十人，如果這道命令實施，將會進一步限縮佛教的發展。而這道詔命後來並未頒布實施，則說明了在國家憂心勞動青壯男性人口因遁入空門、剃度為僧而不須負擔勞役的同時，百姓心中更加憂慮的事情，卻是人們的宗教生活將受到限制，以及有資格主持喪禮佛事的僧眾人數將要縮減。

堅守儒家思想的人士，同樣也透過朝廷官員表達他們內心的擔憂疑慮。一三七三年（洪武六年），一名北方學者於文章裡堅稱：儒者不言佛家之事，或是道家的上古始祖老子。使用釋、道二教宣揚的罪孽、福慧教旨，想要轉移無知愚昧的風俗，就好似持火炬以使白晝增輝一樣徒勞。[13]儒家思想的智慧有如白晝日光，而佛教的教旨則好似暗淡的火炬。在他寫下這番議論之時，蒙古人已經被逐出北方五年了，如此咄咄逼人的姿態，可能也反映出他的期望：儒家不再像元代時那樣，僅被看作各家宗教教誨當中的一種，還得和其他宗教競爭贊助支持。他希望包含自身在內的儒家信徒，能夠成為新秩序之下思想與禮儀的領導者。

十六世紀後半葉，仕紳階層裡對佛寺的贊助供養有了劇烈的增加，不過這樣的增長也引來傳統儒家保守立場者另一波的抗拒反應。他們中有些人反對以佛家概念隨意混入儒家思想，另外一些人則批評信眾偏好捐資供養佛寺，不顧其他需求。萬曆朝兩次劫難造成的重大損失，致使許多人憂心巨額的善款流向佛教界之手。「今日國中已呈赤貧，」一名北方的縣令，於一六〇四年這樣寫道。「吾人欲撙節，莫如停止無關緊要開銷；此類開銷之中，最奢侈者莫如修建宏偉屋舍，於此宏偉屋舍之中，又以諸寺為他者所未能及。」這名縣令十分痛苦的明白，嚴肅莊重的儒家教條，缺乏普遍存在於佛教教義裡，那些關於死亡與毀滅的動人欺妄幻象。

> 當世謬見，難以去除。頭一謬妄，在家不敬父母，出家禮敬神佛。次一謬妄，不畏觸犯國法，而私懼違背佛門業報之說。三謬妄者，不謀補眼前過，圖謀贖來世罪孽。四謬者，與親人爭產，而概皆予之僧道。一、二愚夫愚婦何以見不及此而未能歸返正道耶？

11 余紀登，《典故紀聞》，頁107-108；張廷玉，《明史》，頁97。

12 這番議論來自一五八七年（萬曆十五年）編纂的帝國法制彙編：《大明會典》，卷一〇四，頁2a-b。

13 此處的史料出處來自各縣志當中，也許能在Brook, *The Chinese State in Ming Society*, 219-221各註解參考書目當中找到。它們依序分別是：《涿州縣志》、《臨漳縣志》、《南宮縣志》、《丘縣縣志》。

在私人生活裡，許多儒家仕紳接受佛教在社會裡的存在事實，甚至還投入佛教的宗教活動之中。若干仕紳這麼做，是要撫慰他們的母親或妻子，可是在一些知名僧侶的努力之下，他們本身的興趣也被激起；這些僧侶設法與士大夫社群交往，並培育、發展在家修行的居士佛教。在杭州伏虎的祩宏大師，就是這些僧侶當中的一位，在他身旁聚集了一群萬曆朝文采最為出眾、才思熠熠照人的江南士大夫，祩宏以虔誠的佛教儀軌來教誨他們，他教導信徒將捕捉來的野生動物放歸山林，這種做法稱為「放生」。許多士大夫都投身佛門，以逃避萬曆時代朝廷的傾軋政治。[14]

佛教在北方仕紳當中的力量，比起南方士大夫要弱得多，北方仕紳禮佛的人數比較少，身分認同沒有那麼強烈，連投入佛教儀軌的贊助善款也較低。一五五九年（嘉靖三十八年），當時居士佛教在士大夫階層中的發展還算是初期，一位北方士人在其著作中，沮喪地看待南方士子對佛教的狂熱態度。「近日以來，」他注意到，「儒者原來依據其功名身分穿用服飾者，現正公然表現其對釋、老二聖之敬意，甚至教誨寂滅涅槃之道，以求揚名顯眼。凡此種種，真令人痛心曷極！」並非所有人都持此種看法。二十多年後，另一位北方儒者就語帶迴護的指出，明代朝廷的禮儀規範「並未禁止地方官員支持釋、道之教，或是祈求長壽」，這使他進而認為，沒有理由限制「仕紳到建於名山深谷中之佛寺道觀隱居，或於其覽勝景、觀碑銘旅途中，在佛寺道觀駐足停留。」（譯按：前述引文，原文均未注明出處。）朝聖者同時也是遊歷旅行家。

寰宇天地

元、明兩代的人們想像中的世界，是一個按照古老「天圓地方」概念所構成的格局。這意謂大地是平坦的，而蒼天則呈弧狀，像一座大穹頂。在另一個更加古老的宇宙觀裡，天不是一座穹頂，而被想像成一顆巨型的蛋狀球體，人們所居住的大地處在當中。雖然這種宇宙觀只在一小部分的讀書人之間流傳，但我們稍後就會看到，日後證明，它對人們接納歐洲傳來的新知識起了很大的幫助作用。

由這種圓形天體、方平地面的模式，進而發展到地圖當中所呈現的地球認識觀。在整個帝制時期，繪製地圖者將陸地畫成方形的大陸，以表達這種不言自明的道理。到了元、明兩代，標準的中國地圖將原來呈球狀的版圖擠壓成一個方形版面。地圖內主要受到扭曲的部位，落在東南象限，也就是浙江、福建這兩個沿海省份。它們在地圖中，並非從東北邊的上海到西南邊的海南島畫一道弧線，而是向外延伸出去，填補原來該是沿岸海域的空白部分。這種表現手法並不代表人們「看待」天下版圖的形狀就是如此，只表示出他們是如何編制出一套繪製地圖的規範。或許我們不能用今天的觀念去糾正這樣的一幅地圖，但是它卻合乎當時人們的期待。[15]

---

14 Brook, *Praying for Power*, 311-316.

15 關於採取一個量化途徑研究中國地圖的各項問題，參見 Yee, "Reinterpreting Traditional Chinese Geographical Maps," 53-67.

地理繪圖家朱思本（一二七三至一三三七）並不贊成這個模式。朱思本向宋代的前作取材，以十年的時間，繪製了兩幅巨形掛圖，一幅為全國疆域圖，另一幅延伸到中國疆域之外的世界，稱為「華夷圖」。朱思本之所以會放棄採用原來方形版面的繪圖模式，可能是由於他使用格網比例定位繪製法的緣故，此法能將原先人們對較小地理單位的理解，轉移到較大的地圖之上。朱思本這幅地圖影響了明代水準最高的地圖繪製法，包括中國首部綜合地圖集：羅洪先於一五五五年繪製的《廣輿總圖》。羅洪先繪製的地圖，並未完全擺脫方形模式；事實上，《廣輿圖》中還留有某些方形模式的痕跡（見圖十四）。就在這些讓天下形勢能夠辨認的傳統做法當中，呈現出一種前後傳承一貫的基本概念，反映出明代的人是如何看待他們身處的世界。

即使是最為基本的概念，在其環境條件發生變動時也會經常改變。其中一個改變的時刻，發生在十六世紀後半，隨著歐洲的耶穌會傳教士抵華而到來。早在十六世紀前二十年，歐洲商人已經來到中國沿海，但是知識的傳遞轉移還只是停留在個人層面。這個情形隨著歐洲傳教士的長期留駐而產生變化，傳教士們以本身具備的科學知識和明朝士大夫交往，並激發起他們的興趣。雙方在交流對話的過程當中，天地寰宇的認知同時對兩邊構成挑戰。耶穌會士認為天是圍繞著地球的九層同心圓天體的最外層。巧合的是，這種想像可以被吸收進入樞紐天地的中國宇宙觀裡。甚至連天穹的觀念也可以對應這個想法。窒礙困難之處則和地有關，因為中國人認為地是扁平的，而耶穌會士則認為地為球狀體。

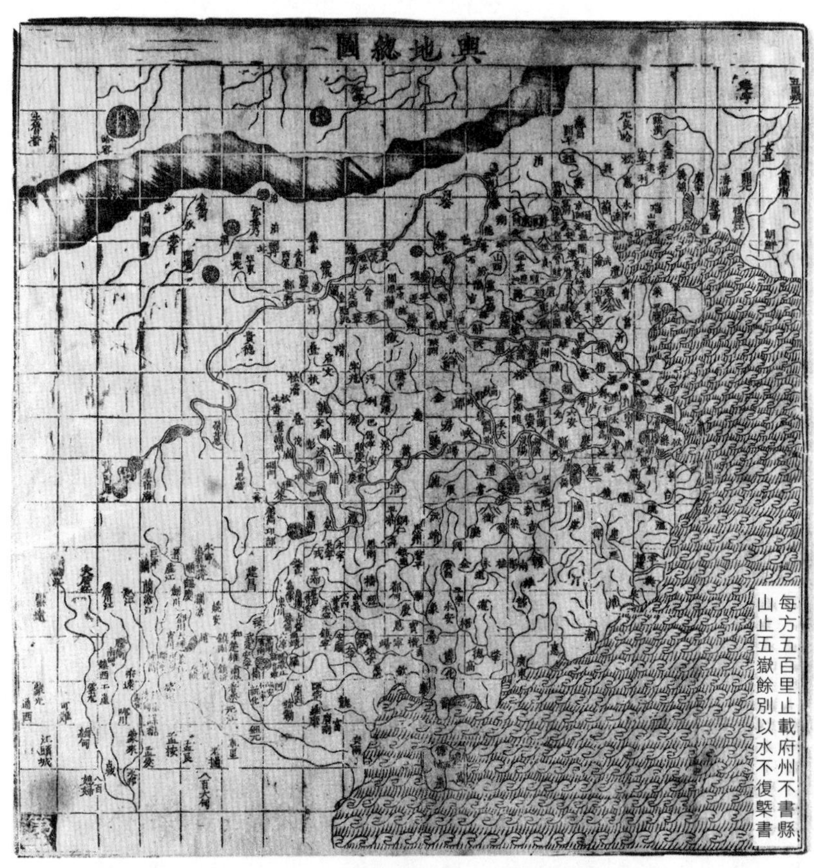

圖十四：羅洪先（一五〇四至一五六四）繪製的《輿地總圖》，收於一五五五年刊行之《廣輿圖》。圖軸底端右側邊框的說明文字為：「每方五百里。止載府州，不書縣。山止五嶽，餘別以水，不復槩書。」注意圖中所繪，黃河奪淮河水道，不由本身位於山東北部的河道，而在山東半島的南端出海。圖軸上端左側那片黑色地帶標注為戈壁沙漠。沿海諸島嶼當中，只有海南島被標注在地圖上。

耶穌會來華傳教使命的負責人利瑪竇（Mateo Ricci，一五五二至一六一〇）借助地圖，向中國人說明歐洲的「球體世界觀」。要使用平面的圖像來創造出球體的形式，並不是憑直覺立刻就能明白的事情，或許這也能說明，為什麼歐幾里得（Euclid）的《幾何原本》（*Geometry*）會是第一本被譯為中文的歐洲科學著作。這個道理在一個世紀以前的歐洲，同樣也不是直觀就能明白的。從托勒密（Ptolomy）時代起，歐洲人就已經進行各種繪製地圖的實驗，試圖將弧狀的表面轉換為平面的線條，而在十五世紀時，隨著歐洲水手航行在地球海面上，他們又再一次要面對這個問題。「地球是圓的」這一點並不是哥倫布所發現，他老早就知道了。而哥倫布沒有透過直接觀察，就無法回答的問題，是地球這道弧形曲面究竟有多大，而實際的體積比他以為的來得大。他打從一開始，就把古巴當成日本，然後認定中國就位於再向西航行不遠之處；這個錯誤，是認定地球圓周比其實際長度來得小所造成的結果。

哥倫布的幾次遠航後沒過多久，歐洲的繪圖者便開始根據他的發現重新調整現有的知識。馬丁．瓦爾德澤米勒（Martin Waldseemüller）於一五〇七年在其繪製的世界地圖內，頭一次標注美洲大陸；在這幅地圖裡，瓦爾德澤米勒嘗試運用一種複雜的曲線弧形來繪製地圖，之後他轉而認為直線表達法（直的經線與橫的緯線一律以九十度直角相交，構成一個框格）在視覺上更加清晰，因而放棄了弧線畫法。這是視覺意識上的簡化手法，到今天仍然被廣泛使用。在直線與弧線之間，出現一種變形的妥協方案，也就是所謂「摩爾威特投影」（Mollweide projection），或稱

「偽圓柱投影」；按照這種投影法繪製的地圖，緯線維持直線，容許經線彎曲成為弧線，而距離子午線愈遠的經線，其曲率就愈大。這種投影法取消地圖中央的弧線，但是在邊緣處容許直線漸呈扭曲。亞伯拉罕·歐特里歐斯（Abraham Ortelius）在他的地圖集裡推廣這種投影繪製法，而由耶穌會士在十六世紀末時帶來中國。（譯按：歐特里歐斯〔一五二七至一五九八〕，比利時地圖、地理學家，繪製出第一本世界地圖集。）

利瑪竇分別以三種不同的投影繪圖法，繪製了至少八幅世界地圖。而正是偽圓柱投影法，這種延伸地球南、北兩區以構成由東至西、連續不斷的地圖繪製方法，最受到中國刊印地圖者的青睞。章潢是這些刊印家當中的一位，一六一三年（萬曆四十一年），他試著在其百科全書式的著作《圖書編》裡，對迷惑不解的讀者們解釋道：「此圖（譯按：《地球圖》）本宜作圓球，以其入冊籍，不得不析圓為平。」[16]這種地圓概念在當時只是假設，因為地球儀還沒有在中國出現。第一具以中文標示的地球儀，一直要等到十年以後，才由兩名耶穌會士造出。

章潢毫無困難的就接受了這種新地理知識，他在其著作《圖書編》裡賦予自己一項使命：向其他人解釋這個新地理觀念。[17]他提出了一個符合邏輯的主張。章潢在書中寫道，他向歐洲人

16 章潢，《圖書編》，卷二十九，頁35a。譯按：據《欽定四庫全書》，前揭書引文頁數為45b。

17 對於地圓論的反應，見Chu, "Trust, Instruments, and Cross-Cultural Scientific Exchanges"；也參見Yee, "Taking the World's Measure," 117-122. 關於中國人對於耶穌會士引進繪圖學的反應，見Elman, *On Their Own Terms*, 122-131.

學到一課，那就是「地有窮盡」。為了提出主張，他首先徵引用和朱熹辯論事實本質的宋代哲學家陸九淵（一一三九至一一九四）。陸九淵的觀點在十六世紀時因為王陽明的門人而又重新復興起來，王陽明擁護並提倡內在「尊德性」的重要性，他認為以這個途徑來理解世界，和「道問學」（從書本中學習）同樣重要。「無窮盡」這個概念，對陸九淵相當具有吸引力，可是章潢卻聲稱，這純粹是眼界的問題。「自中國以達四海，固見地之無窮盡矣，然自中國及小西洋（印度洋），道途二萬餘里，使地止於茲，謂之有窮盡可也，」對此他表示同意，或許這是在說明宋代的陸九淵其知識見解有局限之處。「若由小西洋以達大西洋，尚隔四萬餘里，矧自大西洋以達極西，不知可以里計者又當何如，謂之無窮盡也非歟？此圖」——指的是利瑪竇以偽圓柱投影法繪製的《輿地山海全圖》——「可以里計者如此。」他的結論是：「地有窮盡。」而如果地有窮盡，必定是呈球體狀。由於考量到這是部通俗百科全書式的著作，不適合充作繁複數學運算求得證明的場所，章潢於是以下面這則舞文弄墨的問題終篇：「子何所據而信之乎（譯按：此處作者原引句，英文直譯為：是否你只是因為相信才認定其為真）？」他的答案是否定的。「吾惟信乎理而已。」[18]

徐光啟（一五六二至一六三三）與利瑪竇共同翻譯歐幾里得的《幾何原本》，身為利瑪竇門下最著名的門徒，他也是歐洲地圖投射法的愛好者。徐光啟能夠接受那些頭一次見到利瑪竇地圖的人所產生的困惑不解反應，但是他也對其讀者堅持道，天地俱為圓體的概念順理成章，「猶如二五之為十也。」[19]徐光啟運用得自於歐幾里得的幾何學運算概念來解釋其中運作的道理——他作的這些解釋，想必讓其讀者看得是雲山繚繞、丈二金剛摸不著頭緒。從用語方面來說，反倒是他引自宋代與宋代之前的文字，更能起到解釋效果，這些先前的文字都是他挑選而來，並認為與運算結果相符——只不過，徐光啟所做出的大部分詮釋，實際上都和他所摘引文本原來的意義不甚相符。

李之藻（一五六五至一六三〇）是另一位身居高位而改宗皈依基督的中國天主教徒，對他而言，前述主張要贏得支持，靠的不是邏輯，而是經驗。一六〇一年，李之藻在北京初見利瑪竇，這也是他頭一次見到世界地圖。利瑪竇對他解釋道，這幅地圖是根據扭曲變形的圓柱體繪製，而非依照長方形來勾勒，這是因為大地為球形的緣故。李之藻乍聽之下目瞪口呆，但是很快的就信服此說。在這幅地圖問世之前，在中國，「輿地舊無善版」，他於隔年寫道。李之藻注意到，利瑪竇運用了朱思本與羅洪先都提倡過的格網定位繪製法，從而使他能夠結合中國科學當中的若干最優良傳統。接下來，他就開始展開抨擊。如果人們將利瑪竇的地圖拿來和《大明一統志》當中的地圖作仔細的比勘（《大明一統志》內的地圖是個不堪一擊的對手，因為它是明代刊行的各款

18 章潢，《圖書編》，卷二十九，頁33a、39a。

19 徐光啟，《徐光啟集》，頁63。

全國地圖之中，製作最為粗疏草率的一種），李之藻說，你就會發現利瑪竇的地圖有多麼精確。其中的差異，在於利瑪竇代表的那個世界的經驗。這是因為，「撰述之家，非憑紀載，即訪輶軒（譯按：一種輕型馬車，這裡指親身遊歷）。」但畢竟「紀載止備沿革，不詳形勝之全；輶軒路出紆回，非合應弦之步，是以難也。」各種地圖內的自然缺陷問題，在中國原有的輿地圖呈現明朝疆域外的世界時，只有更加嚴重。利瑪竇因為親身遊歷過這些地方，所以他繪製出的地圖，必定比中國版本更為可信。

在一個尊崇書面文字的文化裡，人們不大可能心平氣和的接受書面紀錄的地位被貶低到只具有參考價值這種事。更加讓人難以接受的，是西洋之人的世界地圖版本應取代中國版本的提議。但是，利瑪竇的親身經歷是他的王牌法寶。「西泰子（這是利瑪竇給自己取的稱號）泛海，躬經赤道之下，平望南北二極，又南至大浪山（即好望角），而已見南極之高出地至三十六度。古人測景，曾有如是之遠乎？」[20]答案是沒有。古代中國必須向近代歐洲低頭。

李之藻明白，他主張的地圓說還不能取代原來被看成公論的地方說，因此他在五年後嘗試運用一種修辭策略。「地形亦圜，」他宣稱，「（然而）其德乃方。」[21]這個時期的另一位百科類書作者王圻，在其著作《三才圖會》裡承襲了這種說法。在回想起天地樞紐的宇宙觀以後，他宣稱道：「有謂地為方者，乃語其定而不移之性，非語其形體也。」接著，王圻又提醒他的讀者，最能體現天地之間相應符合之處，就在於二者同為球體。「天既包地，則彼此相應，故天有南北二極，地亦有之；天分三百六十度，地亦同之。」[22]

地圓說之所以能取得進展，是由於明代知識世界具備的一項內在因素：萬曆朝的讀書人「格物」的意願，也就是他們願意去探究、調查事物。他們能夠認識到，在數學和天文學方面都受過良好教育的耶穌會士，自身已經形成一套對於這個世界的認知定論。在華耶穌會士們憑藉著優於明朝士大夫的方法（球體幾何）與設備（望遠鏡），向其中國同僚展示他們是如何探查天與地。無論他們的見解是否破壞原來「天圓地方」的基本定論，都獲得極高的肯定評價。在重要性方面，天圓地方的定見比不上天地之間存在著一種運行模式的證據，而這種模式較能與觀察所得相符。銀河在從前被認為是月球下方的雲層帶，可是透過望遠鏡顯示，它是更遠處由數千顆星構成的寬廣星帶。[23]隨著這項發現，原來相信銀河在月亮下方的信仰，就別無選擇，必須要放棄了。從這時算起，不到十年的時間，伽利略（Galileo）將會用同樣的科技來證明，耶穌會士正在教導明朝中國人的一項基本道理——地球處在一個球體宇宙的正中央——是錯誤的。屆時，歐亞大陸兩端的各種寰宇天地認知，都必須再面臨改變。

---

20 李之藻，〈坤輿萬國全圖序〉，收於李天綱編，《明末天主教三柱石文箋注》，頁148。

21 李之藻，〈渾蓋通憲圖說序〉，收於李天綱編，《明末天主教三柱石文箋注》，頁144。

22 王圻，《三才圖會．地理》，卷一，頁1a。

23 Hashimoto, *Hsu Kuang-ch'i and Astronomical Reform*, 173, 189.

道德自主

明朝的各種信仰，不會單單因為少數歐洲人與萬曆朝的士大夫進行對話而發生改變，雖然他們的影響力的確很重大。信仰會產生變化，是因為文化內部的各種壓力所致：萬曆和天啟兩朝政治的道德淪喪、商業的快速發展、社會地位的顛覆破壞、邊疆地區的緊急軍情，以及環境生態的低迷惡化。處在這些情況之下，有些人開始相信：舊日確信不移的信念，在今日已難以維持。他們尋求理解這個世界的新方式，而通常選擇在官僚體系之外進行。李贄（一五二九至一六〇二）就是其中的一位。李贄是泉州穆斯林商業世家的後代，他曾經追求過正規主流的人生道路：通過科舉考試，在官僚集團裡擔任職務。到了中年，他從官場退下，投身於哲學思辨之中，此外還與利瑪竇見了一面。晚年的李贄，儘管未剃度受出家戒，卻剃髮穿著僧袍。他開始被人們視為驚世駭俗的異端，受到年輕一輩的熱烈接納，年長世代的輕蔑摒棄。

李贄筆耕甚勤，他藉由筆下文字的付梓刊行，確保他的理念得以盡可能的流傳推廣。在這裡，我們不去一一檢視他的全部文字，而是將焦點擺在一系列的通信，也就是李贄與耿定向（一五二四至一五九四）的往來函件論辯之上。耿定向本人也是知識界的一位重要人物，他原來先是李贄的友人，稍後成為其庇助者。但是耿定向同時也是朝廷的高級官員，密切注意激進哲學引發的政治效應，而李贄對此卻並不在意。兩人的函件往來，各自保留在其出版刊行的著作之中，時間起始自他們意見逐漸不合的後期階段。從信札往來裡可以追索他們思想的演變過程，以及兩人之間友誼的崩壞裂滅。[24]

現存時間最早的李贄致耿定向函，時間是一五八四年四月，兩人之間的爭議，與孔子對於哲學思辨的意義有關。對李贄而言，學術之目的不在於了解孔子，而在於明白道理。另一方面，耿定向的「家法」卻提倡循序漸進的遵照經典當中所傳的聖人之教。對此，李贄不能贊同。「孔子未嘗教人之學孔子也，」他強調，並且摘引孔子「為仁由己」（實行仁德，完全在於自己）的教誨。[25]李贄所質疑挑戰的是一種不加思索、完全接受孔子作為一切事物權威的態度，因為他憂心儒家教育的課程，業已迷失其方向。於是，教師和官員「有德禮以格其心，有政刑以繫其四體。」教育的宗旨——從廣義來說，也是治理的任務——並不是逼迫百姓遵從哲學思想或國家組織的嚴格管束，而是要塑造其向善的本性。「是故寒能折膠，而不能折朝市之人；熱能伏金，而不能伏競奔之子。」

此時，李贄提出一項異乎尋常的建議。與其壓抑或限制人們自私的行為，何不動員人們，讓他們追逐自己的利益呢？「各從所好，各騁所長，無一人之不中用，何其事之易也？」在這封

[24] 這些信札函件分別刊載於李贄，《焚書》，頁16-33；以及耿定向，《耿天臺先生文集》，卷四，頁40a-50a。關於一項至今仍有影響力的李贄評價，參見Huang, *1587, a Year of No Significance*, 189-211.

[25] Analects 12: 1，理雅各英譯，*The Confucian Classics*, vol. 1, 250.

信函的末尾，李贄先是稱讚耿定向對自身的道德修持抱持深信的態度，並且能身體力行，但是也建議他接納其他不同看法、觀點的可能。「不必人人皆如公耳故，」李贄提醒耿定向，「僕自敬公，不必僕之似公也。」

雙方的往來信函當中，現存耿定向回函裡，時間最早的一封，否認古聖賢身教言教乃一切事物之解答的說法。耿將這些古人的教誨歸納為兩種類型，分別是隨時間而變動推移，以及歷數千年而持續不改易者。前者基於經驗，因此容易發生變動；後者乃根據上蒼建立的法則而制定。時間會改變，但是基礎的「模樣」並未改變。「古人苦心極慮作此模樣，使爾（李贄）我安於平土，飽暖於衣食，」耿定向寫道。「又教之人倫，使免於禽獸。」這些教誨在需要道德行動之時，與他所稱之「不容已」（行為根源於良知本心，而不容私欲阻礙）或「以為心雖自已，不容自已矣」相符。李贄之傾向佛教，已經使他放棄了「不可已者而已（內心對於職責義務的深沉感覺）」。

李贄在回函裡的語調變得強硬。他宣稱耿定向「蹈故襲，踐往跡」，而於此同時，李贄自己為了「聞道」，卻「如鳳凰翔於千仞之上」。李贄尚且引用孔子「鄉愿，德之賊」的語錄，認為人寧可「狂狷」，也好過道貌岸然的「鄉愿」。[26]「有狂狷而不聞道者有之，未有非狂狷而能聞道者也。」耿定向既如此堅持「中行」（適當而有節制的舉止言行），又怎麼能冀望可以「聞道」呢？李贄已經準備放棄儒家之教，而耿定向對此深感震驚。他在覆信作答時，抱怨「今之狂禪」

疏忽學問，乾脆佯裝已進入超越一切的神祕之境，而這是純粹的儒者所無法想像的。他譴責佛教給予人們簡易的替代法門，到頭來卻沒能獲得任何成果。真正的佛教苦行或許很艱難，但是其仍遠遜於孔子之道。

輪到李贄回函時，他說道耿定向的「不容已」，就好比家中少年子弟的孝悌諸行，然而李贄的「不容已」，卻是啟迪尚未明白「明明德」道理的成人。耿定向的道理有如雨露之滋潤，不請而自來；而李贄自己的道理，則為霜雪之凜冽，溶解為水氣以拯救乾旱。耿定向好比是一名「村學訓蒙師」，施教課徒，勞而少功；而李贄自己卻是一名擒賊先擒王的統兵大將，用力少而收效甚大。

兩人的通信詰難逐漸升高、失去控制。李贄指控耿定向在十年之前，對於兩人共同的友人何心隱（一五一七至一五七九）遭到處死時竟袖手旁觀、不加施救。當時的耿定向，頗受到內閣首輔大學士張居正的重視——但是他卻毫無作為，沒有出手相救何心隱。這番話令耿定向大為氣惱，在回函作覆時反問李贄：二十五年以前，當他因奔祖父之喪返回福建時，將兩名最年幼的女兒留在北京，竟任其活活餓死一事，究竟作何感想？兩人之間原來學術思想的歧異，至此已經演變成相互人身攻擊，而他們的友誼便宣告破滅。

---

26 Analects 17: 13，理雅各英譯，*The Confucian Classics*, vol. 1, 324.

李贄狂熱的相信個人完全有能力找到自身「得道」（找到真理）之路；而耿定向則堅定的篤信遵循古代經典的價值，以求能「聞道」（領悟真理）。雙方之間的差異使兩人針鋒相對，其激烈的程度，令人難以想像他們早先時候的友誼關係。從長期來看，大多數的理學家最後還是會支持耿定向的立場，並且將會拒斥李贄。李贄的觀點被認為只會使人心偏離政術治理手腕所繫的核心道德，無法走上穩定倫理道德的未來道路。兩人在耿定向的晚年謹慎的達成和解，耿、李言歸於好，但是這並不容易。

在兩人通信辯論結束十年之後，李贄在一場涉及另一位內閣首輔大學士（譯按：沈一貫）的政治危機當中被捕，這位首輔大人藉由下令將他逮捕，以企圖迴避批評者的抨擊。李贄被當成其反對者門下的庇護人物，因而遭關押入北京監獄，面臨「招收女性徒眾」、踰越禮制的劾奏。即便這項來自黨爭激烈朝廷內部的指控，純屬子虛烏有的捏造，所有人仍然認真看待此案。一名李贄的友人試著淡化他的理念重要性，以為其辯護，他說道：「人各有見，豈能盡同？」這位友人強調，強求一致，對知識思想來說是不健康的：「假使講學之家，一以盡同為是，以不同為非，則大舜無兩端之執，朱陸無同異之辨矣。」[27]

這番抗辯訴求是否被高層聽見？我們無法斷言。不管怎麼說，對李贄的控訴後來撤銷了事。官府諭令，將李贄釋放，發交其友人處監護管束。然而，在這道命令送抵獄中之前，李贄便因深陷絕望境地而自殺身亡了。現代的歷史學者認為他是爭取思想獨立自主的殉道者；而對與李贄生活在同一個時代的人來說，他是一個瘋狂的糟老頭，他既活在一個充滿爭議的年代，也在爭議之中結束了自己的生命。

異同之間

「差異」（difference）是我們在認識這個五花八門的複雜世界時，所組織運用的標準方法。正如一句通俗的廣東諺語：「百里不同風，千里不同俗。」[28]這句俗話的含意，在中國境內與帝國邊境內外同樣真確。對此，明朝政府顯然有不同的企圖。「國中最高治術之境，應無風俗之相異差殊，」一五一九年（正德十四年），一位廣東省東部的作家如此認為。「感今上德威，四海之內疆域一統，豈有風土稱異者哉？」[29]根據這樣的見解，各地的自然差異不得作為妨礙國家與政治統一、或是全國境內文化認同的藉口。當明朝開國皇帝抱怨西南地方「風俗有異」時，不是要驚

27 馬經綸信函，重刊於廈門大學，《李贄研究參考資料》，頁64。

28 蔡汝賢，《東夷圖說．總說》，頁2a。

29 《道光朝邑縣志．風俗》，頁9a；同樣的感嘆在《綏傜廳志．風俗》，頁18b內也可以見到。譯按：正文中稱「廣東省東部」，注釋內引用書名拼音為Chaoyi xianzhi，但廣東似無類似發音的縣名。查朝邑縣在陝西省境，道光四年刊行之《朝邑縣志》，出版年分與本書作者標示的縣志年分（一八二四年）也相符，故先備考於此。

嘆各地的差異，而是要警告他手下的官員，應該努力以一致取代差異。[30]

儘管如此，在明朝人的心目中，對差異的認知還是根深柢固，因為這是根據經驗而得來的重要事實。萬曆朝那個世代的明朝讀書人，苦於諸多否定「一致」（sameness）世界存在的明顯差異證據，他們奮力掙扎，努力想主張有一個一統世界的存在。正如美國歷史學者包弼德（Peter Pol）在其論述理學歷史的著作裡注意到的，「對於一致、統一的信仰——相信有一套有機而統合一致的宇宙天地體系、相信有一個自古相傳統整融合的社會秩序、有一種普世而不會變易的學說信條，以及齊一、一致的心靈經驗——全都與理學家們所生活的世界相違背。」[31]這是一個讀書受教之人彼此間意見劇烈分歧的世界，佛、道二教的發展一如既往的充滿活力，而天下周遭盡是生活習慣或信仰皆不相同的人們。為了這個理想而努力奉獻，就要面臨現實世界的嚴峻挑戰，而能夠堅定支持這個理念的，無非是信念本身而已。

對萬曆年間的士大夫而言，想要捍衛「不必人人皆須以同樣方式思考」的觀點，並不是容易之事。李贄嘗試和耿定向一道，求助於三教調和論的邏輯，藉以替以下這種立場辯護：人可以改變其通往真理的道路，而不必損及真理本身。偏愛哪一條路徑，並不表示對其他道路的否定。然而，抱持正統儒家信念的人士，卻對於儒家教義被看作與佛教地位相等而感到驚恐，而這種觀點在本朝末日、天翻地覆之時，影響力更形增強。偉大哲學家王夫之（一六一九至一六九二）的父親，就是在本朝覆亡之際的一位儒者，他親身目擊儒家權威的傾覆，因而發出了悲嘆。正如其子於稍後寫道：「先君終身未嘗向浮屠老子像前施一揖。」王夫之記錄下其父的態度，用以避免後人的誤解：在一六四四年，當流寇叛軍張獻忠所部一路洗劫湖廣南部的農村以後，其父決定與僧侶合作，清理收拾橫陳滿地的屍骸。[32]對於嚴守儒家立場的人士而言，佛教徒並不構成問題，也非冒犯；他們只不過是份屬於另一個不同的範疇罷了。和他同一個世代的讀書人，都歷經了明朝的滅亡，他們回首過往，認為正是李贄那個界線混淆的年代，將他們帶入本朝崩潰危亡的無底深淵。王陽明之學的信徒立場更加激進，他們更進一步聲稱，人人皆是聖賢：所有人在本質上皆是相同的。沒有任何事物能夠背離儒家的規劃，它所提供的是一種嚴謹確切的道德和社會分際架構。但是對於若干處在萬曆年間嘈雜紛亂的思想壓力鍋裡的睿智心靈而言，萬物本質同源說倒不失為一個他們願意考慮的提議。

在這些具備睿智心靈的人士裡，若干人最後和耶穌會士展開對話，這使得他們在為「普世一致高過差異不同」的信念辯護時，得以在立場上更前進一步。他們樂於反覆引述陸九淵說過的一句話：「東海西海，心同理同。」改信天主教的李之藻，就引用這句話作辯護，他認為雖然中國

30 引自Scott, *The Art of Not Being Governed*, 13.

31 Bol, *Neo-Confucianism in History*, 216.

32 王之春，《船山公年譜》，卷一，頁20b-21a。

與歐洲之間的地理、宇宙觀看法理論各有不同，其方法與發現卻並非不可衡量相比。[33]中西兩個文化都學會如何測量地表、觀察天象，以求能分析宇宙的構成。既然寰宇相同，那麼他們的發現所得最終也必定相同，而其使用的方法亦必定可以並行不悖。

同樣皈依天主的徐光啟，將這個觀點寫成一篇名為〈正道提綱〉的文章，為基督宗教辯護。中國與外邦都處在同樣的環境條件之下，或者用他的話來說，就是「四海同風」。當人們認為世間一切存在均為同宗同源時，「何有彼，何有此？」[34]徐光啟這番話，或多或少是在替自己辯護，因為當時有一種指控的論調，認為基督宗教與中國文化完全不相符，而這種指控意味著在一種文化的真理之外，拒絕接受另一種。用徐光啟的話，普天之下「無物不同」。在理念上，基督宗教並未讓他強烈感受到有開創另一套不同思想體系空間的必要。根本的概念早已經存在於儒家傳統思想當中，可以追溯到宋儒陸九淵。藉由將個人主觀的經驗賦與更強大的道德權威，陸九淵尋求制衡理學的高度唯理主義（hyper-rationalsim）。這正是明代中期王陽明所贊成、共鳴的觀點，也是萬曆年間像李贄這樣的知識分子支持的看法。

那些對於外來文化影響抱持敵意的人士，喚起人們心中對差異的恐懼幽靈。吸收歐洲知識，尤其是吸收天國、上帝相關知識（耶穌會士視為基督教核心觀念）的中國人，被控崇敬「異道」，以及隨之而來的「信奉異教」，就差沒有被指為觸犯散布異端邪說的重大罪行了。另一位知名的天主教徒楊庭筠，撰寫了一篇為基督宗教釋疑的假設性對話錄，對於「異道」的指控提出了回應與反擊。文章裡提問：「西來之書，與吾中國是同是異？」他的回答是「率同（大致相同）。」那麼，要是中西學問大率皆同，既然中國傳統即已經包納一切歐洲知識，又何必接受基督教呢？歐洲的知識難道不是多餘的嗎？

「不然，」楊庭筠回應道。「所為同者，語其統宗一，天地之主究竟一。」楊接著回溯中西雙方傳統之中「率同」之處，以充實他的論據，他提出一份清單，上面羅列四項思想上潛在的異同論點；或者，用他的話來說，這四項論點就是「未同」之處。這些「未同」之處都值得加以探究——或者，如楊庭筠所說，值得「析而究之」；章潢在描述繪製地圖者在切分一個球狀體、平放於平面地圖上時——這麼做是要了解歐洲能提供的知識為何——也使用了同樣的詞彙。這正是楊庭筠所運用的觀點：不是要衡量中西雙邊文化的強弱之處，而是要找出歐洲傳來的知識，在哪些地方可以對中國帶來裨益。如果只是因為古人無法獲得這些西方的知識，不代表我們就應該加以拒斥。楊庭筠進一步堅持道：「故不同者，正無害。其為同而同處，正不可少。」他舉了一個頗有啟發意義的譬喻：「此不同，即如科場取士，命題同矣，而作文者妍媸自分，工拙自別，」因

33 李之藻，〈廣輿萬國全圖序〉，收於李天綱編，《明末天主教三柱石文箋注》，頁149。

34 徐光啟，〈正道提綱〉，收於李天綱編，《明末天主教三柱石文箋注》，頁107。李天綱教授對我提示徐光啟思想中的這項特色，在此向他致謝。

此，他問道：「何必其題之異乎？」[35]

相同，並不只是哲學思辨性質的概念。它是某些人們處在這個文化變遷的時期，當他們遭遇另一種哲學思想、挑戰其認同時，所選擇的對應態度。元朝靠著支持多元民族國家的觀點建構其統治基礎。不過，這個觀點既無法一統國內各民族，還堅持民族之間的差異，建立起種族階級秩序。明朝建立後，放棄這種多元民族並存的路徑，而選擇將原先已經形成整體的民族（也就是「中華之人」）統一起來。元朝主張國家統一，但卻實施種族階級差異的統治。明朝則同時實施國家與民族的同質一致。不過，隨著時間過去，這種同質性在大眾心中剩下的有毒殘餘成了排外情緒：畏懼那些「非我族類」的人。拒絕承認歐洲人（或任何其他外人）與自身的相同一致之處，讓大多數的明朝官員難以在資訊充足的條件下，培養出包容的胸襟，來面對外在的世界。滿洲人在一六四四年的勝利，似乎證明這些排外仇外者是正確的。那些尋求統合所有傳統與信仰的人士，此時失去了在道德上的根據，無法為他們抱持的更加多元廣闊的世界觀進行辯護。

---

35 楊廷筠，〈代疑續編〉（代疑編之續篇），引自Standaert, *Yang Tingyun*, 206-208，英譯稍作改動。譯按：原文據李天綱編，《明末天主教三柱石文箋注》，頁274還原。

第八章　物事

各種物事氾濫於元明兩代。從深鎖於九重宮闕之中、儲放貴重物品與藝術品的巨大倉庫，到小康人家裝潢典雅的宅邸，再到只有一或兩間房間的尋常農民之家，人們在這些地方裡聚積了各種各樣他們需要（或他們相信需要）的物品，好引領他們的生活，處理生活中的大小事。這些物事，或許簡單如筷子，或許普遍如茶壺；可能精雕細琢，有如成化年間（一四六五至一四八七年）燒製、薄如蛋殼的瓷茶杯，可能匠心獨運、細細雕繪，有如一葉翠玉片，上面畫著一幅點綴著雲朵的風景畫，裡頭刻著精細的人像。這些物事，有些取之不竭，有的極度稀少；有些價格昂貴到令人屏息，有的則低廉便宜到讓人匪夷所思。它們構築了元明兩代人們生活的物質世界。正是這個物質世界，生產製造出各種各樣的商品，透過各種各樣的規模，流通散布、消費使用，如此規模程度，還沒有別的文化曾經體驗過。一名貧農或許在一年當中負擔得起一次大買賣，而與此同時朱家的一位親王可能擁有好幾處倉庫，裡面存放的貨品，遠超過任何需要的程度。物件出現在買家能夠負擔的地方，並且在很大程度上，界定了他們身處的世界。

家產

在元代，關於何人擁有什麼物事的紀錄相當稀少。馬可・波羅對我們提供了他所眼見忽必烈皇宮奢侈品的若干吉光片羽，像是位於大宴會殿中的大酒庫，「每隔三步距離，就雕有一頭黃金鍛成的精細獸像。」他告訴我們：在宴席上，大汗的僕從提供了「如是之多的金銀器皿，人若非親眼目睹，斷不能相信。」令人印象深刻，而這就是馬可・波羅的用意。關於一位威加四海的統治者身邊有著什麼樣的物事，他並未真正嘗試給我們一個完整的描述。馬可・波羅的意圖，是要以這些物事代表的規模和價值令我們吃驚，而不是對後世的史學研究者提供一份當時物件的實際清單。我們所能見到的元代產物清單，只有忽必烈在位時代居住於杭州的四十七位私人藝術收藏家留下的收藏品紀錄。關於他們的故事，我們會在稍後適當的時候討論。這不是一份可以建構元代家產物品印象的紀錄。

明朝在這方面的情況就好得多了。明代最為著名的物產列表，是嚴嵩（一四八〇至一五六五）府邸的抄家清單。嚴嵩曾是內閣首輔大學士，於嘉靖朝把持朝政長達二十年之久，遭到京師全體文官集團的眼紅與厭惡——也為他贏得了大批禮品和進項收益；這些物品在他聲名掃地死去之前，適時的遭到朝廷抄沒充公。對於嚴閣老的諸般指控，除了阿諛奉承皇上這項之外，或許都是不公正的誇大，不過控訴其子嚴世蕃（一五一三至一五六五）仗父親之勢圖利自身、魚肉鄉里，倒是罪有應得。這份於一五六二年（嘉靖四十一年）查抄嚴府時繕就的財產清單保存了下來。它作為政治紀錄，既是一份真實的財產清單列表，也的確讓我們得以一窺當時國內一戶最富有家庭之內的生活情景。

嚴嵩被抄沒的家產，展現了一個富有之人可以指望能擁有的財產上限：以金、銀或是玉打造的器皿；古董（大部分為青銅製）；稀有材料製造的物品，像是珊瑚、犀牛角以及象牙等；腰帶（如同今日男性穿戴的腰帶，這些腰帶是當時人們穿用袍服時的重要時尚服飾配件）；華麗的衣裳，特別是絲綢服飾，以及由絲綢裁縫而成的衣飾；樂器（當中有些是古董）；硯台和各種文房四寶；屏風；鑲嵌有珍貴珠寶的木牀；書法卷軸、摹拓自石碑上的字帖，以及各種風格的畫作；最後，是卷帙浩繁的藏書。前述這些，還只是朝廷直接自嚴府抄沒的物件。還有更多從嚴府抄沒的物件，遭到強制拍賣，並且被記錄在另一份不同的財產目錄之中。這第二份清單裡所包含的物品，在種類上更加普遍：各種器皿和用具、紡織品與服飾、家具與眠床、樂器和書籍——毫無疑問，這些物品全都品質良好，而且價格高昂，不過並非古董、價值連城的巨作，或是文化珍寶。它們是一戶富裕之家想要擁有的日用物品。如前面所說，抄沒嚴府家產是一次政治舉動。分成兩部分的財產目錄，其存在的價值，是要證明嚴嵩在道德上已不勝任內閣大學士之位。更何況，藝術史學者柯律格（Craig Clunas）還質疑是嚴嵩的政敵炮製了這份家產清單。「在其中以平淡無奇的官僚用語寫就，缺乏挑逗下流的激情，反倒是以冷靜的語調，列舉出彷彿無窮無盡的財產。」這些物件是一個真實的家庭所確實擁有的東西，只不過這戶人家並不合乎一般的典型。[1]

下一系列我們必須要加以審視的財產目錄，是那些保存在分家產契約（鬮單）裡的紀錄，通常分家出現在原來的戶長死亡之後。其中有五份這樣的目錄來自徽州府，這裡位於南京以南的山丘地帶，是明代許多巨商富賈家庭的故鄉。[2]這些家庭在豪富的程度上未及嚴嵩，不過他們的名下卻也擁有足夠的財產，可以在分家時進行處分。吳家於一四七五年（成化十一年）分家時的家產，顯示這只是一戶家境小康的中等人家。契約中列舉了一條地毯、兩具板凳、一盞附有裝飾的燈籠及其燈座、一對古銅花瓶、四面銀硃漆盤、一個算盤、一幅畫卷、一只箱子、一具置衣架，以及一擔酒箱。這戶人家還擁有一副碾磨槽、一副準陸盤、一把鋸子、三乘轎子，以及一把看上去像是爆竹裝置或某種火器之類的物事。吳氏一族絕對不是窮苦人家——他們擁有三乘轎子作為代步工具，就是一個很明顯的象徵，但是他們的財產，使得這戶人家只能位居上層菁英人士的底部位置。

一六三四年（崇禎七年）進行分家的余家，留下了一份財產目錄，能夠說明過了一個半世紀之後，一戶尋常人家能夠擁有什麼樣的物事。他們的這份清單包括十張各種形狀與大小尺寸的桌子、兩張床、一張供香高桌、十二把凳子、十二張座椅、三組爬梯，還要加上一具擺放橫弦琴的古董桌子。許多列在清單目錄上的物件，都是「舊」的。因此余家擁有的物品比吳家還多，不過在富裕的程度方面，如果各自和同時期的人們比較，兩家大致相似。一六三四年的徽州，比起一四七五年時要來得繁榮許多，人們對於擁有與身分相稱物品的期待也已經發生變化。現在，一戶環境能力中等的人家，應該要擁有一具能擺放古琴的桌子，這可是能夠象徵仕紳地位的註冊商標，同時也代表人們對文化生活的期盼業已提升。

詳細列舉在一六一二年（萬曆四十年）孫家的分家產文書當中的物品，顯示出更為富有的人家所能擁有的財產。孫氏一家都是商人，靠著經商起家，貿易致富。在兒子三人都結婚成家之後，孫家決定將原來共同的產業分作三份，內容相當可觀：除了金銀酒器、銅錫器皿、畫卷、瓷器之外，還有不少於一百八十件的家具。我們在稍後將會更進一步的檢視這些家具。至於在這裡，只要先記下這些家具的數量就夠了。這些家具的數量非常龐大，也表示一戶富裕的商賈人家宅邸之中，可以期待擺放多少物件。

1 Clunas, *Superfluous Things*, 46. 柯律格在後面兩頁（47-48）提供了這些財產目錄的摘要。關於嚴嵩的生平，參見蘇君偉（Kwan-wai So）執筆撰寫的傳記，收於Goodrich and Fang, *Dictionary of Ming Biography*, 1586-1591. 譯按：嚴嵩的抄家財產目錄，後編輯成冊刊行，名為《天水冰山錄》。

2 歷史學者巫仁恕發現了這些財產目錄，並將其刊載於著作《品味奢華：晚明的消費社會與士大夫》，頁225-232。

另一戶徽州人家程氏，透過在長江下游一帶經營八處典當鋪而致富，他們所擁有的物產，更超過孫家。他們這份分家財產清單，寫於一六二九年（崇禎二年），當中只列有五十三項物品，不過這份清單卻相當引人好奇：清單內共開列香桌十五張、漆盒三十四個、三幅屏風，以及銅鑲酒箱一擔。我們乍看之下，可能會覺得程家擁有的物品比孫家少得多，不過這完全是誤解，因為他們分家的清單只列舉真正貴重的物品。普通家具和日用物品並未涵括在內。在這樣的家庭裡，這些物品根本不被放在眼裡。

最能幫助我們完整勾勒出當時的大戶人家可能擁有物件的物品列表，來自於一份最不尋常的清單，這又是一份抄沒充公的目錄：耶穌會傳教士在南京宅院裡的物品。抄沒充公行動發生在一六一七年（萬曆四十五年），是朝廷調查耶穌會士在南京活動的各種舉措之一。一六一六年，高一志（Alfonso Vagnone）和曾德昭（Álvaro de Semedo）兩位耶穌會神父，以及十七名中國籍教會人員遭到官府逮捕，他們大多和兩位神父共住一處。這些人被控圖謀不軌。於是在隔年春天，作為調查行動的一部分，他們的居所遭到搜索並且查封。就在這時，官府騰繕出一份宅院內物品的詳細目錄。這座宅院是利瑪竇於一五九九年買下的，這表示屋內已經一連十七年有人居住，並且積累各種物品。某些物件，例如擺放在木箱裡的風琴與時鐘（已經壞了），屬於住在這裡的歐洲人擁有之物。不過大部分列在清單上的物品，任何大戶人家都可能會擁有。

抄沒清單分成三個部分繕寫：其一包含了六十七項外國物品，在耶穌會士遭到驅逐出境時歸還給他們；第二部分包括一千三百三十件家具，以及其他家戶的物品，朝廷對它們不感興趣，因此之後遭到拍賣；清單的第三部分包括一千三百七十項和「圖謀不軌」指控有關聯的物件。它們當中大部分都是書籍（共八百五十卷），不過也有印刷字版、檔案、地圖、天象觀測器材、耶穌受難聖像十字架（官府認為這些聖像十字架類似於巫蠱人偶），以及繪有官方忌諱的群龍裝飾的物品。[3]這可是一大筆物品。除了一名歐洲訪客有過好評以外，人們對這座南京院落的評價並不是特別好；清單顯示出屋內的布置狀況或許不到奢華的程度，不過至少應該不錯。這座宅院之所以如此，並不會使人感到驚訝。耶穌會的神父們隨時都必須在這裡讓至少十二個人留宿，而他們在布置風格上也必須考慮到這些來訪者的觀感。

這麼多物品，很難知道該從哪裡開始看起。我們可以先從家具開始：四十張桌子、六十一把椅子、三十四把長短凳、五具書櫃和十一架書櫥（外加兩個矮櫃）、十三餐具櫥、九張行軍床、三張一般眠床、兩張天鵝絨床，還有大量的箱子和櫥櫃。瓷器有三百二十六件，外加兩座大型瓷香爐。做衣服的布料有好幾匹，還有袍服、手帕、窗帘與床罩、廚房器皿和托盤、櫥櫃與收納物品用的箱子，數量全都非常多。銅製品這一項目裡，就包括了一個用來盛滾水的臉盆、一具保持茶水溫度的器皿、一具可加熱的洗臉槽、七面銅托盤、四座銅爐（其中兩座有銅製架子）、兩個

---

3 Dudink, "Christianity in Late Ming China," 177-226.

銅鍋、兩塊鑲嵌用的銅板以及兩柄矛尖。錫製品包含一個錫製小酒壺、六瓶盛裝葡萄酒用的高腳酒瓶、四盞茶壺、三個廣口水瓶、一具燈座以及十座錫燭台。在大型物件當中，有三乘附有窗帘和屏幕的轎子、兩根用來抬轎的長木桿、三輛騾拉車、三座冶鐵爐和一座鍛鐵用的高爐，另外還有兩條長地毯，一條是羊毛編織，另一條則是麻布製品。工具器械當中，包括三把鋸子、兩副秤以及一組車床。除了前述這些不會腐壞的物品之外，宅院裡還儲有四百升的米（足夠供十二個人食用三個月）、一個用來存放鹽漬鹹蛋的大桶、十堆柴薪以及十罐酒。

這份物產清單並未被當作是對耶穌會士的責難。沒有任何物品能夠用來指控這些傳教士的生活奢侈或者腐敗。天象觀測器材的確可疑，但不是因為它們屬於奢侈之物，純粹只是因為觀測天象乃朝廷欽天官員的特權。所以，根據那個時代的標準，這只是一戶物品儲存相當豐富的人家在物品的數量與質量上，或許和一六一〇年代南京稍具規模的大戶人家相比，並沒有太多不同之處——在稍後，我們就會重新回來檢視這個繁榮的一六一〇年代。

鑑賞

物事不是死板沒有生氣的物體，只達成我們要它們做的事情。它們身上具有各種意義，有時候這些意義還太過強大，以至於完全壓過了它們本來的用途。物品的這種雙重面向，最容易在社會上層的消費行為當中顯現出來。舉例來說，朝廷上下必須要以品質最為精緻的物件布置，這並非因為一席典雅昂貴的座椅比起一個結實便宜的板凳來得更有用處，而是因為這席座椅除了供人安坐於其上之外，還有更多的作用。它之所以呈現這等模樣，是因為國家期待將財富與高雅宣揚周知，並且期望能成為這些理念的具體化身。

於是，元、明兩代的朝廷就成為奢侈物品的主要消費者：懸掛在牆上的畫卷、擺設用的家具、場所裡布置著從景德鎮訂購而來的瓷器、供自身及家人穿用的絲綢製品、用來閱讀及向忠順的下屬展示的精緻線裝書籍。朝廷消費的範圍非常廣泛。一個完整的國家作坊製造結構於是出現，某些作坊就位於皇宮大內裡，某些則位在如蘇州、杭州這樣的重要產業城市，負責生產朝廷訂製的奢侈物品。當然，民間的品味也有樣學樣，緊隨其後。皇室之外的人眼看著這些奢侈品，並且暗中開始仿效消費，不過他們只能在非常特定的規範之內進行；例如，無論何時，當你買下有龍圖樣的物事時，一定要弄清楚上頭雕繪的龍只有四爪，而不是五爪（見圖十五）。回想一下，當官府在耶穌會士的府邸內查出繪有龍圖樣的碗時，這就成了對他們不利的口實。

消費品味不是一條由朝廷往民間社會擴散的單向輸送帶。某些人可能盼望藉由取得皇上御用之物件來模仿皇家生活，更可能的情況是複製實物；但是對於有鑑賞能力的人來說，這是一場沒有勝算的比賽。最好是建立起屬於你自己的標準——而這就是仕紳階層採取的辦法，即根據他們的消費偏好，培養出自身的品味風格。品味的偏好不隨物品的價格與顯眼程度而轉移（不過顯眼受到注意總算是好事一件，特別是你為了消費某物而耗費巨資的時候），而是以優雅而定。優雅是一種相當難以掌握的準則，足以令新近致富的暴發戶困窘為難。優雅的難以掌握，甚至可能會使皇帝陷入不利的困境，而這正是事情的關鍵所在。皇帝除了上天的眷命、一個安全的政治機制，

圖十五：一只景德鎮窯燒製的瓷罐，底部註明燒製時間為嘉靖（一五二二至一五六六）年間。罐上所繪的龍可看到的兩腳上各有五爪，顯示這只瓷罐是皇宮大內用品，不過後來可能流落民間，輾轉成為他人產物。原件藏於哈佛大學，亞瑟・賽克勒美術館。

以及一個顯然可源源不絕供應的金錢來源以外，還擁有什麼？沒有身邊儒臣的訓誡指導，他可能對於眾臣僚之中誰該管理哪方面品味的情形一無所知，這些品味包括古董、畫作、書法、典籍，甚至行為舉止等等。忽必烈和朱元璋不想去操心煩惱如何駕馭這類奧祕難解之事。他們的子孫當中，有許多人是幼年繼位，表現也沒有好到哪裡去。他們在這些事務上有師傅傳授指導，但是他們並不認真學習。和宋朝的各代皇帝相比，元、明兩代的三十位皇帝因為全然的欠缺文化知識而顯得特別突出。永樂皇帝之孫、開國之君朱元璋的曾孫宣德皇帝（一四二六至一四三五在位）是個例外，他是少有的皇帝，既能夠充分吸收高雅文化，並且還懂得作畫，在畫作上達到很高的成就。可是，他也是唯一的例外。

在這個既看重金錢、卻也同時看重藝術品味的經濟體裡，皇帝雖然富有四海，卻必須將消費者之位讓給品味優雅的仕紳鑑賞家。皇帝只是擁有這些物件，但是鑑賞家們卻能夠運用它們傳達出文化的最高層級理念：深思熟慮、審美的眼力以及良好的品味。引人注目與品味優雅，這兩種消費行為雖然彼此交互影響，但是大致上是在兩個不同的社會領域中進行。因此，正當朱元璋在布置他於南京的宮殿時，同樣身在南京的富有藝術收藏家曹昭則正在編纂《格物要論》，這是一部收藏高貴藝術品的入門指南著作，它教導仕紳階級的讀者們，怎麼去辨別值得收藏的物件，如何欣賞這些藝術文物，而不被擁有它們的強烈欲望所支配。[4]對此，當時的皇上大概不感興趣。儘管如此，無論消費的動機是貪婪的欲望還是強烈的文化行為，消費對於創造出一件傑出特別的文學藝術作品，起到強大的刺激效應，而且界定了大部分人們對於「明朝」的認知。

對於藝術品的鑑賞能力並不是從元代開始，但是在元朝政府沒收宋代皇室與貴族家產、導致大量物件湧入市場之後，便大幅度的產生了鼓勵刺激作用。人們亟欲想保存過往遺緒（蒙古人占領當局威脅要消滅它們），因此將文物鑑賞投入到社會實踐之中，以此來緬懷宋朝。藝術鑑賞活動的興起，實際上在仍效忠宋朝的南方人與為蒙古人效力的北方人之間，替二者找到交會的共同點。[5]元代初年的鑑賞家，將注意力擺在書法和畫作上，他們認定這些作品是過往文化仍具生命力的證明，不過古董和陶瓷此時也開始出現在他們的收藏之中。在明朝初年，文人雅士的消費被限縮在可獲得物品的範圍之內。這種情況在十六世紀時，隨著商業經濟的興起，可以回應人們的需求，而發生了改變。更加富裕的家庭不再以擁有能維持住宅運作的最低需要物品為滿足，他們開始大量積聚物品；透過收集這些物品，他們可以展現自己的財富和鑑賞眼光，從如作工精細的家具、陶瓷製的餐盤，以及印刷精美的書籍等一般常見的高檔物品，到數量稀少、價格昂貴的珍貴文物：商朝的青銅器、唐人的畫作、宋代的銘文、明初的瓷器，以及古今大師揮毫創作的書帖。

要擁有如此昂貴的物事，需要財富、教育程度，以及社會上的人脈關係；而在明朝的整個歷史過程裡，能夠符合前述條件的買家人數逐漸增加。在這種情況出現的時候，視自己為最優秀文化傳統守護者的人，與那些嘗試要打入上流社會者，雙方的競爭變得更加激烈。新近發財致富的人，挑戰從前限制平民百姓的禁令。守舊的衛道人士則回溯過往以因應這種挑戰，他們準確的找出那段道德標準開始崩壞、社會秩序開始瓦解的時間。一五三〇年代，江南的衛道人士回溯一四六〇年代，認為就是在這段時期，一個更加昌盛繁榮的局面出現，從而誘使更多的人踰越禮制，投入貴重奢侈品的消費市場。[6]一五四〇年代，在山東和福建的衛道人士譴責的是十六世紀初那開放的十年。一五五〇年代，在河南與浙江，人們抨擊的是惡名昭彰的一五一〇年代，也就是正德皇帝在位年間。而就是在這裡，雙方開始交互指控，使得正德年間，這個群龍頻繁現蹤的時期，成為所有人在指責社會墮落時最普遍通用的代罪羔羊。[7]

高檔奢侈品消費行為所承載的意義，比起以「誰負擔得起」、「誰負擔不起」這樣的簡單區別來得複雜許多。知道一盅商朝的高腳酒爵長得何等模樣，已經成為文化教養高的仕紳家庭裡的專屬知識項目。能夠辨認出公認古今最偉大書法家米芾（一〇五一至一一〇七）的真跡，是進入

---

4 曹昭的著作整部已被翻譯為英文，見David, *Chinese Connoisseurship*.

5 Weitz, *Zhou Mi's Record of Clouds and Mist*, 4, 20.

6 例如《常熟縣志》，卷四，頁20b。

7 Brook, *The Confusions of Pleasure*, 144-147.

菁英世界還是遭到排斥的分別差異所在。但是在這樣一個以身分地位作為嚴格區分的社會裡，藝術鑑賞力所需要的不僅僅只是知識而已。它是一種社交活動，讓地位相仿的人們聚在一起，鑑賞價值高貴的物件，從這樣的過程當中彼此認可，並且相互欣賞（見圖十六）。

仕紳階層之人收藏的若干物品，出自於同一階層的人之手，但是大多數的物件，都是由工匠所打造製成。最為上乘的物件都是很久以前造出來的，不過到了十六世紀後期的這幾十年間，當代的工匠已經發展出全國性的知名度，他們的商標名號能幫助買家在市場中尋訪探路。標記的興起

圖十六：杜堇，《玩古圖》，創作於南京，時間約為成化、弘治年間（一四六五至一五〇五）。畫中，兩位收藏家全心鑽研擺放於桌案上的古董物品，旁邊有四名僕從伺候。畫中右上角的婦女正在包裹一具琴，這是士大夫的樂器。原圖藏於台北，國立故宮博物院。

在元代無法出現，因為當時的工匠必須為國家服勞役。隨著明代逐漸以支付現金折抵勞役，有進取心的匠人就擺脫他們原來被規定的身分，以獨立的製造者自居。團結力量大，匠人們傾向聚集在城鎮的同一處，並且最終自己組織起來，成立手工業的行會組織，以保護和規範眾人的共同利益。[8]這些行會的公所外表，都以該行業所供奉祖師爺的廟宇做掩護。例如在蘇州，冶金匠人就在他們口中的「老君廟」裡供奉魯班先師，而刺繡業者則聚集在雲繡公所裡崇祀一位嘉靖年間的官員，因為他教導自己府裡的婦女刺繡。[9]

雖然有技藝高明熟練的手工製造業興起，收藏家們還是相信有某些作品，尤其是繪畫和書法，匠人的手法還不如業餘之人——其實，這說的就是收藏家自己。書法是一種最能直接顯露出作者精神的藝術形式。只精於技藝者，永遠無法表現出書法當中的真正精髓。書法必須出於菁英之手，繪畫緊接於後。都邑市場內充斥著由作坊匠人摹寫的繪畫與書帖，但是真正的收藏家都會避免收羅這些沒有靈魂的作品。他們的確承認朝廷裡有若干具有天賦的職業畫師，不過對富於靈感的業餘人士卻有更高的評價。[10]靠著堅持這樣的區別方式，他們將自己的地位，由匠人提升到藝術家的層次。

---

8 關於木匠由國家勞役的轉變，見 Ruitenbeek, *Carpentry and Building in Late Imperial China*, 16-17.

9 江蘇省博物館，《江蘇省明清以來碑刻資料選集》，頁135-136。

10 關於對明代宮廷藝術的考察，見 Barnhart, *Painter of the Great Ming*.

為了感受一下晚明人士取得對其有重要意義事物的過程，我提議：我們現在該離開財產清單目錄，轉而檢視明朝的流水帳紀錄，具體來說，是要特別的檢視一部由鄉居仕紳李日華（一五六五至一六三五）所記錄的流水帳日記。李日華出生於浙江的嘉興，此地位於江南地區，是嘉興府的府治所在，東北邊是商業樞紐上海，文化和商業中心蘇州在西北邊，而南宋故都杭州則位在嘉興的西南邊。李家的家境並非自一開始就如此寬裕，李日華的父親是孤兒出身，卻能逐步累積大量資產，供應其子教育和求取科場功名所需。李日華於一五九一年中舉，隔年高中進士，之後受任命為府推官，宦途有了強有力的起步。但是，其母於一六〇四年病故，卻迫使他必須在任官十二年之後離職，回鄉守制。這個情形顯然很適合他，因為在二十七個月的服喪期滿之後，李日華便以照顧年邁的父親為由，遠離日益陷入派系紛爭的政治圈，又度過了二十餘年的歲月。他居於故鄉，保持低調，優遊於他這個世代菁英士大夫的休閒生活：繪畫、作詩、旅遊、與志趣相投的友朋聚會，以及參與地方政治事務。[11]

我們對李日華的生活有所了解，是因為他在退休生涯裡記錄了一部日記，而這部日記當中的八年（一六〇九至一六一六）奇蹟似的留存至今。日記的名稱是《味水軒日記》，反映出作者對品茗的喜愛。人人都能喝茶，但是只有真正懂得鑑賞者，才能分辨水質的好壞優劣。李日華能作文，懂翰墨，還寫得一筆好字，可是他的各種創作，卻無一能在百餘位與其同時代者的作品當中脫穎而出。只有他的日記使他顯得與眾不同，因為這部日記向我們展示了一位富有的仕紳在他生活圈之內各種追求的逐日紀錄。當中有一項追求，是在獲得稀有物品之後的喜悅。

一六一〇年代是一段繁榮的歲月。李日華的經濟能力，足以負擔他認為可堪代表傳統文化精髓的收藏品。高雅是他的頭項標準。分辨雅俗是鑑賞家最重要的工作。僅次於此者，從某種意義上說也算是鑑賞家必備的本事，就是辨別真假的能力。基於相同的道理，一件作品不論其品質可能如何的低劣，如果是出自一流藝術家或工匠之手，李日華很快就會認定這是雅致之作。而當這種屬性很薄弱的時候，他更快能察覺作品當中的貧乏之處。

李日華面臨最大的挑戰，是在有限的來源當中建立起自己的高貴文物收藏。在任何時候，市面上品質高的物件數量總是不足，這是高檔文物市場常見的情形。朋友與互通聲息的熟識之人或許願意出讓他們收藏的物件，但是這些憑藉私人關係建立的網路，不足以滿足收藏家李日華的雄心企圖。他同時也需要商業網路相助，而他也確實這麼做了。在李日華的日記裡，極少有相隔超過一週的時間，還沒有來自江南各大城的文物商人，接連帶著高檔文物上門拜訪、兜售的記載。然而，最經常上門來的供應者，是一名夏姓地方商人，我們只知道他叫「夏賈」。在李日華的日

---

11 房兆楹（Chaoying Fang）已經為李日華撰寫了一篇專傳，見Goodrich and Fang, *Dictionary of Ming Biography*, Vol. 1, 826-830. 關於李的社會背景、人際關係，見Li Chu-tsing, "Li Rihua and his Literati Circle in the Late Ming Dynasty."有兩則關於他的繪畫與書法的例證，參見Li Chu-tsing, *The Chinese Scholar's Studio*, plate 3, 4c, and 5. 對於他書法造詣的更多例證，參見Barnhart, *The Jade Studio*, 116-117.

記中，夏賈在七年之中總共被提到了四十二次，他為李日華帶來各種物品，當中從不朽名作到不值一文的垃圾都有；在這些物品裡，他盼望能做成一筆買賣，就如同李日華期待能從中發現被隱藏的寶物。就讓他們引領我們穿越高檔文物的世界，來到明朝末年這段時期。我們將把焦點放在四項特定物事上，它們分別是：書籍、家具、瓷器以及繪畫。

書籍

我們已經看到在嚴嵩和耶穌會士的抄沒家產行動中，可以預期一戶富裕人家裡坐擁數量龐大的書籍。碰巧，書籍這種高檔商品，是上段提到的文物商人「夏賈」所沒有經手的買賣項目。書籍的結局，可能會隨著房產整批廉價出售，跟著其他奢侈品一同轉手流通，但主要是由專門的商人經手。可是，書籍並不是「一件」物事，而是一大批包含各式各樣種類著作的項目，從低俗誨淫的小說（在十六世紀末非常受到歡迎），到高檔文物市場上刻版優雅的大部頭經典。在明朝這樣的時代，有這麼多年輕人在科舉考試中奮鬥的時候，書籍受到高度的重視，因為它既是鯉躍龍門的工具，也是代表文化禮儀的物事。即便如此，大部分的書籍交易針對的對象，仍然是較低階層的讀者。

掌握書籍印製的技術並不困難，但是這套技術需要多名匠人的通力合作，因為他們分別專精於書本產製的各個過程。一部手寫書稿完成以後，由抄寫師傅將內文以鏡像謄寫在梨木板上的框格內，每連續的兩頁製成一框。接著由雕字工人刮去字跡旁的木頭，使字跡的筆畫浮在框板之上，再將框板割下。製造一部篇幅為兩百頁的書籍，需要兩名書法家、三名謄寫員以及六名雕字工。[12]印刷工人接著以墨汁塗在木板上，再將數張對開的頁面展開覆蓋上去，壓印於木板上，製造出相連的兩頁版面。裝訂工人把這些紙張對摺，讓在版面上的這兩幅「頁面」背對彼此，如此便完成所謂的一頁。這些頁面隨後被縫製成平裝書卷，稱之為「冊」。製作封面的工匠將原本長方形的厚紙板裁切成符合頁面尺寸和冊背的長度，接著將書冊膠黏於布面的書殼之上，好幾冊可以裝幀在一起，包裹成一套。成果就是一本書的誕生。[13]一套書可以取同一書名，或按每一冊取多個不同的書名。

學者們心中在意的，是確保特定的著作能在坊間流通，有時候則是可以付梓刊行。在整個元、明兩代，相較於商業作品，學術著作的產量逐漸減少，前者在進入十六世紀的前後，隨著識字率的普遍提高與讀者人數的成長，而逐漸取得支配市場的力量。這些發展的趨勢彼此相互增強，於萬曆年間構成了一個廣大的出版書籍與購買書的市場。商業出版業者與出版學術著作者不

12 《衡州府志》，卷九，頁14b。

13 書籍生產製作的過程概述，見McDermott, *A Social History of the Chinese Book*, 9-42. 關於頁面印刷的生產機制，見Chia, *Printing for Profit*, 25-62.

同，他們關心的是找到讀者（也就是購買者）在哪裡，不必像撰寫學術著作的作者那樣，尋求在書裡傳達文化價值；他們從事這個行業，是為了要牟利發財。但是，商業和學術之間也可以找到一致之處。有些商業出版業者接受了學術著作的出書計畫，希望能為他們帶來利潤；而有些學者回應市場需求，撰寫受到一般讀者歡迎的作品。這也就是說，在萬曆年間及之後的大量刊行作品當中，有很多都出自職業雇傭文人的手筆，他們快速寫出各種故事、諷刺詩文、簡明歷史述要、科場文章傳抄、情色文學、百科全書式的備要著作，以及教導你下至如何寫信，上到如何經邦治國的萬用手冊。

我們可以從傑出學者顧炎武（一六一三至一六八二）筆下關於他家裡收藏書籍做法的記述裡，感受到書籍在仕紳社會當中的存在。顧家住在上海郊外。顧炎武開篇時，從他的高祖父大約於一五二〇年代開始收藏書卷說起。在當時，天下擁有印刷刻版者，不過只有開國皇帝的子孫、分封在各地的親王底下所置官署，或政府機關，又或是福建內陸建寧府的印刷業者等區區數人而已。在坊間市面上能夠見到的書籍種類，不外是四書、五經、通鑑，以及理學性理之作，這些書構成了一份有助於正統思想，但是也相當無趣的書單。儘管如此，顧炎武的高祖父仍然能積聚藏書達六、七千卷之譜。

顧家所藏之書和藏書的廬室，都在一五五〇年代日本倭寇海盜進犯時遭到焚毀。顧炎武的曾祖父在萬曆年間重建了家中的藏書。當時，根據顧炎武的記載：「所得之書過於其舊。」在這個時候，收藏書籍面臨到最嚴酷的敵人，就是時間本身，正如顧炎武在上句話後面補充說明道，新購入的書籍「絕無國初以前之版」。舊版書變得更為稀少，因而也更加昂貴。在這種情形底下，珍本書市便應運而生。在這個市場裡的買家，不只是在搜尋書籍；買家們正在蒐集的，是只有他們能擁有的珍版，愈稀有愈佳。顧炎武的曾祖父用來購買書籍的預算並非漫無限制，他倒也樂得安於這種情況，並且聲稱自己輕視那些為了擁有昂貴文物才去購買珍本書籍的人。「余所蓄書，求有其字而已，」他宣稱道。「牙籤錦軸之工，非所好也。」顧炎武的曾祖父去世後，他的藏書析分為四份，由四個兒子各繼承一部。顧的祖父延續了家族對書籍的熱愛，他以自己所購得的可觀書籍充實繼承自父親的那部分藏書。到顧炎武長大成人的時候，藏書的數量已經成長到五、六千卷了。[14]

在十六世紀，人們坐擁書籍卷軸的數量規模，已經超越從前的任何一個時代，這才是重點所在。在宋代，沒有人能合理的期待自己可以擁有千冊以上的書籍。到了十六世紀末，有數十處私人藏書樓擁有萬卷以上的書籍，每一卷都可能包括好幾冊。[15]比起明代之前的任何時代、世界上的任何地方，人們能夠取得的書籍更多了，讀者的人數與其所擁有的書籍數量也跟著增加。這開

14 顧炎武，《顧亭林詩文集》，頁29-30。顧炎武提到，這些藏書後來隨著滿洲人入侵而散落佚失了。

15 Brook, *The Chinese State in Ming Society*, 101.

啟了某種收藏書籍的熱潮。擁有萬卷藏書的王文祿，就是這波熱潮當中的一分子。在收藏書籍這項不朽的事業上，他不但投注了非同尋常的金錢，還付出了極大程度的精神與熱情。當他的藏書閣於一五六八年（隆慶二年）發生火災時，王文祿大聲喊叫：「但力救書者賞，他不必也（只賞賜那些進入藏書閣賣力救火、搶救圖書的人，其他的就不管了）！」[16]

顧炎武來自一個世代家學淵源的藏書家庭，李日華卻不是。收藏文物的天生直覺，使他的注意焦點更加偏向具美感的物事，而非學術性質的物件。他並未像顧家的先人那樣不辭勞苦，只為蒐求一卷圖書；不過要是有珍版書籍出現，他也不會掉以輕心。因此，例如當李日華的鄰居帶來一部卷秩超過千冊的十世紀皇家百科全書——宋版《太平御覽》時，他就將這部書寫進了日記當中。這部書吸引人之處在於：它是宋代的原版，宋版書在當時已經很稀有，因而極為珍貴。除此之外，李日華還認識這部書的原主，這在他眼中更使得書籍增添了價值。他也知道這部書的經濟價值，估計這部書值天文數字般高價，達百兩白銀之譜。可是，他卻沒有出手將其買下。[17]

李日華或許不是一位狂熱的藏書家，但是他的確經常到書鋪走動。他在日記裡詳述了某次到蘇州去觀覽一部奇特手稿鈔本的事情。這部手稿是弘治年間的皇宮內府本草圖繪本，分為四套，共有四十大本（有此一「部」圖書，相當於一名藏書家所盼望收藏的萬卷書籍）。對此，李日華留下極深刻的印象。「先朝留意方術不苟如此，」他寫道，「真盛時文物也。」書鋪主人向李日華解釋，他是在蘇州南邊吳江縣的某人那裡得到這部珍奇圖書的，而這個人又是從皇宮內侍之手得來的——「固知金匱石室之藏，漏逸於外者多矣，」李日華如此說道。這部本草圖繪本，是在弘治皇帝本人親自支持與參與的情況下製作的，但是遭逢了不幸的災禍，以至於在皇上駕崩之時，都還沒有完成。正德皇帝繼位，這部手稿鈔本就這樣被擱置在大內藏書庫中，任憑荒廢。其中有一份抄本留存下來，直到今天。[18]李日華當年見到的，是否就是這一部呢？

一部從皇宮大內偷偷夾帶出來的手稿抄本，自然是令人好奇的珍品，這也說明了為什麼李日華會對它感興趣。一般的讀者大概不會感到興趣，尤其是當書商開出價格的時候，更是如此。明代的買書人在書籍市場裡處在較低階的位置，識字能力在這樣的地方被用來作為生意與享樂的工具，並非供作學術性質。不過，即使是目不識丁的人似乎也會買一兩本書，或許只是因為擺上幾冊書，能充作社會聲望的象徵。[19]而或許會更讓我們吃驚的是，在晚明，可能只有少部分人才是完全不識字的文盲。一六二五年因為海難漂流到廣東沿海的西班牙耶穌會士亞德里安諾・德・拉・科特斯，雖然對於明朝人的生活水準未能留下深刻印象，卻對他們的教育程度印象深刻。

---

16 吳晗，《江浙藏書家史略》，頁10。

17 李日華日記中關於書籍的記載出處，分別引自氏著，《味水軒日記》，頁73、105、190-191、277-278、303、305、374、454-455、496。論及宋版書的高價值，參見董其昌，《雲軒清稗錄》，頁21-22。

18 Unschuld, *Medicine in China: A History of Pharmaceutics*, 128-142.

19 Brook, *The Chinese State in Ming Society*, 128-129.

「就算是一名男童，」他在回憶錄裡如此說道：「甚至在身為貧窮低階層民眾之子的男童當中，不知如何讀寫的人也相當罕見。」拉．科特斯來自於一個連貴族階層都未必全數能夠讀、寫的國家，他相當震驚的發現，在明朝「大多數人之中，且不論其程度之高低，不懂得如何閱讀或書寫極為少見。」他所找到能夠讀寫的婦女人數則稀少得多，這是因為女子通常被隔絕於鄉村學塾之外的緣故。「在所有我們進入的學堂裡，只看見兩名正在就學的女童。」[20]懂得識字讀寫的女童，必定是在家中學會這項本事的，她們通常是由識字的母親啟蒙，偶爾也由父親或兄弟教導。

市場需求的增加，促使出版產業發展出一貫化與標準化的生產模式。[21]標準化印製所產生出的一個效應，是在很大程度上放棄使用可動式的活字排版。在一個經常使用數千個字體的語言之中，活字排版所產生的問題，是只有二十六個字母的排版所沒有的。另一個效應，是讓書籍的價格更為低廉。於是，讀者能夠負擔得起休閒消遣的閱讀，買書不僅僅是為了正事。以散文書寫的長篇小說在十六世紀後半葉的廣受歡迎與流行，至少有一部分必定和商業出版的發展密切相關（在歐洲，在小說開始出現之前的長篇敘事作品，還要再等上一個世紀，或更久之後才會現身）；在李日華生活的時代，近代之前三本最偉大的古典小說都已經問世了。它們分別是：在草澤之中綠林好漢的故事《水滸傳》、幻想的冒險旅程《西遊記》，以及關於一名商人的情色小說《金瓶梅》。[22]我們知道李日華有一部《水滸傳》，但是他對於情色書刊則嚴格設限。當筆記類書的作者沈德符（我們已經從他的著作《萬曆野獲編》當中引用了不少條目）透過他的姪兒，送給李日華一部《金瓶梅》時，李日華婉言推拒，沒有收下這本小說。在他看來，《金瓶梅》這部小說，「大抵市諢之極穢者，而鋒焰遠遜《水滸傳》。」

成本的降低不但意味著廣受市場歡迎的書籍普遍流通，也表示有若干門特殊的學問被刊印成書，像是醫理之學，之前向來都只是以手稿抄本的形式存在，從來不曾被刊印流通。我們知道李日華擁有好幾部醫書，因為當他於一六一三年看顧病中的妻子時，就在日記中提到他「校讀」醫書，還頗有心得。此處提到的「校讀」，和當時中文印刷體一般不加標點符號的做法有關。文句只是由一個又一個的字體構成，沒有任何標明句子起始和結束的記號。上下文之間的關係，以及使用「空白」的做法，提供讀者有足夠的線索進行斷句，不過在閱讀一篇題材較為陌生的文字時，還是會產生若干問題。李日華所謂的「校讀」，相較於他實際運用的做法：「點」讀，其實有些言過其實。點讀指的是在每句的末尾處點上一個墨痕，這提供了粗略的標點句讀，並且在內文中作了標記。很多人喜歡一邊閱讀，一邊點書。

20 Girard, *Le Voyage en Chine d'Adriano de las Cortes*, 191, 193. 關於明代兒童的蒙學教育情形，見Schneewind, *Community Schools and the State in Ming China*.

21 關於出版界的交易情形，見Chow, *Printing, Culture, and Power*, 57-89.

22 關於明代的小說，見Plaks, *The Four Masterworks of the Ming Novel*.這些小說被賽珍珠（Peral Buck）、韋理（Arthur Waley）以及芮效衛（David Roy）等人翻譯為英文。

除了醫書和小說之外，李日華還在日記裡提到購買學術著作的事情。一六一一年十月十四日（萬曆三十九年九月初九），一位友人來訪，帶給他一部新刻版的史學修纂概要；這部書主旨為歷代國家政府組織的記載，分為十卷、一百二十四冊，由偉大的學者唐順之（一五〇七至一五六〇）編修而成。目前還存世的一部，由南京國子監刊行，而唐順之曾經擔任南京國子監的祭酒一職。[23]李日華於先前已經擁有兩部該書的舊刻版，其中一部或許就是南京國子監的版本，所以友人帶來給他的，想必應該是稍後刊行的商業販售用版本。李日華顯然比較喜歡新版，因為在當天稍後，當一位遊歷商人從湖州過來拜訪時，他就以這兩部舊版向這位湖州書商交換了幾冊圖書，當中包括一部松江府刻版、廣為流行的《稗史類編》。

元、明兩代商業出版的中心，是深處福建內陸山地的建寧府，而建陽鎮又是全府的印刷重鎮。[24]李日華手上有這種福建刻版書。在一六一〇年二月二日（萬曆三十八年正月初九）這天，他在日記裡寫道，收到一位福建門生寄來的包裹，裡面有兩罐酒、四隻蜜漬柑橘、茶葉一斤，以及一部新刻版的《考工記述注》。《考工記述注》成書於漢代，原來是經典《周禮》的一個章節，記載了各種符合中央政府需求的手工業。明代學者非常看重這部經典，他們根據《周禮》以想像國家理想的運作模式，而非實際的情形。〈考工記〉一章是有名的晦澀難懂，因此《考工記述注》的作者承擔起這項瑣碎考證的任務，將原典裡的所有事物一一加以注解。這部書目前唯一存世的版本，刊行於一六〇三年，文字刻印粗糙，並且附有大量插圖；前述這兩點，都是建陽刻版的特色，而看來李日華手上的福建版本也是如此。

不過，李日華個人的品味並未受到建陽出版市場風潮的影響。在他的日記中，佛經是最頻繁出現的讀物。在佛經當中，他特別專精用功於中土佛教華嚴宗的權威經典《華嚴經》。[25]一六一〇年七月十日，一位友人向他展示一部時間為一〇九二年的宋版《華嚴經》，封底內頁還附了由一位宋代名僧所撰的銘文，這在收藏家的眼中，只有更加增添其價值。一六一二年十二月十六日，李日華從友人潘景升那裡，收到一部名為《華嚴新經論》的著作；潘景升是徽州的傑出畫家與傳記作者。《華嚴新經論》原來是唐朝人所撰的註釋論著，之後由一位僧侶將經文與註解合而為一，稱為「合論」。李日華在日記裡解釋，潘景升抽去「合論」裡的經文，只單獨刊行註釋部分，並請鼓吹三教同源論的知名南京理學家焦竑（一五四一至一六二〇）作序。恰好，焦竑也替唐順之擔任祭酒時主編的南京國子監版史纂撰寫序言。李日華在能夠取得此書新版的時候，可能早已經透過交易拿到了一部。

過了四個月，李日華在日記中寫到，他於自己的舟船上待了十天，才剛返家不久；在舟中那段時間，他點讀了《華嚴合論》，並且加上一段心得，認為佛教教旨殊勝，「不讀此書，幾錯一

23 唐順之，《荊川先生右編》。
24 建陽的印刷產業，在Lucile Chia（賈晉珠），*Printing for Profit* 一書當中有詳細的探討。
25 《華嚴經》由湯瑪士・克里瑞（Thomas Cleary）翻譯為英文，書名為*The Flower Ornament Scripture*。

生矣。」一年之後，友人向他出示一部十六卷、八十一冊的《華嚴經》。這名友人花了六年光陰手抄經文，他邀請李日華在封底作一篇跋文。像這樣的一部書籍，就是一件到處分送並且接受讚美的物事，也是一個接待友人、分享彼此收藏的場合——這是高雅的消費行為，即便被消費的這項物事，是一卷向人們展示放下執著妄念的宗教經文。

家具

李日華喜歡的家具風格，至今仍然出現在我們生活周遭，我們稱這些家具為「傳統」中式家具：紫檀木製的座椅，其扶手和靠背由一條細長的木條構成、牆邊的櫥櫃、圓形的筐箱、細長的置衣架、擺放洗臉盆的摺疊架，以及雕有細格的四柱大床。前述這些物件的歷史，都可以追溯回明朝之前，但是我們對於明代風格的家具最是熟悉，因為幾乎沒有明代以前的家具還能夠存留到今天——不過，絕大多數在博物館、美術館裡陳列展示的所謂明代家具，其實都是清代或之後重新組裝起來的，當中除了少數幾片木材之外，可能沒有真正來自明朝的部分。

明代的家具在風格和作工上變得愈來愈精緻。製造工匠不但將他們手中的家具雕刻得更加雅致，而且讓靠背板和扶手更配合人體的輪廓曲線。細木工的作工手藝進步提高，那些用來接合整件家具的卡榫或木栓，能夠做到嵌入家具內部，而不再暴露在外面被看到。[26]不過，最驚人的改變，是捨棄材質堅硬的粗木材，改用無法承受重量的細緻木料來製作家具。萬曆初年文化界的權威人士范濂（一五四〇年生）他在於一五九三年刊行的筆記類書著作《雲間據目抄》當中，記錄了這項變化。喜好細木家具的風潮，在他成年時已經出現，因為據他聲稱，這類家具，「余少年曾不一見。」那時，「民間止用銀杏金漆方桌。自莫廷韓與顧宋兩公子，用細木數件，亦從吳門（蘇州）購之。」風潮效應逐漸擴大，促使買家與製作匠師選擇更為昂貴的木料，像是櫻桃木、烏檀木以及黃楊木等，甚至所有的家具，包括床和櫥櫃在內，都用這種木料製作。這是何種榜樣呢？「亦俗之一靡也。」[27]

座椅是明代家具工匠的一項特別成就，它們能夠吸引買氣，這從前面提到耶穌會士在南京的宅院裡擁有六十一把座椅，就可以看得出來。座椅一直要到北宋年間才獲得廣泛的使用，因為在當時，在長椅榻上作息，據說是蠻夷之人的習性（結果到頭來，它取代了更早之前盤腿坐在席地墊子上的做法），不受人們的歡迎。明代家具包含五花八門、各種式樣的椅子，其中若干款式還是本朝的創新發明。不過，長榻仍然被看作是適合仕紳生活的家具，當他們於「燕衎之暇，以之展經史，閱書畫，陳鼎彝，羅肴核，施枕簟，何施不可。」上面這段話，摘引自文震亨於一六一

26 Clunas, *Chinese Furniture*, 19.

27 范濂，《雲間據目抄》，卷二，英譯取自Ruitenbeek, *Carpentry and Building*, 15.

〇年代晚期編著的物件優雅狀態手冊《長物志》當中，論家具的章節裡。[28]文震亨並不認為長榻有什麼疑難困難之處，長榻在民間被認作有問題，與二世紀時一名皇帝在他的「胡床」上放浪形骸、縱情聲色有關。明朝的開國皇帝對於長榻同樣也不抱持好感。朱元璋在擊敗他的軍事對手陳友諒之後，手下將領將繳獲自陳友諒雕工精緻的長榻進獻給他。朱元璋發現這具長榻是花費許多財富製作的，令人心生不快，便下令將其銷毀。[29]明朝的皇帝會直挺挺的坐在座椅上，而不是懶洋洋的側簽身子半躺著——這或許暗示他們的臣民也該依樣畫葫蘆，照樣行事。而到了文震亨生活的時代，這種暗示顯然早已經煙消雲散了。

遭遇船難而漂流到廣東沿岸的拉．科特斯對於他見到的座椅印象深刻：「做工和雕刻相當完善而精緻，不過在形式上卻屬於蠻族。」按照這句話看來，他似乎將所見到的座椅看成受到蒙古人的影響。接著，拉．科特斯開始描述另一件應該會出現在富裕人家的家具。他對於小几案的數量之多，特別感到驚訝；他再一次覺得這些能在家戶之內看見的小几「製作精細」，而且在較大的公家廳堂裡，隨處都能看見二十到四十個。它們「除了一到兩個之外，都被堆疊擺放起來，平常並不使用。」拉．科特斯認為這種可堆疊的小几案數量之多，在歐洲的審美觀裡，是無法想像的事情，他向其讀者解釋，這「是一種虛飾、講究排場的形式。」[30]這些几案的設計風格，確實是相當晚近才出現的。從元代到明朝初年，標準的常用餐桌，稱之為「八仙桌」，每一邊可供兩人入座，每桌共可坐八個人。在十六世紀，這些體積較大的桌子紛紛讓位給體積較小、最多只供兩個人入座的桌子，這反映出維繫階級尊卑之分的考量，因為在八個人同桌共餐的時候，可能會使尊卑位階變得模糊不明。[31]

我們在前面提到的孫家分家產文書顯示，徽州在孫氏一家於一六一二年分產時，地方習俗已經落伍了。孫家還有四張退光八仙桌，外加一張大香桌、小退光琴桌六張、金漆桌四十張（譯**按：英文版作四張，據引用書校正**）、抽屜桌三張、可摺疊的圓桌六張、可摺疊方桌四張，以及其他堆放在一旁、各種式樣，包括「舊」、「小」或「粗」的桌子，共八張。[32]記載中，沒有見到任何可疊放的小几案。

藝術史家柯律格已經注意到明代家具製作匠師大多匿名這件事，他評論說：「在消費階層人士寫下的文字裡，沒有記載任何一位（家具）製造者的姓名。」[33]不過，至少李日華的日記保留了兩位製造匠師的姓名。修復是一項備受欽仰卻含糊不清的手藝。它可以讓一件古物重返原來的

---

28 引自Clunas, *Superfluous Things*, 42. 我們將在本書下一章中討論這本著作。譯按：原文據文震亨，《長物志》，卷七還原。

29 Clunas, *Superfluous Things*, 145，引自張瀚，〈百工記〉。

30 Girard, *Le Voyage en Chine d'Adriano de las Cortes*, 250.

31 Clunas, *Chinese Furniture*, 55.

32 巫仁恕，《品味奢華》，頁228-229。

33 Clunas, *Superfluous Things*, 63.

「典雅」狀態，這是好事；但它也可能造出贗品，這可就不是件好事了。李日華很欽佩周丹泉，這是一位專精於修復木質器物的蘇州匠師。李日華稱讚他「極有巧思。敦彝琴筑一經其手，則毀者復完，俗者轉雅。吳中一時貴異之。」[34]李還認為，周丹泉的技藝，是向一位神祕的黃冠術士學來的；據說，周曾與道士結交往來。

相比之下，蘇州漆匠金梅南就反其道而行，他運用自身的高超手藝以蒙騙其顧客。一六一五年九月二十八日（萬曆四十三年閏八月初六）這天，李日華在日記裡寫道，他購入一張黑檀木長榻，內裡嵌入的卻是龍潭石。龍潭位在江西省北端，此地出產一種紋石，其材質雖然被認為可以接受，但不及「鳳凰石」；鳳凰石產於雲南大理，必須耗費更遙遠的運輸路程。李日華曾經在其日記別處中提到，他從遊歷各地商賈的駁船上，買過兩扇內嵌大理石的屏風和兩張胡床，所以我們知道，他手上擁有大理石製品的真品樣本。不過，由於大理石價格昂貴又難以取得，在十六世紀時，透過金梅南的巧手匠心，龍潭石就一躍而起，成為價格合理的替代石材。金梅南曾經親自到龍潭造訪，他發現這款石材「稍礱治之，其質美可亂大理鳳凰石」，李日華在日記裡記道：「因益募工，掘地出石，鋸截成片，就其紋脈加藥點治。為屏几牀榻，騾覩者莫不以為大理（石）也。」李日華於故事的結尾處，詳細描述了金梅南如何蒙騙一位朝廷高官，以六十兩銀子的代價，買下一件手工精細的黑檀木家具；這位官員以為家具裡內嵌的是大理石，但其實只是龍潭石。儘管一直對贗品保持警惕，李日華似乎認為，故事裡這位攀附權貴的官員，私底下對於發現自己受騙極難為情，算是他活該。的確，正是這類丑角人物，應該被摒除於李日華所監看維持的典雅物品領域之外。

瓷器

明代風格的最普遍展現，顯然到了今天仍然還存在我們生活周遭；明朝時的歐洲人，將這種物品以其發源地來命名：瓷器（china）。這種在元代時興起的風格，現在已成經典：白底色的薄陶瓷，以深藍色作為裝飾圖色，然後上兩層釉，用極高的溫度焚燒，使得其表面如玻璃般徹底透明，並且堅硬。

瓷器是中國人的發明——不過傳統在白底陶瓷上的藍色裝飾設計，卻不是中國的首創。這樣跨越兩個不同文化的美學，是由國際陶器市場所開創的。藍白相間的品味，最早起源於波斯。波斯的陶匠缺乏燒製純粹瓷器的技術本領，不過他們卻擁有深藍色的裝飾顏料，顏色夠深，足以在陶器表面描繪出鮮明的花樣。中國陶匠看見波斯人的喜好，便有樣學樣，運用他們更加高超的燒釉技術，產製出更為精緻的瓷器產品，從十四世紀時開始在波斯市場暢銷。波斯市場之所以如此

[34] 關於李日華提及家具的各條出處，見氏著，《味水軒日記》，頁164、246、481。

需要他們的器物，有部分原因是因為當地宗教限令的緣故。《可蘭經》禁止使用金或銀製餐碟進食的虛浮鋪張做法（朱元璋也頒布過同樣的禁令，不准皇家親人使用金、銀餐具），開啟了富裕人家使用藍白陶瓷餐具的風潮。富有的波斯消費者希望能以昂貴的餐具，款待他們的賓客。

元代陶瓷燒製的中心，是位於江西省內地的景德鎮。直到今天，這裡仍然還是陶瓷燒製的重鎮。景德鎮之所以能發展成為陶瓷燒製重鎮，是因為這裡鄰近豐富瓷土產地的緣故；瓷土開採出來之後，將其研磨成粉，加入其他原料成分，作成糊狀的坯團，捏製成陶瓷的模樣，然後上釉，送入窯中燒製。儘管景德鎮所在的位置離江南的各大主要商業城市都有一段距離，卻能妥善運用水路交通，將產品船運到江南地區販售，以賺取利潤。

一二七八年（至元十五年），元朝政府設立瓷局，專責管理來自朝廷的訂單，將景德鎮的陶瓷燒製匠師納入國家採購體系之中。瓷局在一二九二年與一三二四年經歷兩次擴充，而這時的景德鎮，已經被劃入江西行省的直接管理之下了。但是這段直接管轄的時期為時很短，因為景德鎮在一三二五年（泰定二年）起就落入起義叛軍的掌握之中，一直到一三六九年才又重新被納入國家行政體系裡。[35]讓人好奇的是，一三二五年也是我們用來劃分陶瓷燒製改為藍白兩色裝飾的大轉變年分。我們之所以使用這年作為時間斷限，是因為在韓國沿海打撈出一艘沉船殘骸，當中發現貨艙裡的木質標籤上面，標註貨物裝箱或是出船的日期，就寫著一三二五年六月一日。這艘船的貨物裡，包括大約五千件景德鎮的瓷製品，當中有各式各樣的釉彩，就是沒有一件屬於青白彩釉。[36]然而，在不到十年的時間裡，沒有一處景德鎮瓷器的貨運或者儲藏處裡，能找得到一件不屬於青白釉彩的瓷器。景德鎮的陶瓷燒製匠師脫離國家的管控，或許對於瓷器釉彩風格的如此突然改變，產生決定性的影響。幾乎在一夜之間，青白釉彩瓷器這種跨越文化的產物橫掃了中國和國際市場。全世界各個陶器燒製中心的匠師們，從十五世紀印度帖木兒（Tamerlane）的王廷到十六世紀的墨西哥皇宮，再到十七世紀的荷蘭台夫特（Delft）宮廷，都在仿製中國藍白釉瓷器的外貌與感覺——卻始終以失敗收場。

李日華在很多地方買過許多瓷器，各種樣式的都有——其中自然也包括景德鎮燒製的瓷器在內。實際上，他日記中關於瓷器篇幅最長的一篇討論，就是與一位名叫「昊十九」的景德鎮燒窯匠有關。「十九精於陶事，」一六一〇年四月，他在日記裡這樣寫道，「所作永（樂）窯、宣（德）窯、成（化）窯，皆逼真。人亦文雅好吟，喜繪畫」——李日華正在吸收這位手藝最高超的匠師，進入他的菁英文化圈裡去。李日華回憶，他在一五九八年春天初次與昊十九見面的時候，自己正奉命選購數件景德鎮的御用瓷器。那時，昊十九「髮已皓白矣。余令造流霞盞，以新意雜丹鉛類，燒成祕色，余付之直叁金（三十兩）。俄而余以讒歸，流霞盞不復措念矣。」他寫

35 Watt and Leidy, *Defining Yongle*, 27-30.
36 Carswell, *Blue and White*, 17.

下這則回憶，是因為就在這天，他剛收到這位窯匠的來信。「今書來，知昊十九燒成五十件，附沈別駕歸余，竟為乾沒！」這名沈某來自杭州，他長期擔任王府官屬，又兼營稅監，是個聲名狼藉的欺詐之徒。「士大夫不齒之，」李日華宣稱；接著，他又語帶嘲諷和輕蔑的說：「宜余盞之羽化也（難怪我的瓷碗會消失無蹤）。」[37]

翰墨

李日華閱覽書籍，布置他的家園，並且使用雅致的瓷杯啜飲茗茶，但是他心裡真正在意的物事，卻是書法和繪畫。這些物件和他收集來置於自己身邊的名貴文物不同，保存了書畫筆藝的卷軸、畫集和扇面並非匠人之作，而是像他本人這樣有高度教育涵養的飽學之士。他們存在於一個不同的層次，這些創作者誠然具備技藝，但是並非呆板的專家；他們重視的是在作品之中想要傳達的價值，並且以文化所形塑的需求來決定作品的價值。

繪畫與書法是兩種菁英階級涉入甚深的藝術（李日華自己就是一位畫技說得過去的風景畫家，更是一位精湛的書法家），但是收藏家們真正在意的作品，卻來自於一小群知名藝術家之手。在這裡，就是前面提到過的文物商「夏賈」登場的時候了。李日華可以透過他自己的人際關係取得若干數量的藝術文物，可是有許多文物超出這些關係範圍之外，難以取得；而李日華只能和文物買賣商人合作，因為這是唯一能夠獲知這些文物出現在市場上的管道；夏賈這位商人在江南一帶巡遊，經營自己的商業人脈網絡，以發掘出李日華可能從未聽聞過的文物珍品。然而，夏賈還做了許多事情，不只是向他的主顧兜售而已。他尚且運用自己的關係，帶給李日華一大批贗品文物。李日華明白這是交易的一部分。從他的日記條目裡看來，他覺得辨認偽造贗品所得到的樂趣，就和找到一件文物真跡相同。[38]

在十六世紀末、十七世紀初的時候，唐宋名家的真跡已經幾乎難以取得了：留存於世的數量是如此稀少，而眾多競逐之人更使得情況雪上加霜。元代初年杭州的收藏家們還能夠指望獲得例如米芾（一〇五一至一一〇七）這位宋代最偉大書法家的真跡。[39]而像李日華這樣雅好米芾字帖風格的收藏家，或許還夢想著得到米芾真跡的殘篇斷簡，但是宋代中期距離晚明相隔甚遠，讓他收藏到真跡的可能性變得極為渺茫。當時能夠取得的米芾作品，幾乎全是假貨。李日華曾經往訪一名水準低落的文物商人，卻發現這名商人竟然自行假造「米芾」二字的姓名題刻，他也只能不住的喃喃嘆息：「敗意！敗意！」

既然之前各朝代的文物真跡難以取得，明代的收藏家們就必須將眼光擺在元、明兩代的作品

---

37 李日華，《味水軒日記》，頁92。

38 關於李日華和他的商人之間有趣的討價還價爭論過程，參見Brook, *Vermeer's Hat*, 80-81.

39 Weitz, *Zhou Mi's Record of Clouds and Mist*, 238-239.

上。在元朝的藝術家當中，趙孟頫（一二五四至一三二二）的作品絕對是李日華的首選。此外，如果大致以喜愛的順序排列，他還欣賞黃公望（一二六九至一三五四）、倪瓚（約一三〇一至一三七四）、吳鎮（一二八〇至一三五四）以及王蒙（一三〇八至一三八五）的作品。他對於自己審美品味的肯定程度，與那些帶著字畫上門兜售的商人抱持的熱烈情緒，可說是旗鼓相當：商人們堅稱這些字帖與畫作都是元代真跡，而他可以看穿全是贗品。一六〇九年十二月二十六日（萬曆三十七年十二月初一）這天，夏賈帶著一大批文物來訪，這批文物來自上海一戶顯赫人家，已經收藏了數代之久。李日華滿心期盼可以從中找到真正的珍品。他的希望落空了。文物當中，有若干件明代作品是真跡，不過對於所謂元代的作品，他給了諸如「未合法度」、「可疑」和「不的確」這類的貶低評價。究竟是上海這戶人家騙了夏賈，還是夏賈希望從李日華這裡大賺一筆？我們不得而知。不過文物商和收藏家的心中始終抱著希望，在五天以後，夏賈帶著一名文物商同行再次造訪，這回他們帶來一幅元代倪瓚的真跡佳作。「筆姿秀絕，」李日華欣喜的如此宣稱道。[40]

元代的作品在當時已經極為稀少，甚至像李日華這樣的收藏家，最後都只好以收藏明代大師的作品為大宗。李日華喜愛沈周（一四二七至一五〇九）、唐寅（一四七〇至一五二四）、陳淳（一四八三至一五四四）以及文伯仁（一五〇二至一五七五）等人的作品，但是論及他最愛的畫家，絕對是文徵明（一四七〇至一五三九），他正好就是介紹一切典雅物品的論著《長物志》作者文震亨的曾祖父。我們在之前已經提過文徵明，他是《關山積雪圖》的作者。文徵明創作這幅圖的時間是一五三〇年代初期，正好在十六世紀中期一段長時間溫暖時段之前。一直到時序進入十七世紀、審美觀發生改變以前，文徵明都被看成是本朝最偉大的畫家和書法家，正如元朝人認為趙孟頫是當代巨擘一樣。所以每當有文徵明的作品出現在李日華的面前，他總是很高興。事實上，他在日記裡頭一條提及「夏賈」的記載，就是因為夏賈帶來一件文徵明的草圖素描之作。李日華在日記裡寫道，該件作品的畫藝甚「粗」，但是儘管如此，這件作品仍然很得到他的喜愛。[41]

在李日華生活的時代，只有一個人的地位能超越文徵明，此人就是身兼畫家、書法家以及藝術理論學者的董其昌（一五五五至一六三六）。董其昌出身自李日華家鄉北邊的松江府。董的年齡比李日華大十歲，他站在美學品味的最前線，引領著李日華這個世代的文人向前邁進。有名望的學者、士大夫書畫譜系的建立，董其昌居功厥偉；這種譜系認為文人書畫是其文化和道德地位以美學表達的最高形式，位階遠高過那些在宮廷之內，或在市場之中作畫鬻文的匠人。這個具有藝術天賦的文人譜系，向前可以回溯到作品無可比擬模仿的宋代米芾，又因為元代的「四大家」（黃公望、吳鎮、倪瓚以及王蒙）而更形充實豐富；十六世紀文徵明的畫作為它尋得壯麗的表達

40 李日華在日記裡提到畫作的各處，參見氏著，《味水軒日記》，頁58、62、93、124、170、187、283、298、417。

41 關於文徵明的「粗糙」風格，見Clunas, *Elegant Debts*, 178.

方式，而使這個譜系登峰造極的人，不是別人，正是董其昌自己。[42]李日華在董其昌思想與美學的巨大身影下生活，和他有同樣的品味，並且收藏他的畫作和書法。董其昌的成功，固然與他本身翰墨技藝有密切關係（雖然這點同樣也很重要），更和他居於繪畫史的主要詮釋者地位有關。在今天，我們對於「何者建構了中國藝術」的認知，都是源自於董其昌。

市場與品味

李日華是否真心喜愛他所取得的物事呢？從他日記裡的評論看來，答案是肯定的。但是他本人的感受究竟如何，就超出我們今天所能還原的範圍之外了。真正重要的是，他依照當時的主流品味來做出選擇。更重要的是，他能夠取得想要收藏的物品這件事，正是市場存在的證明；透過這個交易市場，這些物品能夠以商業管道取得。審美的品味對於獲取文物相當要緊，不過市場則更為重要。藝術即是生意。如果藝術不是生意，那麼也就失去它可供李日華收藏的寶貴價值了。萬曆年間取得雅物的生意，甚至早在嘉靖年間就發生改變了：在當時，大多畫作仍然在朋友與往來酬酢的關係網絡之間移動，在關係更加緊密的菁英圈裡，它們尚且還被當成「雅債」來交換。[43]那個時代的主顧委託畫師繪製作品，並且致上豐厚的報酬。匿名的買家透過交易商仲介以取得高檔藝術品的情形，一般而言較為少見。

文化行為的商品化不必然會影響品味；事實上，它還可能會強化人們的品味。但是商品化確實讓市場需求帶來的影響起了改變，也就是造成大量的偽造贗品進入市場，數量遠超過真品。這使得原來取得文物的工作，就變成一場在真品與贗品之間過程更加繁複的辨別競賽。當夏賈於一六一三年一月八日（萬曆四十年閏十一月十八日）前來造訪時，只帶了幾件雜貨古玩，沒有書畫文物，他顯得很沮喪。「近日書畫道斷，」他對李日華解釋這個情況，道：「賣者不賣，買者不買。蓋由作偽者多，受紿者不少，相戒吹齏，不復敢入頭此中耳（因為作假偽造者很多，受騙上當的買家自然不少，他們一朝被蛇咬，十年怕草繩，互相告戒，不敢再貿然進入市場了）。」夏賈已經發現高檔文物市場上出現某種類似「劣幣驅逐良幣」的效應了：市場估價過高的物品（未被鑑別出的贗品）會促使市場估價過低的物品（真正的文物）不再流通於市面上。這既是高檔文物交易所面臨的風險，也是收藏這些文物會遭遇的危險。

在李日華看來，造成這個情況的罪魁禍首是誰，再清楚不過了。問題不出在受他委託的交易商，而出在大批不具備知識就湧入市場的買家身上。一六一三年三月六日（萬曆四十一年正月十六），夏賈上門拜訪，帶來一件長約五寸的玉器。據他表示，這是一柄上古時候書法家使用的

42 Cahill, *Parting at the Shore*, 9-14.

43 「雅債」這個詞係取自Clunas, *Elegant Debts*, 8.

「臂閣」（亦作臂擱，俗稱手枕，在以毛筆書寫時用以擱置手腕）。李日華卻明白，這件所謂的玉器，其實不過是出土的碎玉片拾綴而成的贗品罷了。他將前述這番發現，如實對夏賈說了。李日華在關於此次來訪的記載裡，總結了下面這一段訓誡之語：「自士大夫搜古以供嗜好，紈綺子弟翕然成風，不吝金帛懸購，而狡賈市丁任意穿鑿，駕空凌虛，幾于說夢。」李日華認為，擁有真正的文物，是良好教養與受過教育的表徵。那些粗鄙無文的富人，對於文物毫無真正的了解，他們破壞了原先真正文物收藏家的交易市場。收藏高檔文物的頭一條道理，自然是要有錢，這比其他一切事情都來得重要；而真正的文物收藏家對此一定感到十分氣惱，因為他們想要分辨人們是真正懂得欣賞，還是純粹只想占有——因此，他們將自己看成是沒有私心的文化傳承者，和那些尋求投資或追求社會地位的有錢人不一樣。

李日華與文物藝品商「夏賈」之間的生意鬥法，在一六一四年十一月十九日（萬曆四十二年十月初八）這天達到最高峰；當時，夏賈在李日華的面前出示了文徵明的《存菊圖》。李日華說夏賈「本來意態甚驕」，因為他自認為出示了一件文徵明的珍品。「余不語久之，徐出所藏真本並觀，賈不覺斂避。所謂真者在側，慚惶殺人者耶！可笑。是卷余購藏二十餘年矣！」[44]

前述這則故事，我們永遠無法得知夏賈這邊的說法是什麼。李日華在判定審美品味的標準上具備優勢，不過夏賈在提供貨源這方面則占了上風。然而，如果夏賈想要在這個行業裡繼續生存下去，他就必須源源不斷的提供貨源，所以他情願帶偽造的贗品給李日華，看看這些文物是否能夠通過後者的檢視鑑別。文物古玩市場因此提供給李日華想要到手的物品，卻也預備好在每一回合裡蒙騙他、讓他付出大筆金錢，買下根本毫無價值的東西。有次，夏賈帶來一幅據稱是十一世紀的畫卷請李日華鑑定，如果李鑑定這幅畫為真，他就要將其賣出了；李日華在日記裡抱怨道，這幅畫卷「乃近日蘇（州）人揑怪也。」[45]我們很難去責怪這些蘇州匠人。他們不過是以任何能夠販賣的物品提供市場所需罷了。市面上並沒有足夠的宋代畫作真跡流通，於是大多數的消費者只好拿蘇州匠人的複製品來充數湊合。如果以冷靜不帶情緒的角度來看，贗品正是供應方回應市場需求的證明。在最為純粹的形式上（如果大多數物品都物非所值），它們算是高檔的商品。

李日華持續收藏特定藝術家的作品，並且甄別當中的偽造贗品，他的所作所為，已經不再只是滿足自身擁有符合審美品味物品的需求了。他正在鞏固一種在今日仍然被普遍當成是中國「民族風格」的標準，[46]並且使其永久綿延傳承下去。事實上，要不是像李日華這樣的文物買家投注了無數的時間、精力與金錢，收藏那些他們認為重要的物品，元、明兩代的大師畫作或許早已經被時光所埋沒，無人聞問和收集了。他的努力帶來一個原來意圖之外的效應，這個效應不只是發生在他的世代，也發生在從那時起的每一個世代：審美的品味界定了人們第一時間對中國繪畫的

44 引自 Clunas, *Elegant Debts*, 176. 英譯略作修改。譯按：據《味水軒日記》，頁417還原。

45 李日華，《味水軒日記》，頁406。

46 Hsu, *A Bushel of Pearls*, 16.

認識，同樣的情形也出現在瓷器和家具上。書籍的情形比較不同，但是當代中國的美術編輯仍然在模仿某些舊日書本頁面排版的特徵。不過，無論元代和明代的藝術家、匠師與收藏家們和今天他們的後代同行一樣，努力的闡釋中華文化，他們都不是單打獨鬥、自行其是。蘇州的商業藝術家、景德鎮的燒窯匠師，還有像夏賈這樣的商人，全都在追求物事的過程中，扮演他們必要的角色。

第九章　南海

管方洲出海去了。這可不是他在早先所能想像得到的事情。他本來是個成功的蘇州銀匠，事業做得很興旺，朝廷的委託生意所得利潤豐厚，更是讓他錦上添花。當時是一五七〇年代後期，內閣首輔大學士張居正推動財政金融體系的整體改革，將舊制的勞役折抵為現金，並且規定以白銀支付。無論從真實意義還是隱喻的意涵來看，銀子都已經成為那個時代的貨幣了。對銀匠來說，這正是大發利市的好時機，管方洲也因此而致富。

管方洲和海洋沒有明顯的淵源，不過他可能認識某些通曉海事的商人。蘇州雖然不是海港，卻位居江南地區整個海陸貿易網絡的樞紐。經手大批出口貨物的批發商，在這裡裝配收集貨物，然後以駁船載運貨物到南邊如太倉、上海、嘉興等潮汐港口；在這些港灣，貨物被裝載進船隻貨艙，或者沿海岸線南下，或是出海前往日本。頒布了四十餘年、一度曾重創海上貿易的禁海令於一五六七年解禁，大幅提升了出口貿易的規模。與日本通商貿易這時仍然受到禁止，但是敷衍海關官員、捏造貨船的終點港口，卻沒有什麼困難。管方洲可能對外銷絲綢和瓷器不感興趣。不過，每當國際商船隊的船長從南洋的各個轉口港帶回珍貴物資時，他很可能會熱切地注視著，因為這種物資正是他的庫存貨：白銀。解除海禁意味著白銀能夠以更快的速度進入國內，比起之前在雲南的合法銀礦，以及遍布南方各地的非法開採銀礦，更加大量的被製作成銀錠。現金一時之間充斥於江南經濟市場，張居正就是深明這個情況，才將徵收賦稅系統改為以銀兩繳納。

要不是管方洲的行為敗露，他或許根本不必出海。眾人皆知，一個精明狡猾的銀匠有上百種削切銀錠的辦法，他們會將切下來的銀屑放進自己的私囊。但管方洲做得太過火了，他吞沒朝廷公款，數量竟達一千兩白銀。當盜用公款的事情被發現後，他便被關入蘇州衛的鎮撫司監牢裡，等候北京來的處刑旨意。是否該以《大明律．工律》當中，第四百八十七條關於溢領官府物資的條例，來定管方洲的罪呢？若是如此，該條款的罰則輕重，是參考《大明律．刑律》裡第二百八十七條「監守自盜倉庫錢糧」的刑度而定：若盜官錢在四十兩以上者，處斬。或者，是否該以「監守自盜」的下一則條款，也就是「刑律」裡第二百八十八條「常人盜倉庫錢糧」之罪來論處管方洲呢？若如此，根據本條刑責規定，偷盜錢糧在八十兩以上者，處以絞刑。由於管方洲盜取的錢糧數額遠超過前述兩條律文內的門檻，因此問題只在於該以哪一種處死方式執行死刑。如果引用第四百八十七條定罪，是施以斬刑；而第二百八十八條則要將人犯處絞。絞刑比較受到歡迎，因為這樣一來可以保持屍首完整，死後能夠享用祭品，並且得以投胎轉世。在地方官員還在等候上頭行刑旨意的時候，管方洲享受了一段暫緩執行的時光。[1]

鎮撫司監牢的押獄官王百戶，是管方洲的兒女親家。管方洲很快就利用了這層關係。無論如何，人們都知道押獄王百戶是個好相處的牢頭。不久之後，人在牢中的管方洲便打點妥當，得以任憑自己高興，隨意進出牢獄，只要他在每天傍晚牢門上鎖之前回來就行。之後有天，管方洲出了牢門，日落之前卻沒有返回。朝廷的監察御史聽聞這起脫逃事件後勃然大怒，下令將牢頭王百戶關入獄中，無論刑部給管方洲議處什麼罪刑，在原犯逃脫、無法執行的情況下，都由他來代受懲罰。現在，這件事情壓力沉重之處，是必須趕在行刑日期前找到管方洲。於是王百戶的家人出資雇人，到處查訪管方洲的下落。

人們廣為同情牢頭王百戶的苦境，因此有一位地方官員便督率所屬的衙役捕快加入搜索。結果，他們毫無所獲。搜查者唯一得到的線索指向海上。看來，管方洲已經設法搭上船舶出海了。據衙役捕快的研判，他很可能已經搭船沿著海岸線南下，所以他們也循同樣的路線，在福建和廣

1 Jiang, *The Great Ming Code*, 157-158, 244. 關於人們對絞刑與斬刑之間不同處的認知，見 Brook, et al., *Death by a Thousand Cuts*, 50-51. 明律接受人死後遺體必須保持完整的概念，而只有在犯人觸犯十惡不赦的罪行時，才會容許在行刑時違背此一概念。

東的各個港口搜索。儘管他們用盡全力，最後仍然空手而歸。至此，管方洲已是杳無蹤跡。[2]不過，稍後我們就會看到，這並不是本案的結局。

海洋貿易圖

在歐亞大陸的這一端，有一名銀匠沿著運河來到長江口南岸的一處港埠，在那裡搭船出海。在大陸的另一端，有一所位於泰晤士河（Thames）上游小鎮裡的圖書館，從倫敦港那裡接收到了它的第一本中文藏書。從事物的發展進程大方向看來，這本書的到來為時過早。這年是一六〇四年。在這個時候，伊莉莎白女王當政時期的英格蘭還沒有見識過茶這種飲品；倫敦要迎來第一批船運到達的中國茶葉，還需再等上五年的時間。

這個接收到第一本中文藏書的小鎮，名叫牛津（Oxford）。牛津大學的圖書館才於不到四年前創立，它是一位名叫湯瑪士·博德利（Thomas Bodley，一五四五至一六一三）的退休公務員在晚年創辦的事業。圖書館創立的時機極為恰當。不到一個世紀之前，古騰堡（Gutenberg）採用了中國的活字排版印刷技術，並且很快的加以吸收領會。曾經有一度，想要得到全世界的知識，有賴於閱讀數量有限的書籍。現在，書籍的數量變得無止無盡，沒有限制。沒有任何單一個人可以擁有全部的抄本。學者們必須結合成群，共同的圖書館現在成為必要。博德利對於當時以所謂「現代語言」印製、用以和希臘文與拉丁文等古典語言寫成的著作區別的書籍，特別感到興趣。博德利回憶說，他還是個年輕小夥子時，就「渴望能遨遊四海、以獲得若干當代特殊語言的知識」，為此，他在義大利、法國和德國等地一共待上四年的時間。博德利明白，他創立的圖書館應該致力於取得來自所有語言寫成的書籍和手稿，不只是收藏以他懂得的語言所寫成的著作，也要包括其他的語言在內。[3]而就在一六〇四年，博德利因此而得到了他的第一本中文書籍。

或許博德利是經由他在阿姆斯特丹的購書委託商取得這本中文書，而這位委託商又是從某位在荷蘭東印度公司裡工作的職員手上購得的。荷蘭東印度公司（Verenigde Oostindische Compagnie）甫於兩年前成立。它的組成設立，是羽翼未豐的荷蘭政府，也就是當時的貴族三級會議（Estates General）做出的一個巧妙之舉，如此促使在亞洲的第一代荷蘭商人不再自相競爭，而是在貿易市場上和葡萄牙人與西班牙人競逐。於是在十年之內，阿姆斯特丹就取代了里斯本，成為東方貨物到達歐洲的首站。在早期從阿姆斯特丹港口碼頭卸載下來的貨物裡，書籍算是罕見的物事。它們大多是作為稀奇罕見的玩藝被引進的，況且當時在荷蘭或英格蘭也無人能讀懂中文。但是博德利卻看出買下這批書籍的重要性，因為他確信，將來有朝一日，一定有人可以揭

2 沈德符，《萬曆野獲編》，頁481。

3 Bodley, *The Life of Sir Thomas Bodley*, 38, 58.

開這些書籍裡蘊藏的知識。

在博德利有生之日，中文書籍只是偶然購得之物。在一六三五年，人們所稱的博德利圖書館在頭一批亞洲書籍的捐贈之中，又得到了幾卷中文書籍。這批捐書，是當時的坎特伯里大主教、兼任坎特伯里教會大學（Canterbury Christ Church University）校長的威廉·勞德（William Laud，一五七三至一六四五）贈送給牛津大學的數批物品之一。勞德喜歡收藏各類亞洲書籍和手抄稿本，他同樣也確信，英國學者終將能夠精通這些語言。三年之前，劍橋大學任命了該校有史以來的第一位阿拉伯文教授；勞德贈書之後一年，他本人便就任牛津大學的首任阿拉伯研究教授。勞德隔年的捐贈當中，還包括另外一本中文書籍。[4]勞德收藏的中文書籍，大部分都是些尋常的小說和入門啟蒙書。人們大概會認為，這類書籍屬於商船的船長家人擁有之物，供休閒消遣閱讀之用，或是拿來教育他的孩童，而非明代學者會設法取得、收納進藏書閣的著作。可是，後世的歷史學者卻認為，在勞德捐贈的書籍裡，有一本中文書比起明代學者的藏書來得更加珍貴。這本書是一部海圖志的手抄本，載明從中國通往世界的海路導引（用文字敘述，而非以地圖闡釋），由一位來訪的耶穌會士於一六三九年贈給勞德。這部書的屬性歸類，正如在其封面上由不知名人士手書的「順風相送」四字，在今天，它又被稱為「勞德海路指南」（Laud rutter）。[5]《順風相送》一書說明各條海路的羅盤方位：先以福建南方沿海開篇，到達琉球（今沖繩），從那裡到日本，南下到菲律賓的呂宋港（今馬尼拉），以及東南亞的汶萊（Brunei），隨後到印度洋上的各港埠，以古里（Calicut，今譯科澤科德，位於今天印度的喀拉拉邦〔Kerala〕）為主要港口，再從該處到通往波斯灣門戶的荷姆茲（Hormuz）。這部書至少有部分是取材自永樂朝太監鄭和的遠航紀錄，因此相當罕見珍貴。

歷史學者向達曾造訪牛津大學，準備在一九六一年將「勞德海路指南」重新出版；然而在那個排外的年代，歷史學者無論怎麼書寫明朝史，都無法引起太大的反響。這部海圖被看作若干中國人邁向海洋的史料證據，但是這無法改變人們對於明代中國的普遍理解：一個對於世界其他地方不感興趣的農耕帝國。實際上，這部海圖裡有一個更富有戲劇性的故事，它不僅讓明代的人們走向海洋，也指引人們積極參與編織商業網路的道路，這些商業網路將明朝和世界其他地方串連在一起；而也正是如此，為歐洲資本企業的興起創造了條件。

我們現在要說另一個關於明朝在世界當中角色的不同故事，而博德利圖書館再一次為我們提供了證據，這回的史料是一幅地圖，由約翰・塞爾登（John Seldon，一五八四至一六五四）捐贈給牛津大學。除了是一名倫敦的成功律師之外，塞爾登還是牛津大學首位希伯來研究學者。他關於希伯來律法與閃族神話的研究作品，吸引了很多人的注目，當中包括著名詩人約翰・彌爾頓

4 Trevor-Roper, *Archbishop Laud*, 276.

5 這部海路指南於一九六一年，由向達抄錄並出版，合刊於《兩種海道針經》一書中。關於這本書的內容與鄭和下西洋之間的關聯，參見田汝康，〈渡海方程〉。

（John Milton）。[6]除了身為牛津大學的首位東方學研究專家（Orientalist），用學究氣的話來說，塞爾登還是他自己所稱「臣民的權利與基本人權」的熱誠擁護者。他大力抨擊的目標，正是英格蘭國王查理一世（Charles I）。一六二九年，塞爾登攻擊各種皇家進口關稅，他認為徵收這些關稅是國王的專斷濫權之舉，結果是被關進皇家內務法庭監獄（Marshalsea Prison）裡去；而在隔年出面搭救、確保他獲釋的人，正是勞德大主教——勞德雖然不贊同塞爾登的政治立場，卻欽佩他的學術成就。[7]塞爾登在一六四〇年召開的長期議會（Long Parliament）中繼續力爭同一件事，此時他已經以代表牛津的議員身分重返議會了。長期議會在一六四〇年十二月擬定的聲明中的第二項，或許根本就是塞爾登的原話：「國王在未得議會允可之下，無權對任何外國商品（此種情形在本國商品當中較少）強行課稅。」

塞爾登過世後，將他的藏書，包括所有東方手稿抄本在內，全部遺贈給博德利圖書館。在這些手抄稿本當中，有一幅大型掛圖（見圖十七）。[8]這幅地圖與其他任何版本和複本全不相像。地圖中標註的是明朝時的地名（例如地圖上註明的是明朝的湖廣省，而非清代的湖北和湖南省），但這並非一幅真正的明朝疆域圖。明王朝的版圖被擠進地圖上方三分之一的位置，其北邊的一半很怪異的被扭曲、削去了一截。繪製地圖者真正想呈現的主題，是海上貿易網絡，因為他在圖上描出一條貿易網路，從福建沿海的一處口岸，往所有南海周邊標示出地名之處連結。無論哪一條路線變換方向，他都已經在其上註記了羅盤方位，航海之人必須用它來重新設定航程。地圖的最西端只到孟加拉灣，不過在喀拉拉的上方有一塊橢圓形的圖框，說明了到亞丁（Aden）、祖法兒（Djofar）以及荷姆茲灣——前述這些地方，明朝的遠航艦隊總兵官、太監鄭和全都造訪過。

塞爾登的地圖與勞德海路指南完全一致：地圖的繪製與文字的描述絲毫不差。從某個層面上說，如此一致純屬意外的巧合，因為這兩件收藏於牛津大學裡的物件，其來源完全不同。但是，從另一個層面上看，這兩件文物會聚在一起的時機，正是這段被它們記載的歷史裡的關鍵時刻：歐洲與中國貿易的連結時期。

6 Rosenblatt, *Renaissance England's Chief Rabbi.*《論敘利亞眾神》（*De diis Syriis*）一書於一六一七年出版之後，奠定了塞爾登作為東方學研究專家的聲名；在整個一六三〇年代，他寫出一系列希伯來律法的研究著作，維繫其名聲於不墜。

7 關於塞爾登與勞德兩人的關係，見 Trevor-Roper, *Archbishop Laud*, 336-337.

8 這幅地圖一直不為人所知，原因很簡單：數十年以來都沒有人要求調閱。甚至專門研究流落海外中國地圖的權威學者李孝聰，於一九九二年在牛津大學客座研究時，正在編纂《二十世紀前見於歐洲的中國地圖敘錄》（*Descriptive Catalogue of Pre-1900 Chinese Maps Seen in Europe*），他也沒有發現這幅地圖。我極為感激牛津大學圖書館東方部主任何大偉（David Helliwell）讓我注意到這幅地圖的存在，並且為我製作一份複製本。

圖十七：塞爾登地圖。這幅繪於十七世紀的非官方掛圖，由約翰・塞爾登捐贈，圖中描繪東亞，北至西伯利亞，南到爪哇（Java），東到日本和菲律賓，西到緬甸。原件藏於牛津大學博德利圖書館。

朝貢與貿易

自漢朝開始，中國的歷代政權便透過兩種辦法來經營與外國各邦的關係，這兩種辦法，前一種是正式機制，後一個則只有部分體制化：朝貢與貿易。朝貢體系規定，外邦君主要派遣特使團到中國進貢，將本地的珍奇物品作為貢品進獻。皇帝則回賜這些貢使等價或超過的物品，由貢使攜回給他們的君主。皇帝還會封授頭銜給藩屬君王，甚至可能在該國王位繼承發生爭議時，冊封中國屬意的人選為王。這是一種使中國與其藩屬相互承認其合法地位的機制，它支撐了中國作為天下霸主的主張。儘管這種主張並非完全屬實，雙方都樂於參與其中。朝貢體系給予中國一直熱切期盼的國際地位，也給了其他國家與中國通商貿易的機會。

即使以宋朝對於朝貢與貿易事務上那種更加寬鬆的標準來看，元朝也顯得游刃有餘。忽必烈關閉與日本通商貿易之門，是為了防止中國商賈資助正和元朝交戰的日本，但是他想要主宰東南亞的野心，促使元朝派遣多次艦隊到南洋，而中國商賈隨後而至。最早從一二七七年起，元朝就在上海、杭州、寧波和泉州等四處設立市舶司。前三處市舶司的設置，與監控對日貿易有關，不過江南一帶的航海者，此時正以很快的速度在打造巨艦，並出海往琉球、越南、麻六甲（Malacca）等地進發，目的地之中也包括日本。上海的發展極為繁榮昌盛，致使朝廷於一二九〇年將其升格設縣。最南的一處，也就是泉州市舶司，則將著眼處擺在南海的貿易；泉州港是海外穆斯林商人最重要的貿易口岸。

元朝政府於一二八四年對海上遠洋貿易採取壟斷經營，希望能夠擴大稅收，不過這項措施在隔年就宣告弛禁，大概是元朝發現其經營海上貿易的能力，無法與私人商業的本事相提並論。海上通商貿易於一三〇三年遭到朝廷的徹底禁止，開始讓沿海地區的經濟發展遭受到嚴重的遏制。這項禁令在一三〇七年暫時弛禁四年，然後又恢復，於一三一四年再度解禁，不過此次只開放官方遠洋貿易。元代最後一次海禁於一三二〇年頒布，兩年之後解禁，此後一直到元朝覆亡為止，民間商賈都能自由往來貿易。開放海岸貿易禁令帶來的其中一項效應，特別是泉州的經濟落入外國商人的控制之下。另一個效應，是財富集中在這些通商港埠之中，而不是將繁榮帶給內陸地區，甚至還摧殘了內陸經濟；這種趨勢發展下去，最終在一三五七年於福建沿海釀成一場叛亂。[9]

這時的海上貿易，很少有紀錄留下它的任何蛛絲馬跡。有一幅以朝鮮文字標註的元代地圖，保留至今，是少數記載當時海上貿易路線的史料之一。這幅地圖名為《混一疆理圖》（朝鮮名：혼일강리도），於一四〇二年，根據三年之前一位朝鮮外交使臣出使明朝時所取得的一幅地圖繪製。地圖的原作者，可以追溯到清濬和尚，這位佛門僧侶不是別人，正是一三七二年為洪武皇帝主持超渡戰爭亡者大法會的那位清濬法師。在中國史料當中，清濬和尚繪製的唯一存世地圖，繪製時間約是一三六〇年代，最西處僅及於緬甸，不過在地圖中東南角海岸處，有一塊橢

三佛齊（Srivijava，即蘇門答臘）、暹羅（Siam）、日本以及柬埔寨（Cambodia）等各國的貢使。一三七二年，來朝貢諸國又有成長，添上索里（Suoli）、琉球以及西藏。洪武因為各國皆來朝貢而感到快慰，他在晚年，滿意而帶有些許誇大的回顧自己登基初期的年月時，說道：「往來使臣不絕。」但朱元璋也對每一個疏忽差池小心翼翼，保持著高度警戒。一三七九年，他拒絕高麗使節的入貢，因為使節團帶來百斤黃金和萬兩白銀作為貢禮，遠遠超過了外交儀節的規定。隔年，也就是一三八〇年，他不准日本使節登岸，因為他們並未攜帶合乎規格的證明文件。日本的封建諸侯彼此競爭，以獲得遣使到明朝朝貢之權，而必然有一方已經預先出手干預，如此一來，無論是誰獲得授權，都可以事前防杜。[12]正是在這一年，事情出了大差錯，禍根全出在朝貢體系。當占城貢使抵達京師時，出面接待者是丞相胡惟庸，而不是皇帝。對使臣而言，朝貢或許是行禮如儀的外交表演，但是對皇帝而言，這可是極其嚴肅的政治事務。

永樂皇帝同樣也指望朝貢體系能穩固他的統治地位。根據《明史》記載，在建文一朝動盪混亂的四年歲月裡，沒有任何使團前來中國朝貢。不過，一四〇三年，一等到永樂得了天下，大部分慣常進貢各國就紛紛恢復遣使入貢。[13]然而，永樂更超越他的父皇，他派出自己的心腹太監、穆斯林鄭和出海遠航，到各個向中國朝貢的藩屬國家去；在當時，他們稱作「下西洋」，而今天的我們則稱那裡為印度洋。正如我們所見，如果朝貢體系對我們提供了了解「下西洋」遠航所需的基礎，它也能幫助解釋朝廷為何取消下西洋之舉。因為，一旦朝貢體系得以完全運作，永樂之前歷次派遣的奢華鋪張報聘回禮艦隊，就不再必要。儘管遠征行動叫停，歷次下西洋得來的知識仍舊在明代社會裡流傳，舉例而言，這些知識，我們可以在勞德海路指南和塞爾登地圖當中看到，也可以在晚明的通俗百科類書筆記裡見到。[14]

一直到明末，朝貢與海上航行之間仍然有著極為緊密的聯繫。群龍也贊同這種看法。萬曆年間，皇上差遣到琉球的使節團在渡海中途遭遇龍蹤，而且，還不只是一條，是三條龍同時現身。「（吾人）至中流，颶風大作，」謝肇淛寫道，他是使節團正使的孫子，負責沿途旅程安排，並且和使節團一同出海，此時：「雷電雨雹，一時總至，有龍三，倒掛於船之前後，鬚捲海水入雲，頭角皆現，腰以下不可見也。舟中倉皇無計。」

舟中一名經驗老到的水手，對於群龍在暴風中現身提出了一種解釋：「此來朝璽書耳（群龍只是前來朝見帶有天子璽書的使節罷了），」他堅持這麼認為。謝肇淛繼續寫道，這名水手「令扶使者起，親書『免朝』示之，（龍）應時而退。」他在這則記載的結尾處歸結了一段必要的結

12 張廷玉，《明史》，頁23-28、頁34-35；《明太祖實錄》，一三九七年九月十八日條，英譯引自韋傑夫的《明實錄中的東南亞》（*Southeast Asia in the Ming Shi-lu*）。

13 張廷玉，《明史》，頁717-776,、80。

14 刊書家茅元儀（一五九四至約一六四一）在其大部頭綱要著作《武備志》裡，收錄了多幅鄭和航海圖志路線。

論：「天子威靈，百神效順，理固有不可誣者。若非親見，鮮不以為妄矣。」[15]

海疆即邊境

只要國家外交與國際貿易兩者之間不要互相發生矛盾，朝貢與通商貿易就能相輔而相成。當二者發生矛盾時，通常是因為走私對於國家經濟控制——以及關稅收入——造成壓力。淨空沿岸居民，是明朝政府可以採取的回應措施之一。舉例來說，洪武皇帝就下令遷徙浙江沿海居民進入內陸，以使劫掠沿海地區的日本走私者（兼海盜）斷絕糧草；這項外交層面上的舉措，對於民間私有貿易造成極為重大的後果和影響。出於相似的考量，建文皇帝也禁止沿海百姓私自與外邦夷人接觸，或私下收儲，或者販賣夷人的貨物。[16]

另一種會造成貿易與朝貢相衝突的情形，是來華貿易的外邦商人同時也具有使節的身分，這不但冒犯了明朝，在他們回到自己國家以後，也會造成嚴重的政治後果。一四九三年，時任兩廣總督的閔珪（一四三〇至一五一一）上奏弘治皇帝，請求朝廷有所作為，以對付大量在中國登岸的夷人船隻，因為這些番邦夷使既不向當地官府報到，也未提出貢物明細清單，甚至當他們正好是官方承認的貢使時，同樣如此。閔珪並未在與外夷通商一事上懷有敵意；他只是試著要表達兩項有關財政預算方面的考量：關稅體制的瓦解，以及巡守整個廣東海岸所耗費的巨額開銷。他奏請皇上，要求朝廷重申諭令，來貢夷人不得違反上貢規則。皇上將閔珪的奏摺發下禮部，命該部商議之後回奏。

禮部尚書在回奏時，語氣盡可能的平淡不帶熱情，而他在實際上並未建議放棄朝貢制度。確實，若邊境政策寬鬆，將會招來更多的番舶夷船；但是持禁過嚴，則會扼殺外邦來華向化之心，從而造成本地經濟上的損失。他以「柔遠足國之道」來委婉提醒皇上，這是一句隱晦而簡要的口號，意思是若要與番邦外人保持距離，應該在同時給予該國足夠之物；換句話說，貿易通商應該繼續進行。頒布嚴峻的詔令只會傷害與各國的關係，戕傷貿易利潤。皇帝不應介入此事。弘治准奏，不過為了不讓勤於海疆警備的閔珪感到沮喪氣餒，他另行做出決定，於隔年將閔珪調任入京，升為刑部尚書。[17]

有一個確切的跡象，可以證明貿易通商正自由滲透進朝貢體系的內外，那就是佛郎機人（也

15 謝肇淛，《五雜俎》，頁272、頁360-361；第二段引文的英譯，取材自Elvin, *The Retreat of the Elephants*, 378-379，文字經過我稍微改動（譯按：中譯時已據《五雜俎》原文還原）。談遷在他的著作《棗林雜俎》裡也記載了這次事件，見氏著，前揭書，頁483，可能是根據謝肇淛的文字改寫而成。

16 建文的詔令頒布於一四〇一年，給予那些囤儲有夷人商貨者三個月時間，令其將貨物銷售處分；《廣東通志》（一八二二），卷一八七，頁6。

17 《明孝宗實錄》，卷七十三，頁3a-b；張廷玉，《明史》，頁4867-4868。

就是「法蘭克人」（Franks）的音轉）於一五二〇年時，令人吃驚的出現在朝貢者的名單之上。[18]「佛郎機」一詞是對歐洲人的稱呼，先前阿拉伯人已經使用了數個世紀之久。此用法業已東傳，用來稱呼最近到達廣東沿海的葡萄牙人，他們正試圖對明朝稱貢，期望能打開通商貿易之門。葡萄牙人於一五一〇年代大張旗鼓的進入南中國海，他們的海盜劫掠行為，讓這整個地區的貿易經濟陷入蕭條衰退。從那時起，一直到一五二〇年代，只有位於中國東方海上且遠離葡萄牙人勢力範圍的琉球，是唯一定期向中國朝貢的藩屬國。葡萄牙人多方努力，想獲得朝廷承認為朝貢藩屬國，目的是為了進入中國貿易，從而運用這條管道宰制南海各處的貿易。他們沒能成功，但是其所帶來的動亂，已經足以癱瘓他人的貿易。而就在日本封建領主意圖迫使明朝與其通商的同時，其暴行也激起明朝朝廷之中反對通商的聲浪。一五二五年（嘉靖四年），明朝關閉所有沿海地區。沿海單桅或雙桅以上船隻，除了捕魚小舟之外，一概不准入海。這種情形，就如當時一句家喻戶曉的話：「片板不許下海。」[19]

關閉海疆邊境，只在短時間內收到效果。從一五〇四至一五二四年來的海盜之亂告一段落。然而，長時間海禁所引發的效應，是逼使商人鋌而走險，參與走私，因而造成更多的海上盜匪。隨著走私者之間的競逐愈趨激烈，他們紛紛武裝起來，因而使得沿海地區再一次受到暴行蹂躪。海盜禍亂於一五四八年（嘉靖二十七年）激增，在一五五〇年代後期為患甚烈，一直持續到一五六〇年代。在這二十餘年裡，有好幾位官員因為成功剿平海盜而聲名鵲起，但是在朝廷禁海政策改易以前，局勢仍舊如故，而政策改變必須要等到海禁的主要推動者死去之後，才可能辦到；這位推動者，就是嘉靖皇帝。嘉靖終於在一五六六年駕崩，這或許是長期服用道士為他煉製的長生丹藥，導致體內毒素累積而造成的結果。嘉靖一死，要求解除海禁的請求就蜂擁而至，人們同時還請求改進海洋貿易的各項基礎建設，當中包括將福建的主要進出口港埠月港升格為縣。朝廷的新執政班底同意了。一五六七年（隆慶元年），除了特別指名仍舊禁止與日本通商之外，重新開放海上貿易。不到一年的時間，中國商人就完全重返海上貿易了。一五六八年，在泉州附近地區發生了一次海盜襲擊事件；自此之後，在接下來的六十年間，沿海地區都未再受到海盜的大舉侵擾。[20]

不准與日本通商的禁令，很快就形同具文。來自廣州的商人特地北上，到位於長江出海口、鄰近上海的崇明島，派遣到日本的船舶，並在此設置經營與外國貿易的事務所。這種貿易的規模，可以從一六四二年（崇禎十五年）冬，一艘被嘉興縣令以走私罪名沒入官府的船舶中看出。這艘船載運的貨物是人參，或許是從滿洲進口到日本，然後再轉出口至中國。縣令聲稱這批貨品值十萬兩白銀，價值之高，令人瞠目結舌。經手此次貿易的商賈，並非本地人氏，而大多來自山

18 張廷玉，《明史》，頁212。
19 這些發展趨勢，在Brook, *The Confusions of Pleasure*, 119-124當中有進一步的敘述。
20 《泉州府志》，卷七十三，頁20a-32a。

西，他們向長江三角洲的各鎮軍官投遞訴願狀，期望能取回被沒收的貨物，以緩解因官府抄沒而造成的重大損失。縣令為了維護自身利益，於是將這些人參當成賄禮，餽贈各級上官；但是在北京派來的新任總督到達後，縣官的貪汙醜聞就被揭發，他也遭到免職。[21]朝貢與貿易之間的緊張關係，既極大程度的表現在公門官員與私家商賈二者間的斷層上，也出現在外邦人等與明朝民眾之間的分歧鴻溝之中。

一直到一六三〇年代晚期，開啟或關閉海疆，一直都是朝廷內爭論不休的問題。一六二〇年代，禮部左侍郎、改宗信仰天主教的徐光啟主張開放海疆，他認為明朝需要海上這個管道，以獲取歐洲彈道學技術的最新改良成果。[22]他的提議引起朝廷一場激烈憤怒的辯論。問題在於何者帶給明朝更大的威脅，是由沿海水路而來的歐洲人和日本人為患最烈，還是在北方邊境步步進逼、很快就將取名為滿洲人的通古斯族戰士？對於這個問題的答案，徐光啟毫無疑義：明朝應該擔心，並且準備對抗的敵人是滿洲人，而非歐洲人。不是所有人都同意這個看法。反對者時常指控徐光啟庇護耶穌會士，並且在澳門出賣中國利益給葡萄牙人，藉以打擊破壞他的主張，這就導致借鏡歐洲技術和專家的努力，總是遭到挫敗；西方技術對於明朝的國防態勢的影響，因此也很少起到累積的效果與作用。[23]

然而，開放海疆最為強而有力的主張，來自經濟層面。有太多人在海上貿易當中獲利，以至於正如一六〇六年，一位文人在澳門以委婉的措詞評論道：「竊恐貿易終不能禁。」到了一六三〇年代，根據兵部的估計，每年都有十萬餘名福建民眾搭船出海，前往馬尼拉尋覓工作機會。「海者，閩人之田，海濱民眾，生理無路，」一名福建籍官員在一六三八年朝廷再次頒布海禁一年之後，向朝廷上疏請求解禁時寫道：「窮民往往入海為盜，嘯聚亡命，海禁一嚴，無所得食，則轉掠海濱。海濱男婦束手受刃，子女銀物盡為所有。」[24]這番話說得毫不誇張。他所奏請解除的海禁，已經使航向馬尼拉的平底帆船數量，由一六三七年的五十艘減少為隔年的十六艘。數量暴跌所起的漣漪效應，很快就影響了整個沿海地區的經濟。所幸，由於福建民眾的生計完全仰仗對外貿易，禁令得以即時解除，有三十艘平底帆船因此能趕上春天航向菲律賓的季風——雖然船舶在數量上無法與一六三七年時相比，但是已經足以再次重振貿易了。

到了明末，決定提高或降低與國外通商的壁壘門檻，已經不再屬於國內事務。它取決於大量和內部考量產生互動的外部因素。而在這些外部因素當中，最具重要性的，當然是全球貿易的各種變動模式。

---

21 談遷，《棗林雜俎》，頁571、580。

22 譯註：英文原作「兵部侍郎」（Vice-Minister of War），但據《明史．徐光啟傳》：「天啟三年起故官，旋擢禮部右侍郎。……崇禎元年召還，復申練兵之說。未幾，以左侍郎理部事。」可知徐光啟於一六二〇年代時應為禮部官員。

23 Brook, *Vermeer's Hat*, 100-107.

24 傅元初奏摺，錄於顧炎武，《天下郡國利病書》，卷二十六，頁33a。

南海經濟體

當鄭和的艦隊遍航南海，並且於一四〇五年進入印度洋時，他已經航行進一處現存的分散貿易網絡之中。一四九八年，葡萄牙船長達伽瑪（Vasco da Gama）駛入印度洋時，同樣的情況依舊到處可見。以南亞為基地的穆斯林商人，主導了此地的貿易，但是沒有人能獨攬生意。當葡萄牙人到達印度洋時，各處的人們仍然記得鄭和的歷次「下西洋」。對鄭和船隊的記憶之所以會經久不散，既是因為歷次遠征的規模皆非比尋常，也因為下西洋船隊顯露出的特別性質，它似乎指出另一種不同的貿易運作模式，也就是由國家主導協調，可以取代現有的多頭、分散的貿易體系。葡萄牙人帶著好奇心，聽聞當地民眾說起這些「白膚色之人」（這是中國人在南亞民眾記憶裡的模樣）——他們曾經造訪過印度洋上的所有主要港埠口岸。隨著葡萄牙人在亞洲的野心企圖日漸增長，有些人將鄭和視為一個榜樣，無論這個榜樣是否如某些人所讚譽鄭和的，拒絕奪占他人土地作為自己的殖民產物，或是一項接受港埠城邦朝貢的慣例，而他們也願意循此前例，和葡萄牙人通商貿易。[25]

葡萄牙人於一五一一年抵達南海西側邊緣的麻六甲時，表現得相當殘暴。當他們發現已經有一個中國貿易社群在這裡，而且經手的貿易相當繁榮興旺時，便決定把這些中國人當成是他們的主要競爭對手，並且做下歐洲貿易商通常會對競爭對手做的事情：殺了他們，然後接手他們的生意。這樣的「發現」，將會一再的反覆上演。無論歐洲人的蹤跡在哪裡出現，中國人都早已經在那裡了。葡萄牙人試著想成為明朝的朝貢國，但是明朝政府卻拒絕他們的請求，因為他們所有關於建立外交或貿易通商關係的主動提議，都是為了保護其現有海上貿易的獨占地位。

這就是為什麼南海在明朝經濟最終與世界經濟合為一體的過程裡，成為關鍵區域的原因所在。朝貢體系允許外國人以朝貢者的身分進入中國，但同時卻也責令他們離開。外國商旅被禁止在國境之內長期定居，而明朝擁有執行此項規定的軍事力量。任何想要進入中國商業市場的人，無論是買或賣，都必須透過官方管道，並且建立一個雙邊對等的關係，方能達成；而建立關係的條件，總是掌握控制在明朝政府的手中。唯一可供民間私下貿易的場所，在近海的島嶼，以及走私者控制的峽灣——它們都不是能維持長期交易的穩定根據地。而如此一來，就必須找出一個商貨交易的區域，以便經營、管理離華的中國商品，以及外國貨物的進口。出現在南海地區，同時也是葡萄牙人涉入其中的情形，是一個多邊交易的貿易網絡，在這個網絡裡通商的商人，和大多數明朝的朝貢藩屬有關聯，但是那些發展出地區內部貿易的人當中，則以中國手工業製品和農作物為其主要交易貨物。

[25] Alves, "La voix de la prophétie," 41-44.

這樣的貿易安排要依靠兩個條件才能達成，一為經濟，一為政治。經濟上的條件，是明朝必須持續生產出各種品質良好、價格合理的貨物，以因應其他各處的大量需求：中國是這個貿易網絡成長發展的發動機。政治上的條件，是明朝必須持續阻擋外國商人進入本國市場。前述這兩個條件都沒有發生動搖。事實上，我們確實可以說，在整個十六世紀期間的商業經濟，結合關閉邊境的政策（只在本世紀的最後三十年才緩和放寬），確保了這個貿易體系的力量。這是一個相當強健結實的貿易網絡，可以建構出一個或許能稱之為「世界經濟」（world-economy）的體系。

「世界經濟」一詞，由研究地中海歐洲的史學家費爾南．布勞岱爾（Fernand Braudel）所創，其意並不是指整個世界的經濟體系。所謂全世界的經濟體系，實際上最早要等到十八世紀才出現。更確實的說，「世界經濟」所指，是一個大型地區，透過定期規律的交易網絡，形成高度整合一體的經濟實體，並且在內部的生產勞力分工方面，維持相對程度的自治自律。這個相對程度上的自主，使得一個區域經濟體系得以建構它自身的「世界」，不但自給自足，而且在面臨改變時，有調適的能力；此外，它還具有在自身內部流通的貨物價值增加之時，和距離更遙遠的地區進行連結的能力。[26]

這就是我們所想像的南海世界經濟體系：這個具備相對自主能力，但是內部又整合為一體的貿易區域，在十五世紀後半葉出現，這多虧了從北邊來的中國商賈，以及從南方來的穆斯林商人，有系統、有組織的進入本地區（見地圖七）。鄭和的歷次下西洋，確實有若干貢獻，因為這擴大了中國商人在本地區的參與程度，但是國家主導的遠航次數再多，也無法開創這樣的世界經濟體系。貿易必須超越朝貢的程度，才能有這種世界經濟體系的出現。

海上貿易沿著兩條主要路線組織起來，兩條路線都以月港和泉州為起點。東洋航線朝台灣的背風處而去，從這裡向北，發展出一條到日本的支線，不過貿易的主流還是向南到菲律賓，經過摩鹿加（Moluccas，即歐洲人口中的香料群島），轉向西到達爪哇。西洋航線則緊挨著大陸海岸線下行至越南，穿過泰國灣（Gulf of Thailand），然後到達麻六甲。當福建月港人張燮（一五七四至一六四〇）於一六一〇年代將他對海上貿易的考察心得編寫成書時，便以這兩條航線作為全書的架構，也因此這本書被稱作《東西洋考》。[27]張燮在書裡提到，海圖是他在寫作時參考的書面文獻之一；這也就難怪勞德海路指南編排資料的方式，會與《東西洋考》完全相同了。

早在歐洲人抵達之前，南海世界經濟體系就已經形成，這就是為什麼當他們一出現在這個地區時，就能夠運用當地現成的區域貿易。從西方航海而來的葡萄牙人，終於在一五五七年得到一塊狹小的半島狀土地，也就是今天的澳門，作為其休憩的中繼站。從美洲西岸穿越太平洋而來的西班牙人，於一五七〇年發現了馬尼拉這處絕佳的港口。在這裡，他們還發現了一個超

---

26 Braudel, *The Perspective of the World*, 21-22.

27 張燮，《東西洋考．凡例》，頁20。這些路線被記錄在前揭書，頁171-185。

過三百人的中國人貿易聚落，以及一個規模較小的穆斯林部族王廷；在隔年，西班牙人就以陰謀詭計，分別將他們消滅、罷黜。荷蘭人是在這個經濟體系裡出現的第三個歐洲角色，他們一直到一五九〇年代才抵達南中國海。在下一個世紀，荷蘭人在東印度公司的招牌底下重返南海之後，便在爪哇各地建立據點，首先是一六〇九年在該島西邊的萬丹（**Bantam**），接著是更東邊的雅加達（**Jakarta**，

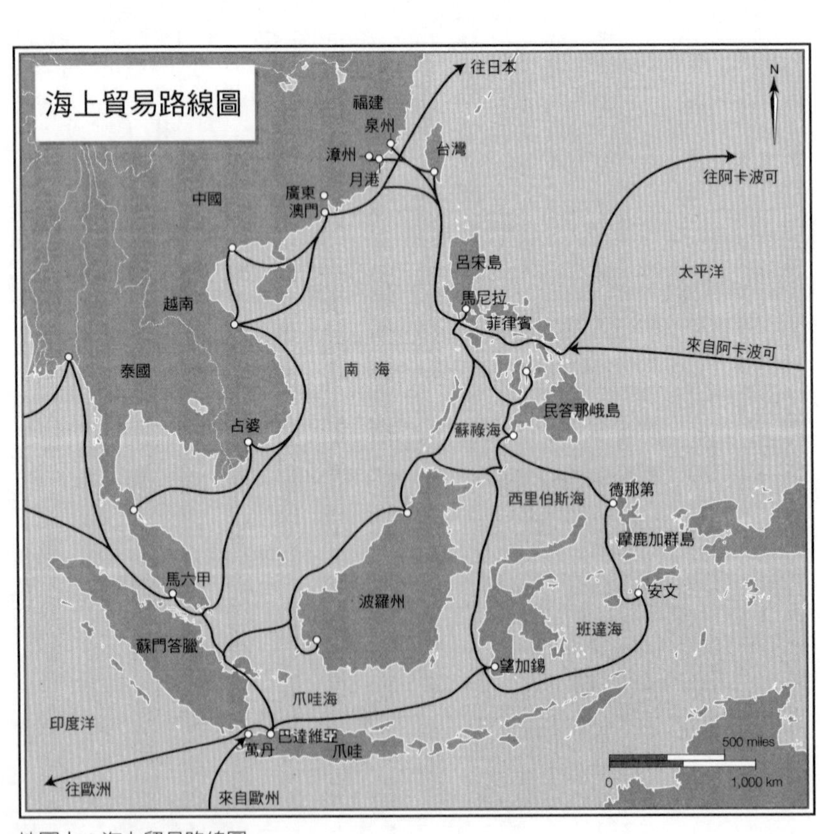

地圖七：海上貿易路線圖。

當時他們稱作巴達維亞城）。爪哇對荷蘭人而言具有戰略地位，因為據有該處便可以封鎖摩鹿加（Moluccas，也就是香料群島）；可是，儘管他們多方嘗試，爪哇距離中國實在是太過遙遠了。他們占領時間最長的據點位在台灣，為了與馬尼拉的西班牙殖民地競爭，東印度公司於一六二三年在該島設立根據地。荷蘭人一在台灣島上建立起他們的基地，就招攬來許多中國人，充作農夫和獵人；其結果相當諷刺，正如歷史學者歐陽泰（Tonio Andrade）指出，台灣之所以會「中國化」，正是荷蘭人在島上殖民的結果。[28]台灣的荷蘭勢力，最終於一六六二年被海上軍閥鄭成功（國姓爺）給驅逐出去。

荷蘭人有兩種手段，用以維持他們在這個世界經濟體系裡的地位。其中一種是使用暴力；靠著這種辦法，荷蘭東印度公司得以獨占香料貿易的巨大利潤。另一種辦法，是以靈巧熟練的手腕大量經營地區內部的貿易，如此一來，致使東印度公司在南中國海和印度洋兩地各處之間搬運的貨物，還要多過該公司在歐洲和亞洲之間的數量。只要雅加達可以壟斷它的地區性市場，這筆生意就能夠獲得利潤。不過，各種壟斷生意都是有時效限制的，因為規則會改變，也會有競爭者出現，與他們角逐利益。在這個區域中，中國商業網絡的鞏固，意味著到了十八世紀時，中國商人掌握貿易的程度要遠超過荷蘭人或西班牙人。在此同時，英國人的身影正逐漸在這個地方出現，

---

[28] Andrade, *How Taiwan Became Chinese*, 20.

很快就使荷蘭人為之黯然失色。雅加達淪為商品進出貨流當中一個無關緊要的小城，在槍砲彈藥構築起來的各個帝國還在成長茁壯時，它兀自作為一個時代的遺跡，繼續存在著。[29]

白銀如潮水

西班牙人、葡萄牙人與荷蘭人一樣，都是想盡辦法要進入這個區域，但是使他們真正進入這個貿易體系，並且鞏固其地位的，卻是一種礦產；他們（尤其是西班牙人）對於這種礦產，有著近乎壟斷式的掌控，他們還認為這種礦產的供應，將會永無窮盡。同時，明朝經濟體也將這種礦產視作價值高於一切的交易媒介。這種礦產就是白銀。它來自美洲西班牙人勢力範圍內的多處礦山，主要產自波托西（Potosí，位於今日玻利維亞境內）和墨西哥。這些礦山的產量極不尋常，特別是自從一五八〇年代開始，當時人們採用一種新的提煉技術，即在開採過程中使用水銀，以增加白銀的產量，而一直進入到一六三〇年代，有愈來愈多可開採的礦脈漸趨枯竭，於是產量下降。在這數十年間，西班牙人手中控制的白銀數量，既足以為其帝國提供資金，也能夠買通進入南中國海經濟體系之路。不到幾年的時間，西班牙人就在馬尼拉站穩腳跟；他們將安地斯山脈（Andes）開採出來的白銀運往祕魯海岸，從那裡裝船，載往阿卡普爾科（Acapulco），然後再裝載到於每年冬季橫越太平洋的加利恩（galleon）大型帆船上。在一五八〇年代，每年大約有三噸的白銀穿越太平洋，來到馬尼拉。到了一六二〇年代，年運量提高到二十噸，此後則降到大約十噸。

福建商人的反應相當敏捷，他們立即將所有倉儲貨物盡可能的裝載到平板帆船上，然後運往馬尼拉交易，換取白銀這種貴重金屬。貨船在每年春季離開，正好與加利恩大帆船抵達馬尼拉的時間一致。在雙邊的貨船都抵達之後，就開始磋商價格、支付關稅，然後互換手中持有的銀兩和貨品。雙方都要確保趕在每年六月的雨季造成其航海的巨大混亂之前出港。從月港到馬尼拉，福建到祕魯，從大明到西班牙，白銀成了連結前述這一切的橋梁。

從馬尼拉川流而出的大量白銀，引發一則謠傳，認為西班牙人在菲律賓發現了一座銀礦山。宦官高寀是萬曆皇帝由皇宮大內派往福建的海外貿易收稅太監（這項稅收是皇帝個人的收益），他於一六〇三年派出一隊人馬，前往調查謠言是否屬實。對於這座銀礦山，他使用了一個人們慣用的名詞來稱呼：金山。「金」字本來指的是黃金，但是這也是對「銀」的委婉稱呼，因為高寀正在尋找的其實是白銀，而非黃金。大眾心中對於「在南海之濱有著一座銀山」的念頭是如此著迷，甚至到菲律賓被證明並無銀山存在之後，美洲和澳大利亞許多有中國移民聚居之地，都被俗稱為「金山」，通常這是黃金礦山的錯譯。美國三藩市（San Francisco）的中文名稱，至今仍然是舊金山。實際上，確實有一座真正的銀礦山，但是此山位於波托西。利瑪竇把這個地方標誌在

[29] Blussé, *Visible Cities*, 58-60, 64-65.

他於一六○二年為中國友人繪製的巨大地圖上。他為這個地方起了一個樸實貼切的譯名：銀山。

從歐洲人的角度來看，白銀是一項絕佳的礦產。在中國，白銀能兌換到的黃金價格，是開採產地的三倍，兩地市場間的大幅價差產生了巨大的利潤，等待著人們去攫取。不但如此，歐洲人以白銀在馬尼拉購得的貨物，其所需價格遠遠低於他們回到歐洲後販售的價格。從明朝人的角度而言，這項買賣也很划算，他們的理由差不多完全一樣，情況則與歐洲人顛倒過來（譯按：即在馬尼拉賣出貨物所換得的白銀，其數額高過國內甚多）。貨物價格差異之大，令人難以置信：一六三九年，一百斤杭州絲綢在中國可賣一百兩銀子，但是賣給馬尼拉的西班牙買家，則可得二百兩銀子。[30]而買賣一完成，交易所需的成本也隨之結束。中方賣家不必將其報酬折換成其他的貨幣或是商品。在買賣結束的當下，他就可以將自己獲得的利潤變現。

當然，前述這些貿易上的安排並未讓所有人都獲利。在這個經濟體之內運作，所需的投資數額是如此巨大，以至於生意失敗時付出的代價也相當可觀。而當貿易失敗的情況發生時（這種情況時常出現，因為每趟遠航買賣都仰賴在遠渡重洋之後，能有好的結局），便可能帶來災難性的後果。一六○三年，因為貿易而引發的緊張局面，使得在馬尼拉的西班牙人與中國人之間爆發全面衝突，最後以估計超過兩萬名中國人死亡作為收場。同樣的情景在一六三九年時再次上演。前一年，有一艘返程的加利恩大帆船於離開馬尼拉之後沉沒，而從阿卡普爾科出港的帆船也因為遭逢颶風而遇難——在這些損失之外，還要加上明朝政府於隔年關閉沿海地區，禁止商人出海貿易。擔心破產的緊張局勢，同時沉重的壓在西班牙人和中國人雙方的肩頭上，因而當一群中國農民在鄉間舉事反抗其西班牙上司時，亂事隨即在整個地區引燃，所造成的死難人數，與一六〇三年那一次規模相當。[31]然而，貿易在一或兩年之內便告恢復。一場大屠殺對貿易帶來的阻礙與破壞，對於雙方來說，都是無法承受的重大損失——而這些損失，全都是以銀兩來衡量的。

而究竟白銀是怎麼影響明朝的呢？即便在西班牙人的白銀到達之前，明朝的經濟就已經遭逢了一次商業財富的重大激增擴張，這使得許多人富貴得意，而令其他人羨慕妒忌。財富激增的成因在南美洲的白銀到來之後，改變了原來的因果關係。正因為明朝經濟的繁榮昌盛，起初吸引了歐洲的買家，讓他們情願以手中的貴重金屬（白銀）來換取明朝的產品。另一方面，來自馬尼拉、澳門和日本的白銀數量，在一段時期內出產的額度幾乎相等，它們大量湧入明朝，造成萬曆一朝後期名副其實「錢淹腳目」的盛況。隨著這種商業財富逐漸超越其他收入來源，商賈之家就有了在奢侈品消費項目上超越仕紳階級的本錢，即便在文化成就上不全然如此。舊時將仕紳排於首位、商賈敬陪末座的四民地位順序，此時正受到顛倒反轉。銀子或許被上層社會看作是沒有品味的身外之物，但是人人都想要得到它。

30 顧炎武，《天下郡國利病書》，卷二十六，頁33b。

31 這場一六三九至一六四〇年的大屠殺，詳見Brook, *Vermeer's Hat*，第六章。

在一六一〇年代，也就是萬曆一朝的最後十年，人們心中對於奢侈揮霍習性和暴發戶粗野品味的焦慮擔憂，已經來到高峰。並非巧合的是，也就在這個時期，仕紳階級的文人開始教導新近致富的有錢人：如果他們期望能晉身上層社會，就應該要知曉、掌握若干文化舉止。在文震亨於這個時期邁向尾聲時所完成的雅致消費教導手冊《長物志》當中，就充滿了關於錯誤濫花銀兩的告誡。身為偉大書畫家文徵明的曾孫，文震亨清楚自己筆下所寫為何。他之所以寫出這本參考手冊，是因為確信無知的消費者可能會犯下錯誤，因而浪擲他們的財富，他還再三強調，如果你不想讓自己看來像是個粗鄙無文的有錢人，那麼堅守書中的規則是如何的必須與必要。

舉例來說，讓我們來看看文震亨怎麼教導他的讀者，在自家的私人茶室裡主持一場聚會時，該如何表現才能克盡主人身分。這個例子十分恰當，因為只有最富有的人家，才能指望在市區裡坐擁足夠的地產，在其中布置一座面積夠大的花園，足以建造一間茶寮。[32]文震亨提出的第一條建議，與僕役有關。「教一童專主茶役，」他建議道，否則最後你將會因為茶具等細瑣物品而手忙腳亂，反而耽誤了正事，也就是「長日清談，寒宵兀坐。」另一條記載則強調，「幽人首務，不可少廢者。」可是，奈何啊，要有些人的行為表現得當，烹茶時不讓茶湯溢出，坐臥都合乎禮節，真是難乎其難的事。文震亨在許多事物上的要求都極為嚴格，比方說——鸚鵡。牠們「需教以小詩及韻語」，這就意味著不能讓牠們聽聞市井鄙俗的談話聲，因為那些聲音「聒然盈耳」。家具裡也暗藏著危險。避開龍形狀的裝飾，他建議道。那些刻著龍紋圖案的桌腳，更是粗鄙至極。[33]

當白銀如潮水般淹沒萬曆年間的社會之時，風格並不是唯一一件擺脫常規慣例的事物。當新來的錢潮逐步毀壞舊日社會地位原本確定之事時，關於人生要如何度過的新想法便受到人們的支持。月港人張燮寫出航海路線年鑑《東西洋考》，他的友人便在為該書撰寫的序言裡，表達出這種新時代的意識。這位友人寫道，月港的海上商販「視浮天巨浪如立高阜，視異域風景如履戶外。」這些人「海上安瀾，以舟為田。」他們對異邦君長陳詞說明時，「如挹幕尉（如同與左鄰右舍談話一樣輕易）。」[34]「男耕女織」的古老片語，已經不再適用於形容月港的民眾了。這不是他們所過的生活。

張燮並不指望憑著他在《東西洋考》裡記載的海洋知識，就可以改變所有人的認知觀念，不過他確實在該書的前言裡做出一番強有力的陳述，暗示事情應當如此。在討論編纂一部像他筆下這樣蒐羅資料廣泛的著作，所遭遇到的挑戰時，張燮挑出先前若干位作者，他們的著作裡只是反覆引用文獻，而不留意於近來的發展；他指控這些著作是將疏失永遠保存下去，而不是在開創知

32 關於明代庭園的文化消費活動，見Clunas, *Fruitful Sites*；柯律格在該書當中，以一整個章節的篇幅（頁104-136），介紹文震亨家族擁有的庭園。

33 Clunas, *Superfluous Things*, 41（內文稍作更動），43.

34 周起元，〈序〉，收於張燮，《東西洋考》，頁17。

識。張燮想要開創這門知識，這就是為什麼他採訪水手商賈，盡他所能的探求關於南海貿易路線的一切事物。這部著作並沒有受到當時讀者的重視和接納，它對於大部分明朝人們認為重要的知識學問，也沒有起到太大的影響。勞德海路指南與塞爾登地圖也遭遇到人們同樣的冷落，這也許在某種程度上能夠解釋，為什麼這兩份文獻都只有孤本傳世，被存留在泰晤士河上游的一間圖書館裡。

在華歐洲人

隨著白銀潮流進入南中國海世界經濟體系裡的，是一群源源不絕而來的陌生之人；在這群人裡，既有身邊帶著非洲奴隸與寵物猴子、衣著華麗的葡萄牙人，也有隨機群聚的下層階級：水手、士兵以及鐵匠，他們來自全球各地，或是受到招募，或是被強制牽扯，進入到這個瘋狂又危險的全球貿易體系之中。明朝人對他們感到高度興趣。「其人雙瞳深碧，舉體潔白如截肪，」沈德符在一六〇六年刊行的筆記著作《萬曆野獲編》當中這樣寫道。「大抵海上諸弁，誘致取賞，非盡盜也（這些海上武裝分子，通常大部分都是靠他們的智慧發財致富的人，並不全是海盜）。」當荷蘭人出現時，對於他們奇裝異服的樣貌，明朝的人們甚至沒能做好心理準備。「且形貌服飾，非向來諸島所有，」沈德符在這段話裡所說的「向來諸島」，原先指的是那些來自東洋和西洋各島的朝貢者，在這裡是指葡萄牙人。「以其（荷蘭人）鬚髮通赤，遂呼為紅毛夷云。」[35]

比起荷蘭人的鬚髮顏色，更加吸引沈德符注意的，是他們精確的火砲技術。他記述明朝水師第一次在近海水域遭遇到一艘荷蘭船艦時，官軍完全猝不及防。沈德符將這次雙方遭遇的時間，標定在一六〇一年（萬曆二十九年）。明朝官軍「未曉其技能，輒以平日所持火器遙攻之。」荷蘭人同樣開火還擊，他們的砲術準確，造成的效果，則讓人震驚恐怖。「第見青煙一縷，此即應手糜爛，無聲跡可尋。」沈德符承認，荷蘭人確實有理由開火，以保護他們載運的船貨，但是他也指出，荷蘭人具備如此技術，已經將海戰帶往一個全新的境界。荷蘭人「不折一鏃，而官軍死者已無算。海上驚怖。」[36]這就是為什麼徐光啟要大力主張雇用歐洲砲手，用以改善明朝在北方邊境的防禦態勢。

白銀潮流也將其他的歐洲人帶往大明天下，在他們之中不只是碧眼的商賈和紅毛的砲手，也有耶穌會的傳教士。這些傳教士都是耶穌會的成員——耶穌會是一個立場激烈的天主教菁英組織，在精神領域上與宗教改革者爭戰。他們順著全球貿易潮流而來，打算在任何接納他們的地方宣揚基督教義。從兩層意義上來看，他們的傳教使命可以說是全球化經濟的一項產物。首先，如

35 沈德符，《萬曆野獲編》，頁783。
36 沈德符，《萬曆野獲編》，頁783。

果不是歐洲人投入海上貿易事業，由此提供了傳教士航海所需的路線、船隻，以及可供建立傳教基地的口岸港埠，傳教士遠渡重洋而來，簡直是不可想像的事情。耶穌會士是頭一批帶著熱切的決心，把握住這次新機運的人，他們派遣西班牙神父方濟各・沙勿略（Francis Xavier，一五〇六至一五五二）跟著葡萄牙商隊，於一五四九年到達南中國海，這一年正好是耶穌會創立之年。正如美國歷史學者柏里安（Liam Brockey）所指出：一五五七年，葡萄牙人在大明國土上獲得了澳門作為商業據點，歐洲傳教士也因此而迎來了第一個轉捩點。澳門「不只對中國宣教使命大有裨益，」他評述道：「它對耶穌會在東亞的一切宣教使命，都具有關鍵的重要意義。」葡萄牙商人不管走到哪裡，無論是溯珠江而上到達廣州，或是橫渡東海到達日本，都有傳教士跟隨。宣教任務並不僅只是跟隨貿易活動，還從中獲益。[37]

從財務運作方面來看，耶穌會在亞洲的宣教使命也是經濟全球化之下的產物。耶穌會士們明白，要傳基督教義給無信仰者，是一項昂貴的活動：宣教人員需要教育、運輸以及伙食；補給物資需要購買，並且得裝載船運；贈送用的禮品需要準備。葡萄牙國王與富裕的商人認為自己是耶穌會傳教任務的贊助庇護者，他們從海上貿易得來的利潤當中，轉移了一小部分，作為耶穌會傳教所需費用。但是，如果將耶穌會傳教士看成是葡萄牙人在南中國海貿易的被動受益者，那就大錯特錯了。耶穌會士在繁複的貨幣套利兌換和商品買賣方面，都是活躍的參與者，用所得支持他們的傳教事業。教宗曾經頒布一道詔令，禁止教會人員涉入商品交易，其目的是要使傳教士遠

解讀。他們將澳門這個港埠看作是耶穌會士的「阿基里斯腳踝」，也就是最脆弱、最容易受到傷害的部位。耶穌會士與澳門的這層關係，除了為葡萄牙人效勞（而葡萄牙人的利益不完全是商業性質，還包括政治目的）之外，還能有什麼別的意思？就如在一六一六年，一名對耶穌會士抱有敵意的禮部官員所說的，人們疑心這群教士「踞澳門為巢穴。」當時的人們廣為相信，葡萄牙人決意侵占大明天下，這就表示每個耶穌會傳教士，都是「佛郎機夷之爪牙。」[39]對於耶穌會傳教士來說，澳門或許已是重要的資產，但是在中國人的眼裡，此地是一塊燙手山芋。這就在傳教士心裡發生了矛盾和牴觸，因為這件事情並非發生在經濟和政治的真空地帶，而是緊緊挨著經濟與政治權力的外緣，而正因為此種權力，才使得這種局面的出現成為可能。

儘管位高權重的官員們對耶穌會士抱有敵意，還是有許多萬曆朝晚期的知識分子因為所處地位之便，和耶穌會士展開熱烈的互動往來，其中甚至有些人還皈依天主，成為基督徒。這些人的動機和他們的性格一樣，各式各樣，都不相同。如我們之前看見的，有些人高度重視耶穌會士從歐洲帶來的學問知識：幾何學、天文學、繪圖學、彈道學、水文學——全都是歐洲人擅長的空間計算科學。有些人對基督教的宇宙觀感到好奇，因為它在詮釋天象方面，大致上還算令人感到滿意。有些人欽佩耶穌會士個人的智識本領與道德信念，認定他們是使這個世界臻於至善這個事業上的志同道合之士。[40]耶穌會士十分幸運，他們展開宣教使命的時候，明朝的知識分子正苦苦掙扎於一些基本而重要的問題。這些問題裡，既有他們本身的道德使命感，也包括一些基本的技術層面問題，像是如何協助民眾度過兩次萬曆劫難，以及如何抵擋北方邊境的敵人勢力（這股力量，將於一六四四年摧毀本朝）。對於前述問題，這些受過高等教育的歐洲人顯然已經有了好答案。

耶穌會還有另一項走運之處，因為在他們之中，有一個人最後成為在華宣教使命的領導者：利瑪竇。他是一個精明敏銳的人，從他對於各種文化典範形式的領略掌握，以及他對於一個在華歐洲人要達成任何事情必須做什麼的評估，都可以看得出來。[41]舉例來說，利瑪竇住在北京時，曾經對居於鄰側的沈德符表示，他來京師是為了「入貢」。[42]這番話並不盡然符合事實，因為葡萄牙並非明朝的朝貢藩屬國，利瑪竇也不是葡萄牙人。但是在他的這番話裡，卻因為找到了正確而有效的表述說法，而讓他在北京的居留及其理念看來全都合乎情理。然而和沙勿略一樣，利瑪竇在中國的宣教事業最後也以重大的失敗作收。以利瑪竇的情況來說，他始終沒能得到萬曆皇帝的親自接見。不過利瑪竇在中國的宣教，倒也達成了偉大的成就，他開創出一條讓歐洲人適應、

39 此官員為沈漼，引自Brook, *Vermeer's Hat*, 108.

40 Peterson, "Why Did They Become Christians?"

41 利瑪竇是好幾篇傑出傳記裡的主人公，尤其是Spence（史景遷）, *The Memory Palace of Matteo Ricci*，以及Hsia（夏伯嘉）, *A Jesuit in the Forbidden City*.

42 沈德符，《萬曆野獲編》，頁783。

接納中國文化價值的坦途，反之亦然。天主教內其他的宣教團體，特別是道明會（Dominican，又譯為多明我會），對於他們進入國度的文化，並未持同樣的寬容態度：他們更無意願為其錯誤理解為根本真理的基督教價值觀，在中國文化裡尋找類似堪比的對應，而因此到頭來也無法成功的勸服明朝的士大夫以其原有的價值，換得另一套全然不同的信念。道明會傳教士在庶民百姓之間的宣教事業取得可觀的進展，可是他們所建立的基督教社群，卻只能在官府查探的耳目底下存活，而這個國家的政權，向來就疑心宗教可能是煽惑動亂的煙霧。[43]

捕歸逃亡犯

派往南方尋訪管方洲下落的蘇州捕役決定，這是他們最後一次出動，到澳門附近去搜索，之後便要收拾行囊，結束這趟搜捕任務。這時還是一五七〇年代，數十年以後，葡萄牙人才會在澳門建造數座令人印象深刻的大要塞、讓中國人相信，夷人是無法信任的。這時，利瑪竇也還沒抵達澳門，開始學習中文（他於一五八二年到達澳門）。捕役們在澳門查訪時，聽到一則消息：有一艘歐洲船隻的破敗殘骸，最近漂浮進入港口。這艘船的殘骸沒有了桅杆和方向舵，看來已經遭到放棄。捕役們出於好奇，登上這艘船隻殘骸一探究竟。他們在原先儲放火藥的艙房裡，發現了兩名奄奄一息的中國人。事情真是極度巧合，以至於到了人們難以置信的地步：在這兩名中國人裡，其中一個正是管方洲。

究竟管方洲最後怎麼會出現在這艘歐洲船隻上的？他是俘虜，還是貿易商人？或是打算偷渡的乘客？真正的實情，我們已經永遠無從得知了。無論是哪一種情況，管方洲一到澳門，就明白這個新局勢變化，可能朝對自己有利的方向發展。明朝政府從來沒有正式將澳門的主權交給葡萄牙人，不過管方洲卻聲稱自己受到某種「不成文」（*avant la lettre*）的治外法權保護，而且確信衙門捕役無法在澳門抓人。如果捕役們不是也接受這番聽來有道理的聲明，那麼就是明白現實情況：他們不可能在葡萄牙人的眼皮底下，將管方洲銬上鎖鍊，逮捕歸案。想順利逮捕管方洲，他們需要繞上一條更加迂迴的路。他們不能強迫管方洲，而必須說服他自願跟捕役回去。於是，他們編造了一套說詞。

「吾輩亦將入南夷市販，今如此危險，決意歸矣，」他們這樣對管方洲說道：「子可偕我行（如果你願意的話，可以和我們一道回去）。」這名逃犯心中猶豫，便問道自己身上背的那件案子，現在如何了？「子事已經大赦，勿慮也。」他們向管方洲如此擔保道。大赦是皇帝向上天求助時通常採取的做法——例如，為了緩解一場旱災，而大赦天下——或者，刑部因為積案過多，超過透過正常程序所能清理的程度，而向天子請求頒布赦令。

---

43 Menegon, *Ancestors, Virgins, and Friars*.

管方洲錯就錯在相信了他們。沒過多久，他就醒悟過來，但是在這個時候，他的行動已經失去自由了。捕役將他帶回蘇州，正好即時趕上，因為處斬牢頭王百戶的旨意才剛剛到達。管方洲的緝拿歸案，意味著為盜用銀兩而遭受懲罰的人，不是牢頭，而是銀匠。此事轟動全城，成為街頭巷尾議論的話題；所有人都說，上天以巧妙神祕的方式，讓事情回歸正道，這件案子就是無可質疑的證明。如果此說為真的話，那麼這種神祕巧妙的方式，現在也包括全球貿易在內。

第十章　崩潰

一六五七至一六五八年的冬季，一個寒冷的夜晚裡，明朝滅亡至此已經十四年了，黃宗羲（一六一〇至一六九五）被書櫃裡傳來的一陣聲響所喚醒。他起身，在床邊小几上取了根蠟燭點燃，凝視著書櫃方向，結果正好看見一隻老鼠匆忙竄下書架。他帶著蠟燭過去查看，鼠輩到底嚼壞了什麼書冊。在忽明忽暗的燭光照映下，他發現方才那隻嚙齒類動物挑中的是一堆弘光朝（一六四四至一六四五年）的《邸報》。邸報是官方的新聞公報，每位皇帝在位期間，朝廷都會定期刊印邸報，並將之發送給朝中的高級官員；邸報刊載的內容是最近的重大事件、頒行的政策以及人事命令。擺放在黃宗羲書櫃上的這些《邸報》，都是在南京刊行的，弘光皇帝在這裡建立朝廷，維持了一段時間。弘光的御名是朱由崧（一六〇七至一六四六），他是前任福王，也是崇禎皇帝的堂弟。崇禎皇帝於一六四四年自盡，以避免淪為起事叛軍的俘虜。朝廷的倖存者逃往南京，福王便在那裡登基，是為弘光皇帝。一年之後，效命於入侵滿洲人的大軍直下南京，並且將弘光驅趕出去。弘光朝的《邸報》就此中斷。

在那個動盪的年代以及隨後的歲月裡，黃宗羲想方設法保存他手中的這批邸報資料。他之所以回憶起那個起身搶救被老鼠囓咬書冊的冬夜，因為就從那一刻起，他便在心中決定：編纂弘光朝這個短暫時期實錄的事情，不能再拖延推遲下去了。「臣畜之（邸報）以為史料也，」黃宗羲寫道，但是他卻「年來幽憂多疾。」現今的危險，在於人們對於明朝覆亡之後頭一年艱難歲月的記憶，正在日漸喪失之中。他因此而擔憂「舊聞日落」。黃宗羲自己顛沛流離的處境，則讓事情雪上加霜。「十年三徙，聚書復闕。」如果這部史書不快些寫出來，就再也沒有機會了，因為隨著更多時間流逝，關於弘光朝的記憶也將如煙消雲散。黃宗羲不禁自問：「後死之責，誰任之乎？」[1]

承擔指責

到了一六五八年（順治十五年），黃宗羲潛心於學問，已經成為他那個世代裡最重要的史學家與政治體制理論學者。打從崇禎皇帝自盡、滿洲人隨即占據北京算起，至今已經過了十四個年頭。許多明朝的官員迫於形勢，轉而為新主子效命，但也有許多大臣卻並未如此，他們選擇以餘生來貫徹對前朝的忠誠，這個朝代在一六四四年之前，曾經以官職帶給他們體面和光榮。而這當然也是黃宗羲的社交、學問友人圈裡人們的期許。明朝覆亡時，黃宗羲三十四歲，他認為效忠、緬懷前明的唯一方式，就是不在新的朝代出仕——就像寡婦不該事奉另一位丈夫，是同樣的道理，可是大多數的寡婦確實都改嫁了二夫，而許多官員也的確改而侍奉二主、在新朝代裡任職。然而，黃宗羲卻頂住了來自征服者與同僚的壓力，秉持孤忠大節，以著作和教學度過餘生。他在知識學問和史料上留傳於後世的遺產，遠高過於他若出任官職所能達成的任何成就。

正如黃宗羲最後終於寫出的《弘光實錄鈔》所說，弘光原來並非受到歡迎的皇帝人選。性格堅毅的兵部尚書史可法（一六〇一至一六四五），之後號召明室遺臣抵抗滿洲入侵，並且在一六四五年死於清兵攻陷揚州城後的大屠殺，他在此時便宣稱有七項不可立福王朱由崧為皇帝的根據：福王貪婪、淫暴、縱酒、不孝、虐下、無知以及專橫。[2]史可法這番坦率的評價，卻不足以撼動福王備位冊立的地位：這位兵部尚書大人錯誤的認定，帝國專制政府的統領者，必須由一位有德之人來出任。其實，能否繼承大統的重要資格，端看血緣上與開國皇帝的直系後裔的接近程度而定，至於個人品行上是否堪當國家最高重任，則並不要緊。福王真正令大多數廷臣感到苦惱

1 黃宗羲，《弘光實錄鈔》，收於《黃宗羲全集》，第二冊，頁1。黃宗羲並未在《弘光實錄鈔》上面署名，但是這部作品被認為由黃宗羲所撰，書中觀點也傳達了黃友人圈當中的各種看法；見Struve, *The Ming-Qing Conflict*, 226.

2 黃宗羲，《黃宗羲全集》，第二冊，頁3。

之處，不在他的品行，而在他的父母。朱由崧的父親，老福王朱常洵（一五八六至一六四一），是「國本之爭」危機當中的主角人物，萬曆皇帝希望能冊立常洵為太子，以取悅他的母親鄭貴妃。因此鄭貴妃就是現任福王的祖母。對於那些在「爭國本」體制危機之中堅持反對萬曆皇帝意向的官員而言，這種感覺彷彿是老皇上從陵寢深處展開的復仇。

這場復仇為時甚短。弘光皇帝在南京登基一年後就遭到出賣，落入滿洲人之手，於被拘禁之後不久即告死去。弘光的其他三位堂兄弟被推舉出來，在偏遠的南方領導流亡的明朝政權。其中一位（**譯按：永曆皇帝朱由榔**）甚至還向教宗請求派遣一支十字軍到中國來作為援兵，不過等這封信到達梵諦岡的時候，明朝覆滅的命運早已底定多時了。沒有一個抵抗組織能夠抵擋得住滿洲人統率大軍的猛烈攻勢——實際上，這些滿洲軍隊大部分都是由明朝降兵所組成。

新建立的清朝政權願意給予崇禎身為一位合法皇帝應得的身後哀榮，他有如一位貞潔烈婦，寧願選擇自盡，也不願意受辱。崇禎的滿洲「繼承者」順治皇帝（一六四四至一六六一年在位），在這位皇帝的陵墓前豎立一道碑文，稱讚崇禎在那些「失德亡國」的帝王之中，唯獨他能「身殉社稷」。[3]書寫崇禎在位時期的歷史，因而往譴責他麾下大臣的方向進行——就是那些不屑於改換陣營、侍奉征服者的臣子。清軍統帥多爾袞（一六一二至一六五〇）是新王朝年幼皇帝的叔父，他對崇禎一朝的局面做了一個政治正確的簡述版本：「崇禎非失德之君。過在將帥諱敗為勝，文臣貪鄙不法，遂失其國。」崇禎的自殺給了清朝方便，讓他們得以宣稱獲得天命，而不必剷除消滅前任持有天命之人，因此他們特地為崇禎在他的祖宗皇陵之側修建陵墓，給予他身為一位君主所能獲得的全部身後哀榮，然後宣布他的王朝已經結束。

對於崇禎那位突然暴起稱帝的堂弟，清代官方可就不會給予任何榮譽了，當然也沒有《實錄》。如果有人想編纂這樣一部著作，他必須要在新政權沒有察覺的情形之下進行。甚至，編纂這類著作要是被發現，可以被看成是對清朝統治合法性的挑戰，實際上是大逆不道的罪行。推遲這種著作的撰述，在道德良心上也許說不過去，但是它仍然是壓力沉重下的必然做法。未能編纂實錄，只讓前明遺民內心中的恥辱感和一無所成的感受，變得更為嚴重，因為他們認為自己在王朝傾覆之時，未能盡到一己之責。遺民們心中認為，必定還有他們這個世代能做的事情，以讓明代的歷史持續流傳下去，於是他們反躬自省，尋找過往各種失敗的跡象——而且在現實中、態度上，以及知識和道德層面，都發現許多衰敗之處。有一位出身上海的文人，在明朝滅亡時還只是孩童，他甚至將王朝的崩潰，歸因於文風體裁的轉變。據他宣稱，明代最遲到了萬曆一朝，就已經踏上災難毀滅之路了。「文體大壞，而國運亦隨之矣。」[4]

這種對於明代覆亡的解釋很富有戲劇效果，可是卻不符合歷史實情。黃宗羲既是一位優秀的

3 李清，《三垣筆記》，頁90。
4 葉孟珠，《閱世編》，頁183。

史學家，也是個明白事理的前明遺民，他心中有足夠的警惕，不會想當然耳的認定明末大難的責任，要無可避免的烙印在他們這個階級的習性與意願傾向之上。他認為明朝之所以滅亡，是因為一位庸主無法採取有效行動，以遏止宦官與環伺其身旁的無能官員，這種看法與多爾袞的觀點相牴觸。「帝之不道，」就在這篇序文以老鼠在夜裡發出窸窣聲作為開場幾行之後，黃宗羲冷冷的評述道：「雖豎子小夫，亦計日而知其亡也。」儘管如此，黃宗羲並不認為崇禎一朝的失政是整個故事的主線。這只不過是本朝傾覆的外在表象而已。在朝廷失政與道德淪喪的表象之下，存在著專制統治的根本缺陷。專制獨裁統治忽略了在統治者與人民之間理應存在的連結，以至於當災禍降臨時，彼此都無法信任對方，並攜手尋找出路。在黃宗羲看來，這才是明朝滅亡的根源所在。

對於大多數親身經歷過這段時期的知識分子而言，這種分析並不是他們準備用來理解朝代衰亡的方式。說得更簡單些，他們眼看著朝代末年的動亂，對於比早先蒙古人入侵還要快速來臨的攻擊感到眩目茫然，一想到接下來將發生的事情，就焦慮戰慄。女詩人王微（約一六〇〇至約一六四七）在下面這首五言古詩〈秋夜舟中留別〉當中，就表達出那個時代裡的絕望失落情緒。當時，她在丈夫出發加入抗清義軍行列時，寫下這首詩送給夫婿贈別：

烟生兮荒草；月落兮寒流。

魂歸兮秋盡；愁來兮夜幽。
搖搖兮焉薄；中心兮安衷。
致柮兮天際；將子兮夷猶。[5]

在這首詩裡，王微沒有譴責任何人，只是描寫她的家人與同階層的人們在朝代末年所身處的環境。如此的時代證言影響了現代的歷史學者，形塑出他們對明朝傾覆悲劇的論述。[6]不過，明朝在其覆亡之前是否已經走向衰頹，仍然是值得思索的問題。人們當然可以認為事情就是如此，而我們還是應當詳述這些論述當中的幾種論點主張。不過，將產生如此結局的情況，與結局本身區別開來，是很有用處的。無論明朝是否已經走向衰頹，有鑑於環境如此，很難想像局面會有什麼不同。有些人將責任歸咎於崇禎皇帝身邊的大臣，因為他們無法採取有效措施，以遏制那些對朝廷不利的軍事與經濟趨勢。正當我們在這一章裡注意的焦點，放在那些於本朝最後的數十年

5 王微，〈秋夜舟中留別〉，由孫康宜（Kang-I Sun Chang）英譯，收於Chang and Saussy, *Women Writers of Traditional China*, 322.

6 明末亂世的敘事影響了下面這兩部華裔學者以英文撰寫的主要明史著作，它們都成書於一九八〇年代，分別是Ray Huang（黃仁宇），*1587, a Year of No Significance: The Ming Dynasty in Decline*，以及Albert Chan（陳綸緒），*The Glory and Fall of the Ming Dynasty*.

裡，勸誡、圖謀以及掙扎奮鬥的人們之時，他們活動的環境，也塑造、改變了他們能夠依循的步驟進程。事實上，也許弄清楚明朝如何維持這麼長的存在時間，才是最大的謎團。

萬曆劫難

要述說這個故事，我們必須回到萬曆皇帝在位年間，他於一五七二年登基，駕崩於一六二〇年。和之前明朝衰弱的標準敘事方式相反，萬曆的失政並不是我們這裡故事的開頭。史料證明，萬曆皇帝不但優柔寡斷，在政治身段上也顯得拙劣無能，不過，現在我們已經到了從這些朝廷的明爭暗鬥當中抽身的時候了，因為如此才能看到更大的歷史場景。以萬曆一朝的情況來說，這個更大的歷史場景，包含了兩次環境上的重大低迷時期。

一五八六至一五八八年的第一次萬曆劫難是一場環境崩潰的危機，其程度使朝廷為之震驚，並且為接下來的社會災難製造了新的參考基準。明朝政府能夠平安的度過這次劫難，都要感謝首輔大學士張居正於一五八〇年代初期，在帝國財政機構上推行的改革。張居正靠著追繳欠稅和將督查清稅不力的縣令調職或凍結晉升的辦法，幾乎使得明朝的財政體系運作到達其效率的最高峰，並且在一五八二年他去世之際，為戶部國庫留下了大批的存銀。[7]這筆積蓄幫助萬曆朝廷撐過一五八七年災難來襲時的大風暴，並且安然度過隔年的災情。這次劫難的衝擊使人們留下強烈的記憶。六年後，當一場大饑荒正逐漸開始在河南形成之際，朝廷和官僚系統很快做出回應，在地方壓力還沒有擴散成地區性的危機時，就紓解了糧食短缺的問題。[8]

在第二次萬曆劫難於一六一五年到來之前，又過了二十年。先於這次劫難出現前兩年，華北大水為患；劫難開始之後的第二年，溫度開始轉為寒冷。開啟這場劫難的，是一個令人費解的交纏混雜情況：在某地出現嚴重旱災的同時，其他地方則陷入嚴重水患之中。一六一五年秋季，請求賑濟的奏摺開始從各地湧入朝廷。十一月二十五日，兩位內閣大學士將前述這些災情報告作成節略摘要，並且對萬曆皇帝啟奏道：「事雖不同，總以地方災沴，百姓流離，劫掠橫行，餓莩載道。據實上聞，無非仰體欽恤之德，以徼曠蕩之恩。」皇上同意將這道節略發交戶部研議，戶部回奏時，建議進行大規模的賑濟。

山東遭受饑荒襲擊，災情比其他各省嚴重。根據一道於該年二月間上奏朝廷的報告估計，超過九十萬民眾處在飢餓邊緣，地方上的賑災供應已經耗盡，而社會秩序也告完全崩潰。一六一六年三月，一名山東舉人向朝廷呈獻《東人大飢指掌圖》一冊。據朝廷的日誌記載，每一幅圖都配有一首哀詩。在這些哀詩之中的一首，有這樣一組對句，後來成為這整場浩劫的代表用語：[9]

7 Huang, "The Lung-ch'ing and Wan-li Reigns," 517; idem., "The Ming Fiscal Administration," 162-164.

8 楊東明，《飢民圖說》。

9 《明神宗實錄》，卷五三八，頁2b；卷五三九，頁9b；卷五四〇，頁7b；卷五四二，頁2b。

母食死兒，
妻割死夫。

在同年稍後，饑荒災情由華北往長江流域擴散，在次年波及廣東，又過一年，西北和西南也遭到殃及。最嚴重的時期可能出現在一六一八年，不過在萬曆朝的最後兩年裡，乾旱與蝗災仍然持續侵擾著整個國家。在前述這一連串的大災難之外，或許還要再加上發生於一六一八、一六一九兩年的大規模沙塵暴——這是西北地區濫伐森林造成的後果。其中一次，於一六一八年四月五日薄暮時分吹抵北京，其規模之大，根據《明史》記載：「雨土，濛濛如霧如霰，入夜不止。」在這次沙塵暴將滿周年的前一日，「從未至酉，塵沙漲天，其色赤黃。」[10]

萬曆皇帝於一六二〇年駕崩，此時正好是長時期的嚴寒、乾旱年代告一段落的時候。皇太子（朱常洛，也就是合乎體制法統的那位「國本」）登基，是為泰昌皇帝。不到一個月的時間，甚至連他父親大葬都還沒有完全結束，泰昌就龍馭上賓了。然而另一次體制危機，卻突然使朝廷陷入混亂紛爭之中。帝位的傳承十分單純，但是繼位的皇子，也就是後來的天啟皇帝，不但性格不成熟，而且還未出閣就學讀書。在接下來的七年（一六二一至一六二七年）期間，大明天下落入天啟首席太監魏忠賢（一五六八至一六二七）的掌握之中。這時期的政治氣候相當邪惡敗壞，但是自然氣候卻極為正常。天啟一朝的最後兩年比平常來得潮濕，不過沒有嚴重的水患。這時大自然唯一的反常現象是地震，在天啟朝的每一年都頻繁出現。

混亂動盪的天啟朝，隨著天啟皇帝於一六二七年英年早逝而宣告落幕，這讓朝廷裡幾乎所有人都大大的鬆了口氣。他沒能生下任何後嗣，這很可能會使政權陷入另一次體制危機，還好他尚有一位年僅十六歲的弟弟可以繼承皇位，這個日後登基為崇禎皇帝的年輕人使很多人抱持期待，他們終於迎來一位可以侍奉的君主了。可是情況將會愈來愈惡化，而崇禎已經沒有多少機會，可以扭轉他身為本朝末代皇帝的命運了。

北方邊境

明朝的百姓並不是唯一在萬曆一朝遭受饑荒襲擊的人。在那些年裡殃及華北的乾旱，也同樣炙烤著遼東，此地位於長城的東北段，隨後又被稱作滿洲。正是在這個地方，女真領袖努爾哈赤（一五五九至一六二六）逐漸將女真人和蒙古人之間原先更加鬆散模糊的聯盟，統整為一個政治同盟。在一六三六年，這個同盟將會換上一個新的部族名稱：滿洲。努爾哈赤最遲到一六一五年（萬曆四十三年）還在向明朝入貢，但是他如此做，是為了要遮掩自己開疆拓土的野心。乾旱與

---

10 張廷玉，《明史》，頁512。

嚴寒或許讓他明白局勢大好，於是停止再向明朝入貢。努爾哈赤不像其他庸懦領袖那樣，可能選擇退卻，他反而不斷增強自己和明朝競逐遼東的態勢。他需要栽種在這個區域的糧食作物，並且準備將這些地方從明朝手中奪取過來。局面的轉捩點在一六一八年五月到來：努爾哈赤突然對遼東發動進攻，造成明軍統帥死亡，並且使整個區域落入他的控制之下。

明朝在隔年春季準備發動一次征討努爾哈赤的大型戰役，但是這場戰役卻因各種困難而波折重重。首先是經費短缺，因為萬曆皇帝拒絕動用皇家內帑以供所需。其次又受到風雪困阻，這是嚴寒氣候帶來的效應之一。大約過了一個月之後，薩爾滸戰役才於一六一九年四月十四日展開，明軍土崩瓦解。隨著那場大敗而來的，套用傑出財政史學家黃仁宇的話來說，是努爾哈赤手下軍隊「在接連的戰役裡取得一連串令人為之目眩的勝利。」這是明朝最終失去所有長城外領土的開端，儘管要迎來這一天，還要再等上另外二十年的時間。在萬曆駕崩前的三個月，那個乾旱的夏季，他對一位內閣輔臣解釋道，這次重大的挫敗，原因在於遼東的文臣武將不能協調一致。可是在另一方面，黃仁宇卻將指責的矛頭直接指向萬曆。萬曆拒絕動用內帑支應軍費，迫使戶部在土地稅上開徵一道臨時捐，以支付遼東戰役所需。結果，這道臨時捐事後不但沒有撤銷，其額度還逐漸增加；這是因為軍事上的接連失利，以及環境上的連番災難，聯手堆疊出帝國財政不可能負擔的需求所致。[11] 薩爾滸之役大敗，意味著明朝面臨的軍事威脅將持續升高，而無論之前明朝在邊境防禦上頭已經投入了多少人力物力，現在都必須要投注更多。[12]

軍事上的問題看似較頭緒萬端、沉疴難治的財政弊病來得容易解決，因此有多位官員提出對策提案。其中一位，就是利瑪竇的門徒、改信天主教的徐光啟。自一六一九年起，徐光啟就開始堅決提倡，增強明朝軍事實力最有效的辦法，莫若於借用歐洲人最優良的學問知識。[13]他的計畫不但包括彈道學技術，還有歐幾里得幾何學的學問，因為這能夠幫助砲手提升其觀察能力。徐光啟在早些年曾經協助利瑪竇，將歐幾里得《幾何原本》的前六卷翻譯為中文，並於一六〇八年出版刊行。他也曾倡議從澳門引進葡萄牙士兵，以其最新技術訓練中國的砲手。一六二二年，當時有一名葡萄牙砲手在荷蘭圍攻澳門時（後來受挫失敗），成功發砲命中荷軍的火藥庫，後來消息傳出：他之所以能準確命中，要歸功於義大利籍耶穌會士羅雅谷（Giacomo Rho）的彈道射程計算，而這正好是徐光啟所需要的證明。他獲准帶七名葡萄牙砲手，外加一名通事（即翻譯，實際上，這名通事是耶穌會派往日本傳教的教士陸若漢〔João Rodrigues〕），以及一隊十六人的隨從人員，於該年北上，到達北京。

是否該仰賴外國科技的問題——或許甚至是若干人士心中更加不容忽視的憂慮，擔心這些在

11 Huang, “The Lung-ching and Wan-li Reigns,” 583.

12 有一項關於稅額猛增與積稅拖欠的早期研究，參見Wang Yu-ch’uan, “The Rise of Land Tax and the Fall of Dynasties in Chinese History.”

13 Huang Yi-Long, “Sun Yuanhua.”

北京的外籍傭兵會學到若干技能，日後用在軍事上以對抗明朝——在朝廷中激起一場爭議，幾乎使得整個計畫發生動搖。當一門葡萄牙大砲於隔年演示時發生爆炸，造成一名葡萄牙砲手死亡、三名中國籍助手重傷之後，該計畫遭到取消，砲手被遣回澳門。這項演示在六年後得以重新來過，因為當時徐光啟再次取得批准，讓第二組火砲隊到北京，仍舊由陸若漢神父擔任隨行通事。朝廷中反對這項計畫的官員，在葡萄牙代表團抵達南京時成功將其擋下，但是崇禎皇帝最終還是下詔准許他們進入京師。實際上，他們的確應該快些進行，因為滿洲人進關搶掠的軍隊此刻正在京師近郊地區徘徊。

一六三〇年二月十四日（崇禎三年正月初三），葡萄牙代表團接到皇上宣召入京的詔書，他們隨即動身啟程。這群砲手在行進至距離北京六十五公里的涿州時，與其中一支後金軍隊遭遇。葡萄牙代表團撤入涿州城中，將他們隨行帶來的八門大砲架在城牆上，在後金騎兵進入射程時開火發射。這番火砲展示收到成效，入侵者離開了。對於朝廷內那些仍舊懷疑引外人入境是否為智慧之舉的人來說，這場小勝就足以說服他們了。[14]這也使徐光啟信心大增，進而向皇上請求派遣陸若漢回澳門，以招募、引進更多的砲手與大砲，並獲准讓於一六二二年曾在澳門擊退荷蘭人的義大利數學家羅雅谷進京，於曆局任職。

徐光啟雇用外國人士的計畫，在政治上屬於非常微妙脆弱的策略；一六三二年，他的計畫遭到嚴重的破壞，當時山東爆發一場叛亂，造成十二名葡萄牙官兵被殺害，而徐光啟在軍事科技上的首席門生（譯按：登萊巡撫孫元化）則因為無法平定亂事，而被朝廷處死。這場重挫引發了朝廷派系政治的一場大風暴，鬥爭的內容對於朝廷所面臨的軍事局面毫無助益，而每項作為都與派系之間想要摧毀對方息息相關。[15]光是憑藉徐光啟倡議的計畫本身，並不足以扭轉遼東的軍事局面。徐光啟了解槍砲火器將在未來的戰爭中扮演決定性的角色，他絕對是正確的；可是，在朝廷中沒有能夠主持天下防務的皇帝，沒有能夠具備同樣信心的內閣大學士，或是一位在軍情逆轉時能免於言官彈劾的將領的情況下，光靠科技知識仍然無法改變大勢所趨。

明軍在遼東的防禦重鎮廣寧於一六二二年落入後金之手。明朝軍隊必須後撤至山海關內，山海關是長城的東端終點，長城在此與海交會。但是更加嚴寒、乾燥的氣候，卻造成遼東的糧食短缺，因而也迫使後金撤退休整。後金這次撤退，給了明朝一次喘息的機會，並且找尋財源以挹注防禦前線。增加現有徵稅的額度，看來是不可行的。根據一名京師言官在一六二三年夏季呈奏天啟皇帝的報告指出：「自遼左發難，軍需驛騷，竭天下之物力以供一隅。」結果是「百姓敲骨剔髓，鬻子賣妻，以供誅求，年復一年。」[16]崇禎皇帝試著透過整飭徵稅體系與降低權貴階級濫用這兩種辦法，以對付這個難題。他還嘗試以禁止收稅未達額度的地方行政官員升職作為手段，以

14 Brook, *Vermeer's Hat*, 103-104.

15 Huang Yi-Long, "Sun Yuanhua," 250-255.

16 《明熹宗實錄》，卷三十六，頁2b。

確保中央政府能收足稅賦，但是這道詔令卻只造成了賄賂風行的反效果，因為地方官員競相對戶部吏員行賄，掩蓋他們短缺的稅額。[17]

明軍趁著後金撤退的機會，收復了若干遼東失土。明軍裡一名叫做毛文龍的虛張聲勢將領，甚至還在一六二四年入侵後金位於長白山（附帶一提，這裡是西伯利亞虎的棲息地）的聖地，將其大大羞辱了一番。努爾哈赤於一六二六年去世，再一次拖延後金向外擴張的步伐，於是他們轉而採取其他管道，包括外交手段。他們向毛文龍送去了一封信函，希望他能夠改換陣營，投靠後金。這封信函開頭先指出，發生於各地的災變乃是國運衰弱的預兆。信函中輕蔑地將明朝稱為「南朝」，認為它氣數已盡。「南朝運終，死數未盡，天使喪亡，將軍豈能救之乎？」接著，便邀請毛文龍改換旗幟，前來投靠：「良禽擇木而棲；賢臣擇主而事。」這封信函的結尾，則以下面這番簡短的評論作為總結：「南朝氣運已盡，時勢已盡，悔之不及。」[18]

毛文龍並未回覆，或許這是因為他自認站在獲勝這一方的緣故。然而，隔年二月，後金便出兵入侵朝鮮，迫使毛文龍撤兵。毛也許被迫放棄了原來的地盤，但是他位於鴨綠江口的新根據地，卻讓他得以掌控遼東與山東之間利潤豐厚的海上貿易，成為一名不受節制號令、完全獨立自主的半軍閥。後金方面很快就重新開啟和毛文龍接觸的祕密管道，看他是否會接受引誘而變節來歸。毛文龍向經過的商旅抽稅，收穫相當充足，可以讓明朝與後金互鬥，而他坐收漁利。毛文龍一直採取如此策略，直到一六二九年，他的上司長官袁崇煥（一五八四至一六三〇）因為懷疑毛文龍的意圖，於是找了一個藉口，到他的駐地做官式視察，然後命其帳下軍官，將毛當場斬首。「毛文龍遭到謀害，」美國歷史學者魏斐德（Frederic Wakeman）指出，「使邊境陷入動亂，最終更導致眾多原屬這位將領帳下的海盜，任憑己意四出搶掠。」[19]

袁崇煥戲劇性的突然之舉或許防止了毛文龍改投敵營，但是殺毛之後引發的動亂則使他忙於應付，以至無法察覺努爾哈赤之子皇太極正準備以迅雷不及掩耳的速度大舉入侵。該年十一月，皇太極繞開袁崇煥的防線，派遣多支騎兵部隊，向華北平原發起進攻。其中一支部隊更直接打到北京城下。另外一支部隊則攻打北京以南的涿州，我們在前面已經提過，徐光啟雇來的葡萄牙砲手朝著這支軍隊開火。入侵的後金軍隊並未準備長期留駐，於是退出長城之外，但是朝廷需要找個人來承擔這一切的罪責。有誰能比殺害毛文龍的人，更適合做代罪羔羊呢？袁崇煥被召回北京，並且在隔年一月被判處羞辱的斬首與支解之刑。他的罪名是行止欺君賣國，未能阻止後金軍隊直逼北京。在接下來的歲月裡，還有許多其他大臣將為這個罪名付出生命。[20]

皇太極之所以能發動這次進攻，完全是憑藉著他在父親死後以三年時間，悉心整頓後金軍

17 李清，《三垣筆記》，頁8。
18 談遷，《棗林雜俎》，頁597-598。
19 Wakeman, *The Great Enterprise*, 130.
20 李清，《三垣筆記》，頁17。

隊，鞏固他的領導地位。雖然皇太極在該年冬末撤回他的軍隊，但是他已經證明：明朝在遼東的軍事布局並無效果。逐漸的，他將更遼闊的滿洲地區都納入後金的完全控制之下。一六三六年，皇太極感到時機成熟，便建立新王朝，國號為大清，並且自立為皇帝。新王朝的國號「清」有水的意象，代表清澈或純淨，暗示著「清」將淹沒由日與月共同組成、具有火的意象的「明」。皇太極是否相信他的朝代規模將超越四個世紀前同樣由女真人建立的華北區域政權？我們不得而知，但是新王朝的建立，至少對明朝來說是一大挑戰。一六四三年，皇太極在實現他的征服宏圖之前去世。帝位傳給他年幼的稚子，清軍的統帥則由他的弟弟多爾袞繼任。

崇禎劫難

現在我們將注意的焦點，從崇禎朝這台大戲的演員們身上轉到舞台本身：環境因素。元代或明朝的歷代皇帝，沒有一位像崇禎這樣不幸，面臨如此異常而嚴峻的氣候環境。在崇禎一朝的前幾年，大部分困難的情況還局限在西北地區，特別是陝西省。乾旱與饑荒的災情極為嚴重，以至於一名御史在一六二八年底奏報：陝西全省皆成災區。氣溫在隔年大幅下降，隨之而來的是一段持續到一六四〇年代的寒冷時期。感受到寒冷降臨的，不僅是明朝的百姓。在一六三〇年代期間，俄羅斯人在每年的十二月、一月、二月這三個月裡，至少有一個月會遭遇極度酷寒的氣候。

然而在一六四〇年代，冬季的每個月都有嚴寒氣候的報告出現，使得這十年成為俄羅斯歷史上自十二世紀以來最為寒冷的時期。[21]滿洲位處中國與俄羅斯之間，也遭受到同樣的酷寒侵襲。滿洲人或許可能是受到明朝的財富吸引才會南下，但他們也被嚴寒所驅使向南。

第一場嚴重的饑荒開始於一六三二年，也就是崇禎五年。朝廷在這一年被來自全國各地、一封又一封遞來的奏疏給淹沒，這些奏疏全都是報告異常狀況，以及隨著災情而來的社會動盪亂象。「遍地皆賊，日甚一日，」一位西北地方的巡撫如此大聲疾呼。「南北往來，幾於斷絕，」一位派往大運河中段地區處理災情的巡按御史向朝廷報告。「貧者流而為盜，富者乘間潛移，」另一位在同一地區的官員這樣宣稱。「商賈不通，道路梗塞。」[22]

一六三二年以後，災情只有愈演愈烈。一六三五年，也就是崇禎八年，蝗蟲開始大規模現蹤。接著，在一六三七年，即崇禎十年，乾燥的氣候終於演變成全面的旱災。接下來連續七年，明朝遭受規模前所未有的旱災襲擊。在一六四〇年夏季那場重創山東西部的大旱災期間，飢餓到極點的災民扒下樹皮來吃，然後成為倒斃腐爛的屍首。[23]在位處山東西北的商業重鎮臨清，走投

21　俄羅斯寒冷氣溫的數據，大致與中國糧食價格的數字相符。同樣的，俄羅斯的乾燥／潮濕數據也適度的證實了中央氣象局年度氣溫圖的統計結果；見Lamb, *Climate*, Vol. 2, 562, 564.

22　《明崇禎長編》，卷五十七，頁6a、卷六十三，頁10a、卷六十四，頁20b。

23　《道光濟南府志》，卷二十，頁18b；《康熙德平縣志》，卷三，頁40a。

無路的災民絕望之下，被迫吃人肉以求生存。[24]隔年夏季，饑荒的災情向南籠罩到了長江下游的江南地區。在《上海縣志》裡，有一則簡短的條目，敘述了這場災難的規模：

> 大片乾旱。
> 蝗蟲。
> 小米價格暴漲。
> 餓莩倒斃於路旁。
> 糧價達每升白銀十分之三至十分之四兩。[25]

旱災又持續肆虐了兩年。為了扭轉局面，崇禎皇帝在絕望之下，於一六四三年六月二十四日（崇禎十六年五月初九）頒下一道詔令，要求天下臣民，從最高層級的朝廷官員到最低層級、以日計酬的勞工，務必都要痛加修省，清除潛伏於內心的種種惡念，如此或許能使上天結束乾旱的懲罰，降下雨水。[26]

瘟疫隨著乾旱與饑荒災情而來。許多疫情都是因為天花而引發。當時的明朝人已經藉由接種人痘（這是一種簡易形式的疫苗）來對抗此種疫疾，但是後金（滿洲）卻無此技術。他們對此疾病特別畏懼，而且極為恐慌，避免與患者發生接觸，生怕遭到感染，以至於在一六三〇年代他們屢次入侵時，有好幾次軍情關鍵的時刻，都因為預計進軍攻打的地區已經有疫情傳出而撤退。皇太極於一六二九至一六三〇年那次突襲華北平原的軍事行動，之所以會收兵退回，有部分原因就是出於對天花的恐懼。[27] 一六三五年，肆虐於山海關一帶的瘟疫或許也是天花。一六三九年，山東爆發天花疫情，其程度之嚴重，足以令滿洲人取消該年冬天入侵華北的軍事行動。

瘟疫也在國內其他地方造成災情。西北地區的災情尤其嚴重。一六三三年，這個地區頭一次爆發大規模瘟疫，使山西省遭受重創。三年之後，疫情擴散到陝西和漠南蒙古。一六四〇年，陝西省全境都宣告淪陷。在這次瘟疫結束後，該省官員估計，全省有百分之八十到九十的民眾死亡。[28] 儘管前述這番估計自然是對統計數字的誇大，不過它表明這段期間疫情之嚴重，至少在本省的某些地區確實如此。這次疫情是否為鼠疫，受到很大的爭論。一六三四年，西北邊陲地區突然出現老鼠數量暴增的詭異情況——根據《明史》記載，當時有十餘萬隻老鼠洶湧穿行於寧夏鄉間，將所有能看到的作物吞噬殆盡。這番記載鼓舞了某些歷史學者，將鼠患和這次瘟疫的流行連

---

24 《臨清州志》（一六七四），卷三，頁40a。

25 《光緒上海縣志》，卷三十，頁9b。平常時期的糧價，每升米約值白銀十三分之一兩。

26 張廷玉，《明史》，頁486。

27 Cooper, *Rodrigues the Interpreter*, 342, 346.

28 《甘肅新通志》（一九〇九），卷二，頁36a。

結在一起。[29]究竟這兩起事件是否有關聯，以及這些老鼠身上是否帶著感染了鼠疫的跳蚤，仍然還是人們的猜測。

一場嚴重的瘟疫於一六三九年襲擊長江下游地區，而同年有大量老鼠在長江中游出現，則喚醒了鼠疫的幽靈。這場疫疾在兩年後以更為猛烈的程度捲土重來，其波及的範圍不僅僅限於江南一帶，而是遍及整個東半壁江山。山東有一個縣份的官員報告，該縣過半的人口死於這年的疫疾。該縣地方志的修纂者在記述這次疫情時，加上了這樣一句令人絕望的話：「於一切災異變亂中，其惡從未過於此者。」[30]在山東另一個位於黃河以南的縣份，這場疫疾徹底摧毀了若干村莊，根據一項估算，有七成民眾罹難；同樣的百分比，也出現在幾個遠離黃河流域的河南省縣份中。[31]在這個夏季尾聲時出現的蝗蟲接著吃光了一切莊稼，什麼食物也沒能留下。

這次瘟疫似乎在一六四二年短暫的歇止，旋即在之後的每年都捲土重來，使得南到江南、北至邊關的聚落全受到摧殘。[32]據說，北京是當時這一波疫疾災情的中心，而原先是國家經濟繁榮大動脈的大運河，現在成了這種疾病由北往南感染的傳遞捷徑。瘟疫加上饑荒帶來的效應是致命的。「死亡枕籍」是最後這些年裡反覆在地方志裡出現的一句話，「十室九空」則是另一句常見詞語。到了一六四四年初，山西北部的每一個縣都成了災區。[33]

這就是崇禎劫難，是自從一三二〇年代的泰定劫難以來為時最長的連番災難。作物枯萎，糧食供應減少，而商業經濟停滯，促使糧價到達前所未有的價位。百姓喪失了一切，無法繳納賦稅。對百姓來說這極為艱苦，而對朝廷來說情況更是雪上加霜，因為無論是駐守邊疆士兵，或是那些確保國家體制保持運作的信差傳驛，朝廷已經沒有辦法支付他們的薪餉了。早在一六二三年，兵部尚書就向皇帝奏報：驛站體系已經徹底衰竭。如果國家遞傳系統還沒有完全瓦解，關於誰才有權利使用驛站系統的迫切新規定，必須付諸實施。[34]但是這並不足以緩解財政負擔，因此兵部採取激烈的措施，於一六二九年關閉了若干驛站，以撙節驛站人員的薪俸開支。從實際層面來說，沒有任何緊縮開支的措施，可以支應連年在滿洲發動戰事的花費。朝廷別無他策，只能不斷加重徵稅額度，以求趕上暴增的軍費開支。有一則黑色笑話，將「崇禎」年號一語雙關的說成音近的「重徵」，而將崇禎朝說成是「重」複「徵」稅的時期。[35]當一六四四年到來時，百分之八十的縣份根本已經停止上繳稅收。中央財庫已告枯竭。

29 張廷玉，《明史》，頁477。
30 《易州志》（一六七四），卷一，頁8b。
31 《曹州志》（一六七四），卷十九，頁21a；《新鄭縣志》（一六九三），卷四，頁96a。
32 Dunstan, "The Late Ming Epidemics"; Hanson, "Inventing a Tradition," 103-107.
33 《雲中志》（一六五二），卷十二，頁20a；這場瘟疫的疫情在該年稍後漸漸退散。
34 《明熹宗實錄》，卷三十三，頁15a。
35 李清，《三垣筆記》，頁3。關於這場財政危機在地方產生的衝擊，見Nimick, *Local Administration*.

流寇民變

西北地區受到財政崩潰衝擊最為嚴重，因為此地依靠朝廷的撥款才能維持運作。崇禎朝一開始，這裡就首先遭遇饑荒。強制緊縮開支措施使得士兵和驛站人員失去了薪俸或口糧配給。許多人乾脆棄職逃走，到邊境地方去，在那裡，他們可以在計日論酬的工人，和沒被追查的盜匪兩種行當之間討生活。當一六二八年春季，一場乾旱襲擊了這些邊陲地方的其中一處：陝西省，有些在這裡的人就發起暴動，起事叛亂。這就是在接下來十六年當中，衝擊整個天下的民變浪潮的起始。[36]

隨著每一次的譁變暴動，以及每一次對朝廷糧倉或縣署衙門的成功襲擊，都讓這群公然對抗明朝、把命攢在自己手上謀求生路的人們愈來愈有信心，發動規模更大的攻擊。有兩位叛亂民變的領袖，後來成為民軍的兩大統帥，最後還各自建立了他們的短命王朝，他們是李自成（一六〇五至一六四五）和張獻忠（一六〇五至一六四七）。李、張兩人都來自長年受旱災侵襲的陝西北部赤貧農村。一六二七年，李自成在驛站得到了一份差事，但是在兩年後朝廷裁撤驛站時丟了飯碗。有段時間他先是做了收稅人，然後猶豫要不要投軍，最後受形勢所逼，落草為寇。張獻忠的早年經歷是一段更富有戲劇性的故事。他的麻子臉表明在幼年曾經得過天花，而倖存了下來。根據一則記載，張獻忠還是少年時，因為殺害一名私塾同窗，家人和他脫離關係，鄉里也將他驅逐出去。這則故事或許不足憑信，但是張獻忠曾經上過學這個部分卻似乎屬實，因為兩名在張獻忠那不光彩的事業末期見過他的耶穌會士發現，他是識字的。對一個脾氣暴戾的年輕人來說，最安全的地方莫過於軍營，張獻忠就這樣成為一名兵丁。後來他被控陰謀譁變、反抗其直屬上司（這項指控可能不實）。此時另一名軍官介入，使張免於被處死，他的故事因此而得以繼續，不過他也從軍隊裡被趕出去。張獻忠除了打架鬥毆之外別無所長，於是在一六三〇年，他投身於唯一能夠讓自己發揮所長的行當：參加盜匪作亂的行列。

李自成和張獻忠是許多社會邊緣青年當中的兩個，這些人於接下來的幾年裡，在華北各地組織、重組各類盜匪幫派。逐漸的，這些幫派彼此串聯、合併，形成一些組織鬆散的民軍部隊，並且開始設法建立根據地，以便從根據地獲取稅收，並且作為抵抗明朝剿匪官軍的基地。到最後，這些胸懷大志的農民軍隊領袖，沒有一個能夠成功建立起可以長遠存活的政權。即使是那些已經設置文官行政體系的政權，到最後仍舊是維持著流動游移的型態，它們有時候是看到了新機會出現而移動，有時候則是收拾包袱，在鎮壓他們的官軍進駐時逃亡。到了一六三〇年代中期，這些北方民軍進入黃河下游流域的河南、安徽等地尋求出路。一六三八年，李自成和張獻忠兩股力量

[36] Parsons, *Peasant Rebellions of the Late Ming Dynasty*, 4-6.；對於李自成和張獻忠的描述，見該書頁17-21。顯示從一六二八至一六四二年每年叛亂分布的地圖，分布在該書頁3-84。

同時都遭受明軍重創，吃了好幾場大敗仗。要不是朝廷在這個節骨眼上面臨太多沉重的負擔，他們根本就無法再次重振旗鼓、恢復原來的戰爭機器。

但是他們辦到了。在短短兩年之內，李、張兩人已經各自重新建立起他們的移動政權，其規模到了各自懷抱著創立新朝代的野心雄圖。然而，這兩股勢力都不能對任何一塊特定區域施展不受挑戰的控制。兩股力量都在北方的腹地裡到處移動，視明軍的動向而定，從河南到陝西再南下湖廣。時間進入一六四四年，張獻忠在企圖奪取南京失敗之後南下湖廣，並準備繼續向西，進入四川的內陸城寨要塞。可是，這時的李自成才剛剛拿下古都西安。他便在這裡建立起大順王朝——不過究竟是李自成順從天意，還是上天順從李自成？就是個見仁見智的事情了——接著在該年冬季末梢，他發動大規模入侵山西的作戰。在山西，李的眼光望向更東邊，也就是毫無防禦的北京。他決定對京師發起一次大膽而出人預料的突擊。[37]

崇禎皇帝在該年四月五日頒下一道總動員令，命令天下所有統兵將領進京勤王，可是得到的回應卻非常寥落，不足以保衛京師。北京於四月二十四日落入李自成的軍隊之手。皇帝與他的家人撤入紫禁城的內城。眼看著無路可走，崇禎在揮劍砍傷他的女兒之後，退到紫禁城後方的煤山，在一株樹上自縊。他死去的消息震撼了整個天下。這一天是農曆三月十九，這個日子就此烙印在大眾的記憶之中。在下個朝代的統治之下，人們無法平安無事的公開悼念崇禎的自盡。它必須要昇華成某種其他紀念儀式。在幾年以後，江南各地出現了一種崇祀太陽星君誕辰的儀式，在每年的這一天都會舉行。[38]

李自成攻打北京的消息傳到山海關時，明軍邊關主帥吳三桂（一六一二至一六七八）正在這裡抵擋滿洲人的入侵。吳三桂決定孤注一擲。他找上駐紮於山海關外的清軍統帥多爾袞，向他提出一項提議。這兩位將領將暫時放下彼此的敵對，而為了巨大的榮耀和龐大的回報，多爾袞將會與吳三桂組成聯軍，對叛軍發起反攻，將他們逐出京師。對吳三桂而言，這是一項因應意料之外重大危機的權宜之舉；對多爾袞來說，這是在明朝的棺材上釘進最後一根封棺釘。面對這一支實力比他高出太多的聯軍，李自成拖到最後一刻，才於六月三日在北京稱帝登基，接著在次日急忙退出北京。又過一日，滿洲人進入紫禁城，並宣布清朝君臨天下。一年以後，李自成在逃亡途中死去。

在此同時，張獻忠撤入四川，在那裡建立他的大西王國；這是一個惡名昭彰的政權，為了其自身的生存，進行了兩年的恐怖統治。如稍後的報告中所說，張獻忠唯一富有人性的讓步之舉，是允許兩名他在四川找到的耶穌會士，可隨意為他集體處死的人們於刑前舉行施洗禮。一六四六年十一月，他被清軍逼迫，不得不放棄四川北上。滿洲軍隊於一六四七年一月二日追上張獻忠的

37 關於李自成在一六四〇年代初期的各次軍事行動，參見Des Forges, *Cultural Centrality and Political Change in Chinese History*, 204-311.

38 Zhao Shiyu and Du Zhengzhen, "'Birthday of the Sun.'"

部隊，將其殺死。

明朝的傾覆，是一段許多歷史交疊匯聚而成的敘事：它既是滿洲帝國在北方邊境擴張的歷史，是自十四世紀以來中國爆發最大規模民變的歷史，是明朝國家體制分崩離析的歷史，也是一段異常氣候時期的歷史。這些歷史述說的內容各有不同，它們層疊在一起，建構出同一段時期的歷史。如果，舉例來說，一六四一年的黃河下游流域沒有爆發瘟疫、致使百分之七十的民眾死亡，李自成的軍隊能拿下這個地方嗎？[39] 如果一定要分出是哪個因素最後摧毀了這個朝代——財政崩潰？民變蜂起？滿洲人的軍事威力？還是氣候？——將使我們看不到它們展示出的更多真相。在中國史上這個特定的關頭，它們結合起來，共同摧垮了明朝這棟大屋。或許，比起決定「哪一項特定因素最後毀滅了明朝」更讓人困惑的謎團，是追問這樣一個問題：這個朝代為什麼能存在這麼長的時間。

末世餘生

明朝的人們度過了崇禎劫難，僥倖存活下來，發現他們已經成為新朝代的臣民。通往一六四四年巨變之後的人生道路有很多，有些人走得比其他人容易。絕大多數的人們接受命運，屈服於滿洲統治當局，而如果他們是成年男性，還必須改用滿人這個游牧民族的髮式，即剃去前額的頭髮，而在後腦勺蓄綁一條髮辮，以展示他們個人對新朝代的順服。這是一種屈辱，但是當多爾袞於一六四五年宣示薙髮令、「留髮不留頭」時，很少人敢於違令。然而，卻有人冒著殺頭的危險反抗了，他們在往後的多年裡一直抱著希望，期待明朝能重新恢復起來。

朱氏皇室子孫如果向滿洲人屈服，除了可能留下性命之外，不會有任何益處，因此有幾位藩王被擁立為抗清運動領袖。崇禎太子於一六四三年底逃離北京，但是之後遭到民軍俘虜。當明朝遺老嘗試找出一位崇禎的堂兄弟輩宗室以繼承大統，並延續朝代命脈時，只找到兩位看來適合的人選。派系鬥爭不休的朝廷決定擁立福王為弘光皇帝。他將明朝的帝系延續了一年，但是他的軍隊沒能抵擋住滿清的進攻，弘光本人也在南京近郊被清軍俘虜。帝位轉而由一位弘光的叔祖輩、皇室遠支宗親的藩王繼承（即隆武皇帝，一六四五至一六四六年在位），他也只享國一年，然後皇位旁傳到他的兄弟（即紹武皇帝，一六四六年在位），再回到福王的一位堂兄弟身上（即永曆皇帝，一六四六至一六六二年在位）。這些皇帝是明朝的遺緒，史稱南明。[40]

南明最後一位僭稱帝號者，即永曆，在一六五九年被迫遁入緬甸，追趕他的清朝大軍統帥不是別人，正是吳三桂，也就是那位於一六四四年邀請滿洲人進入山海關的將領。吳三桂這時仍然

39 《新鄭縣志》（一六九三），卷四，頁100a。

40 這段歷史在司徒琳（Lynn Struve）的《南明史》中被重建還原。見Struve, *The Southern Ming*.

替清朝效命，不過在一六七三年（康熙十二年），當清代入關後第二任皇帝（譯按：康熙皇帝）決心將吳三桂等幫助其父皇鞏固帝位的漢人將領受封的領地盡行撤除時，他會再次起兵叛亂。即使逃到了緬甸，永曆仍然遭到拘捕。他和其十多歲的兒子被一隊護衛遞解到北京，但是才啟程就遭到處死，因為清廷擔心一但永曆父子被押返國內，將會重新點燃抗清運動的熊熊火焰。在永曆死後，再也沒有朱家子孫敢尋求繼承帝位。

在北京陷落的頭一年，人們抱著盼望，認為武力抗清或許能夠扭轉滿洲人入侵的局面。可是，這些抗清的努力缺乏有效的統合，以至於在新建立的清朝派出大軍壓迫長江流域及更南的地區時，各城相繼失守。和四個世紀以前蒙古人入侵的態勢不同，這次的南侵完全無法阻擋。滿洲人宣布，將會寬大對待不經抵抗便投降的各城，而那些抵抗者將會使城中百姓遭受屠戮。很多地方領袖，眼見沒有別的出路，便選擇和平開城投降。少數人並未投降，而滿洲人果然實現出兵時的承諾。第一次大規模的屠城，發生在大運河南端與長江交會處的揚州。第二座遭到屠殺的城市，則是位於江南地區的嘉定。南京未經抵抗就開城投降，這使得清軍能繼續溯長江而上，接著往南進入江西省。清軍遭遇最後一場大規模抵抗的地方，位於江西省會南昌，這座城市在一六四五年夏季被圍困。城中糧食告罄，守軍發動數次衝擊，但是這些突圍行動都宣告失敗。守城者後來找上一名自稱為「摩訶般若」的遊方僧人，他宣稱自己身具神術，只要派出十四、五名童子到前線戰場，手持長香，口念波羅密神咒，就可以令清兵退去。他還斷言，由於滿洲人都是惡鬼而不是人類，這些童男的純潔力量將可以驅散他們。這個策略被守軍付諸嘗試，結果是嗚呼哀哉，男童們在城牆腳下慘遭殘殺。當這座江西省會在一六四六年二月終於失守時，數十萬居民因為膽敢抵抗大清，而遭到報復性的屠殺。[41]

隨著清軍南侵的進展，抵抗勢力必須撤往更南方與西南這兩個方向，以避免遭到滿洲人消滅。抗清志士的奮鬥留下了豐富的故事，充滿了英勇壯烈的事蹟與悲劇性的失敗，他們的結局一成不變，全部都以遭到處死或自盡收場。[42]在這類故事裡，危機的關頭通常出現在薙髮令下達之時。一名撤退到上海以南舟山群島的抗清志士，在一六四四年十月自殺殉難以前，寫下這首〈絕命詞〉：

保髮嚴胡夏，
扶明一死生。
孤忠惟是許，
義重此身輕。[43]

41 黃宗羲，《黃宗羲全集》，第二冊，頁205-206。
42 關於這些故事的英文翻譯選錄，見Struve, *Voices from the Ming-Qing Cataclysm*.
43 黃宗羲，《黃宗羲全集》，第二冊，頁240。

七年以後，舟山群島成為第二波抗清運動的根據地，但是這一波反清復明的嘗試最後也告失敗。有一位參與此次抗清戰鬥的文人在薙髮這件事情上，同樣也做了一次充滿民族大義、卻徒勞無功的努力。抓獲他的清兵將領要他剃髮歸順，如此便可饒他不死。「（若）吾髮可剃，」這名文人大聲反駁道：「何俟今日？」因為這番話冒犯當朝，清兵將領便令屬下砍斷這名文人的手腳，拋下他任憑其死去。[44]

另一個抵抗滿清薙髮令的方式，比較不那樣張揚，那就是將頭髮全部剃除，實際上等同於佛教僧侶的剃度。此舉被認為是遁入空門的表示，而許多人都選擇削髮為僧，以示對清朝的消極抵抗。我們或許能將他們當中的大多數人稱之為「政治和尚」，因為他們並未發誓守戒。新政權無法將每一個僧侶全集中起來，逐一辨別此人究竟是一名虔誠的教徒，還是反清運動者。要想從真正的僧侶之中甄別出這類政治和尚，可能會引發巨大的麻煩以及後續的動盪，所以滿洲人很明智的決定不這麼做，讓人們保有這項能拒絕薙髮令的選擇。有些人在明朝滅亡許久之後，才遵循這種做法。石濤道濟（一六四二至一七〇八）原來是朱明皇室後裔（譯按：石濤原名朱若極，其父為靖江王朱亨嘉，封地廣西桂林）。明朝傾覆時，他還不滿兩歲，但是在他長大成人的時期，都在西南地方度過，以躲避滿洲人的兵鋒。他最終成為一名政治和尚，但同時也是一位畫家，有學者還認為他是清代初期最有創造力的藝術家。[45]

當然，大多數的人並不是這樣。他們還有各自的人生要過，還有各自的義務要盡。一六四六年，在兩個合法的南明朝廷和其他許多非法僭立的小政權相繼瓦解之後，繼續守護明朝被大多人認為是一項徒勞無功的事業。黃媛介夫人被看作十七世紀中葉的偉大詩人之一，這年她在清明節當天做了一首詩，這年的清明節日子落在農曆四月初四。清明節是家人在祖先墳墓前團聚的日子，當天家人們要一起打掃先人墓園，並且吃一餐寒食，以緬懷先人經歷的艱難歲月。一六四六年時，在江南地區，以及在這個國度之內許多地方的每一個人，都有親戚與友人在明朝傾覆時的動亂中喪生，而值得他們追憶。黃媛介就是在前一年清軍占領江南引發的動亂當中，與她貧困交加的丈夫斷了聯絡，從此再也沒有他的下落。她在清明時節懷念起丈夫，同時還責怪心中那些太過濃烈，以至於難以忘卻的情緒：

倚柱空懷漆室憂，人家依舊有紅樓。
思將細雨應同發，淚與飛花總不收。
折柳已成新伏臘，禁煙原是古春秋。
白雲親捨常凝望，一寸心當萬斛愁。[46]

44 同前，頁239。

45 Cahill, *The Cmpelling Image*, 186-225.

46 黃媛介，〈丙戌清明〉，孫康宜英譯，收於Chang and Saussy, *Women Writers of Traditional China*, 359，英譯文句稍作調

同樣是一六四五年這場動亂，最後奪走了黃媛介閨中密友商景蘭丈夫的性命。商景蘭（一六〇四至約一六八〇）有時候還是黃媛介的庇護者，她更憑藉自己的才華而成為一位傑出的詩人。商景蘭的夫婿祁彪佳（一六〇二至一六四七）在夫婦二人當中較有名聲。祁是一名傑出而活躍的官員，而且還是地方上樂善好施的慈善家，致力於改善他安身立命的時代。而當清軍的鐵蹄占領祁彪佳的故鄉時，他選擇自殺殉國。商景蘭這首懷念夫婿的詩作，列舉出夫婦倆身為忠於明朝者的不同模式，一人選擇以生命向他的朝代盡忠，另外一位則努力活下來，以養育他們的孩子。

> 公自成千古，吾猶戀一生。
> 君臣原大節，兒女亦人情。
> 折檻生前事，遺碑死後名。
> 存亡雖異路，貞白本相成。[47]

緬懷如此犧牲之舉，是為了映襯異族征服的時代背景，而大環境不容人們真的起身反抗，只能以悔恨來排遣遺憾。中國在之前曾經有過這樣的遭遇。和宋朝時的人們一樣，明朝遺民發現自身與征服者之間，存在著一道無法彌合的民族裂隙。滿洲人同樣也是來自草原上的侵略者，不過他們並未選擇以蒙古人的模式來治理中國。元代強調以種族階級差序來建構社會秩序，清朝則寧可想像一個不完全真實的多民族大一統政體。一個異族專制政體，其統治的合法基礎來自於殘暴的征服，這才是真正的事實。一個明代概念下的漢族中國，作為一種排除草原習俗的理想，繼續存在下去。在明朝遺民的心目中，對滿洲人的認定已經太過根深柢固，除了認為他們是一群來自文明邊境之外的闖入者以外，很難還有別的看法。

這種認定同樣也將會改變。一旦等人們明白，滿洲人其實並無意大動干戈改造天下時，原來明朝社會裡普遍存在的秩序就完全的恢復了。幾乎是一等抗清運動的火苗熄滅殆盡，原先的明朝子民立刻就成了大清的百姓。當一九一二年，民國在昔日帝國的廢墟上建立起來時，明朝被人們深情的緬懷成歷史上最後一個「漢人（中國）」朝代，可是那時的中華民國，和明朝所開創的疆域版圖，已經大不相同了。創建民國的革命黨人，對於重返明朝的疆域並不感興趣。他們主張中國主權所及的疆域，從西藏到台灣，全都是滿洲人所一統的江山。不過在當時，他們正在戮力以赴的事情，也正是忽必烈與朱元璋當政時所聲稱完成之事：統一天下。元朝和明朝畢竟沒有被人們遺忘。

整。

47 商景蘭，〈悼亡〉，魏愛蓮（Ellen Widmer）英譯，收於Chang and Saussy, *Women Writers of Traditional China*, 320，英譯文句稍作調整。

結語

成吉思汗的雄心壯志是要征服世界。他的孫子忽必烈則訂立了一個比較保守的目標，即統治整個東亞。儘管這對祖孫的宏圖大業，最後都未能完全實現，他們卻都各自能號令一個幅員遠超過蒙古原來家園的世界大帝國。成吉思汗的世界帝國無止盡的繼續向前擴張，連串地消滅或吸納它所征服的較小國家。忽必烈則對於其堂兄弟在他祖父開創的帝國西端，那較為貧瘠的地方頻頻叫陣無動於衷，並且讓這些地方逐漸脫離他的直接掌控，改而將他的資源投入到無窮饒富的東方征服事業上去：這包括了南宋，以及其後的高麗、越南，還有未能成功得手的日本。忽必烈並不是將中國吸納進蒙古版圖，而是率領蒙古人進入中國，在從西元前二二一年開始的長串帝王譜系當中占有一席之地。他開創的政體不只是一連串部族的聯盟，它將是一個朝代。

蒙古帝國的思考邏輯是政治性的：擴張統治疆域是為了統治者的榮耀。而它除了讓其部眾維持溫飽之外，並沒有連貫一致的經濟思維。一個世界性的大帝國會運用其軍事力量，在其開創的「世界」裡收集貢物錢財，但是它不是為了確保稅收而存在的。元朝則不一樣——因為它統治的疆域，是一個農耕國度。讓元朝保持生機的，是其採行的混合財政制度，它同時採用游牧民族的貢物習俗，以及農業國家的徵稅傳統。事實上，要是蒙古皇室能夠發展出一套更加穩定的帝位傳承制度，元朝的國祚也許會比其享國一個世紀還要長。

明朝是在環境因素轉為溫和有利的情況之下興起的。這個新興的王朝除了繼承元代原來那一套主張疆域大一統的政治體制之外，排斥與前朝有關的一切事物。明朝繼續維持一個寰宇帝國的外表，由一個必要但未必完全符合實情的朝貢體系做背後的支撐力量。明朝靠著回到蒙古人入侵之前的疆域，並且藉由鄙視關外草原，認為那些地方是在傳統習俗與利益上和中國基本相異之地，明朝因此而放棄了原先那種世界性帝國的姿態。不過，它也並未形成一個「世界經濟體」。明朝的區域經濟當然相互聯繫、發生互動作用，而且在十六世紀內部貿易擴張時，這樣的趨勢更是逐漸顯著，但是地形和距離帶來的天然障礙，使得這些地區要不是同屬於一個國家，就將會分崩離析、互不相連了。來自政治中心施加的行政手腕力道，給予明朝內部統合的架構。這就是為什麼明朝較被人們認定為一個國家經濟體，甚於世界經濟的原因。

促使元代朝帝國發展、明代告別帝國路線的動力，和這兩個朝代各自根植於游牧和農耕的獨特傳統有部分關係，但是這也和一個更寬闊的世界發生的各種變動有著更大、更密切的關係。在十三世紀後期和十四世紀，一個大陸的世界經濟體帶領著元朝西向發展，穿越中亞大草原，來到波斯和歐洲。[1]在十六和十七世紀，一個以南中國海為中心的海上世界經濟體系，將明朝和吞吐印度洋、橫跨太平洋貿易貨流的系統連結在一起。前述這些不同的世界，以不同的方式和中國建立起密切的關係。

這個轉變發生在氣候變遷的大脈絡之下，而這個脈絡是元、明兩代和全世界其他各地所共同經歷的。氣候本身並不能解釋元朝的興起或是明朝的覆亡，更別提能夠解釋發生在一個朝代的建立與另一個朝代滅亡之間的所有事情了。但是，如果沒有將氣候對社會和國家、特別是國家所仰賴的經濟基礎——農業——帶來的壓力考慮在內，就無法完全了解這四個世紀的歷史。不過，元、明兩代的農民並非一直都是異常氣候的受害者。在十三世紀的時候，關於如何在乾燥的北方草原和亞熱帶的南方這樣迥然不同的環境下生產糧食作物，他們已經累積下大量極為詳盡的知識。透過實地操作和調適，中國的農業知識已經達成對於地理環境變化的高度忍受能力——不但是在南北之間，也能在這一省與下一省之間的差異，甚至是一個縣與另一個縣之間進行調適。人人都明白：你能在一個地方栽種作物，不表示你在其他地方也能同樣栽種。

中國農業具備容忍地域差異，甚至在差異的條件下還能使作物豐收的本領，可以從在國內各

1 Abu-Lughod, *Before European Hegemony*, 12.

地栽種的大量稻米品種當中看出。每一項品種的栽培都和地方條件有關，而且全部都隨著時間而產生變化。如同英國人類社會學者白馥蘭（Francesca Bray）在她的中國農業史著作裡指出的，農民以是否能夠確保達到最高產量的特性作為依據，在各式各樣的稻種之間做出選擇。如果沒有這項做法，稻米就不能在元、明兩代成為幾乎遍布天下的作物，甚至還傳播到傳統上屬於栽種黍類作物生態的北方。[2]一位清初的學者收集了超過三千種稻米種類的名稱，而白馥蘭懷疑這個數字還沒有到達當時實際使用的稻作種類。農業知識永無止盡的根據地方生態做出調整。

可是，對於環境差異的容忍，無法輕易的轉化成對於突然發生改變時的立即調整。調適的局限在最惡劣的環境劫難之中被暴露出來，這時的環境變化已經超出尋常的幅度範圍。年復一年的氣候劇烈變化，破壞了稻種原先預期能完全適應環境的穩定性。對於元代以前的氣候環境狀況，我們所知太少，因此不能說元代以後的異常氣候變動的幅度，是否比從前來得更寬、更廣；但是看來顯然如此。這種異常氣候帶來的壓力，顯現在十四世紀開始出現的農書指南與饑荒救濟手冊上。王禎的《農書》在一三一三年以活字版印刷刊行，之後被大量重新刊行和仿作；《農書》旨在提供關於各種南北農業技術的描述，書中含括內容是如此周備（在他簡短的序言裡，冠上「備」這個字），使得一名官員只要有這本書在手，就能獲得牧養百姓所需的全部知識。

這部農事指南裡包括一份月曆，以十二等份的圓餅圖呈現，按月記載各項農業活動。一名認真的地方官員只需要在這張圓形圖上找到正確的農事月份，便可知道農民該做什麼事情，以及縣官必須要確保什麼事情該完成。一方面，這是一個有效運用農業知識的衡量標準，在每個時間該做什麼事這個層面上，近乎機械刻板。[3]但是在另一方面，如果氣候的變化偏離其每年的常規運轉軌道，這張圓形圖就會變得毫無用處：數個世紀的優良調節在新的氣候狀態之下歸於無效，而隨即而來的大規模饑荒則是其後果。有一連串農書、賑濟饑荒指南以及救荒藥典問世，這些著作當中，有若干出自立意良善的藩王與官員之手，尤其是在明朝的最後一個世紀，這表明想要修正現有知識的嘗試，從來沒有完全成功過。人們需要更完善的知識，可是在這些知識上，農民們已經花了數個世紀的時間以求其完善，如今又還能再添加上什麼呢？想要更動這些知識當中的任何組成部分，尤其是在這樣眾多的人口數，如此密集的在土地進行耕作的情形下變動，所承擔的風險實在太大。[4]原有的適應能力最後以脆弱瓦解告終。

經歷過萬曆、崇禎歷次劫難的人們，或許陷入農業知識缺乏的困境之中，但是他們也正在經歷地方與全球的標準重新修正校準過程。成長中的南中國海世界經濟體系改變了明朝的經濟海域，重新改造和南美洲、南亞和歐洲有關的供需關係，而不再局限於國內市場（無論它有多

2 Bray, *Agriculture*, 489-490; Brook, *The Chinese State in Ming Society*, 85-89.

3 王禎，《農書》，頁6-9。關於其他的著作，見周致元，《明代荒政文獻研究》，頁33-59。首部藥典《救荒本草》的作者，是朱元璋的第五子朱橚所撰，刊印於一四〇六年；參見Unschuld, *Medecine in China*, 221.

4 我在此要感謝魏捷茲（James Wilkerson）教授協助我釐清這項爭議當中的思考邏輯。

大）。新的想法和概念，也正在加入這團混亂難解的事物之中。每一個新出現的難題，都和舊日的謎團纏結在一起，其令人困擾難以理清的程度，即使是這個時代裡最善於治國的政治家，也苦惱於不知該如何為整套體制重新找到方向。要不是清朝於一六四四年興起，造成全球帝國秩序的驟然改變，這種阻礙困惑所終結的既有秩序，將遠大於明朝的傾覆。滿洲人取明朝而代之，而且改弦易轍：他們關閉海岸邊界，以大汗取代了皇帝，並且重新燃起帝國擴張的野心。

由於這類政治變動帶來的嚴酷考驗、南方的動盪局勢，以及海上的擴張，造就了一個被日後歷史學者們稱之為「近世」（early modern，或譯為近代早期）的時代；在這個時期裡，貿易網絡架構成長茁壯，不但促成創新，也將原本分隔的幾個世界經濟體連結起來，日後將會成為單一的全球經濟體系。從前我們向來認為，是來自幾個特定濱海地區的歐洲人開創了這個近世世界，但是明朝的人們同樣也參與其中，他們的角色和其他的因素一樣，在這個世界形成的過程裡，起到了助長栽培的作用。

而之後的道路出現了分岔。在明朝滅亡、清朝取而代之的那十年，歐洲各國的外交使節們正在一連串的談判會議上見面磋商，要結束在歐洲歷時最久的一場戰爭，並從而鞏固政治與商業權力的新形態，這些新興的權力，將為現代世界的發展奠定道路。最後達成協議，也就是西發利亞和約（Peace of Westphalia），建立了支撐今日世界秩序的國家主權典範。他們讓國家成為世界體系的基本參與者，承認每個國家都享有不可侵犯的主權，並且禁止任何國家干預別國事務。國家因此不再是君主的私人領地，而是一個公有的政治實體；它不再是貢品的收受與消費者，而是一個集中資源，並且為了國家的利益，將這些資源做統籌分配運用的團體。[5]西發利亞和約給了擁有較佳資源的歐洲國家所需的安穩狀態，使它們得以開展新形態的帝國，沒有人會將這種形態的新帝國和蒙古人或滿洲人建立的那種「舊」帝國混為一談。西發利亞和約的締結，確認了中國與歐洲諸國之間就此走向不同的發展道路。荷蘭律師胡果．格勞秀斯（Hugo Grotius，一五八三至一六四五）早先曾以「海洋自由論」為國家海上冒險事業辯護，而中國法官則控訴其為「海盜行為」。即使如此，中國的手工業者和貿易商還是繼續提供品質夠高、價格夠低的商品，以保持中國在整個十八世紀的全球貿易版圖之中，仍然保有一席之地。

如果我們將近世世界的形成與建立完全歸功於歐洲人，就會忽略早於這個世界出現之前就存在的商業網絡結構；這個商業貿易網是自己形成的，製造者提供貿易所需，而他們自身也確實明白，改變正在進行之中。張燮就隱約察覺到世界正在發生的變化。站在月港的碼頭上，他舉目遠眺，可以看見海上貿易的世界，也能看出一個新的世界正在成形：這個新世界遵從的是不一樣的規則，甚至需要不同的人格特質。「海門以出，洄沫黏天，」正如我們在張燮的《東西洋考》裡

5 Brook, *Vermeer's Hat*, 222-223.

所讀到的，「奔濤接漢，無復崖涘可尋、村落可志、驛程可計也。」[6]漫無邊界並不是另一種明朝人的生活情境。那些沒有海上航行經驗的人，只能將海洋看作是一個危險而失序的動亂空間；不過，中國的航海者（這樣的人在張燮的時代，為數達數十萬之眾），此時卻正在學習另一種認知。張燮寫道，住在月港的人家裡，十有七戶與外洋之人相熟，而且對於航行在東、西洋海路上和洋夷做生意，並不感到懼怕。

商業資本的累積，割喉的競爭，奢侈高檔的消費，對於典範與傳統無止息的排斥和放棄：前述這些做法，是中國和歐洲變動中的社會現實與態度，它們將兩地納入一個共同的歷史進程之中，現在我們稱呼這個進程為全球化。無論你稱這個時代是文藝復興，是晚明，或是近代初期世界，你正在做的事情，全都是轉換習俗典範。每一種習俗典範在過去與現在都有著部分道理——這就是為什麼我們將繼續在未來變換這些典範的原因。未來總是會有更多的事物值得我們去了解，也有更多了解事物的方法。看待事物的新方法並不會改變我們理解的對象，但是它們的確會改變事物的境界，就像一位中國詩人曾經這麼說：

白日依山盡，
黃河入海流。
欲窮千里目：

更上一層樓。[7]

本書所述說的歷史既然以群龍現蹤開始，就讓我們以兩條龍的蹤跡收篇；這兩條龍，我們能夠見到其中一條，另一條則無法親眼目睹。我們能看到的頭一條龍，出現在一幅名為《羅漢》的畫軸裡；羅漢是佛教經典裡的聖者，畫中的羅漢正盤坐入定（見圖十八）。這幅畫的作者是吳彬，他是一位活躍於萬曆一朝的職業畫師，在萬曆朝廷當中供職；這幅畫創作於一六〇一年（萬曆二十九年）。和明朝觀畫者熟悉的群龍相比，這條龍看來有些怪異。狹小的龍頭突顯出有鱗片龍身的蛇狀特徵。觀賞者也要注意有光線照耀其上。吳彬讓光線照在龍身的兩側，而在兩側之間突起的部分保留陰影。這是當時的義大利藝術家新近發展出的技術，稱為明暗對比法（chiaroscuro）：使用光影明暗來描繪物體，使其具有立體感。這並不是中國畫家使用的技法。明暗對比法的使用，在畫中這位佛教僧侶周邊呈怪異幾何形狀的嶙峋怪石上也相當顯著，同樣的技法，還可以在羅漢左肩後方筆直整齊生長的樹幹，以及在側邊用濃墨呈現枝葉茂盛處看到。而我

6 張燮，《東西洋考》，頁170。

7 "Climbing the Stork Pagoda"（改寫自王之渙，〈登鸛雀樓〉），引自Ron Butlin, The Exquisite Instrument, 29；感謝作者慷慨允許引用。譯按：羅恩・巴特林（Ron Butlin，一九四九—）為蘇格蘭詩人、小說家，擁有「愛丁堡桂冠詩人」（Edinburgh Makar）頭銜。

們又該怎麼看待這條龍翻騰下降時，身後那些濃密的雲團呢？比起中國畫師好幾個世紀以來所擅長的虛無縹緲雲霧，這些雲團更像義大利的石板作品。

我們在此見到的這幅中國畫軸，明朝的觀畫者或許不會承認這是幅「中國」畫作。對我們而言，這幅畫徹頭徹尾都是中國特色，但是吳彬和他筆下這條龍正在不

圖十八：吳彬，《羅漢》卷軸，作於一六〇一年。本幅畫作的主題——龍在雷電之中現蹤——相當傳統，但是使用陰影來傳達圓柱狀體的畫風，則透露出歐洲藝術的影響。第一批由歐洲傳入的雕刻版畫，在十六、十七世紀之交開始流傳於中國。吳彬必定見過這些歐洲來圖。原圖收藏於中華民國國立故宮博物院。

同的文化之間穿梭。吳彬並非刻意試圖模仿歐洲繪畫風格，然而歐洲風格已經從中洩露出來，進入到吳彬的視覺圖像裡，促使他畫筆下這條原創生物的誕生。藝術史學者高居翰（James Cahill）發現了這一點，他將之歸因為由耶穌會士攜帶進入中國的歐洲雕版畫技術，此時已經透過在地木版複製品傳播開來的緣故。[8]吳彬已然見過歐洲的龍——或許，當中包括在伊甸園（Garden of Eden）裡出現的那條蛇？而他已將這些龍加入到中國繪畫的圖庫之中。

現在，輪到本書的最後一條龍登場了，這條我們見不到的龍。這次是明朝最後一次有明確日期記載的龍現蹤：一六四三年九月二十六日（崇禎十六年八月十四）。[9]這是一條通身發亮的巨大生物，出現在山西省東南山丘的夜空中。龍在此現蹤，事前沒有半點預兆，也沒有帶來絲毫雲朵，或是颯颯的悶雷聲。牠就這樣突然之間出現在夜空裡，在純白皎潔的月光中高高的盤旋。龍的身體散發出一道金光，映照進下方家家戶戶的門窗，驚醒了原本熟睡的人們。所有人都走出戶外，帶著敬畏的心情，仰頭凝視著這個壯觀而平靜的景象。沒有人能參透牠此番現身意義何在，或是預兆著什麼。當現在的我們都無法看出有什麼事情即將來臨時，那時的他們又怎麼能看得出呢？

8 Cahill, *The Compelling Image*, 83.

9 《山西通志》（一六八二），卷三十，頁41b。

附錄

附錄一 一二六〇至一六四四年溫度與極端旱澇時期列表

溫度		旱澇氣候	
寒冷	一二六一至一三九三年	乾燥	一二六二至一三〇六年
		潮濕	一三〇八至一三二五年
		乾燥	一三五二至一三七四年
		潮濕	一四〇三至一四二五年
寒冷	一四三九至一四五五年	乾燥	一四二六至一五〇三年
溫暖	一四七〇至一四七六年		
寒冷	一四八一至一四八三年		
寒冷	一五〇四至一五〇九年		
		乾燥	一五四四至一六四三年
溫暖	一五三六至一五七一年	旱災	一五四四至一五四六年
寒冷	一五七七至一五九八年	旱災	一五八五至一五八九年
寒冷	一六一六至一六二〇年	旱災	一六一四至一六一九年
嚴寒	一六二九至一六四三年	旱災	一六三七至一六四三年

附錄二　元代與明代的九次劫難

時間	年號	災情
一二九五至一二九七年	元貞	乾旱、洪水、龍蹤
一三二四至一三三〇年	泰定	乾旱、饑荒、蝗害
一三四二至一三四五年	至正	嚴寒、乾旱、饑荒、洪水、瘟疫
一四五〇至一四五五年	景泰	嚴寒、潮濕、饑荒、洪水、瘟疫
一五一六至一五一九年	正德	嚴寒、潮濕、饑荒、地震、瘟疫、龍蹤
一五四四至一五四六年	嘉靖	嚴寒、乾旱、饑荒、瘟疫
一五八六至一五八八年	萬曆（第一次）	嚴寒、乾旱、饑荒、洪水、蝗害、瘟疫、龍蹤
一六一五至一六一七年	萬曆（第二次）	嚴寒、乾旱、饑荒、蝗害、地震、龍蹤
一六三七至一六四三年	崇禎	嚴寒、乾旱、饑荒、蝗害、地震、瘟疫、沙塵暴、龍蹤

附錄三　元明兩代帝系表

元朝：一二七一至一三六八

皇帝姓名	年號	登基年（西元）	與前任關係
忽必烈	至元	一二七一	窩闊台侄、成吉思汗孫
鐵穆耳	元貞 大德	一二九四	忽必烈幼孫
海山	至大	一三〇八	侄（鐵穆耳兄長答剌麻八剌之子）
愛育黎拔力八達	皇慶 延祐	一三一一	弟
碩德八剌	至治	一三二一	子
也孫鐵木兒	泰定	一三二三	叔（鐵穆耳長兄甘麻剌之子）
阿剌吉八	天順	一三二八	子
圖帖睦爾	天曆	一三二八	堂兄（海山之子，答剌麻八剌之孫）
和世㻋		一三二九	兄
圖帖睦爾	至順	一三二九	弟
懿璘質班		一三三二	侄（和世㻋之子，答剌麻八剌曾孫）
妥懽帖睦爾	元統 至元 至正	一三三三	兄

明朝：一三六八至一六四四

皇帝姓名	年號	登基年（西元）	與前任關係
朱元璋	洪武	一三六八	
朱允炆	建文	一三九八	孫（朱元璋長子之子）
朱棣	永樂	一四〇二	叔（朱元璋第四子）
朱高熾	洪熙	一四二四	長子
朱瞻基	宣德	一四二五	長子
朱祁鎮	正統	一四三五	長子
朱祁鈺	景泰	一四四九	異母弟
朱祁鎮	天順	一四五七	異母兄
朱見深	成化	一四六四	長子
朱祐樘	弘治	一四八七	在世最年長皇子
朱厚照	正德	一五〇五	獨子
朱厚熜	嘉靖	一五二一	堂弟（朱見深之孫）
朱載垕	隆慶	一五六七	在世最年長皇子
朱翊鈞	萬曆	一五七二	在世最年長皇子
朱常洛	泰昌	一六二〇	長子
朱由校	天啟	一六二〇	長子
朱由檢	崇禎	一六二七	弟（朱常洛第五子）
朱由崧	弘光	一六四四	堂弟（朱翊鈞之孫）

參考書目

為了方便讀者查閱，參考書目分為兩部分，一是中文的引用史料，另一部分則為各國文字的研究資料，以英文為主。在文後註釋裡標明引用的地方志，並未列在這份書目當中。

引用史料

丁荷生（Kenneth Dean）、鄭振滿（編），《福建宗教碑銘彙編》，共三冊。福州：福建人民出版社，二〇〇三年。

《大元聖政國朝典章》，一三〇三年。影印，台北：國立故宮博物院，一九七二年。

《元典章》，見《大元聖政國朝典章》。

王士性，《廣志繹》。成書於一五九七年，首刊於一六四四年。重刊本，北京：中華書局，一九八一年。

王之春，《船山公年譜》。一八九三年。重刊本，衡陽：衡陽市博物館，一九七五年。
王圻，《三才圖會》。一六〇七年。
王陽明（守仁），《王陽明全集》。重刊本，上海：上海古籍出版社，一九九二年。
王禎，《王禎農書》。首刊於一三一三年。北京：農業出版社，一九八一年。
王臨亨，《粵劍編》，與葉權《賢博編》、李中馥《原李耳載》二書合刊。北京：中華書局，一九八七年。
向達（編），《兩種海道針經》。北京：中華書局，一九六一年。
朱元璋，《明太祖集》，首刊於一三七四年。重刊本，合肥：黃山書社，一九九一年。
——，《御製大誥》；《御製大誥續編》；《御製大誥三編》。重刊於楊一凡，《明大誥研究》，南京：江蘇人民出版社，一九八八年。
江蘇省博物館（編），《江蘇省明清以來碑刻資料選集》。北京：三聯書店，一九五九年。
余文龍，《史臠》，一六一八年。
余紀登，《典故紀聞》，首刊於萬曆年間。重刊本，北京：中華書局，二〇〇六年。
余象斗（編），《萬用正宗》。建陽：一五九九年。
宋濂（主編），《元史》。一三七一年修成。重刊本，北京：中華書局，一九七六年。
宋應星，《天工開物》。

李天綱（編），《明末天主教三柱石文箋注：徐光啟、李之藻、楊廷筠論教文集》。香港：道風書社，二〇〇七年。

李清，《三垣筆記》。成書於一六四〇年代。北京：中華書局，一九八二年。

李樂，《見聞雜記》。跋文日期為一六一〇年。重刊本，上海：上海古籍出版社，一九八六年。

李贄，《焚書》、《續焚書》。重刊本，北京：中華書局，一九七五年。

沈家本，《沈寄簃先生遺書》。重刊本，台北：文海出版社，一九六七年。

沈榜，《宛署雜記》。一五九三年。重刊本，北京：北京古籍出版社，一九八〇年。

沈德符，《萬曆野獲編》。序文日期為一六一九年。重刊本，北京：中華書局，一九九七年。

汪道昆，《太函集》，四卷。重刊本，合肥：黃山書社，二〇〇四年。

周密，《雲煙過眼錄》，一二九六年。見魏雲妮（Ankeney Weitz）條。

《明會典》，申時行（修）。一五八八年。

《明實錄》：《明太祖實錄》、《明孝宗實錄》、《明武宗實錄》、《明世宗實錄》、《明神宗實錄》、《明熹宗實錄》、《崇禎長編》。台北：中央研究院歷史語言研究所，一九六二年。

林兆珂，《考工記述注》。建陽：一六〇三年。

姚虞，《嶺海輿圖》，一五四二年。據《四庫全書》版影印，台北：廣文書局，一九六九年。

郎瑛，《七修類稿》。重刊本，台北：世界書局，一九六三年。

唐順之，《荊川先生右編》。南京：國子監，一五九五年。據《四庫全書總目叢書》，第二部，卷七十至七十一重印。濟南：齊魯書社，一九九七年。
徐光啟，《農政全書》。重刊本，上海：上海古籍出版社，一九七九年。
——，《徐光啟全集》，二卷。上海：上海古籍出版社，一九八四年。
徐宏祖，《徐霞客遊記》，丁文江校補，一九二八年。重刊本，北京：商務印書館，一九九六年。
桑喬，《廬山紀事》。一五六一年。
海瑞，《海瑞集》。重刊本，北京：中華書局，一九八一年。
耿定向，《耿天台文集》。
《崇禎長編》見《明實錄》。
張廷玉（主修），《明史》。重刊本，北京：中華書局，一九七四年。
張怡，《玉光劍氣集》，二卷。重刊本，北京：中華書局，二〇〇六年。
張燮，《東西洋考》。重刊本，北京：中華書局，一九八一年。
陳子龍（編），《皇明經世文編》。華亭：一六三八年。重刊，北京：中華書局，一九八二年。
陳全之，《蓬窗日錄》，序文日期一五六五年。上海：一九七九年。
陳建（著），沈國元（校訂），《皇明從信錄》，一六二〇年。
陳耀文，《天中記》，序文日期一五六九年，一五八九年重刊。

陸容，《菽園雜記》。成書於一四九四年前。重刊本，北京：中華書局，一九八七年。

陸曾禹（著），倪國璉（編），《康濟錄》。一七四〇年。

陸燦，《庚巳編》。成書於一五一〇至一五一九年，一五九〇年刊行。重刊本，北京：中華書局，一九八七年。

陶宗儀，《南村輟耕錄》。一三六六年首刊。重刊本，北京：中華書局，二〇〇四年。

陶承慶（編），葉時用（校訂），《大明一統文武諸司衙門官制》。江西：一五八六年。

章潢（編），《圖書編》，一六一三年。

焦竑，《國朝獻徵錄》。一六一六年。

——，《玉堂叢語》。一六一八年。重刊本，北京：中華書局，一九八一年。

黃宗羲，《黃宗羲全集》。杭州：浙江古籍出版社，一九八五年。

黃瑜，《雙槐歲鈔》。編於一四五六至一四九七年，一五四九年刊行。重刊本，北京：中華書局，一九九九年。

楊正泰（編），《天下水陸路程》。重刊本，太原：山西人民出版社，一九九二年。

楊東明，《飢民圖說》。一六五八年。重刊本，一七四八年。

葉子奇，《草木子》，成於一三七八年，作者身後於一五一六年刊行。重刊本，北京：中華書局，一九五九年。

葉孟珠，《閱世編》，成於康熙年間。上海：上海古籍出版社，一九八一年。
葉春及，《惠安政書》，一五七三年。據其《石洞文集》重刊，一六七二年。
葉盛，《水東日記》。《四庫全書》版，一七七八年。
葛寅亮，《金陵梵剎志》。南京：僧錄司，一六〇七年。一六二七年重刊。
董其昌，《雲軒清裨錄》，與陳繼儒，《妮古錄》合刊，一九三七年。
雷夢麟，《讀律瑣言》。一五五七年。重刊本，北京：法律出版社，二〇〇〇年。
福善，《憨山大師年譜疏註》。重刊，台北：真善美出版社，一九六七年。
趙吉士，《寄園寄所寄》，一六九五年。
趙秉忠，《江西輿地圖說》，萬曆年間。
趙爾巽（編），《清史稿》。重刊本，北京：中華書局，一九七六年。
劉基（編），《大明清類天文分野之書》。重刊本，北京：中華書局，一九七五年。
蔡汝賢，《東夷圖說》，一五八六年。
談遷，《棗林雜俎》。序文日期為一六四四年；一九一一年首次刊行。重刊本，北京：中華書局，二〇〇六年。
《寰宇通衢》。南京：兵部，一三九四年。據《四庫全書總目叢書》（一九九七年），卷一六六影印。

蕭洵，《故宮遺錄》。書作於一三六八年，序文日期為一三九八年。重刊本，北京：一六一六年。

謝肇淛，《五雜俎》。成於萬曆末（一六一〇年代）。重刊本，上海：上海書店，二〇〇一年。

歸有光，《震川先生文集》。重刊本，上海：上海古籍出版社，一九八一年。

懷效峰（點校），《大明律》。北京：法律出版社，一九九九年。

顧炎武，《顧亭林詩文集》。北京：中華書局，一九八三年。

——，《天下郡國利病書》。一六六二年。重刊本，上海：上海古籍出版社，一九八四年。

顧起元，《客座贅語》。南京：一六一七年。

研究書目

Abu-Lughod, Janet. *Before European Hegemony: The World-system A.D. 1250-1350*. New York: Oxford University Press, 1989.

Allsen, Thomas. "The Rise of the Mongolian Empire and Mongolian Rule in North China," in *The Cambridge History of China*, vol. 6: *Alien Regimes and Border States 907-1368*, ed. Herbert Franke and Denis Twitchett, 321-413. Cambridge: Cambridge University Press, 1994.

Alves, Jorge M. dos Santos. "La voix de la prophétie: Informations portuguaises de la ie moitié du XVIe siècle sur les voyages de Zheng He." In *Zheng He: Images and Perceptions/Bilder und Wahrnehmingen*, ed. Claudine Salmon and Roderich Ptak, 39-55. Wiesbaden: Harrassowitz, 2005.

Anderson, Gunnar. *Children of the Yellow Earth: Studies in Prehistoric China*. London: Kegan Paul, Trench, Trübner, 1973.

Andrade, Tonio. *How Taiwan Became Chinese: Dutch, Spanish, and Han Colonization in the Seventeenth Century*. New York: Columbia University Press, 2008.

中譯本：歐陽泰（著），鄭維中（譯），《福爾摩沙如何變成台灣府》。台北：遠流，二〇〇七。

Barhart, Richard. *Painters of the Great Ming: The Imperial Court and the Zhe School*. Dallas: Dallas Museum of Art, 1993.

—— et al. *The Jade Studio: Masterpieces of Ming and Qing Painting and Calligraphy from the Wong Nan-p'ing Collection*. New Haven: Yale University Art Gallery, 1994.

Benedictow, Ole. *The Black Death, 1346-1353: The Complete History*. Woodbridge: Boydell Press, 2004.

Berger, Patricia. "Miracles in Nanjing: An Imperial Record of the Fifth Karmapa's Visit to the Chinese Capital." In *Cultural Intersections in Later Chinese Buddhism*, 145-169. Honolulu: University of Hawaii Press, 2001.

Birge, Bettine. "Women and Confucianism from Song to Ming: The Institutionalization of Patrilineaality." In *The Song-Yuan-Ming Transition in Chinese History*, ed. Paul Jakov Smith and Richard von Glahn, 212-240. Cambridge, Mass: Harvard University Press, 2003.

Blue, Gregory. "China and Western Social Thought in the Modern Period." In *China and Historical Capitalism: Genealogies of Sinological Knowledge*, ed. Timothy Brook and Gregory Blue, 57-109. Cambridge: Cambridge University Press, 1999.

Blussé, Leonard. Visible Cities: *Canton, Nagasaki, and Batavia and the Coming of the Americans*. Cambridge, Mass.: Harvard University Press, 2009.

Bodley, Thomas. *The Life of Sir Thomas Bodley*. Chicago: A.C. McClurg, 1906.

Bol, Peter（包弼德）. "Geography and Culture: Middle Period Discourse on the *Zhong guo* — the Central Country."《漢學研究》，二〇〇九。

——. *Neo-Confucianism in History*. Cambridge, Mass.: Harvard University Asia Center, 2008.

Braudel, Fernand. *The Perspective of the World*. Vol. 3 of *Civilization and Capitalism, 15th-18th Century*. London: Collins, 1984.

中譯本：施康強、顧良（譯），《15-18世紀的物質文明、經濟與資本主義（卷三）：世界的時間》。台北：左岸文化，二〇〇七。

Bray, Francesca. *Agriculture, Science and Civilisation in China*, VI:2, ed. Joseph Needham. Cambridge: Cambridge University Press, 1984.

——. *Technology and Gender: Fabrics of Power in Late Imperial China*. Berkeley: University of California Press, 1997.

——. *Technology and Society in Ming China (1368-1644)*. Washington, DC: American Historical Association, 2000.

Brockry, Liam. *Journey to the East: The Jesuit Mission to China, 1579-1724*. Cambridge, Mass.: Harvard University Press, 2007.

Brokaw, Cynthia, and Kai-wing Chow, eds. *Printing and Book Culture in Late Imperial China*. Berkeley: University of California Press, 2005.

Brook, Timothy. *The Chinese State in Ming Society*. London: RoutledgeCurzon, 2005.

中譯本：卜正民，《明代的社會與國家》。北京：商務印書館，二〇一四。

——. "Communications and Commerce." In *The Cambridge History of China*, vol. 8: *The Ming Dynasty*, pt. 2, ed. Denis Twitchett and Frederick Mote, 579-707. Cambridge: Cambridge University Press, 1998.

——. *The Confusions of Pleasure: Commerce and Culture in Ming China*. Berkeley: University of

California Press, 1998.

中譯本：卜正民（著），方駿、王秀麗（譯），《縱樂的困惑：明朝的商業與文化》。台北：聯經，二〇〇四。

——. "The Early Jesuits and the Late Ming Border: The Chinese Search for Accommodation." In *Encounters and Dialogues: Changing Perspectives on Chinese-Western Exchanges from the Sixteenth to Eighteenth Centuries*, ed. Xiaoxin Wu, 19-38. Sankt Augustin: Monumenta Serica, 2005.

——. "Europaeology? On the Difficulty of Assembling a Knowledge of Europe in China." In *Christianity and Cultures: Japan and China in Comparison (1543-1644)*, ed. Antoni Ucerler, 261-285. Rome: Institutum Historicum Societatis Iesu, 2010.

——. "Funerary Ritual and the Building of Lineages in Late Imperial China." *Harvard Journal Asiatic Studies* 49, 2 (December 1989): 465-499.

——. *Geographical Sources of Ming-Qing History*, 2nd enlarged ed. Ann Arbor: Center for Chinese Studies, University of Michigan, 2002.

——. *Praying for Power: Buddhism and the Formation of Gentry Society in Late-Ming China*. Cambridge, Mass.: Council on East Asian Studies, Harvard University, 1993.

中譯本：卜正民（著），張華（譯），《為權力祈禱：佛教與晚明仕紳社會的形成》。南京：江蘇人民出版社，二〇〇八。

——. "Rethinking Syncretism: The Unity of the Three Teachings and Their Joint Worship in Late-Imperial China." *Journal of Chinese Religions* 21 (Fall 1993): 13-44.

——. *Vermeer's Hat: The Seventeenth Century and the Dawn of the Global World*. New York: Bloomsbury; Toronto: Viking; London: Profile, 2008.

中譯本：卜正民（著），黃中憲（譯），《維梅爾的帽子：從一幅畫看十七世紀全球貿易》。台北：遠流，二〇〇九。

——. "What Happens When Wang Yangming Crosses the Border?" In *The Chinese State at the Borders*, ed. Diana Lary, 74-90. Vancouver: University of British Columbia Press, 2007.

——. "Xu Guangqi in His Context: The World of the Shanghai Gentry." In *Statecraft and Intellectual Renewal in Late Ming China: The Cross-Cultural Synthesis of Xu Guangqi (1562-1633)*, ed. Catherine Jami, Peter Engelfriet, and Gregory Blue, 72-98. Leiden: Brill, 2001.

Brook, Timothy, and Gregory Blue, eds. *China and Historical Capitalism: Genealogies of Sinological Knowledge*. Cambridge: Cambridge University Press, 1999.

中譯本：卜正民、格力高利・布魯（編），古偉瀛等（譯），《中國與歷史資本主義：漢學知識的系譜學》。北京：新星出版社，二〇〇五。

Brook, Timothy, Jérôme Bourgon, and Gregory Blue. *Death by a Thousand Cuts*. Cambridge, Mass.: Harvard University Press, 2008.

中譯本：卜正民、鞏濤、格力高利・布魯（編），張光潤等（譯），《殺千刀：中西視野下的凌遲處死》。北京：商務印書館，二〇一三。

Buck, Pearl, trans. *All Men Are Brothers*. New York: J. Day, 1933.

Butlin, Ron. *The Exquisite Instrument*. Edinburgh: Salamander, 1982.

Cahill, James. *The Compelling Image: Nature and Style in Seventeenth-Century Chinese Painting*. Cambridge, Mass.: Harvard University Press, 1982.

中譯本：高居翰（著），李佩樺等（譯），《氣勢撼人：十七世紀中國繪畫中的自然與風格》。北京：三聯書店，二〇〇九。

——. *The Distant Mountains: Chinese Painting of the Late Ming Dynasty, 1570-1644*. Tokyo: Weatherhill, 1982.

中譯本：高居翰（著），未註明譯者，《山外山：晚明繪畫（一五七〇至一六四四）》。台北：石頭出版，一九九四。

——. *Parting at the Shore: Chinese Painting of the Early and Middle Ming Dynasty, 1368-1580*. Tokyo: Weatherhill, 1978.

中譯本：高居翰（著），夏春梅等（譯），《江岸送別：明代初期與中期繪畫（一三六八至一五八〇）》。北京：三聯書店，二〇〇九。

曹樹基，《中國人口史》，卷四：明時期。上海：復旦大學出版社，二〇〇〇。

Carswell, John. *Blue and White: Chinese Porcelain around the World*. Chicago: Art Media Resources, 2000.

Caviedes, César. *El Niño in History: Storming through the Ages*. Gainesville: University Press of Florida, 2001.

Chan, Albert. *The Glory and Fall of the Ming Dynasty*. Norman: University of Oklahoma Press, 1982.

Chan, Hok-lam. "Liu Ping-chung." In *In the Service of the Khan: Eminent Personalities of the Early Mongol-Yüan Period (1200-1300)*, ed. Igor de Rachewiltz, Hok-laam Chan, Hsiao Ch'i-ch'ing, and Peter Geier, 245-269. Wiesbaden: Harrassowitz Verlag, 1993.

——, and Wm. Theodore de Bary, eds. *Yüan Thought: Chinese Thought and Religion under the Mongols*. New York: Columbia University Press, 1982.

Chang, Kang-I Sun. *The Late Ming Poet Chen Tzu-lung: Crises of Love and Loyalism*. New Haven: Yale University Press, 1991.

Chang, Kang-I Sun, and Haun Saussy, eds. *Women Writers of Traditional China: An Anthology of Poetry and Criticism*. Stanford: Stanford University Press, 1999.

陳文石，〈明代衛所的軍戶〉，重刊收錄於吳智和（編），《明史研究論叢》，第二輯。台北：大立出版社，一九八二。

Chia, Lucille. *Printing for Profit: The Commercial Publishers of Jianyang, Fujian (11th-17th Centuries)*. Cambridge, Mass.: Harvard University Asia Center, 2002.

Ching, Dora. "Visual Images of Zhu Yuanzhang." In *Long Live the Emperor!* ed. Sarah Schneewind, 171-209. Minneapolis: Society for Ming Studies, 2008.

Chow, Kai-wing. *Printing, Culture, and Power in Early Modern China*. Stanford: Stanford University Press, 2004.

Chu, Pingyi. "Trust, Instruments, and Cross-Cultural Scientific Exchanges: Chinese Debates over the Shape of the Earth, 1600-1800." *Science in Context* 12, 3 (1999): 385-411.

Church, Sally. "The Colossal Ships of Zheng He: Image or Reality?" In *Zheng He: Images and Perceptions*, ed. Roderich Ptak and Claudine Salmon, 156-176. Wiesbaden: Harrassowitz, 2005.

Clapp, Anne. *The Painting of T'ang Yin*. Chicago: University of Chicago Press, 1991.

Cleary, Thomas. *The Flower Ornament Scripture: A Translation of the Avatamsaka Sutra*. Boston: Shambhala, 1993.

Clunas, Craig. *Chinese Furniture*. London: Bamboo, 1988.

——. *Elegant Debts: The Social Art of Wen Zhengming*. London: Reaktion, 2004.

中譯本：柯律格（著），劉宇珍、邱士華等（譯），《雅債：文徵明的社交性藝術》。北京：三聯書店，二〇一二。

——. *Empire of Great Brightness: Visual and Material Cultures of Ming China 1368-1644*. London: Reaktion, 2007.

——. *Fruitful Sites: Garden Culture in Ming Dynasty China*. London: Reaktion, 1996.

——. *Superfluous Things: Materal Culture and Social Status in Early Modern China*. Cambridge: Polity, 1991.

中譯本：柯律格（著），高昕丹等（譯），《長物：早期現代中國的物質文化與社會狀況》。北京：三聯書店，二〇一五。

Cobin, W. South. "A Brief History of Mandarin." *Journal of the American Oriental Society* 120, 4 (Oct.-Dec. 2000): 537-552.

Cooper, Michael. *Rodrigues the Interpreter: An Early Jesuit in Japan and China*. Tokyo: Weatherhill, 1974.

戴名世，〈榆林城守紀略〉，重刊於邵廷寀（編），《東南紀事（外十二種）》。北京：中華書局，二〇〇二。

Dardess, John. *A Ming Society: T'ai-ho County, Kiangsi, in the Fourteenth to Seventeenth Centuries*. Berkeley: University of California Press, 1996.

——. *Blood and History in China: The Donglin Faction and Its Repression, 1620-1627*. Honolulu: University of Hawaii Press, 2002.

——. "Did the Mongols Matter? Territory, Power, and the Intelligentsia in China from the Northern Song to the Early Ming." In *The Song-Yuan-Ming Transition in Chinese History*, ed. Paul Jakov Smith and Richard von Glahn, 111-134. Cambridge, Mass.: Harvard University Asia Center, 2003.

David, Percival, trans. *Chinese Connoisseurship: The Ko Ku Yao Lun, the Essential Criteria of Antiquities*. New York: Praeger, 1971.

de Bary, Theodore, trans. *Waiting for the Dawn: A Plan for the Prince: Huang Tsung-hsi's Ming-i-tai-fang-lu*. New York: Columbia University Press, 1993.

de Rachewiltz, Igor; Hok-lan Chan; Hsiao Ch'i-ch'ing; and Peter Geier, eds. *In the Service of the Khan: Eminent Personalities of the Early Mongol-Yuan Period (1200-1300)*. Wiesbaden: Harrassowitz Verlag, 1993.

Delgado, James. *Khubilai Khan's Lost Fleet: In Search of a Legendary Armada*. Vancouver: Douglas and McIntyre, 2008.

Deng, Kent. *The Premodern Chinese Economy: Structural Equilibrium and Capitalist Sterility*. London: Routledge, 1999.

Des Forges, Roger. *Cultural Centrality and Political Change in Chinese History: Northeast Henan in the Fall of the Ming*. Stanford: Stanford University Press, 2003.

Di Cosmo, Nicola. "State Formation and Periodization in Inner Asian History." *Journal of World History* 10, 1 (1999): 1-40.

Dreyer, Edward. *Early Ming China: A Political History, 1355-1435*. Stanford: Stanford University Press, 1982.

Dudink, Ad. "Christianity in Late Ming China: Five Studies." Ph.D. diss., University of Leiden, 1995.

Dunstan, Helen. "The Late Ming Epidemics: A Preliminary Survey." *Ch'ing-shih wen-t'i* 23, 3 (November 1975): 1-59.

Ebrey, Patricia, trans. *Chu Hsi's Family Rituals: A Twelfth-Century Chinese Manual for the Performance of Cappings, Weddings, Funnerals, and Ancestral Rites*. Princeton: Princeton University Press, 1991.

Elliott, Mark. "Hushuo: The Northern Other and *Han* Ethnogenesis." *China Heritage Quarterly* 19 (September 2009).

Elman, Benjamin. *A Cultural History of Civil Examinations in Late Imperial China*. Berkeley: University of California Press, 2000.

——. *On Their Own Terms: Science in China, 1550-1900*. Cambridge, Mass.: Harvard University Press, 2005.

Elvin, Mark. *The Retreat of the Elephants: An Enviromental History of China*. New Haven: Yale

University Press, 2004.

——. "Who Was Responsible for the Weather? Moral Meteorology in Late Imperial China." *Osiris*, 13 (1998): 213-237.

Farmer, Edward. *Early Ming Government: The Evolution of Dual Capitals*. Cambridge, Mass.: Harvard University Press, 1976.

——. *Zhu Yuanzhang and Early Ming Legislation: The Reordering of Chinese Society Following the Era of Mongol Rule*. Leiden: Brill, 1995.

Fei, Si-yen. *Negotiating Urban Space: Urbanization and Late Ming Nanjing*. Cambridge, Mass.: Harvard University Press, 2009.

封越健，〈明代京杭運河的工程管理〉，《中國史研究》，一九九三年第一期：頁50-60。

Fisher, Carney. *The Chosen One: Succession and Adoption in the Court of Ming Shizong*. Sydney: Allen and Unwin, 1990.

Fletcher, Joseph. "The Mongols: Ecological and Social Perspectives." *Harvard Journal of Asiatic Studies* 46 (1986): 11-50. Reprinted in his *Studies on Chinese and Islamic Inner Asia*, ed. Beatrice Forbes Manz. Farnham, Surrey: Ashgate, 1995.

Frank, Andre Gunder. *ReOrient: Global Economy in the Asian Age*. Berkeley: University of California

Press, 1998.

Franke, Herbert. "Women under the Dynasties of Conquest." In *China under Mongol Rule*, ch. 6. London: Variorum, 1994.

——, and Denis Twitchett, eds. *The Cambridge History of China*, vol. 6: *Alien Regimes and Border States 907-1368*. Cambrdge: Cambridge University Press, 1994.

Furth, Charlotte. *A Flourishing Yin: Gender in China's Medical History, 960-1665*. Berkeley: University of California Press, 1998.

Gallagher, Louis, ed. *China in the Sixteenth Century: The Journals of Matthew Ricci, 1583-1610*. New York: Random House, 1953.

Gao Meiqing. *Paintings of the Ming Dynasty from the Palace Museum*. Hong Kong: The Chinese University of Hong Kong, 1988.

Geiss, James. "The Cheng-te Reign," In *The Cambridge History of China*, vol. 7: *The Ming Dynasty*, pt. 1, ed. Frederick Mote and Denis Twitchett, 403-439. Cambridge: Cambridge University Press, 1988.

——. "The Chia-ching Reign, 1522-1566." In *The Cambridge History of China*, vol. 7, ed. Frederick Mote and Denis Twitchett, 440-510. Cambridge: Cambridge University Press, 1988.

Girard, Pascale, ed. *Le Voyage en Chine d'Adriano de las Cortes S.J. (1625)*. Paris: Chandeigne, 2001.

Goodrich, L. Carrinton, and Chaoying Fang, eds. *Dictionary of Ming Biography*. 2 vols. New York: Columbia University Press, 1976.

Gould, Stephen Jay. "Foreword" to Claudine Cohen, *The Fate of the Mammoth: Fossils, Myth, and History*. Chicago: University of Chicago Press, 1994.

Grove, Jean. "The Onset of the Little Ice Age." In *History and Climate: Memories of the Future?* ed. P.D. Jones, A.E.J. Ogilvie, T.D. Davies, and K.R. Briffa, 153-185. New York: Kluwer/Plenum, 2001.

Gu Gongxu, ed. *Catalogue of Chinese Earthquakes (1831 BC-1969 AD)*. Beijing: Science Press, 1989.

郭紅、靳潤成，《中國行政區劃史：明代卷》。上海：復旦大學出版社，二〇〇七。

Handlin, Joanna. *Action in Late Ming Thought: The Reorientation of Lü Kun and Other Scholar-Officials*. Berkeley: University of California Press, 1983.

Hanson, Marta. "Inventing a Tradition in Chinese Medicine: From Universal Canon to Local Medical Knowledge in South China, the Seventeenth to the Nineteenth Century." Ph.D. diss., University of Pennsylvania, 1997.

Hartley, J.B., and David Woodward, eds. *Cartography in the Traditional East and Southeast Asian Societies*. Vol. 2, bk. 2 of *The History of Cartography*. Chicago: University of Chicago Press, 1994.

Hashimoto, Keizo. *Hsu Kuang-ch'i and Astronomical Reform: The Process of the Chinese Acceptance of*

Western Astronomy, 1629-1635. Osaka: Kansai Universit Press, 1988.

Hazelton, Keith. "Patrilines and the Development of Localized Lineages: The Wu of Hsiu-ning City, Huichou, to 1528." In *Kinship Organization in Late Imperial China, 1000 to 1940*, ed. Patricia Ebrey and James Watson, 137-169. Berkeley: University of California Press, 1986.

Heijdra, Martin. "The Socio-Economic Development of Rural China during the Ming." In *The Cambridge History of China*, vol. 8: *The Ming Dynasty*, pt. 2, ed. Denis Twitchett and Frederick Mote, 417-578. Cambridge: Cambridge University Press, 1998.

Ho, Ping-ti. *Studies on the Population of China, 1368-1953*. Cambridge, Mass.: Harvard University Press, 1959.

中譯本：何炳棣（著），葛劍雄（譯），《明初以降人口及其相關問題（1368-1953）》。北京：三聯書店，二〇〇〇。

星斌夫，《中国の社会福祉の历史》。東京：山川出版社，一九八八。

——，《明清時代交通史の研究》。東京：山川出版社，一九七一。

Hsia, Ronnie. *A Jesuit in the Forbidden City: Matteo Ricci, 1552-1610*. Oxford: Oxford University Press, 2010.

中譯本：夏伯嘉（著），向紅艷、李春園（譯），《利瑪竇：紫禁城裡的耶穌會士》。上海：上海古籍出版社，二〇一二。

Hsiao, Ch'i-ch'ing. "Mid-Yuan Politics." In *The Cambridge History of China*, vol. 6, ed. Herbert Franke and Denis Twitchett, 490-560. Cambridge: Cambridge University Press, 1994.

Hsü, Ginger. *A Bushel of Pearls: Paintings for Sale in Eighteenth-Century Yangzhou*. Stanford: Stanford University Press, 2001.

黃清連，《元代戶計制度研究》。台北：國立台灣大學文學院，一九七七。

Huang, Ray. *1587, a Year of No Significance*. New Haven: Yale University Press, 1981.

中文版：黃仁宇，《萬曆十五年》。台北：食貨，一九八五。

——. "The Lung-ch'ing and Wan-li Reigns, 1567-1620." In *The Cambridge History of China*, vol. 7: *The Ming Dynasty*, pt. 1, ed. Frederick Mote and Denis Twitchett, 511-584. Cambridge: Cambridge University Press, 1988.

——. "The Ming Fiscal Administration." In *The Cambridge History of China*, vol. 8: *The Ming Dynasty*, pt. 2, ed. Denis Twitchett and Frederick Mote, 106-171. Cambridge: Cambridge University Press, 1998.

——. *Taxation and Governmental Finance in Sixteenth-Century Ming China*. Cambridge: Cambridge University Press, 1974.

中譯本：黃仁宇（著），阿風、許文繼等（譯），《十六世紀明代中國之財政與稅收》。台北：聯經，二〇〇一。

Huang, Yi-Long. "Sun Yuanhua (1581-1632): A Christian Convert Who Put Xu Guangqi's Military Reform Policy into Practice." In *Statecraft and Intellectual Renewal in Late Ming China: The Cross-Cultural Synthesis of Xu Guangqi (1562-1633)*, ed. Catherine Jami, Peter Engelfriet, and Gregory Blue, 225-259. Leiden: Brill, 2001.

Hucker, Charles. *A Dictionary of Official Titles in Imperial China*. Stanford: Stanford University Press, 1985.

——. *The Ming Dynasty: Its Origins and Evolving Institutions*. Ann Arbor: Center for Chinese Studies, University of Michigan, 1978.

——. "Ming Government." In *The Cambridge History of China*, vol. 8: *The Ming Dynasty*, pt. 2, ed. Denis Twitchett and Frederick Mote, 9-105. Cambridge: Cambridge University Press, 1998.

Hurn, Samantha. "Here Be Dragons? No, Big Cats." *Anthropology Today* 25, 1 (February 2009): 6-11.

Jami, Catherine, Peter Engelfriet, and Gregory Blue, eds. *Statecraft and Intellectual Renewal in Late Ming China: The Cross-Cultural Synthesis of Xu Guangqi (1562-1633)*. Leiden: Brill, 2001.

Jay, Jennifer. *A Change in Dynasties: Loyalism in Thirteenth-Century China*. Bellingham: Center for East Asian Studies, Western Washington University, 1991.

Jiang, Yonglin, trans. *The Great Ming Code*. Seattle: University of Washington Press, 2005.

Johnston, Iain. *Cultural Realism: Strategic Culture and Grand Strategy in Chinese History*. Princeton:

Princeton University Press, 1995.

Kieschnick, John. *The Impact of Buddhism on Chinese Material Culture*. Princeton: Princeton University Press, 2003.

Knapp, Robert. *Chinese Landscapes: The Village as Place*. Honolulu: University of Hawaii Press, 1992.

Kuroda Akinobu. "Copper Coins Chosen and Silver Differentiated." *Acta Asiatica* 88 (2005), 65-86.

Kutcher, Norman. *Mourning in the Late Imperial China: Filial Piety and the State*. Cambridge: Cambridge University Press, 1999.

Lau, D.C., trans. *Mencius*. London: Penguin, 1970.

Lamb, H.H. *Climate: Present, Past and Future*, vol. 2: *Climate History and the Future*. Princeton: Princeton University Press, 1985.

Ledyard, Gari. "Cartography in Korea." In *Cartography in the Traditional East and Southeast Asian Societies*. ed. J.B. Hartley and David Woodward, 235-345. Chicago: University of Chicago Press, 1994.

Legge, James, trans. *The Confucian Classics*, vol. 1. Oxford: Clarendon Press, 1893.

Lentz, Harris. *The Vocano Registry: Names, Locations, Descriptions and History for over 1500 Sites*. Jefferson, NC: McFarland, 1999.

Lewis, Mark Edward. "The Mythology of Early China." In *Early Chinese Religion*, vol. 1, pt. 1, ed. John

Lagerway and Marc Kalinowski, 543-594. Leiden: Brill, 2009.

Li Bozhong. "Was There a 'Fourteen-Century Turning Point'? Population, Land, Technology, and Farm Management." In *The Song-Yuan-Ming Transition in Chinese History*, ed. Paul Jakov Smith and Richard von Glahn, 135-175. Cambridge, Mass: Harvard University Asia Center, 2003.

Li Chu-tsing. "Li Rihua and His Literali Circle in the Late Ming Dynasty." *Orientations* 18, 8 (August 1987): 28-39.

—— et al. *The Chinese Scholar's Studio: Artistic Life in the Late Ming Period*. New York: Thames and Hudson, 1987.

李德甫，《明代人口與經濟發展》。北京：中國社會科學出版社，二〇〇八。

Li, He, and Michael Knight. *Power and Glory: Court Arts of China's Ming Dynasty*. San Francisco: Asian Art Museum, 2008.

李孝聰，《歐洲收藏部分中國古地圖敘錄》。北京：國際文化出版公司，一九九六。

梁方仲（編），《中國歷代戶口、田地、田賦統計》。上海：上海人民出版社，一九八〇。

Lieberman, Victor. *Strange Paarallels: Southeast Asia in Global Context, c. 800-1830*. New York: Cambridge University Press, 2002.

Littrup, Leif. *Subbureaucratic Government in China in Ming Times: A Study of Shangdong Province in the Sixteenth Century*. Oslo: Universitetsforlaget, 1981.

劉翠溶，《明清時期家族人口與社會經濟變遷》。台北：中央研究院經濟研究所，一九九二。

Liu Ts'un-yan and Judith Berling. "The 'Three Teachings' in the Mongol-Yuan Period." In *Yüan Thought: Chinese Thought and Religion under the Mongols*, ed. Hok-lam Chan and Wm. Theodore de Bary, 479-512. New York: Columbia University Press, 1982.

馬志冰，〈明朝土地法制〉，收於蒲堅（編），《中國歷代土地資源法制研究》，頁405-508。北京：北京大學出版社，二〇〇六。

Marks, Robert. "China's Population Size during the Ming and Qing: A Comment on the Mote Revision." 二〇〇二年於美國亞洲學會（Association for Asian Studies）年會上發表的論文。

——. *Tigers, Rice, Silk, and Silt: Enviroment and Economy in Late Imperial South China*. Cambridge: Cambridge University Press, 1997.

McDermott, Joseph. *A Social History of the Chinese Book: Books and Literati Culture in Late Imperial China*. Hong Kong: Hong Kong University Press, 2006.

McNeill, William. *Plagues and Peoples*. Harmondsworth: Penguin, 1979.

Menegon, Eugenio. *Ancestors, Virgins, and Friars: Christianity as a Local Religion in Late Imperial China*. Cambridge, Mass.: Harvard University Press, 2009.

Menzies, Nicolas. "Forestry." In *Science and Civilisation in China* VI:3, ed. Joseph Needham, 539-667. Cambridge: Cambridge University Press, 1996.

Meskill, John, trans. *Ch'oe Pu's Diary: A Record of Drifting across the Sea*. Tucson: University of Arizona Press, 1965.

Mote, Frederick. "Chinese Society under Mongol Rule, 1215-1368." In *The Cambridge History of China*, vol. 6, ed. Herbert Franke and Denis Twitchett, 616-664.

——. "The Growth of Chinese Despotism: A Critique of Wittfogel's Theory of Orental Despotism as Applied to China." *Oriens Entremus* 8 (1961): 1-41.

Mote, Frederick, and Denis Twitchett, eds. *The Cambridge History of China*, vil. 7: *The Ming Dynasty 1368-1644*, pt. 1. Cambridge: Cambridge University Press, 1988.

Moule, A. C., and Paul Pelliot, trans. *The Description of the World*. London: Routledge, 1938.

Nappi, Carla. *The Monkey and the Inkpot: Natural History and Its Transformation in Early Modern China*. Cambridge, Mass.: Harvard University Press, 2009.

Needham, Joseph, and Robin Yates. *Science and Civilisation in China* V:6 (Military Technology: Missiles and Sieges). Cambridge: Cambridge University Press, 1994.

Nimick, Thomas. *Local Administration in Ming China: The Changing Roles of Magistrates, Prefects, and Provincial Officials*. Minneapolis: Society for Ming Studies, 2008.

Oertling, Sewall. *Painting and Calligraphy in the Wu-tra-tsu*. Ann Arbor: Center for Chinese Studies, University of Michigan, 1997.

Parsons, James. "The Ming Dynasty Bureaucracy: Aspects of Background Forces." In *Chinese Government in Ming Times: Seven Studies*, ed. Charles Hucker, 175-232. New York: Columbia University Press, 1969.

——. *The Peasant Rebellions of the Late Ming Dynasty*. Tucson: University of Arizona Press, 1970.

彭信威，《中國貨幣史》。北京：群聯出版社，一九五四。

Peterson, Willard. "Why Did They Become Christians? Yang Tingyun, Li Zhizao, and Xu Guangqi." In *East Meets West: The Jesuits in China, 1582-1773*, ed. Charles Ronan and Bonnie Oh. Chicago: Loyola University Press, 1988.

Plaks, Andrew. *The Four Masterworks of the Ming Novel*. Princeton: Princeton University Press, 1987.

Polo, Marco. *The Travels*, trans. Ronald Latham. Harmondsworth: Penguin, 1958.

Pomeranz, Kenneth. *The Great Divergence: China, Europe, and the Making of the Modern World Economy*. Princeton: Princeton University Press, 2000.

Ptak, Roderich, and Claudine Salmon, eds. *Zheng He: Images and Perceptions*. South China and

Maritime Asia, vol. 15. Wiesbaden: Harrassowitz, 2005.

邱仲麟，〈明代長城沿線的植木造林〉，《南開大學學報》，二〇〇七年第三期，頁32-42。

Quinn, William. “A Study of Southern Oscillation-Related Climatic Activity for A.D. 633-1900 Incorporating Nile River Flood Data.” In *El Niño: Historical and Paleoclimatic Aspects of the Southern Oscillation*, ed. Henry Diaz and Vera Markgraf, 119-149. Cambridge: Cambridge University Press, 1992.

Ratchnevsky, Paul. *Genghis Khan: His Life and Legacy*. Oxford: Blackwell, 1991.

Reid, Anthony. *Southeast Asia in the Age of Commerce, 1458-1680*, vol. 2: *Expansion and Crisis*. New Haven: Yale University Press, 1993.

Riello, Giorgio, and Prasannan Parthasarathi eds. *The Spining World: A Global History of Cotton Textiles*. Oxford: Oxford University Press, 2009.

Rosenblatt, Jason. *Renaissance England's Chief Rabbi*. Oxford: Oxford University Press, 2006.

Rossabi, Morris. *Khbilai Khan: His Life and Times*. Berkeley: University of California Press, 1988.

——. *Voyager from Xanadu: Rabban Sauma and the First Journey from China to the West*. Tokyo: Kodansha, 1992.

Rowe, William. *Hankow: Commerce and Society in a Chinese City, 1796-1889*. Stanford: Stanford

University Press, 1984.

Roy, David, trans. *Plum in the Golden Vase*. 3 vols. Princeton: Princeton University Press, 1993.

Ruitenbeek, Klaas. *Carpentry and Building in Late Imperial China: A Study of the Fifteenth-Century Carpentry's Manual Lu Ban Jing*. Leiden: E.J. Brill, 1993.

Salmon, Claudine, and Roderich Ptak, eds. *Zheng He: Images and Perceptions/Bilder und Wahrnehmingen*. Wiesbaden: Harrassowitz, 2005.

Schäfer, Dagmar, and Dieter Kuhn. *Weaving an Economic Pattern in Ming Times (1368-1644): The Production of Silk Weaves in the State-Owned Silk Workshops*. Wüzburger Sinologiche Schriften. Heidelberg: Forum, 2002.

Schmalzer, Sigrid. *The People's Peking Man: Popular Science and Human Identity in Twentieth-Century China*. Chicago: University of Chicago Press, 2008.

Schneewind, *Sarah. Community Schools and the State in Ming China*. Stanford: Stanford University Press, 2006.

——, ed. *Long Live the Emperor! Uses of the Ming Founder across Six Centuries of East Asian History*. Minneapolis: Society for Ming Studies, 2008.

Scott, James C. *The Art of Not Being Governed: An Anarchist History of Upland Southeast Asia*. New

Haven: Yale University Press, 2009.

Sedo, Timothy. "Enviromental Jurisdiction within the Mid-Ming Yellow River Flood Plain."二〇〇八年於美國亞洲學會年會上發表的論文。

Shin, Leo. *The Making of the Chinese State: Ethnicity and Expansion on the Ming Borderlands*. Cambridge: Cambridge University Press, 2006.

Shinno, Reiko. "Medical Schools and the Temples of the Three Progenitors in Yuan China: A Case of Cross-Cultural Interactions." *Harvard Journal of Asiatic Studies* 67, 1 (June 2007): 89-133.

Smith, Paul Jakov, and Richard von Glahn, eds. *The Song-Yuan-Ming Transition in Chinese History*. Cambridge, Mass: Harvard University Press, 2003.

So, K.L. Billy. *Prosperity, Region, and Institutions in Maritime China: The South Fukien Pattern, 946-1368*. Cambridge, Mass.: Harvard University Asia Center, 2000.

Spence, Jonathan. *The Memory Palace of Matteo Ricci*. Harmondsworth: Penguin, 1985.

中譯本：史景遷（著），陳恒、梅義征（譯），《利瑪竇的記憶宮殿》。台北：麥田，二〇〇七。

——. *Return to Dragon Mountain: Memories of a Late Ming Man*. New York: Viking, 2007.

中譯本：史景遷（著），溫洽溢（譯），《前朝夢憶：張岱的浮華與蒼涼》。台北：時報出版，二〇〇九。

Standaert, Nicolas, ed. *Handbook of Christianity in China*, vol. I: 635-1800. Leiden: Brill, 2001.

——. *Yang Tingyun, Confucian and Christian in Late Ming China: His Life and Thought*. Leiden: E.J. Brill, 1988.

Sterckx, Roel. *The Animal and the Daemon in Early China*. Albany: State University of New York Press, 2002.

Struve, Lynn. *The Ming-Qing Conflict, 1619-1683: A Historiography and Source Guide*. Ann Arbor: Association for Asian Studies, 1998.

——. *The Southern Ming 1644-1662*. New Haven: Yale University Press, 1984.

中譯本：司徒琳（著），李榮慶等（譯），《1644-1662南明史》。上海：上海書店出版社，二〇〇七。

——, ed. *Time, Temporality, and Imperial Transition: East Asia from Ming to Qing*. Honolulu: University of Hawaii Press, 2005.

中譯本：司徒琳（編），趙世玲（譯），《世界時間與東亞時間中的明清變遷》，上下卷。北京：三聯書店，二〇〇九。

——. *Voices from the Ming-Qing Cataclysm: China in Tigers' Jaws*. New Haven: Yale University Press, 1993.

Stuart-Fox, Martin. "Mongol Expansionism." Reprinted in *China and Southeast Asia*, ed. Geoff Wade, vol. 1, 365-378. London: Routledge, 2009.

Subrahmanyam, Sanjay. *The Portuguese Empire in Asia, 1500-1700: A Political and Economy History*. New York: Longman, 1993.

Sun, Jinghao. "City, State, and the Grand Canal: Jining's Identity and Transformation, 1289-1937." Ph.D. diss., University of Toronto, 2007.

Sun, Laichen. "Ming-Southeast Asian Overland Interactions, 1368-1644." Ph.D. diss., University of Michigan, 2000.

Sung Ying-hsing（宋應星），*T'ien-kung k'ai-wu*（天工開物）：*Chinese Technology in the Seventeenth Century*, trans. E-tu Zen Sun and Shiou-chuan Sun. University Park: Pennsylvania State University Press, 1966.

Szonyi, Michael. "The Cult of Hu Tianbao and the Eighteenth-Century Discourse of Homosexuality." *Late Imperial China* 19, 1 (June 1998): 1-25.

多賀秋五郎，《中国宗譜の研究》。東京：日本学術振学会，一九八一。

田汝康，〈渡海方程——中國第一本刻印的水路簿〉，收於李國豪、張孟聞、曹天欽（編），《中國科技史探索》，上海：中國古籍出版社，一九八二，頁301-308。

Tong, James. *Disorder under Heaven: Collective Violence in the Ming Dynasty*. Stanford: Stanford University Press, 1991.

Topsell, Edward. *The Historie of Serpents*. London: William Jagger, 1608.

Trevor-Roper, H. R. *Archbishop Laud, 1573-1645*, 2nd ed. London: Macmillan, 1963.

Tsai, Shih-shan Henry. *The Eunuchs in the Ming Dynasty*. Albany: State University of New York Press, 1996.

中譯本：蔡石山（著），黃中憲（譯），《明代宦官》。台北：聯經，二〇一一。

——. *Perpetual Happiness: The Ming Emperor Yongle*. Seattle: University of Washington Press, 2001.

中譯本：蔡石山（著），黃中憲（譯），《永樂皇帝》。台北：聯經，二〇〇九。

Tu, Wei-ming. *Neo-Confucian Thought in Action: Wang Yang-ming's Youth (1472-1509)*. Berkeley: University of California Press, 1976.

Twitchett, Denis, and Tileman Grimm. "The Cheng-t'ung, Ching-t'ai, and T'ien-shun Reigns, 1436-1464." In *The Cambridge History of China*, vol. 7: *The Ming Dynasty*, pt. 1, ed. Frederick Mote and Denis Twitchett, 305-342. Cambridge: Cambridge University Press, 1988.

Twitchett, Denis, and Frederick Mote, eds. *The Cambridge History of China*, vol. 8: *The Ming Dynasty 1368-1644*, pt. 2. Cambridge: Cambridge University Press, 199?.

Unschuld, Paul. *Medicine in China: A History of Pharmaceutics*. Berkeley: University of California Press, 1986.

Von Glahn, Richard. *Fountain of Fortune: Money and Monetary Policy in China, 1000-1700*. Berkeley:

University of California Press, 1996.

Wade, Geoff. *Southeast Asia in the Ming Shi-lu: An Open Access Resource*. Singapore: Asia Research Institute and the Singapore E-press, National University of Singapore, accessed 2010.

——. "The Zheng He Voyages: A Reassessment." Reprinted in *China and Southeast Asia*, vol. 2, 118-141. London: Routledge, 2009.

Wakeman, Frederic, Jr. *The Great Enterprise: The Manchu Reconstruction of Imperial Order in Seventeenth-Century China*. 2 vols. Berkeley: University of California Press, 1985.

中譯本：魏斐德（著），陳蘇鎮、薄小瑩等（譯），《洪業：滿清外來政權，如何君臨中國》，共三冊。台北：時英，二〇〇三。

Waldron, Arthur. *The Great Wall: From History to Myth*. New York: Cambridge University Press, 1990.

Waley, Arthur, trans. *The Analects of Confucius*. London: Allen and Unwin, 1949.

——, trans. *Monkey*. New York: Grove, 1970.

Wallerstein, Immannuel. *The Modern World-Syetem II: Mercantilism and the Consolidation of the European World-Economy, 1600-1750*. New York: Academic Press, 1980.

Waltner, Ann. *Getting an Heir: Adoption and the Construction of Kinship in Late Imperial China*. Honolulu: University of Hawaii Press, 1990.

Wang Shao-wu and Wei Gao. "La Niña and Its Impacts on China's Climate." In *La Niña and Its Impacts: Facts and Speculation*, ed. Michael Glantz, 186-189. Tokyo: United Nations University Press, 2002.

王雙懷、方駿等（編），《中華日曆通典》，第四冊：元明清日曆。長春：吉林文史出版社，二〇〇六。

王庸，《中國地圖史綱》。北京：商務印書館，一九五八。

Wang Yü-ch'üan. "The Rise of Land Tax and the Fall of Dynasties in Chinese History." *Pacific Affairs* 9, 2 (June 1936).

Watt, James C. Y., and Denise Party Leidy. *Defining Yongle: Imperial Art in Early Fifteenth-Century China*. New York: Metropolitan Museum of Art, 2005.

Weitz, Ankeney. *Zhou Mi's Record of Clouds and Mist Passing before One's Eyes: An Annotated Translation*. Leiden: Brill, 2002.

Will, Pierre-Étienne, and R. Bin Wong, eds. *Nourish the People: The State Civilian Granary System in China, 1650-1850*. Ann Arbor: Center for Chinese Studies, University of Michigan, 1991.

Wong, R. Bin. *China Transformed: Historical Change and the Limits of European Experience*. Ithaca: Cornell University Press, 1997.

Wood, Frances. *Did Marco Polo Go to China?* London: Secker and Warburg, 1995.

Woodside, Alexander. "The Ch'ien-lung Reign." In *The Cambridge History of China*, vol. 9, ed. Willard Peterson, 230-309. Cambridge: Cambridge University Press, 2002.

吳承洛，《中國度量衡史》。上海：商務印書館，一九五七。

吳晗，《江浙藏書家史略》。再版，北京：中華書局，一九八一。

吳宏歧，《元代農業地理》。西安：西安地圖出版社，一九九七。

吳緝華，《明代海運及運河的研究》。台北：中央研究院歷史語言研究所專刊，一九六一。

Wu, Marshall. *The Orchid Pavilion Gathering: Chinese Painting from the University of Michigan Museum of Art*. 2 vols. Ann Arbor: University of Michigan, 2000.

巫仁恕，《品味奢華：晚明的消費社會與士大夫》。台北：聯經，二〇〇七。

廈門大學歷史系（編），《李贄研究參考資料》。廈門：編者，一九七六。

楊正泰，〈明清臨清的盛衰與地理條件的變化〉，《歷史地理》，第三期（一九八三）：頁115-120。

Yee, Cordell. "Reinterpreting Traditional Chinese Geographical Maps." In *Cartography in the Traditional East and Southeast Asian Societies*, ed. J.B. Hartley and David Woodward, 35-70. Chicago: University of Chicago Press, 1994.

——. "Taking the World's Measure: Chinese Maps between Observation and Text." In *Cartography in the Traditional East and Southeast Asian Societies*, ed. J.B. Hartley and David Woodward, 117-124.

Chicago: University of Chicago Press, 1994.

Yü, Chün-fang. *The Renewal of Buddhism in China: Chu-hung and the Late Ming Synthesis*. New York: Columbia University Press, 1981.

Zhang Jiacheng and Thomas Crowley. "Historical Climate Records in China and Reconstruction of Past Climates." *Journal of Climate* 2 (August 1989): 833-849.

張青，《洪洞大槐樹移民史》。太原：山西古籍出版社，二〇〇〇。

Zhao Shiyu and Du Zhengzhen. "'Birthday of the Sun': Historical Memory in Southeastern Coastal China of the Chongzhen Emperor's Death." In *Time, Temporality, and Imperial Transition: East Asia from Ming to Qing*, ed. Lynn A. Struve, 244-276. Honolulu: University of Hawaii Press, 2005.

中央氣象局氣象科學研究院（編），《中國近五百年旱澇分布圖集》。北京：地圖出版社，一九八一。

周致元，《明代荒政文獻研究》。合肥：安徽大學出版社，二〇〇七。

Zurndorfer, Harriet. "The Resistant Fibre: Cotton Textiles in Imperial China." In *The Spinning World: A Global History of Cotton Textiles, 1200-1850*, ed. Giorgio Riello and Prasannan Parthasarathi, 43-62. Oxford: Oxford University Press, 2009.

卷尾謝詞

我的家人們非常包容我，但是他們在我動筆撰寫這本書的五個月之間，被迫要付出比平常更大程度的忍耐。當時我沒能向他們的任何一個人請求原諒，現在我要為寫作本書期間造成對他們的忽略，請求家人的寬恕。菲（Fay）、凡妮莎（Vanessa）、凱蒂（Katie）、泰勒（Taylor）、約拿（Jonah）：我希望自己已經回復正常了。

我在撰寫這本書時，正好是我擔任英屬哥倫比亞大學聖約翰學院（St. John's College）院長任期的最後五個月。感謝學院裡的研究與行政同仁，對我這項工作計畫的支持。

我永遠感激何大偉（David Helliwell），因為他讓我注意到塞爾登地圖，並為我製作了一份複製本——真希望現在我們還是同事。我還要對下列這幾位，致上感謝心意，因為他們在這本書逐漸成形的時候，一接到通知，就得閱讀過本書的部分原稿。他們是張海浩（Desmond Cheung）、費絲言、諾亞・葛拉斯（Noa Grass）、韓嵩（Marta Hanson）、那葭（Carla Nappi）、司徒鼎（Tim Sedo）、王紫。我特別感謝戴彼得（Peter Ditmanson）和魏捷茲（Jim Wilkerson），尤其是太座大人：菲，他們為我的稿件，逐頁逐頁地提供批評指教。

我想對哈佛大學出版社的蘇珊・華勒斯・波莫（Susan Wallace Boehmer）表達由衷的謝意。她不但是在編輯這本書的過程裡表現優異，而且在編輯全套六本的帝制中國歷史叢書期間，都展現出非常的耐心。不過，我想將這篇謝詞裡最後一位感謝的人，留給出版社的資深歷史主編，凱瑟琳・邁可德默（Kathleen McDermott）；她別出心裁的提議，由我來主編這套叢書，不但給予我建議，還讓我在撰寫這本書時，得以按照我所需要的方式進行。

國家圖書館出版品預行編目（CIP）資料

掙扎的帝國：氣候、經濟、社會與探源南海的元明史／卜正民（Timothy Brook）著；廖彥博譯. -- 二版. -- 臺北市：麥田出版：家庭傳媒城邦分公司發行, 2020.04
面；　公分. --（歷史選書；62）
譯自：The troubled empire : China in the Yuan and Ming dynasties
ISBN 978-986-344-756-6（平裝）
1.元史　2.明史　3.中國研究
625.7　　109003123

歷史選書 62

掙扎的帝國

氣候、經濟、社會與探源南海的元明史

The Troubled Empire: China in the Yuan and Ming Dynasties

作　　者／卜正民（Timothy Brook）
譯　　者／廖彥博
責任編輯／林怡君

國際版權／吳玲緯
行　　銷／巫維珍　蘇莞婷　黃俊傑　何維民
業　　務／李再星　陳玫潾　陳美燕
編輯總監／劉麗真
總 經 理／陳逸瑛
發 行 人／涂玉雲
出　　版／麥田出版
10483臺北市民生東路二段141號5樓
電話：(886)2-2500-7696　傳真：(886)2-2500-1967
發　　行／英屬蓋曼群島商家庭傳媒股份有限公司城邦分公司
10483臺北市民生東路二段141號11樓
客服服務專線：(886) 2-2500-7718、2500-7719
24小時傳真服務：(886) 2-2500-1990、2500-1991
服務時間：週一至週五09:30-12:00・13:30-17:00
郵撥帳號：19863813　戶名：書虫股份有限公司
讀者服務信箱E-mail：service@readingclub.com.tw
麥田網址／https://www.facebook.com/RyeField.Cite/
香港發行所／城邦（香港）出版集團有限公司
香港灣仔駱克道193號東超商業中心1/F
電話：(852)2508-6231　傳真：(852)2578-9337
馬新發行所／城邦（馬新）出版集團Cite (M) Sdn Bhd.
41-3, Jalan Radin Anum, Bandar Baru Sri Petaling, 57000 Kuala Lumpur, Malaysia.
電話：(603)9056-3833　傳真：(603)9057-6622
讀者服務信箱：services@cite.my

封面設計／廖勁智
印　　刷／前進彩藝有限公司

■2016年4月1日　初版一刷
■2023年8月17日　二版二刷

定價：550元
ISBN 978-986-344-756-6